新经济研究丛书

中国高新技术
产业并购发展报告

(2018)

中关村大河并购重组研究院

王雪松 等 著

社会科学文献出版社

SOCIAL SCIENCES ACADEMIC PRESS (CHINA)

序　一

2018 年是中关村园区成立 30 周年，"村"里面的老中青们均在或多或少地酝酿和筹备着做些什么，来迎接这个不平凡时刻的到来。适逢此时，志硕和雪松邀请我为其即将出版的《中国高新技术产业并购发展报告（2018）》作序，他们告诉我，研究院用了近一年的时间，认真挖掘数据、研究事实，力争能够从产业并购的视角对中国高新技术产业发展进行总结和审视，书中对中关村园区的并购情况也做了专门的分析。产业并购是中国高新技术产业和中关村园区发展的一个非常重要的方面和驱动因素，本书对此进行系统梳理和总结，我认为很有价值。

30 周年之际，中国高新技术产业和中关村园区交出了一份漂亮的答卷。科技进步对经济增长的贡献率已从 2012 年的 52.2% 提高到 2016 年的56.2%，2016 年高技术制造业增加值占规模以上工业增加值的比重达到12.4%，比 2012 年提高 3 个百分点，有力地推动了产业转型升级。作为我国的创新引擎，中关村持续领跑全国经济。2016 年中关村总收入达到46047.6 亿元，增速达到 12.8%，超过 GDP 增速 6.1 个百分点；净利润达到 3170.3 亿元，占到全国高新区净利润总额的 17.1%。同时，中关村在科技创新、科研人员方面保持领先，2016 年入选"千人计划"的人数占到全国的 20.0%。

高新技术产业发展的核心驱动要素首先是前沿技术的进步。20 世纪 70年代，计算机芯片技术取得迅速发展，随后软件、IT 服务、网络及设备、电信等电子信息产业基于计算机技术的突破逐步兴起，发展速度远超其他传统行业，对经济增长的贡献率不断提升。20 世纪 90 年代，中国步入以信息产业为先导的新经济时代，信息技术革命以及互联网产业蓬勃兴起，用友、搜狐、联想等企业和中关村园区正是在这次产业变革中应运而生的，一批从科研院所闯出来的年轻科研工作者研制开发出具有自主知识产权的系列产品，中关村成为高科技产业化的突破口。随后，这一时期成长起来的高新技术领先企业沿着市场寻找发展路径和办法，不断通过并购的方式获取世界领先技术，进行产业上下游整合，扩大市场份额，完善企业价值链条，增强协同效应，实现了全球化发展战略。联想集团就是运用跨国并购成功从本土走向全球的典型。联想集团成立之初是一家只拥有 11 人的本土小公司，到 2013 年前后联想已成为全球 PC 行业的领导者，这与联想抓住机遇坚持海外并购与整合的国际化扩张路径有着直接的关联。2005 年，当联想并购 IBM PC 时，全中国人都认为并购几乎是不可能成功的，但联想最终还是做到了，目前联想已经成为世界 500 强企业。联想走过的道路，也是所有中国的高新技术企业已经或正在经历的道路，中国的高新技术企业就是这样一步一步经过艰难的蜕变，成长为具有世界影响力的科技企业的。

新一轮的产业革命成为当今时代发展主流，人工智能、生物工程以及其他硬件的变化与互联网的结合会将社会变成什么样，仍是不确定的，未来谁是行业领先者、谁是落后者也都不确定，但可以确定的是，这样的事情会很快发生。对于迎接变革的企业家而言，产业并购是保持竞争优势的重要方式。以 2013～2017 年为例，信息技术行业并购交易金额 21319 亿元，制药、生物科技与生命科学行业并购交易金额 4672 亿元，航天航空与国防行业并购交易金额 839 亿元。这三个行业在短短五年内的并购交易金额比其在 2000～2012 年十三年间的总和还要高。产业链整合、人才获取、跨境并购已经成为高新技术产业并购的新趋势。中关村上市公司并购金额从 2013 年的 406 亿元增长到 2017 年的 1222 亿元，增幅达到 201%。通过产业并购，中关村进一步聚焦高新技术产业，以电子信息产业为主导，保持传统优势，并积极引进融合尖端产业。

产业并购与格局相关。中国经济发展到今天，传统的老路已经很难走下去了，中国已经站在"新周期"的起点，步入了高质量发展的新阶段，绝大多数的企业，包括现在很多的创新型企业，都面临着向新领域进军拓展的问题。企业家应当把企业下一步怎么发展想清楚，把战略制定清楚，带领企业向未来新产业发展方向走。进入一个新的领域并不一定要从头做起，以产业并购的方式快速切入，老的传统行业是能够从中叠加生成新动能的，企业家们尤其要对未来可能出现的情况进行深入的了解，对行业进行深刻和高水平的研究，认准方向。在这个过程中，要做到"实业"跟"资本"打通，以产业为本，以资本助力产业发展。在为企业自身创造价值的同时，企业家还要给国家、给社会多做贡献，把企业的发展和中国梦的实现紧密联系在一起，只有这样，我们才能真正从内心感受到成就和快乐。

《中国高新技术产业并购发展报告（2018）》回顾了中国高新技术产业并购的全景，我在其中也看到了中关村企业家艰苦奋斗的创新创业历程。大批技术出身的创业者聚集在具备良好创新创业生态的中关村，他们准确把握行业发展趋势，以技术创新为核心，以产业并购为手段，本着对企业和社会强烈的责任感和奉献精神不断开拓进取，成为推动高新技术产业持续向前发展的重要力量。希望这本书能够给当前"新常态"下面临转型升级挑战的中国企业家以启发，好好运用产业并购，迈过眼下的坎儿，实现新的突破。

联想控股董事长

柳传志

序 二

我们正面临一个后工业化时代，由人力资本驱动的技术创新对经济增长的贡献比以往任何时期都更加重要。近年来，我国并购交易市场呈现加速发展趋势，并购交易数量出现爆发式增长，交易规模大幅攀升，已经成为资本市场不可或缺的力量，顺应了经济结构变迁的需求，也揭示了股权投资最好的时代已经来临。

与此同时，关于并购市场的问题与争议一直存在。在并购交易背后，从基础理论、运作手段到相关影响，各方有不同理解和取向，"创新"与"套利"并存，深刻地反映了变革世界所蕴含的机会与风险。在这变革的前沿，并购孕育着新生的力量，代表着时代潮流，不可阻挡。

并购必将加速实体经济转型升级，提升金融服务实体经济的能力。以下几方面因素将推动并购市场更好地发展。

监管制度的要求。并购重组政策是引导市场理性化和市场化发展的重要因素，我国资本市场并购重组政策正在若干维度上向纵深发展。例如，对上市公司再融资的时间、股份发行数量等要求进一步细化，避免交易主体通过定向增发的方式大规模注资借壳上市；重组新规严格上市重组规范，提高透明度，防止哄抬股价等现象发生；国务院发布《关于进一步引导和规范境外投资方向的指导意见》，将境外投资项目分成鼓励开展、限制开展和禁止开展三类，重点推进有益于"一带一路"建设和周边设施互联互通的境外投资，等等。

实体经济转型的内在要求。产业升级和国际化是我国经济发展的两大机遇。我国产业结构完整、市场格局宽广，差异化和整体性并存，并购需求和潜力巨大。一方面，企业的内生性增长驱动了并购。制造业、建筑业等传统产业，随着原有技术水平和业务模式接近发展上限，亟须通过并购实现转型，找到新的增长点。另一方面，企业的外生性增长也催生了并购。随着我国经济实力增强，中资企业国际化需求与日俱增。中资企业和投资人开始活跃于全球并购市场，海外并购越来越多地集中于信息科技、高端制造、医疗健康等领域，打开了经济增长新空间。

金融和产业的深度融合。并购不只是简单的财务投资，而是以金融为媒介、以产业投资手段和方法推动企业变革和价值提升。从产业角度看，并购的过程是以企业为平台、深耕产业、转型升级的过程，是一家家中小企业发展成为大企业、聚合成产业集群的过程；从金融角度看，并购的过程是通过金融资本帮助优质资源整合劣质资源的过程。未来的并购需要更加专业、更具有综合整合能力的金融资本参与并主导，特别是并购基金。

本书的编撰者王雪松是我多年的老同事，雪松在资本市场从业多年，早在 1996 年就投身中国证监会基金监管部的筹备工作。历任中国证监会基金监管部产品处、QFII 处处长，中国证监会市场部副主任，现任中关村大河并购重组研究院院长。雪松有丰富的监管经验，熟悉中国资本市场发展历程，对中外资本市场进行了深入比对研究，有自己独到的见解。本书是雪松离开证监会后的第一部作品。本书从产业角度看并购，从金融视角看实体，为透视产业并购活动提供了独特视角。相信本书能够帮助读者朋友更好地认识和理解我国产业并购市场。

中国证券投资基金业协会党委书记、会长

洪磊

推荐语

通过并购寻找并挖掘企业价值创造新动能是重塑高质量发展阶段中国经济微观基础的重要战略举措。本报告全面分析了 2013 年至 2017 年期间中国企业境内外发生的 22825 起并购交易，透过大数据分析揭示了中国高新技术产业并购的分布、交易特点、并购战略、成功因素和对企业及行业的深刻影响，对于企业管理者、监管者、政策制定者、投资者及商学院的 MBA 和 EMBA 都是不可多得的了解中国并购发展的必读书。我强烈推荐！

——北京大学光华管理学院院长　刘　俏

高新技术产业是当今世界综合国力竞争的制高点，并购是推动高新技术产业发展壮大和转型升级的重要途径。在中国向世界高新技术强国转型的关键时期，本书对高新技术产业并购的重要方面做了梳理，其工作本身就值得肯定，相信也会给读者带来新的感悟与收获。

——建银国际董事长兼总裁、
中国并购公会轮值主席、香港金融发展局成员　胡章宏博士

这本书从产业并购的角度回顾了中国高科技产业的发展历程，兼具宏观和微观视野。并购伴随了企业的整个生命周期，体现了企业家不断进取、追求基业长青的愿景与使命。希望五到十年后，中国能够出现更多在全球范围内引领行业发展的伟大企业。

——IDG 资本全球董事长　熊晓鸽

作为新经济的代表，中国高新技术领先企业正在不断通过并购等方式进

行产业整合和全球化布局。本书对产业转型升级关键时期的中国高新技术产业并购进行了深入研究，揭示其发展趋势及特点，为更好地推动高新技术产业发展带来有价值的启发，是一本值得认真阅读的好书。

——中关村银行董事长　郭　洪

伴随着新一轮科技革命浪潮来临以及技术迭代加速，高新技术产业已悄然进入"大整合"时代。并购是在中国经济转型升级背景下助力高新技术领军企业实现跨越式发展的重要手段。本书是系统研究中国高新技术产业并购的有益探索，值得理论界和实务界深读。

——北京市海淀区区委书记　于　军

全球新一轮科技革命、产业变革加速演进，环境的不确定性为中国企业提供了赶超跨越的机遇，也增加了掉队落伍的严峻挑战。未来中国产业要迈向全球价值链中高端，培育出具有世界领先性的卓越企业，更需要从全球视野通过并购手段整合资源，缔造中国企业的核心竞争优势。本书从中国高新技术产业发展角度出发，以产业培育、企业发展和政策监管等多个维度对中国新兴经济领域的并购进行了系统研究和深入分析，我相信本书将成为企业家和政策监管者的案头必备之书，也衷心希望更多的企业界和学界人士参与到中国高新技术产业并购领域的理论、实践和政策研究中，以期为我国创新型产业的发展贡献智慧和力量。

——徐井宏

我们即将迎来一个波澜壮阔的时代，大量细分行业的领先者将不断扩大市场份额成长为行业领袖，因此高频率的并购将是未来微观经济运行中不可或缺的一种企业行为。高新技术领域的独特之处在于行业内科学技术在不断推陈出新、更新迭代，企业需要在颠覆性技术取得突破后将其快速、有效地转化为市场份额。当技术更迭加快时，并购则给此类企业提供了通过外延式整合资源高效占领市场的机会，这是高新技术企业并购最关键的原动力之一，也是其并购频率、速度大大快于传统行业的根本原因。读史明智，鉴往知来。本书对高新技术领域并购体系的研究是尤其必要的，回顾历史有助于企业更好地了解并购的逻辑，展望未来，这也是一个好的起点与开端。中国高新技术领域并购的大幕刚刚拉开，未来将会有更多的重大并购案例发生，我们坚信不疑并翘首以待。

——中关村并购母基金创始合伙人　刘志硕

前　言

改革开放以来，中国高新技术产业总量规模迅速增长，在整个国民经济体系中的地位和作用日益重要。党的十九大报告强调，"创新是引领发展的第一动力，是建设现代化经济体系的战略支撑"。当前我国经济已经由高速增长阶段转向高质量发展阶段，未来我国经济发展重要的着力点和增长点将主要集中在以物联网、人工智能、大数据、先进制造等为代表的高新技术产业领域，只有推动高新技术产业持续健康发展才能把握住新常态下中国经济转型升级的重要战略机遇。

作为资本市场支持实体经济发展的重要方式，并购在推动我国高新技术产业发展方面扮演着越来越关键的角色。高新技术产业具有研发投入大、风险高、成长迅速、更新迭代快、规模经济优势强、收益回报丰厚以及无形资产比重大等特点，因此高新技术产业并购具有自身独特规律。我国高新技术产业并购历经萌芽、以并购换市场、通过并购获取核心技术、以并购获取具备创新能力的人才几个发展阶段，如今已成为发展壮大高新技术产业的重要途径。

目前理论界和实务界专门针对高新技术产业并购进行的研究还处于探索之中。本书首次从宏观、市场、创新集群、产业、案例和监管多个维度对中国高新技术产业并购进行深入系统的研究，详细收集整理中国高新技术产业并购领域的大量相关数据和事实，最大限度地覆盖了 2013 年至 2017 年期间中国高新技术产业并购领域的关键数据和重大事件。总报告系统梳理中国高新技术产业和中国高新技术产业并购的发展历程，总结归纳出推动中国高新技术产业并购不断向前发展的核心要素。市场篇收集 2013 年至 2017 年中国企业境内外发生的 22825 起并购交易，每笔交易包含 45 个并购信息点，共计 1027125 个数据信息，特别是以中关村国家自主创新示范区为例，全面梳理中关村并购市场的发展情况、特点和趋势，系统解读了高新技术产业聚集区内资本对科技的促进作用。产业篇深入分析了物联网、人工智能、信息安全、金融科技、智能制造、生物制药、新能源汽车、环境保护 8 个高新技术领域的重点产业，对 2013 年至 2017 年该产业中具有重大市场影响力的并购交易进行阐述，其中涉及超过 80 个具体并购交易案例。案例篇选取军工信息化、卫星通信、云计算、物联网、汽车电子、教育、轨道交通等领域的 9 家领先企业（主要为有代表性的中关村高新技术产业上市公司），详细追溯这些上市公司实施的一系列并购活动，整理其并购战略的脉络和特点。监管篇系统整理 2013 年至 2017 年并购相关政策法规变动情况，详细分析 2017 年证监会上市公司并购重组审核委员会全年 76 次会议审核的全部 173 例上市公司重大资产重组申请，并重点研究了其中 120 例高新技术产业并购重组的审核情况。

在本书接近一年的撰写过程中得到了诸多专家、学者及相关领导和同事的指导与帮助，特别是中国证券投资基金业协会、中关村管委会、海淀区人民政府、中关村并购母基金以及本研究团队中年轻和富有创造力的成员们，在此衷心感谢各位对本书做出的贡献。我还要衷心感谢我的家人，正是他们对我工作的全力支持才使我顺利完成本书的写作。谨以此书献给各位，感谢你们多年对我的关心，也希望大家未来工作顺利，生活幸福！

中关村大河并购重组研究院院长

王雪梅

目 录

Ⅳ 案例篇

Ⅴ 监管篇

Ⅵ 附录

CONTENTS

I   General Report

II   Market Reports

III   Industry Reports

IV Case Studies

V Regulation Report

VI Appendixes

总 报 告

General Report

中国高新技术产业并购发展报告

摘　要： 高新技术产业在一国的国家竞争力构成中有着重要的地位，发展高新技术产业是提升国家竞争力的关键。事实证明，经济领先国家的高新技术产业普遍具有良好的发展环境和条件。中国高新技术产业经历初创、高速发展、跨越与创新、战略转型几个发展阶段，在国民经济中的重要性日益提升。党的十九大报告强调，"创新是引领发展的第一动力，是建设现代化经济体系的战略支撑"。目前中国正处于效率驱动发展阶段，在世界经济论坛最新发布的国家竞争力排名中居世界第27位。未来随着中国从效率驱动发展阶段步入创新驱动发展阶段，高新技术产业将对提升国家竞争力发挥出更重要的作用。中国高新技术产业并购历经萌芽、以并购换市场、通过并购获取核心技术、以并购获取具备创新能力的人才几个发展阶段，目前已成为发展壮大高新技术产业的重要途径。2017年全年，高新技术产业并购达1372宗，交易金额达10726亿元人民币。展望未来，新一轮科技革命浪潮袭来，在我国加快建设创新型国家以及建设资本市场强国的背景下，驱动中国高新技术产业并购的核心要素将长期存在并不断得到加强，高新技术产业并购也将持续健康发展，成为推动我国经济从高速度增长转向高质量发展的重要力量。

关键词： 高新技术产业　并购国家竞争力　创新型国家

作为高新技术产业发展的主体，高新技术企业的发展模式主要有两种：一是内生新建式发展，即通过调配内部资源、提高企业经营管理能力和技术研发水平来增强企业核心竞争力；二是外延式发展，即通过获取外部的资源和力量来增强企业实力，这其中最主要的方式就是并购。本部分从分析高新技术产业在提升国家竞争力中的重要作用入手，进而梳理境外高新技术产业发展实践，接下来分析中国高新技术产业的发展历程以及中国高新技术产业并购的整体发展情况，并对中国高新技术产业并购的未来发展进行展望，为后文从不同角度深入研究高新技术产业并购奠定基础。

一　全球高新技术产业发展概述

（一）高新技术产业与国家竞争力

国家竞争力是指在市场经济条件下，一个国家与世界各国相比较，所能创造价值增加值和国民财富持续增长的能力。与综合国力不同，国家竞争力主要依据经济因素来衡量。有关国家竞争力的研究始于 20 世纪 70 年代末期，随着经济全球化的发展，如何提高国家竞争力已成为各国政府、企业、学者普遍关注的话题。以下从高新技术产业的视角去审视国家竞争力评价体系以及领先国家的发展数据，对高新技术产业在提升国家竞争力中的重要作用进行分析。

1. 国家竞争力评价体系下的高新技术产业

目前在关于国家竞争力的研究评价体系中，比较有代表性的是世界经济论坛（World Economic Forum）发布的《全球竞争力报告》（*The Global Competitiveness Report*）。世界经济论坛自 1979 年起就开始对国家竞争力进行系统研究，是从事竞争力排名最著名的机构之一，其每年发布的《全球竞争力报告》是当前世界范围内关于国家竞争力最全面和权威的评价体系。虽然《全球竞争力报告》和其他国家竞争力评价体系并没有直接将高新技术产业作为一项单独的考察内容，但是国家竞争力评价体系中的众多评价指标和因素均与高新技术产业存在密切联系，以下结合世界经济论坛《全球竞争力报告》采用的国家竞争力评价体系，分析高新技术产业对于提升国家竞争力的重要作用。

《全球竞争力报告》建立的国家竞争力评价指标体系大体如下：报告通过三大"次指标"（subindex）和十二大"支柱"（pillar）构建了国家竞争力的基本评价框架。三大"次指标"分别是基础条件、效能提升、创新和成熟度；十二大"支柱"分别是制度、基础设施、宏观经济环境、健康与初等教育、高等教育和培训、商品市场效率、劳动力市场效率、金融市场发展、技术就绪度、市场规模、商业成熟度、创新。其中，制度、基础设施、宏观经济环境、健康与初等教育属于基础条件次指标；高等教育和培训、商品市场效率、劳动力市场效率、金融市场发展、技术就绪度、市场规模属于效能提升次指标；商业成熟度、创新属于创新和成熟度次指标（见图1）。《全球竞争力报告》依据人均 GDP 水平将处于不同发展阶段的国家和地区划分为三个阶段（三个阶段之间还包含两个过渡阶段）：人均 GDP 2000 美元以下是要素驱动阶段；人均 GDP 2000 ~ 2999 美元是要素驱动向效率驱动过渡阶段；人均 GDP 3000 ~ 8999 美元是效率驱动阶段；人均 GDP 9000 ~ 17000 美元是效率驱动向创新驱动过渡阶段；人均 GDP 17000 美元以上是创新驱动阶段。处于不同发展阶段国家竞争优势和经济增长动力有所不同：处在要素驱动阶段的国家竞争力主要来源于基础条件次指标项下的四个支柱；处在效率驱动阶段国家的竞争力主要来源于效能提升次指标项下的六个支柱；而创新驱动型国家的竞争优势主要来自创新和成熟度次指标项下的两个支柱。因此，《全球竞争力报告》对处于不同发展阶段国家的次指标赋予不同权重，从而更有针对性地反映出处于不同发展阶段国家的竞争力状况（见表1）。

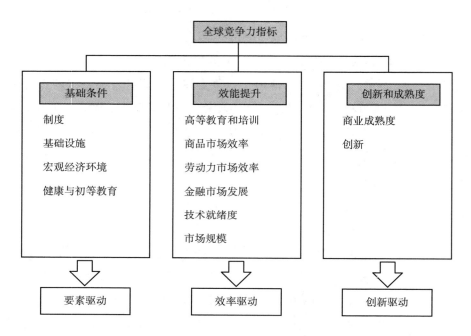

图1 《全球竞争力报告》的国家竞争力评价指标体系框架

表1 《全球竞争力报告》对经济发展阶段的划分标准及子指标权重

阶段	第一阶段 要素驱动	第一阶段向 第二阶段过渡	第二阶段 效率驱动	第二阶段向 第三阶段过渡	第三阶段 创新驱动
人均GDP门槛（美元）	<2000	2000~2999	3000~8999	9000~17000	>17000
基础条件权重（%）	60	40~60	40	20~40	20
效能提升权重（%）	35	35~50	50	50	50
创新和成熟度权重（%）	5	5~10	10	10~30	30

从《全球竞争力报告》建立的国家竞争力评价维度来看，高新技术产业在国家竞争力的构成中发挥着重要的作用，具体体现在以下几个方面：首

先，用于具体评价国家竞争力的十二项支柱中的高等教育和培训、技术就绪度（是衡量经济体对新技术的吸收与获取能力的指标）、商业成熟度、创新四项支柱与高新技术产业存在密切联系；其次，创新和成熟度子指标之下包括商业成熟度和创新两大支柱，且各占 50% 权重，这说明国家竞争力中的创新能力不是传统意义上的研发、技术、专利、人才等要素的简单叠加，而是更加强调通过创新要素和商业的结合使科技与经济融合，推动经济社会的进步与发展，这也就意味着旨在促进科技与经济融合的高新技术产业对于提升国家竞争力中的创新驱动因素发挥着重要的作用；最后，由于处于不同发展阶段的国家经济增长的驱动力不同，从要素驱动阶段到效率驱动阶段再到创新驱动阶段，基础条件子指标项下支柱的权重递减，而创新和成熟度子指标项下支柱的权重递增，这也充分说明随着国家进入更先进的发展阶段，创新因素对于提升国家竞争力将会起到日益重要的作用，而大力发展高新技术产业正是提高创新能力的关键。

从《全球竞争力报告》的评价结果来看，一个国家/地区的高新技术产业发展程度与其竞争力正向相关。2017 年 9 月，世界经济论坛发布了《2017~2018 年全球竞争力报告》，瑞士连续九年全球竞争力排名第 1，排在第 2 位至第 10 位的分别为美国、新加坡、荷兰、德国、中国香港、瑞典、英国、日本和芬兰，中国内地本次排名第 27 位，比上一年上升一位。分析竞争力排名居于前列国家/地区的具体指标，虽然各国、各地区在不同评价指标上的成绩有高有低，有的甚至在某些评价指标上表现欠佳，但是排名居前的国家/地区具有一个特点，即在涉及创新、人才等与高新技术产业密切相关的具体评价指标上几乎都有非常突出的成绩，它们凭借这些指标的竞争优势在竞争力的综合排名中名列前茅。以《全球竞争力报告》排名第 2 位的美国为例，其人均 GDP 为 57436 美元，总人口为 3.23 亿人，美国基础条件子指标在全世界排名仅 25 位，其中宏观经济环境支柱更是排名第 83 位，但美国效率提升子指标排名世界第 1 位、创新和成熟度子指标排名第 2 位。再以《全球竞争力报告》排名第 9 位的日本为例，其人均 GDP 为 38917 美元，总人口为 1.27 亿人，日本的基础条件子指标较其他两项子指标表现欠性，世界排名第 21 位，其中宏观经济环境支柱排名第 93 位，但在基础条件要素表现平平的情况下，日本依靠效率提升子指标（排名第 10 位）、创新和成熟度子指标（总排名第 6 位，其中商业成熟度支柱排名第 3 位，创新支柱排名第 8 位）的带动，在国家竞争力的综合排名中依然名列前茅，证明日本的创新驱动经济发展程度较高。正如世界经济论坛创始人兼执行主席克劳斯·施瓦布所讲的那样："创新能力对一国全球竞争力的影响越来越大，其中人才发挥着最为关键的作用，我们正在进入一个'人才资本主义'时代。未来的全球竞争力赢家，不仅需要具备健康的政治、经济与社会体系，还要为应对第四次工业革命做好充足的准备。"① 总之，当今世界"创新 + 人才"已成为提升国家竞争力的重要动力，而与此同时，"创新 + 人才"也正是当前推动高新技术产业发展的核心动力，因此国家竞争力与高新技术产业发展程度高度相关，通过"创新 + 人才"方式取得了高新技术产业大发展的国家，也必将大幅提升自身的国家竞争力。

从《全球竞争力报告》对国家竞争力的关注重点来看，高新技术产业对于国家竞争力的提升具有重要的意义。《2017～2018 年全球竞争力报告》以金融危机后十年的数据为基础，提出了三大关注重点。一是破坏金融系统的风险犹存。报告显示全球金融机构稳健程度指标还未从金融危机的冲击中完全恢复，鉴于金融系统在第四次工业革命中发挥着重要的创投促进作用，这一状态需要得到各国高度重视。二是人力资本对经济竞争力的增强作用。报告认为在机器自动化逐渐取代人工的进程中，保持劳动力市场灵活性和保护劳动者权益将有利于增强经济发展的韧性和稳定性。三是创新成果转化推动力欠缺。报告指出目前全球创新投资虽然数量不少，但没能带来预期中的生产力大幅提升，原因在于技术研发与推广应用两者间存在失衡现象。② 从报告所提出的三大关注重点可以发现，它们均与高新技术产业存在直接或间接的联系：前两项关注重点所涉及的背景情况——"第四次工业革命"和

---

① 陈颐、徐惠喜：《"创新 + 人才"成提升竞争力动力》，《经济日报》2017 年 9 月 28 日，第 8 版。

② 世界经济论坛网站，https：//cn. weforum. org/press/2017/09/GCR17。

"机器自动化逐渐取代人工"正是高新技术产业不断进步发展的结果，而解决第三项关注重点提及的"技术研发与推广应用两者间存在失衡"更是需要通过大力发展高新技术产业来实现。因此，可以说高新技术产业是未来提升国家竞争力的关键所在。

综上，通过对《全球竞争力报告》的研究分析可以发现，虽然国家竞争力评价体系并没有直接对高新技术产业单独进行专门评价，但是该评价体系中的众多评价指标和因素均与高新技术产业存在密切联系，目前中国正处于《全球竞争力报告》所定义的效率驱动发展阶段①，未来随着中国从效率驱动发展阶段步入创新驱动发展阶段，创新和成熟度指标在评价国家竞争力中所占权重将从10%上升到30%，而基础条件指标所占权重则从40%下降至20%，高新技术产业在国家竞争力的构成中将会具有日益重要的作用，是提升国家竞争力的关键。

2. 从领先国家发展数据看高新技术产业

根据世界银行公布的统计数据，2016年全世界各经济体的国内生产总值（GDP）总量达75.8万亿美元。其中，美国以18.6万亿美元的GDP规模排名世界第一位，约占全球GDP总量的24.5%；中国以11.2万亿美元的GDP规模排名世界第二位，约占全球GDP总量的14.8%；排名第三、第四位的分别是日本和德国，GDP规模约为4.9万亿美元和3.5万亿美元，占全球GDP总量的比重分别为6.5%和4.6%（见表2）。美国、中国、日本和德国作为GDP规模世界排名前四位的国家，GDP规模总和已经占到全球GDP总量的一半，可以说是经济发展领先的国家。以下通过分析美国、中国、日本和德国与高新技术产业发展相关的数据，从不同维度说明高新技术产业在世界领先国家的发展情况和重要作用。

---

① 根据中国国家统计局公布的数据，中国2016年人均GDP为53980元人民币，2017年人均GDP为59660元人民币。《全球竞争力报告》在对一国经济发展阶段进行划分时主要以人均GDP为基础，同时结合其他因素进行一定调整，具体方法见《2017~2018年全球竞争力报告》附录A。《2017~2018年全球竞争力报告》将中国归于效率驱动发展阶段。

表2　2016年GDP排名前20位国家

单位：百万美元

排名	国家	GDP规模
1	美　国	18624475
2	中　国	11199145
3	日　本	4940159
4	德　国	3477796
5	英　国	2647899
6	法　国	2465454
7	印　度	2263792
8	意大利	1858913
9	巴　西	1796187
10	加拿大	1529760
11	韩　国	1411246
12	俄罗斯	1283163
13	西班牙	1237255
14	澳大利亚	1204616
15	墨西哥	1046923
16	印度尼西亚	932259
17	土耳其	863712
18	荷　兰	777228
19	瑞　士	668851
20	沙特阿拉伯	646438

注：采用现价美元计算。

资料来源：世界银行。

（1）第一、第二、第三产业规模及GDP占比

从第一、第二、第三产业的规模及其GDP占比来看，中国、美国、日本和德国的第二产业与第三产业（特别是第三产业）均在本国GDP中占据着非常高的比重，为高新技术产业的发展创造了良好的条件和基础。整体来看，美国、日本、德国第三产业占GDP比重一直以来都稳定在68%以上。美国作为科技强国，2016年第三产业占比达到83.22%，日本为69.31%，德国为68.91%。在过去十几年中，中国GDP呈现持续增长的趋势，尽管最近几年增速有所放缓，但复合增长率仍远高于美国、日本和德国。中国GDP的增长主要来源于第二产业和第三产业的快速增长。中国也是上述四

个国家中第三产业占比最低的国家，不过最近几年该比例逐步上升，并在
2016 年达到 51.56%（2016 年中国第一产业占比 8.56%，第二产业占比
39.88%）。中国在第二产业上长期以来积累的优势（超过 40% 的 GDP 占
比），以及近年来第三产业占 GDP 比重的快速增长，为日后高新技术产业的
爆发式增长打下坚实的基础。中国、美国、日本和德国历年第一、第二、第
三产业规模及占比分别见图 2、图 3、图 4、图 5。

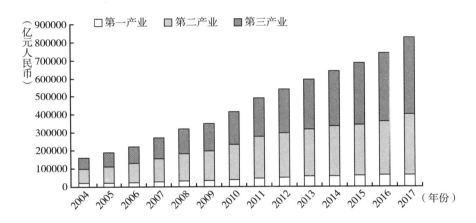

图 2　中国历年第一、第二、第三产业规模及占比

资料来源：Wind 资讯。

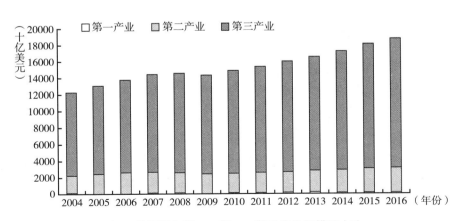

图 3　美国历年第一、第二、第三产业规模及占比

资料来源：Wind 资讯。

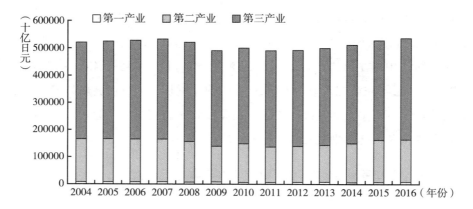

图4　日本历年第一、第二、第三产业规模及占比

资料来源：Wind 资讯。

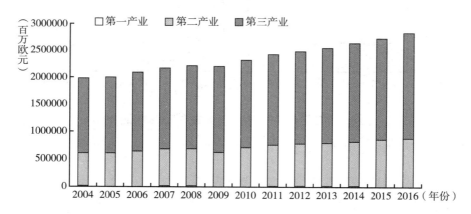

图5　德国历年第一、第二、第三产业规模及占比

资料来源：Wind 资讯。

（2）研发投入和专利申请量

在高新技术领域，研发投入是重中之重，世界各国对高新技术产业的重视也体现在其不断增长的研发投入上。根据世界银行公布的数据，2015 年全世界研发投入规模排名前四位的国家是美国、中国、日本、德国，这与世界各国的 GDP 排名完全一致，充分说明大规模研发投入可以促进高新技术产业发展，进而有效推动本国经济增长。2004～2015 年见证了中国研发投入从世界排名第四到排名第二的进步：2010 年中国研发投入达到 1043 亿美元，首次超过德国（927 亿美元）；2013 年中国研发投入达到 1912 亿美元，首次超过日本（1710 亿美元）；至 2015 年，中国研发投入达 2286 亿美元，在保持全球第二的同时，与第三名日本（1440 亿美元）拉开了超过 800 亿美元的差距，但仍只是第一名美国研发投入规模（5062 亿美元）的 45%（见表 3）。虽然中国的研发投入总规模与世界排名第一的美国仍存在巨大差距，但中国的研发投入占 GDP 比重呈现出相对较大幅度的增长趋势，如果该趋势能继续保持，预期未来中国研发投入占 GDP 比重将达到美、日、德等发达国家的水平，高新技术产业也有望取得更大发展。

表 3　中、美、日、德专利申请和研发投入情况

年份	中国			美国			日本			德国		
	专利申请总数（件）	研发投入占GDP比重（%）	研发投入（十亿美元）	专利申请总数（件）	研发投入占GDP比重（%）	研发投入（十亿美元）	专利申请总数（件）	研发投入占GDP比重（%）	研发投入（十亿美元）	专利申请总数（件）	研发投入占GDP比重（%）	研发投入（十亿美元）
2004	130384	1.2	23.7	356943	2.48	305.0	423081	3.0	146	59234	2.4	68.3
2005	173327	1.3	30.0	390733	2.5	328.0	427078	3.2	151	60222	2.4	69.3
2006	210501	1.4	37.7	425966	2.5	352.2	408674	3.3	148	60585	2.5	73.8
2007	245161	1.4	48.8	456154	2.6	379.7	396291	3.3	151	60992	2.5	84.2
2008	289838	1.4	66.3	456321	2.8	407.8	391002	3.3	168	62417	2.6	97.5
2009	314604	1.7	85.0	456106	2.8	406.9	348596	3.2	169	59583	2.7	93.2
2010	391177	1.7	104.3	490226	2.7	409.1	344598	3.1	179	59245	2.7	92.7
2011	526412	1.8	134.5	503582	2.8	430.3	342610	3.3	200	59444	2.8	105.1
2012	652777	1.9	163.3	542815	2.7	435.9	342796	3.2	199	61340	2.9	101.6
2013	825136	1.9	191.2	571612	2.7	457.3	328436	3.3	171	63167	2.8	105.7
2014	928177	2.0	211.9	578802	2.8	479.1	325989	3.4	165	65965	2.9	112.5
2015	1101864	2.0	228.6	589410	2.8	506.2	318721	3.3	144	66893	2.9	97.1
2016	1338503	—	—	605571	—	—	318381	—	—	67899	—	—

资料来源：世界银行。

知识产权特别是专利技术对于高新技术产业的竞争发展有着重要的推动作用。在专利申请方面，根据世界银行公布的数据，中国、美国和日本分别以 1338503 件、605571 件、318381 件位居 2016 年全世界专利申请量（居民和非居民）的前三位，德国则以 67899 件排在韩国（208830 件）之后居于 2016 年专利申请量的第五位，各国专利申请量排名与 GDP 的排名也基本保持一致。近十几年来，中国的专利申请量呈现高速增长的趋势，一方面是由于知识产权保护意识不断提升，另一方面也说明巨额的研发投入不断产生高新技术成果。

（3）信息产业占 GDP 比重

信息产业是高新技术产业的代表，自 20 世纪 90 年代起，信息产业迎来了快速发展的高峰时期，并在很多国家成为国民经济的支柱性产业，为经济发展做出了重要贡献，成为当今世界上最具战略性意义的产业之一。综观中国、美国、日本和德国，信息产业均在 GDP 构成中占据了重要的地位。近十多年来，美国的通信技术生产行业及信息业占 GDP 的比重始终保持在 10.3% 以上，远超过其他国家，尽管其 GDP 占比的增速并不稳定，但是作为高新技术产业的典型代表，信息产业对于美国经济的增长发挥了重要的推动作用。日本和德国的信息产业占 GDP 比重一直维持在 5% 左右这样一个相对稳定的水平，虽然有所起伏，但始终是其国民经济重要而稳定的增长点。与美、日、德相比，中国信息产业在 GDP 中的占比相对较低，约为 2% ~ 3%，但是在最近几年具有较高的增速，这说明相对于发达国家已经成熟的信息产业，中国的信息产业具有巨大的市场发展潜力（见表 4、图 6）。经济领先国家信息产业在 GDP 构成中的比重总体呈上升趋势，说明信息产业是一国经济保持领先地位的关键因素之一。

总之，从第一、第二、第三产业规模及 GDP 占比、研发投入和专利申请量、信息产业占 GDP 比重几个不同角度对 GDP 世界排名前四位国家进行分析的情况来看，美国、中国、日本和德国四国之所以在全世界处于经济领先地位，是因为创新驱动经济发展的程度较高，能够有效通过"创新＋人才"的模式推动经济高质量发展，而"创新＋人才"也正是高新技术产业

表4 各国信息产业占 GDP 比重及占比增速

单位：%，百分点

年份	中国		美国		日本		德国	
	中国信息传输、计算机服务和软件业占GDP比重	占比增速	美国通信技术生产行业及信息业占GDP比重	占比增速	日本信息和通信业占GDP比重	占比增速	德国信息技术业占GDP比重	占比增速
2004	2.60	—	10.90	—	4.90	—	4.10	—
2005	2.70	0.10	10.70	-0.20	4.94	0.04	4.00	-0.10
2006	2.60	-0.10	10.50	-0.20	4.94	0.00	4.00	0.00
2007	2.50	-0.10	10.80	0.30	4.96	0.02	4.00	0.00
2008	2.50	0	11.00	0.20	5.10	0.14	3.90	-0.10
2009	2.40	-0.10	10.80	-0.20	5.25	0.15	4.70	0.80
2010	2.20	-0.20	10.80	0.00	5.10	-0.15	4.50	-0.20
2011	2.11	-0.09	10.50	-0.30	5.17	0.07	4.60	0.10
2012	2.21	0.10	10.30	-0.20	5.12	-0.05	4.70	0.10
2013	2.31	0.10	10.60	0.30	5.11	-0.01	4.70	0.00
2014	2.48	0.17	10.30	-0.30	5.08	-0.03	4.80	0.10
2015	2.69	0.21	10.70	0.40	5.02	-0.06	4.80	0.00
2016	2.90	0.21	11.00	0.30	—	—	4.90	0.10

资料来源：Wind 资讯。

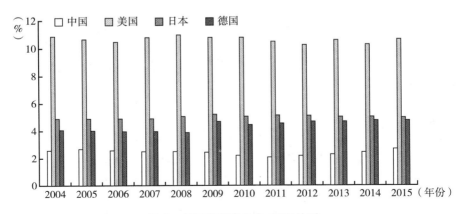

图6 各国信息产业占 GDP 比重

发展的核心动力，因此经济领先国家的高新技术产业普遍具有良好的发展环境和条件，高新技术产业也成为推动经济发展的重要力量。

（二）海外高新技术产业发展实践

在高新技术产业发展过程中，除了产业自身发展规律和市场机制的作用之外，政策、产业集群和资金等因素对于高新技术产业发展都会产生重要的影响。由于经济社会背景以及发展阶段不同，世界各国高新技术产业发展的具体模式和路径各不相同。本部分主要从高新技术产业政策、高新技术产业集群建设以及资本市场的角度，对海外领先国家高新技术产业发展实践进行简要分析。

1. 高新技术产业政策

高新技术产业的快速发展和繁荣正在成为全球经济的新引擎，世界各国纷纷根据自身产业和科技的优势与特点，制定高新技术产业发展战略并出台相应的促进政策，把争夺科技制高点作为国家战略重点，大力发展高新技术产业。

（1）美国

在高新技术产业支持政策方面，美国是世界上最早重视并大力发展高新技术产业的国家，长期以来美国政府积极实施高新技术发展计划，突出科学技术在政府决策中的重要地位，不断推动高新技术产业的发展，自第二次世界大战后一直在全球高科技产业领域独占鳌头。

冷战时期，美国为保持其对苏联的战略优势，投入巨资开发新式武器和尖端军事设施。1983年里根政府提出"星球大战计划"，围绕"星球大战计划"的研究开发，美国逐步形成了国防部、企业、大学三位一体的高新技术产业研究制造体系，并使美国在航空航天、核能开发和利用、生物工程、网络和计算机等众多高科技领域均处于世界领先地位。冷战结束后，克林顿政府调整国家高科技战略，将联邦政府对科技研发投入的重点从国防转向民用，并积极推动军事技术向民用转化。作为振兴美国经济的重要措施，1993年克林顿政府推出了发展高科技的《国家信息基础设施行动计划》，该计划投资 4000 亿美元建设国家信息基础设施，被形象地称为"信息高速公路计划"。以这一行动计划为代表的高科技产业政策的出台，带动了美国私营部门的投资，1991～1995 年美国信息产业的民间投资年均增长率为 19%，1995～1999 年信息产业的民间投资年均增长率达 28%，1999 年美国全社会用于信息产业的投资达到 5100 亿美元，较 1995 年增长 110%，远远超过其他几个大国的同类投资数额，美国的信息产业也一跃成为本国的主导支柱产业。自此美国信息产业蓬勃发展，美国在世界高科技产业中的制高点位置也进一步得到巩固。此外，克林顿政府时期建立了国家科学技术委员会，以保证国家对科技的投资在不同的联邦研究与开发机构之间的协调，同时还成立了总统科技顾问委员会以便向总统提供有关科技问题的建议。在加快科研成果的商品化方面，美国联邦政府以美国航空航天局技术转让系统为基础建立了全国性的技术转让计算机网络，将联邦政府资助的有产业应用前景的技术成果纳入该网络，为全社会和产业界提供技术转让信息服务，从而推动科技成果商品化。据统计，1995～2001 年间，以 1995 年购买力平价的美元计算，美国的研究与开发投入突破 1500 万亿美元，日本为 620 万亿美元，德国为 300 万亿美元[1]，美国研发投入的年平均增长率为 5.4%，是五个工业发达国家（美国、日本、德国、法国和英国）中最高的。有针对性的战略规划加上大规模的科技研发投入成为美国提升高科技产业竞争力和综合国力的重要策略之一。

2008 年金融危机后，美国为振兴经济提出制造业复兴计划，推动包括智能制造在内的先进制造业发展。2009 年美国发布了《重振美国制造业政策框架》；2011 年美国白宫发布了《先进制造业伙伴计划》；2012 年奥巴马宣布投入 10 亿美元创设国家制造创新网络，通过集合制造业企业、学术界和政府部门的力量确保美国在先进制造业领域的领先地位；2012 年 GE 首次提出工业互联网，并将此作为其实现数字化转型的关键路径，随后 IBM、思

---

① OECD, *OECD Science, Technology and Industry Scoreboard*, Paris: Organization for Economic Co-operation and Development, 2003.

科、英特尔、微软等巨头纷纷在相关领域展开布局，目前美国工业互联网发展已经取得初步成效，成为带动经济复苏、拉动就业增长的重要力量；2015年美国白宫发布《美国创新新战略》，主要发展九大战略领域，分别为先进制造、精密医疗、大脑计划、先进汽车、智慧城市、清洁能源和节能技术、教育技术、太空探索以及计算机新领域。此外，美国政府还将继续投资有利于未来战略计划的通用技术，如纳米技术、机器人技术和自动化系统、先进材料、生物学和工程学等。

（2）德国

第二次世界大战后，德国战时服务于军事目的的高新技术迅速转向民用，通过马歇尔计划的援助，德国经济和制造业迅速恢复。从20世纪70年代起，德国经济出现结构调整，开始迈向第三产业化，德国更加专注于知识密集型产业。自20世纪80年代以来，德国政府大力推行高新技术产业领域的规划，提出了诸如"材料研究""生物技术2000年""超导技术""1993～1996年信息技术""1994～1999年微系统技术""激光技术2000年"等一系列高科技支持政策。此外，在美国硅谷模式影响下，德国联邦政府积极支持大学和工业企业合作建立技术园区，这些技术园区把科研和生产紧密地融为一体，使科研成果迅速转化为生产力。到1997年，尖端技术已经占德国工业生产的11.7%，仅次于美国和日本。

进入20世纪90年代以后，德国政府在高科技领域陆续制订了面向制造业升级的"制造2000计划""制造2000+计划""微系统2000计划"等。2000年后，德国政府又发布了旨在提升本国信息化水平的《2006年德国信息社会行动纲领》和《2006～2010年信息化行动计划》等政策。为了巩固并确保德国在国家竞争力和技术方面的全球领先地位，德国政府于2006年发布了《德国高技术战略》，该战略确立了健康和安全生活、通信和移动生活、技术跨界共三类十七个高技术创新范围，并规划了加强德国创新力量的政策路线。为应对2008年全球金融危机造成的影响，顺应全球科技竞争的发展趋势，2010年7月德国制定了《德国2020高技术战略》。该战略认为德国正面临着几十年以来最为严峻的经济和金融形势，而应对这一局面的有效方法是研究新技术、扩大创新，该战略提出经济与科学研究之间的联合需贯穿于高技术战略实施的整个过程，并规定到 2015 年政府在教育和科研领域投入占 GDP 的比重增加到 10%。2014 年 9 月，德国政府推出高科技战略 3.0——《新高技术战略——为德国而创新》，它不仅强调技术创新，同时也强调与服务和社会功能相关的创新，围绕创造经济价值与提高人民生活质量明确了重点研发领域。

近年来，德国发布了多个重要的高科技战略，工业 4.0 是其中的核心内容。面对发达国家再工业化和新兴国家制造业转型升级带来的双重压力，为了进一步提升本国工业的竞争力，并在新一轮的工业革命中抢占先机，德国未雨绸缪地提出了工业 4.0 战略。德国认为，到目前为止，人类社会已经经历过三次工业革命：首先是 18 世纪末西方发达国家引入机械制造设备，进入工业 1.0 "蒸汽时代"；随后是在 20 世纪初期采用电力驱动产品的大规模生产，进入工业 2.0 "电气化与自动化时代"；接下来是 20 世纪 70 年代以 IT 技术和信息化为基础的工业 3.0 "电子信息化时代"。当前则是工业 4.0 时代，即以信息物理系统为基础的智能化生产，其主要特征就是综合利用第一次和第二次工业革命创造的 "物理系统" 与第三次工业革命的 "信息系统"，通过两者之间的融合实现智能化生产。工业 4.0 是德国版的再工业化战略，也是德国 2006 年《德国高技术战略》和 2010 年《德国 2020 高技术战略》的升级版。2011 年 4 月，德国企业界在汉诺威工业博览会上最早提出了工业 4.0 的概念；2013 年 4 月，德国工业 4.0 工作组在汉诺威工业博览会上正式发布了《保障德国制造业的未来：德国工业 4.0 战略实施建议》；2013 年 12 月，德国电气电子和信息技术协会发表《德国工业 4.0 标准化路线图》，进一步细化了工业 4.0 标准化路线图。目前，工业 4.0 战略已经成为德国的一项国家战略，是德国政府制定的《德国 2020 高技术战略》所提出的十大未来项目之一。展望未来，工业 4.0 战略的发展前景非常值得关注和期待。德意志银行在一份研究报告中引用了德国科学与工程院所得出的结论，认为乐观地估计，工业 4.0 战略可以帮助德国企业提高 30% 的劳动生产率。[①] 此外，德国信息技术、电信和新媒体协会同弗劳恩霍夫协会共同进行的一项研究工作认为，工业 4.0 除了可以显著提升德国制造业的水平外，还将使六大行业受益，至 2025 年六大行业将多创造 787.7 亿欧元的产值，每年增速提高 1.7 个百分点。[②]

总之，德国的高科技产业政策主要有以下几个特点，一是注重高科技战略的连续性制定，保证德国高新技术产业发展在不同时期、不同领域都有明确路径可循；二是近年来更加注重推行"信息产业＋制造业"的发展方式，实施信息数字化战略，实现产业协同创新发展；三是注重支持科技型中小企业的创新发展，比如联邦政府启动了中小企业专利行动，联邦教研部实施了中小企业创新项目计划，联邦经济技术部和德国复兴信贷银行设立了高科技创业基金等。

（3）日本

日本的国土狭小，资源贫乏，加之第二次世界大战后企业研发能力不足，在 20 世纪 80 年代以前主要采取快速模仿者战略发展高新技术产业，倚重引进、模仿欧美各国的先进技术，1950～1978 年间日本同美国签订了价值 90 亿美元的各种技术合同，获取了美国许多最新高科技成果，并借此实现经济的超高速增长。但这种过分依靠引进技术的模式也带来一系列问题：大量购买国外科技专利成果导致在一定程度上放松了自身的科技研发，随着国际竞争日趋激烈，日本也不可能再像以前那样大规模引进核心技术；再者，随着产业结构由机械、化工等传统产业向以电子信息产业为主的新兴产业转变，日本开始缺乏必要技术支撑和储备。

自 20 世纪 80 年代开始，随着自身科技实力不断增强，日本从原来技术追赶的角色定位逐步转变为技术领先国家。相应的，日本高新技术产业政策的重点也从先前的技术引进转变为技术研发。在这以后，日本逐渐从贸易立

---

① Stefan Heng, "Industry 4.0 Upgrading of Germany's Industrial Capabilities on the Horzion", Deusche Bank Research, April 23th, 2014.

② BITKOM/Fraunhofer, Industrie 4.0 – Volkswirtschaftliches Potenzial for Deutschland, Berlin 2014, S. 5.

国向技术立国转型，技术立国也被确定为 80 年代日本发展的基本方针，日本较之以往更加注重支持和引导高新技术产业发展。1999 年底，日本制定了 2000～2010 年的"国家产业技术战略"，被列为日本 21 世纪第一个"科技基本计划"的重要组成部分，该战略的发展重点包括生物、通信、机械、材料、医疗等 16 个高新技术产业领域。随着国际竞争日趋激烈，2002 年日本又提出知识产权立国战略，特别是在 2006 年公布的"新经济增长战略"中将成为世界创新中心和强化国际竞争力作为目标。

可以发现，第二次世界大战之后，随着日本经济经历逐步恢复、高速增长、平稳增长、泡沫破灭以及经济再次恢复，日本的高新技术产业政策也不断进行着调整，先后经历了技术引进、自主创新、技术立国和知识产权立国的转变，并始终围绕实现科技与经济的协调发展来进行，可以说科技政策的适时调整转变是日本高科技产业能够得以持续发展的重要保障。

（4）小结

通过对发达国家的高新技术产业政策进行分析可以发现，尽管不同国家在培育和发展高新技术产业的长期过程中采取的具体支持政策各有不同，但是在解决高新技术产业发展的共性问题上已经形成了一定的共识。各国普遍依据本国经济发展阶段和产业特点对高新技术产业发展规划进行顶层设计，并将其上升到国家战略的高度，从而为高新技术企业和各类产业创新主体提供各种支持并营造良好环境，引导带动高新技术产业保持快速发展。

2. 高新技术产业集群建设

（1）美国硅谷

在高新技术产业集群建设方面，美国积极发展高科技园区，为高新技术企业打造良好的发展环境和载体。美国是高科技园区的发源地，1951 年美国斯坦福大学以 660 英亩土地和 5 亿美元风险投资建立了世界上第一个高科技园区——斯坦福研究园区，而后迅速发展壮大成为举世闻名的硅谷。自硅谷之后，美国又出现了沿波士顿 128 号公路两侧的科技园区、北卡罗来纳州三角研究园、纽约的硅街、弗吉尼亚的硅土、波特兰的硅林、凤凰城的硅沙漠、明尼阿波利斯的硅雪堤等一大批类似硅谷的科技园，如今硅谷已成为全世界科技创新中心的代名词。

硅谷泛指美国加州北起旧金山湾、南到圣何塞市的一条狭长地带，约有300万人口，只占美国人口的1%，但是却创造了13%的美国专利。硅谷拥有50余名诺贝尔奖获得者，集聚了世界上最多的千亿美元级别的大公司，并不断诞生能够深刻改变人类生产生活方式的创新企业。硅谷不仅是推动美国经济增长的重要动力，而且也引领着全世界高科技产业的发展方向。美国硅谷所取得的成就吸引了全世界的关注，世界各国普遍效仿硅谷模式，将发展高新技术产业园区、高新技术产业带、科学园区、高新技术产品出口加工区、科学城和技术城等各种形式的高新技术产业集群，作为发展高新技术产业的重要举措。

总结硅谷成功的原因，它不只是对智力、技术、人才和资金等大量生产要素进行集聚，更重要的是能够将各种生产要素有效组合，在区域内形成紧密的社会网络、开放的劳动市场以及有利于创新的社会文化环境，特别是区域内形成的追求卓越、鼓励冒险、容忍失败、乐于合作的独特文化氛围和精神，正是推动硅谷源源不断诞生出伟大公司并且不断迭代成功的关键性因素。一个显著的比较是硅谷与美国另一个高科技产业集群——128公路地区，128公路地区与硅谷有着非常相近的条件，在128公路周围有哈佛大学和麻省理工学院两所世界顶级高校，其所处的波士顿地区又临近全球金融中心纽约，更有利于获得高科技产业发展所需资金。凭借这些比硅谷更为有利的条件，128公路地区的高科技产业在20世纪80年代以前甚至是领先于硅谷的，而现在的情况却是硅谷蒸蒸日上，其中一个非常重要的原因就是硅谷地区营造并形成了一种有利于创新创业的文化。

（2）英国剑桥科技园

20世纪60年代初，剑桥大学在科学技术领域的领先地位吸引了一批小型高科技公司聚集在其周围，但是由于当地政府并不鼓励工业扩张，当时高新技术产业在剑桥并没有得到充分的发展。随着硅谷的示范效应日益显现，世界各地出现了很多以复制美国硅谷为目标的高科技产业集群，这当然也引起了剑桥大学的关注。1969年剑桥大学提交了著名的莫特报告——《大学和以科学为基础的产业关系》，提出要以剑桥大学的声望和科技实力，吸引高科技企业聚集于剑桥地区。在此推动下，1970年剑桥大学三一学院在剑桥城以北创办了欧洲最早的科技园——剑桥科技园。到了20世纪80年代，剑桥诞生了第一批电子高科技企业群，包括 Acorn 电脑、Sinclair 电子、Domino 打印技术公司等。20世纪90年代中期，伴随着剑桥高科技产业集群的不断发展，风险资本开始大量进入，剑桥创新集群内部的企业吸引了全英国23%的风险资本，相当于全欧洲的8%①，这也证明了剑桥科技园进一步走向成熟。目前，剑桥地区的高科技产业集群聚集了超过4700家高科技企业，工作人员超过6万人，总营业收入超过120亿英镑，该地区每10万人申请专利的数量为341项，属全英国最高，并且比排在第二位至第五位城市每10万人申请专利数量的总和还多。② 经过四十多年的发展，剑桥已从最初的大学城逐步成为整个欧洲最为领先的高新技术产业集群。

长期以来，剑桥大学都处于科学技术研究的最前沿。20世纪70年代后大批高科技企业聚集于此，剑桥地区于短短几十年时间从几乎没有现代化工业发展为拥有欧洲著名的高科技产业创新集群，这其中剑桥科技园无疑发挥着决定性作用。剑桥科技园的作用不仅仅是在形式上聚集了技术、产业、资本等硬件条件，最关键的是改变了剑桥地区的经济发展模式，而在经济发展模式转变的背后实际上是文化的改变。剑桥科技园客观上为本地区创新文化的形成营造了良好的氛围和条件。剑桥科技园内存在大量各种形式的协会或组织，比如剑桥企业与技术俱乐部、剑桥高科技协会企业、剑桥网络和剑桥创业学习中心等，这些组织成立的直接目的是为其成员服务，但是客观上加深了高科技产业集群内部不同要素之间的联系，有利于形成交流和扩散创新文化的内部网络。

（3）日本筑波科学城

筑波科学城是日本最大的科学中心和知识中心，位于距东京约60公里

---

① 范硕：《英国"剑桥现象"及其形成机理研究》，吉林大学博士学位论文，2010。

② www. cam. ac. uk/research/innovation - at - cambridge/innovation - in - numbers.

的筑波山麓，总面积约为 284 平方公里，1996 年日本制定的《科学技术基本规划》将筑波科学城定位为信息、研究、交流的核心。目前，筑波科学城集中了超过 300 家科研机构，代表着日本最尖端科学研发水平，并且在众多高科技领域取得创造性突破，培养出了 4 位诺贝尔奖得主。

与美国硅谷不同，日本筑波科学城采取了由政府进行投资和管理的模式，是典型的政府主导型高新技术产业集群。1963 年筑波科学城正式开始建设，随后几十家研究机构及其工作人员迁至筑波科学城，从而形成了以国家实验研究机构和筑波大学为核心的综合性学术研究和教育中心。筑波科学城建立后的每个发展阶段，日本政府都制定了相应的规划，包括 1970 年的《筑波科学城建设法》、1971 年的《筑波科学城建设规划大纲》和 1983 年的《高技术工业集聚地区开发促进法》等。此外，1985 年国际科学技术博览会在筑波的成功举办极大地提升了筑波的国际知名度，从而吸引了大批国际研究人员和跨国研究机构入驻。自 20 世纪 80 年代末以来，日本全国 30% 的国家研究机构及 40% 的研究人员都集聚在筑波，国家研究机构全部预算的 50% 左右投资在筑波。

尽管筑波科学城在 20 世纪 80 年代曾经享誉全世界，但是由于科研与产业之间缺乏紧密联系，筑波科学城的高新技术产业发展并不突出，被外界称为现代科技乌托邦。与硅谷的产、学、研协同发展机制不同，筑波科学城的发展实践更加偏重于科学研究，政府主导的科技研发与市场之间存在脱节问题，相对于其在基础研究领域的领先地位，筑波科学城的高新技术产业规模则明显不足，与科研投入并没有实现完全匹配。筑波科学城已意识到这一问题，开始改变由政府主导的发展模式，积极引入市场机制，促进政府、产业界和学术机构之间的协同发展，推动科研机构的市场化，鼓励大学教师和科研人员等进行创业，带动新技术的开发和新兴产业的发展。

（4）小结

回顾世界各地著名高新技术产业集群的发展实践，它们有些是以大学为依托、依靠市场力量自发聚集的，有些是以政府为主导建立的，后续通过对技术、产业、资本等因素的不断聚集而逐步发展壮大。高新技术产业集群的建设是否能通过直接复制、模仿硅谷等地区同样获得成功？答案显然是否定的。实践证明，当前高新技术产业集群的基础是技术、产业、资本密切协同下的创新型经济，而不是上述要素的简单叠加，此外创新型经济的核心是孕育形成创新文化。成功的高新技术产业集群注重在区域内为创新和创业营造浓厚的文化氛围，从而吸引越来越多的社会成员加入其中，并与其他成员拥有共同的目标和想法，通过区域内大量企业家和企业所从事的创业活动，可以进一步促使形成更具包容性的区域创新文化，最终推动创新型经济的发展，并使高新技术产业集群获得繁荣和成功。

3. 资本市场

（1）美国

美国的资本市场体系中，对高科技企业影响最大且最具特色的就是风险投资和纳斯达克市场。回顾美国高科技产业近几十年的发展轨迹，以硅谷和华尔街为代表，形成了科技产业、风险投资和纳斯达克市场相互联动、协同发展的良好运作机制。

美国是风险投资的发源地。1946 年，全世界第一家真正意义上的风险投资公司——美国研究与发展公司成立。此后风险投资在美国迅速发展，极大地促进了高科技成果的商业化，有效推动了美国经济的发展，英特尔、戴尔、微软、苹果等科技巨头都是风险资本成功运作的典范。以风险投资领域的先驱——红杉资本为例，自 1972 年成立以来投资了大量科技企业，其中包括苹果、谷歌、思科、甲骨文、雅虎、PayPal 等，其投资企业的总市值已超过 1.4 万亿美元，相当于纳斯达克总市值的 22%。风险投资对美国高科技产业发展的支持作用主要体现为有效推动了高科技的产业化。20 世纪许多重要的高科技成果——从 50 年代的半导体硅材料，到 70 年代的微型计算机，再到 80 年代的生物工程技术，均是在风险投资的推动下从实验室走向市场，并创造出巨大经济价值的。进入 20 世纪 90 年代，美国步入了以信息产业为先导的新经济时代，这一时期风险投资极大地支持了信息产业的发展，引导美国经济从工业经济时代步入知识经济时代。据统计，1990 ~ 2000年间，美国的风险投资主要集中在软件、IT 服务、网络及设备、电信等信息产业领域，投资规模远超其他传统行业，并呈逐年递增的总体趋势。仅就软件业而言，1990 年美国风险投资对软件业的投资为 5.19 亿美元，此后逐渐增加，到 2000 年已达到 252.51 亿美元，除 1993 年外，软件业一直是 90 年代美国风险投资规模最大的行业。[①] 正是在风险资本的支持下，20 世纪 90 年代美国的信息科技产业飞速发展，对经济增长的影响逐步增强，对经济增长的贡献率不断提高，在美国经济中占据重要地位。同时，信息产业的迅猛兴起也为风险投资带来丰厚回报，并与风险资本之间形成互动式发展，促进美国风险资本的投资规模进一步增加。20 世纪 90 年代初，美国风险资本规模每年约为 30 亿～50 亿美元，自 1993 年后风险资本开始快速增长，到 1998 年已超过 200 亿美元，至 1999 年已超过 500 亿美元。此外，风险投资对美国高科技产业的支持作用还体现在有效促进了高新技术产业集群的形成和发展。以全球闻名的硅谷为例，美国 35% 的风险资本投资于硅谷，超过 50% 的风险投资基金集中于硅谷。仅在硅谷门罗公园附近一条两三公里长的沙丘路上，就汇聚了上百家顶级知名风险投资机构，这里被誉为"美国西海岸的华尔街"，聚集了美国风险投资总量三分之一的资金，投出了苹果、谷歌、亚马逊、Facebook 等 70% 以上的美国成功科技企业。硅谷高科技产业集群聚集了大量处于初创期的优质中小型高科技企业，具有丰富经验的风险投资机构经由金融、管理、科技等领域专业人才筛选出其中最具商业发展前景的项目，不仅为被投企业提供资金支持，而且提供制定发展战略、对接资源等各种增值服务，为初创期科技企业进行孵化，客观上进一步促进了高科技产业的集聚，成为高科技产业集群形成和发展的有力推动者。

全美证券经纪商协会自动报价系统简称纳斯达克，创立于 1971 年，是全球证券市场中成长最快的以科技为主的证券市场，也是全球第一个电子股票市场。纳斯达克主要为高科技企业和具有高成长性的中小企业服务，长期以来始终保持对高科技企业的吸引力，它是美国高科技产业重要的直接融资

---

① 资料来源：美国风险投资协会 2013 年年度报告。

渠道，包括苹果、微软、谷歌、甲骨文等高科技领域的超级巨头均在纳斯达克进行融资。20世纪70至80年代，纳斯达克市场经历了初期的缓慢上涨，逐渐孕育培养出了大批成熟的高科技企业。20世纪90年代，随着高科技企业开始在经济中占据重要地位，纳斯达克市场实现了快速增长。2006年纳斯达克在进行分层制度改革后划分为三大板块：一是，纳斯达克全球精选市场，主要服务于大型市值公司，采取严格的上市标准；二是，纳斯达克全球市场，主要针对中型市值公司，采取相对较为严格的上市标准；三是，纳斯达克资本市场，主要服务于市值较小的公司，规定的上市标准相对较低。纳斯达克的分层制度构建起了一条逐渐优化的企业动态成长路径，更加符合高科技企业的发展规律，使纳斯达克可以为不同发展阶段的企业提供更具针对性的服务，同时也创造了更多的IPO和转板机会。当前，计算机、生物技术、电子通信、医药等高科技产业上市公司构成了纳斯达克市场的最主要部分，市值排名前十位的公司几乎都是高科技产业领先企业。可以说，美国的高科技产业很大程度上就是依托纳斯达克发展起来的，纳斯达克也因此被一些人称为"美国高科技产业的摇篮"。以科技巨头微软为例，1986年微软登陆纳斯达克之前资产只有200万美元，总收入为1.62亿美元，自上市之后，纳斯达克为其技术研发提供了至关重要的融资支持，微软每一代新操作系统的成功研发与升级都离不开资本市场的融资支持，至2017年微软的市值已超6500亿美元，总资产超2000亿美元，净利润约200亿美元。与中国创业板相比，纳斯达克市值排名前十位公司在市值规模、营业收入和营业利润等指标上都遥遥领先于中国创业板市值排名前十位的公司，这也充分说明纳斯达克在支持高科技上市公司发展方面的全球领先地位（见表5、图7）。

　　总之，在美国资本市场中，纳斯达克和风险投资共同构成对高科技企业的选拔机制，风险投资不断发掘培育出具有潜力的高科技企业，并将其中的佼佼者推向纳斯达克市场，而纳斯达克市场则为风险投资提供了有效的投资退出渠道，使风险投资在获取投资收益后可以对其他高科技企业继续进行股权投资。

表5 美国纳斯达克与中国创业板市值排名前十位公司（截至2017年12月31日）

单位：万美元

排名	美国纳斯达克			中国创业板		
	证券简称	所属行业	总市值	证券简称	所属行业	总市值
1	苹果公司（APPLE）	电脑硬件	86887962	温氏股份	食品加工与肉类	1909438
2	谷歌（ALPHABET）A类股	互联网软件与服务	73190454	华大基因	生物科技	1273619
3	谷歌（ALPHABET）C类股	互联网软件与服务	72704093	蓝思科技	电子元件	1201013
4	微软公司（MICROSOFT）	系统软件	65990605	三聚环保	环境与设施服务	972083
5	亚马逊（AMAZON）	互联网零售	56353505	东方财富	互联网软件与服务	849985
6	FACEBOOK	互联网软件与服务	51275901	碧水源	环境与设施服务	833034
7	英特尔（INTEL）	半导体产品	21602880	信维通信	通信设备	762599
8	思科（CISCO SYSTEMS）	通信设备	18934073	汇川技术	电气部件与设备	739517
9	康卡斯特（COMCAST）	广播	18718456	爱尔眼科	保健护理设施	717211
10	百事公司（PEPSICO）	软饮料	17054343	智飞生物	生物科技	687337

资料来源：Wind资讯（创业板市值排名不包括统计时停牌的公司）。

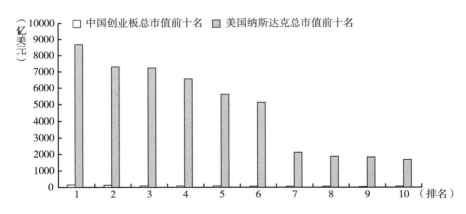

图7 美国纳斯达克与中国创业板市值排名前十位的公司总市值比较

（2）英国

为满足规模相对较小而不能符合主板上市条件的企业的融资需求，伦敦证券交易所于1980年建立了第一个二板市场——未上市股票市场（Unlisted Securities Market，简称USM）。USM设置了相对宽松的挂牌条件，挂牌成本也相对更低，1980～1987年有超过600家公司在USM挂牌，其中的108家后来转板至主板市场。USM 在整个 20 世纪 80 年代为英国众多的中小型企业，特别是高科技企业提供了重要的融资渠道，也为投资于高科技企业的英国风险资本提供了退出渠道。但是在 1987 年之后受到全球股市下跌和发展策略不当等多重因素的影响，USM 几乎趋于停滞状态，1993 年伦敦证券交易所宣布关闭 USM。

1995 年 6 月，伦敦证券交易所在总结 USM 经验教训的基础上新设立了另类投资市场（Alternative Investment Market，简称 AIM）。AIM 的定位是为资金相对匮乏的中小企业提供融资，支持中小型企业的后续长期发展。1995 年 AIM 设立时上市公司只有 10 家，到 1996 年底上市公司就已达到 200 家，当年募集资金超过 6.5 亿英镑，AIM 开始初具规模。2003 年以来，AIM 每年都有超过 200 家中小企业上市。2005 年 AIM 有 519 家企业 IPO，筹资额约 115 亿美元，接近伦敦证券交易所主板市场水平。2006 年 7 月，AIM 上市公司超过 1500 家，市值约 137 亿美元，成为继纳斯达克之后全世界规模最大的创业板市场。这一时期，AIM 还加强了国际化进程，主动吸引优质的海外上市公司资源。由于纳斯达克的上市标准和成本高于 AIM，一些原本计划在纳斯达克上市的公司也选择了 AIM。到 2007 年，AIM 海外公司的数量达到了历史最高峰，在当时全部 1694 家上市公司中有 1347 家来自英国本土，347 家来自海外，当年 AIM 总市值达到 976 亿英镑。至 2017 年，AIM 共有 960 家上市公司，总市值已达 1069 亿英镑，2017 年全年 IPO 数量 80 家，筹集资金近 16 亿英镑。从 1995 年成立到 2017 年底，AIM 已累计为上市企业筹集资金 1063.4 亿英镑，极大地推动了英国高科技企业的发展。[①]

AIM 是目前紧随美国纳斯达克之后的全球领先创业板市场。在 AIM 设立的同一时期，欧洲国家的资本市场陆续成立了一批高科技创业板市场，包括泛欧洲的 EASDAQ、法国的 Nouveau Marche、德国的 Neuer Market、比利时的 Euro NM、意大利的 Nuovo Mercato、荷兰的 Nieuwe Markt 等。它们在刚成立两三年时间里，受益于当时网络概念股票和其他高科技股票的高涨，行

---

① London Stock Exchange：AIM Statistics.

情普遍良好，但随着网络泡沫破灭，大多数最终走向了衰落。2002 年德国的 Neuer Market 关闭，随后法国 Nouveau Marche 也终止运行，欧洲再没有能和 AIM 相提并论的创业板市场。AIM 之所以能够脱颖而出，其中一个重要原因是 AIM 虽然非常注重服务于高科技企业发展，但并不是高科技企业独大，在服务于高科技企业发展的同时还吸引了具备高成长性的传统行业企业。AIM 更愿意将自己定位为高增长市场而不是创业板市场，与其他国家创业板大多强调上市企业的高科技属性不同，AIM 上市公司的行业结构呈现出更为多元化的特点，包括 39 个行业板块、104 个分板块，AIM 市值排名靠前的上市公司既包括医药生物等高科技领域企业，也包括来自零售、能源、建筑等传统行业的企业，从而使市场具备了多元化的上市资源（见表 6）。

表 6　AIM 市值排名前 20 位公司（截至 2017 年 12 月 31 日）

排名	公司名称	行业	市值（百万英镑）
1	ASOS PLC	零售	5615.74
2	HUTCHISON CHINA MEDITECH LD	医药生物	3721.03
3	FEVERTREE DRINKS PLC	饮料	2624.04
4	BURFORD CAPITAL LIMITED	金融	2398.90
5	BOOHOO. COM PLC	零售	2166.38
6	ABCAM PLC	医药生物	2160.71
7	RWS HOLDINGS PLC	支持服务	1260.33
8	CLINIGEN GROUP PLC	医药生物	1259.55
9	BREEDON GROUP PLC	建筑/材料	1247.69
10	PURPLEBRICKS GROUP PLC	房地产投资和服务	1136.22
11	FIRST DERIVATIVES PLC	软件计算机服务	1066.33
12	PHOENIX GLOBAL RESOURCES PLC	石油天然气	1046.59
13	IQE PLC	技术硬件和设备	1035.79
14	PLUS500 LTD	金融	1034.86
15	GLOBALWORTH REAL ESTATE INVESTMENTS	房地产投资和服务	1031.11
16	DART GROUP PLC	旅行休闲	1010.37
17	KEYWORDS STUDIOS PLC	支持服务	987.32
18	SMART METERING SYSTEMS PLC	支持服务	983.38
19	VICTORIA PLC	家庭用品	973.87
20	JAMES HALSTEAD PLC	建筑	935.88

资料来源：伦敦证券交易所网站。

（3）韩国

韩国的科斯达克市场（Korea Securities Dealers Association Automated Quotation，简称 KASDAQ）是目前新兴市场中位居前列的创业板市场。科斯达克全称为韩国证券交易商协会自动报价系统，是仿照美国纳斯达克市场建立的创业板市场，其目的是为高科技公司以及中小企业提高融资，同时也为寻求高风险、高回报的投资者提供新型投资工具。

20 世纪 90 年代，韩国政府在相继出台一系列政策以扶持中小高科技企业、推动风险投资发展的背景下，于 1996 年制定了《促进场外市场发展的方案》，随后又出台了创业板市场培育发展方案，并在 1996 年正式在场外交易市场的基础上建立了科斯达克市场。科斯达克在成立后不久便取得了快速发展，1998 年日均交易量只有 55 亿韩元，到 1999 年 4 月就已增长到 644 亿韩元，再到 1999 年 6 月又猛增至 2322 亿韩元。科斯达克初期快速发展离不开政府支持，韩国政府为了促进高科技产业发展采取许多措施鼓励创新型企业发展，为高科技企业创造有利的上市条件，给予在科斯达克上市企业税收优惠。自 1998 年以来，韩国信息技术产业产值连续 3 年以平均 28% 的速度增长，其中科斯达克功不可没。一方面，科斯达克的建立极大地促进了韩国风险资本行业的发展，1998～2001 年韩国风险投资机构数量由 2042 家猛增到 11000 家，截至 2006 年风险投资公司数量仍保持平均每年增长 10% 以上[①]；另一方面，科斯达克为创业公司提供了持续的融资支持，并促进了公司治理结构的完善。在科斯达克市场的推动下，高科技产业逐步取代传统产业成为韩国经济增长的新动力。2005 年，韩国交易所、韩国期货交易所以及科斯达克合并成立了新的韩国证券期货交易所，科斯达克成为韩国证券市场的重要组成部分。到 2005 年底，科斯达克已拥有上市公司 918 家，市值总规模达 700 亿美元，市场日平均交易额达到 18 亿美元，以交易总额为标准衡量，科斯达克为全世界仅次于纳斯达克的第二大创业板市场。2006 年韩国加快了资本市场的国际化进程，开始允许外国企业在首尔综合股市和创

---

① 欣士：《韩国 KASDAQ：位居前列的新兴创业板市场》，《深交所》2008 年第 1 期。

业板市场上市。2007 年中国的三诺电子有限公司成为第一家在科斯达克上市的外国公司。2008 年金融危机爆发后，科斯达克市值大幅缩水，但随着韩国经济复苏，科斯达克逐步走出危机，到 2013 年科斯达克上市公司数量超过 1000 家，市值超过 80 万亿韩元，此后科斯达克进入了相对平稳的发展期。截至 2017 年底，科斯达克上市公司数量为 1245 家，总市值已达 225 万亿韩元。①

经过二十多年的发展，科斯达克已经成为为高新技术产业特别是中小型企业提供直接融资的重要资本市场，成功培育出了一批具备核心竞争力的高科技企业，比如韩国最大的生物制药公司赛尔群以及全球第二大内存芯片制造商海力士等，这极大地促进了韩国高科技企业和创业企业的发展，为韩国经济发展做出了重要贡献。

（4）小结

高新技术产业需要大量持续的科技研发投入，没有资金的支持，科学技术就难以最终转化为现实生产力。资本市场将科技与资金更加紧密地连接在一起，加快了高新技术企业的研发速度，缩短了科技成果产业化周期，有效地促进了高新技术产业发展，可以说资本市场是当今高新技术产业发展的重要推动力量之一。特别是以纳斯达克为代表的全球创业板市场与风险资本之间的协同，已经被证明是促进高新技术产业发展的有效模式：风险资本依靠自身专业技能发掘出具有商业化潜力的高科技企业，经过培养后推向创业板市场，创业板市场继续为成长概念明确、发展潜力巨大的高科技企业提供金融支持，同时也为风险资本提供了投资退出渠道，使风险资本顺利获取收益后继续投资于新的高科技企业，从而形成良性循环。

4. 经验与启示

前文从理论角度对高新技术产业在提升国家竞争力中的重要作用进行了分析，并从实务角度对高新技术产业在世界领先国家中的重要作用以及具体实践进行了梳理，基于上述研究，本部分对高新技术产业发展的经验与启示

---

① 资料来源：www.krx.co.kr。

总结如下。

（1）自上而下推动实施的国家战略是高新技术产业发展的重要保障。

当前世界各国普遍重视通过发展高新技术产业提高本国的国家竞争力，纷纷从国家政策层面强化对高新技术产业的引导和协同，出现了高新技术产业政策上升至国家发展战略的潮流和趋势。1993年美国总统克林顿成立了国家科学技术委员会并担任主席，同时成立了总统科技政策办公室以协调所有联邦机构在发展高新技术方面的工作。1994年日本设立了由首相村山富市领导的高度信息化社会促进本部，以领导和协调日本信息技术的开发和信息高速公路的建设。1995年俄罗斯成立了由总统叶利钦担任主席的总统科技政策委员会和由政府总理主持的政府科技政策委员会。除了设置高规格的科技决策机构并由国家领导人直接领导外，各国政府更加强调根据本国的情况不断调整和完善科技发展战略，促进高新技术产业化，推动科技为经济发展服务，通过发展高新技术产业来提升国家竞争力普遍成为国家科技政策中的核心内容。通过政策的倾向性规定以及政府的直接参与，一方面可以引导高新技术企业以市场为导向开展技术研发，另一方面可以进一步促进高新技术成果的产品化、商品化、产业化，再者还可以引导资源的合理流向，形成资源的集聚，促进高新技术产业的合理布局，增强本国高新技术产业的国际竞争力。

从国家层面上对高新技术产业实施统一的规划、部署、协调，进而通过财政投入、税收优惠、人才等专项政策加以具体贯彻落实，这种自上而下实施的国家战略已被各国实践证明是高新技术产业发展的重要制度保障。

（2）自下而上形成创新文化是高新技术产业发展的关键。

当今高新技术产业领域的竞争主要是围绕创新展开的。随着科学技术的不断进步，高新技术创新的周期已大幅缩短，从发现核裂变到制成第一个核反应堆仅用时四年，集成电路仅用七年就得到广泛应用，激光器从发现到使用仅用一年，生物工程的扩展也只耗时几年。创新已经成为高新技术产业立足和发展的根本，一个国家的高新技术产业如果不具备创新精神就只能亦步亦趋地跟在其他国家之后，无法主动引领未来前进的方向。

与传统产业不同，高新技术产业中掌握着先进技术知识的人力资本对创新起到决定性作用，而人力资本作用的充分发挥则需要建立鼓励和激发创新的良好文化氛围。实践证明，高新技术产业开发区等各种形式的高新技术产业集群是培育和孕育创新文化的重要载体。成功的高新技术产业集群之所以能够推动高新技术产业发展，不仅仅是由于技术、人才和资金等要素聚集在同一区域，更重要的是对上述要素进行协同之后在区域内形成了互动式的创新网络。这种具备浓厚创新文化氛围的网络如同一个不断保持自我更新、持续向前进化发展的模板，一方面可以将优秀的创新型人才和企业不断吸引汇集到本区域，另一方面大量人才和企业置身于这一整体环境之中，也更易于相互影响，激发出无限的创新火花，从而在技术环节取得突破，形成独特新颖的商业模式，最终在激烈的市场竞争中脱颖而出。如果一个高新技术产业集群只是对硅谷或中关村等成功案例进行了简单模仿，把技术、人才、资金等要素机械化地聚集，那么尚不足以真正推动高新技术产业持续发展。究其原因，这种操作模式只模仿了硅谷的外在形式，并没有在区域内营造出类似硅谷的创新文化精神，因此也就难以像硅谷一样真正取得成功。

从具备创新精神的高新技术企业和企业家，到形成创新网络的高新技术产业集群，再到建立起完备创新体系的创新型国家，高新技术产业在自下而上形成的创新文化驱动之下才能在新一轮全球竞争中赢得战略主动。

（3）资本市场是高新技术产业发展的重要支持力量。

各国的实践经验表明，培育高新技术企业的核心竞争力以及实现高新技术产业化都离不开完善的资本市场支持。首先，在传统的间接融资体系之下，银行等金融机构的风险偏好相对较低，难以完全满足以高风险、高收益为主要特点的高新技术产业的融资需求，而成熟资本市场所建立的直接融资机制能够将产业与资本有效对接，具备高成长性的高新技术企业可以满足一部分能够承担高风险的投资者的投资偏好；其次，多层次资本市场可以有针对性地满足不同发展阶段高新技术企业的需求，并且高新技术企业在上市后还可以通过资本市场进行再融资、股权回购、并购重组等一系列资本运作，有效助推高新技术企业的发展；最后，资本市场的流动性和退出机制为风险资本提供了稳定的投资退出渠道，有利于激发风险资本对处于早期初创阶段高新技术企业的支持。从另外一个角度，高新技术产业的发展反过来又可以进一步扩大资本市场的规模，优化资本市场的结构和体系，为资本市场不断注入新的生机与活力，防范金融泡沫与风险的发生，推动资本市场的持续健康发展。

可以发现，高新技术产业与资本市场之间存在彼此影响、相互依托的关系，建立层次分明、功能健全的资本市场体系，对于高新技术产业的发展具有十分重要的意义。

二　中国高新技术产业发展概述

自新中国成立以来，中国高技术产业经过近 70 年的发展，从无到有、从小到大、从大到强，取得了丰硕的成果，中国的高新技术产业大致经历了如下几个发展阶段。

（一）新中国成立初至20世纪70年代：初创期

新中国成立之初，我国尖端科学技术在基础极其薄弱的情况下先行在原子能工业和航空工业等军事高技术领域实现突破，取得以"两弹一星"为标志的高技术成果，巩固了国防并提升了国际地位。至改革开放前，我国发展高科技的实践主要是坚持独立自主、自力更生的方针，发挥计划经济集中力量办大事的优势，依靠自身力量集中资源在重点领域和前沿项目上实现突破，启动了航空、核能、电子、自动化等一系列现代科技研究工作，建立起一批新兴工业部门，为后续高技术产业的发展奠定了坚实的基础；但受限于国际形势、国内经济社会基础和发展意识等因素，总体看基本没有推动高科技产业化。

（二）20世纪80年代至90年代：高速发展期

20 世纪 80 年代至 90 年代，科学技术在全世界范围内高速发展，最新科技成果被迅速推广应用，科技与经济间的结合日益紧密，高新技术产业开始蓬勃兴起，极大地提高了社会生产力。20 世纪 80 年代中期，我国第一次从总体上对高新技术产业进行系统规划，拉开了大规模有组织发展高新技术产业的序幕。根据世界新技术革命浪潮的趋势和国内经济建设的需要，邓小平同志提出"中国必须发展自己的高科技""发展高科技，实现产业化"等重要论断，做出一系列推动高科技发展的重大战略决策，并决策启动了"863 计划"，高新技术产业迅速向相关领域扩展，为经济发展服务。随后与"863 计划"相衔接的"火炬计划"正式实施，有效促进了高新技术研究成果的商品化，极大地推动了我国高新技术的产业化和国际化。特别值得一提的是，1988 年 5 月，经国务院批准，我国第一个国家级高新技术产业开发区、中关村科技园区的前身——北京市新技术产业开发试验区正式成立，由此在全国范围内拉开了高技术产业开发区建设的序幕。高新技术产业具有较强的集群性，高技术产业开发区的广泛设立为高科技企业参与自主创新提供了重要载体和环境，建设高技术开发区也成为我国大力推动高技术产业化的一项重要战略举措。这一阶段，在政策的推动和引导下，联想、华为、四通、北大方正等一大批高新技术企业开始逐步成长壮大，在引进和吸收国际先进技术基础上，研制开发出具有自主知识产权的产品，成为高新技术领域具有代表性的企业，并对日后我国高技术产业化起到了巨大推动作用。

进入 20 世纪 90 年代，我国进一步加快高新技术产业化道路的探索，不仅强调发展高新技术产业的重要性，而且针对高新技术产业制定一系列具体的扶持措施，并重点从财税和信贷等方面为高新技术产业发展创造良好条件。这一时期我国高新技术产业进入高速发展阶段，产业规模迅速扩大，产业门类不断健全，民营科技企业异军突起，形成微电子、信息、自动化控制、光机电一体化、生物工程、航空航天、激光技术、新材料、医药和海洋工程综合发展的良好格局。相关统计数据显示，1995 年我国高技术产业工业增加值 1081 亿元，工业总产值 4098 亿元，利税总额 326 亿元，产品销售收入 3917 亿元，高技术产业工业增加值占制造业增加值比重为 6.2%，占 GDP 比重为 2%，此后高新技术产业一直保持高速增长（见表 7、图 8）。特别是在 20 世纪 90 年代末期，随着互联网产业蓬勃兴起，新经济概念开始生根发芽，一大批高科技公司如雨后春笋般出现，这一时期成立的腾讯、阿里、京东、百度、搜狐等企业日渐脱颖而出，成为中国高新技术创新型企业中的领军者。

表7　1995～2000 年我国高技术产业主要经济指标

项　　目	1995 年	1996 年	1997 年	1998 年	1999 年	2000 年
从业人员年平均人数(万人)	448	461	430	393	384	390
工业增加值(亿元)	1081	1272	1540	1785	2107	2759
工业总产值(亿元)	4098	4909	5972	7111	8217	10411
利税总额(亿元)	326	380	517	555	713	1033
产品销售收入(亿元)	3917	4497	5618	6580	7820	10034

资料来源：《中国高技术产业统计年鉴》（2002 年）。

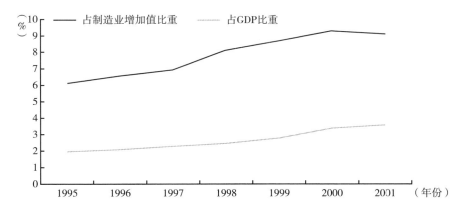

图8　高技术产业工业增加值占制造业增加值及 GDP 的比重

资料来源：《中国科学技术指标》（2002 年）。

（三）2000～2012年：跨越与创新期

进入 21 世纪，以信息技术、生物技术和纳米技术为代表的科学技术取得新的重大突破，高新技术产业交叉融合趋势明显，不断向各领域渗透，影响改变着社会发展进程。在新世纪科技革命背景下，经济增长方式逐渐从过去以土地、劳动力和资本等传统生产要素为主转为以知识、技术和信息等新兴生产要素为主，以高新技术为基础的高新技术产业成为知识经济时代的主导产业，并积极带动传统产业的转型升级，科技创新已成为引领经济发展的第一动力。

这一时期，我国高新技术产业改变过去粗放型发展阶段依靠"引进技术"和"以市场换技术"的实践，更加注重培养自主创新能力和核心技术竞争力，高新技术产业的基础研发更加受到重视，关键核心技术研究进一步得到加强，高新技术产业进入跨越式大发展时期，发展模式从数量扩张型向质量效益功能型转变、从投资驱动型向自主创新型转变，节能环保、新一代信息技术、生物、高端装备制造、新能源、新材料、新能源汽车等战略性新兴产业成为重点发展方向，技术含量高、要素消耗少、人力资源得到充分发挥的高新技术产业结构正在逐步形成。在这一发展阶段，2000 年我国高技术产业工业增加值为 2759 亿元，工业总产值达 10411 亿元，利税总额 1033 亿元，产品销售收入 10034 亿元，高技术产业工业增加值占制造业增加值比重为 9.2%，占 GDP 比重为 3.4%；至 2007 年，高技术产业工业增加值已达到 11621 亿元，工业总产值达 50461 亿元，利税总额 3353 亿元，产品销售收入 49714 亿元，高技术产业工业增加值占制造业增加值比重为 12.4%，占 GDP 比重为 4.5%；再到 2012 年，我国高技术产业主营业务收入达 102284 亿元，利润总额达 6186 亿元（见表 8、表 9）。

表 8 2000～2007 年我国高技术产业主要经济指标

项　　目	2000 年	2001 年	2002 年	2003 年	2004 年	2005 年	2006 年	2007 年
从业人员年平均人数（万人）	390	398	424	477	587	663	744	843
工业增加值（亿元）	2759	3095	3769	5034	6341	8128	10056	11621
工业总产值（亿元）	10411	12263	15099	20556	27769	34367	41996	50461
利税总额（亿元）	1033	1108	1166	1465	1784	2090	2611	3353
产品销售收入（亿元）	10034	12015	14614	20412	27846	33922	41585	49714

资料来源：历年《中国高技术产业统计年鉴》。

表9 2008～2012 年我国高技术产业主要经济指标

项　目	2008 年	2009 年	2010 年	2011 年	2012 年
从业人员年平均人数（万人）	945	958	1092	1147	1269
主营业务收入（亿元）	55729	59567	74483	87527	102284
利润总额（亿元）	2725	3279	4880	5245	6186
利税（亿元）	4024	4660	6753	7814	9494

资料来源：历年《中国高技术产业统计年鉴》。

（四）2013年至今：战略转型期

在物理、数字和生物等高新技术的融合下，新一轮产业革命成为当今时代发展的主流，集成电路行业正在从"硅时代"迈向"石墨烯"时代，移动通信开启5G，软件进入"云时代"，以移动互联网技术为依托的共享经济蓬勃发展。为应对新一轮科技革命和产业变革的挑战，2015 年我国发布《中国制造2025》，明确了"九项战略任务"和"十大产业发展重点"，组织实施"五项重大工程"，以实现我国制造业整体水平和国际竞争力的提升，增强我国综合国力。2016 年，中国杭州举行的 G20 峰会通过了《二十国集团创新增长蓝图》，提出了以"创新、新工业革命、数字经济和结构性改革"为核心的经济增长模式。第四次工业革命以物联网、大数据、云计算、人工智能等成为亮点，将数字技术、物理技术、生物技术有机融合在一起，具有深度网络化、绿色化、智能化和生产组织方式分散化等趋势，突出特点表现为信息技术深度应用于制造领域，从而使制造方式发生根本性变革；颠覆性技术交叉应用于多个领域，从而使产业部门发生重大变化；智能产品推动社会进步，深刻影响社会、经济、文化生活。在第四次工业革命的时代背景下，以《中国制造2025》等政策的实施为引导，我国高新技术产业正在推动实现从中国制造到中国创造、从中国速度到中国质量、从中国产品到中国品牌、从制造大国向制造强国的转型升级。

2016 年 5 月，习近平总书记在全国科技创新大会、两院院士大会、中国科协第九次全国代表大会上发表了"为建设世界科技强国而奋斗"的重要讲话，吹响了建设世界科技强国的号角。讲话确立了把我国建成世界科技强国的"三步走"路线图，即到 2020 年时使我国进入创新型国家行列，到 2030 年时使我国进入创新型国家前列，到新中国成立 100 年时使我国成为世界科技强国。讲话指出，"经过改革开放 30 多年努力，我国经济总量已经居世界第二。同时，我国经济发展不少领域大而不强、大而不优。新形势下，长期以来主要依靠资源、资本、劳动力等要素投入支撑经济增长和规模扩张的方式已不可持续，我国发展正面临着动力转换、方式转变、结构调整的繁重任务。现在，我国低成本资源和要素投入形成的驱动力明显减弱，需要依靠更多更好的科技创新为经济发展注入新动力；社会发展面临人口老龄化、消除贫困、保障人民健康等多方面挑战，需要依靠更多更好的科技创新实现经济社会协调发展；生态文明发展面临日益严峻的环境污染，需要依靠更多更好的科技创新建设天蓝、地绿、水清的美丽中国；能源安全、粮食安全、网络安全、生态安全、生物安全、国防安全等风险压力不断增加，需要依靠更多更好的科技创新保障国家安全。所以说，科技创新是核心，抓住了科技创新就抓住了牵动我国发展全局的牛鼻子"。习近平总书记在"科技三会"的讲话是新形势下引领我国加快科技创新步伐的根本遵循和行动指南，在我国全力建设世界科技强国的进程中，中国高新技术产业未来将更加牢固地树立新发展理念，不断提升自主创新能力，为经济发展注入新动能。

2017 年 10 月，党的十九大胜利召开，习近平总书记所做的重要报告为高新技术产业发展指明了方向。十九大报告指出"加快建设制造强国，加快发展先进制造业，推动互联网、大数据、人工智能和实体经济深度融合，在中高端消费、创新引领、绿色低碳、共享经济、现代供应链、人力资本服务等领域培育新增长点、形成新动能。支持传统产业优化升级，加快发展现代服务业，瞄准国际标准提高水平。促进我国产业迈向全球价值链中高端，培育若干世界级先进制造业集群"。十九大报告强调，"创新是引领发展的第一动力，是建设现代化经济体系的战略支撑。要瞄准世界科技前沿，强化基础研究，实现前瞻性基础研究、引领性原创成果重大突破。加强应用基础研究，拓展实施国家重大科技项目，突出关键共性技术、前沿引领技术、现代工程技术、颠覆性技术创新，为建设科技强国、质量强国、航天强国、网络强国、交通强国、数字中国、智慧社会提供有力支撑。加强国家创新体系建设，强化战略科技力量。深化科技体制改革，建立以企业为主体、市场为导向、产学研深度融合的技术创新体系，加强对中小企业创新的支持，促进科技成果转化"。党的十九大明确指出中国特色社会主义进入了新时代，这是我国发展新的历史方位，新时代对高新产业发展提出了新要求，传统的依靠要素简单扩张的发展模式已难以持续，因此必须大力发展高新技术产业，通过高新技术产业的跨越式发展推动实现科技强、产业强、经济强、国家强。

从相关统计数据来看，2013 年我国高技术产业主营业务收入（产品销售收入）为 116049 亿元，利润总额为 7234 亿元；2015 年高技术产业主营业务收入已达到 139969 亿元，利润总额达 8986 亿元，高技术制造业增加值占规模以上工业增加值的比重为 11.8%，高技术产业投资 32598 亿元，占固定资产投资的比重为 5.9%；2016 年我国高新技术企业数量为 30798 家，高新技术产业主营业务收入达到 153796 亿元，利润总额为 10302 亿元，高技术制造业增加值占规模以上工业增加值的比重为 12.4%。[1] 特别值得一提的是，高新技术产业与资本市场之间相互促进、共同发展，高新技术企业已逐步成为当前我国上市公司的中坚力量。从高新技术领域比较有代表性的几个行业的上市公司情况来看，航天航空与国防，制药、生物科技与生命科学，信息技术，以及电信服务行业 A 股上市公司的市值总和从 1991 年的 18 亿元起总体呈增加趋势，到 20 世纪 90 年代中期和 2010 年分别出现爆发式增长，至 2017 年，上述高新技术领域代表性行业的上市公司市值总和已接近 11 万亿元，占 A 股全部上市公司总市值的 17.8%，可以说目前高新技术企业已在我国资本市场上占据了重要的地位（见表 10）。

---

[1] 资料来源：历年《中国高技术产业统计年鉴》、历年《国民经济和社会发展统计公报》。

表 10　高新技术领域代表性行业 A 股上市公司市值情况统计

单位：百万元人民币

年份	A 股总市值	航天航空与国防行业上市公司市值	制药、生物科技与生命科学行业上市公司市值	信息技术行业上市公司市值	电信服务行业上市公司市值	高新技术领域代表性行业上市公司市值合计	高新技术领域代表性行业上市公司市值占 A 股比重（%）
1991	12031	0	0	1830	0	1830	15.2
1992	87439	0	0	8702	0	8703	10.0
1993	321386	0	9374	12165	2600	24142	7.5
1994	364410	0	9680	13396	3032	26109	7.1
1995	343477	0	9181	12387	2532	24101	7.0
1996	976055	746	30178	65964	4571	101460	10.4
1997	1748601	2614	60255	152232	5582	220685	12.6
1998	1949428	3267	67982	167667	4984	243902	12.5
1999	2641347	5459	98504	257031	5298	366294	13.9
2000	4833985	12263	208012	461975	9096	691349	14.3
2001	4516159	15637	184363	386003	6604	592609	13.1
2002	4047970	17418	164686	309837	52983	544926	13.5
2003	4826452	15076	149629	305162	77407	547276	11.3
2004	4264754	13827	140296	279612	64861	498598	11.7
2005	3823641	15545	118882	203489	59350	397268	10.4
2006	10038817	33201	189812	303972	98988	625976	6.2
2007	36817519	87708	591697	790388	261886	1731681	4.7
2008	14381820	40288	339077	370225	111533	861125	6.0
2009	28160291	178468	726697	981912	176574	2063651	7.3
2010	30549870	294250	1103296	1669700	138813	3206060	10.5
2011	24482981	227070	808144	1178560	128672	2342449	9.6
2012	26639350	219837	926269	1241287	86945	2474341	9.3
2013	27309099	333493	1276473	2033235	97864	3741066	13.7
2014	41344523	594789	1554974	3244522	142959	5537246	13.4
2015	56721704	793833	2758393	6772089	180970	10505287	18.5
2016	54762694	707711	2711373	6166477	194340	9779904	17.9
2017	61482127	697453	3101869	6927897	224415	10951636	17.8

资料来源：Wind 资讯。

总体来看，改革开放以来中国经济发展取得举世瞩目的成就，经济总量和综合国力大幅增长，经济结构持续优化，伴随着经济的持续快速发展，我国高新技术产业经历初创、高速发展、跨越与创新以及战略转型几个发展阶段，不仅总量规模迅速扩大，而且在国民经济中的支柱性产业地位和重要性日益提升，为加快经济结构调整和经济增长方式转变做出了重要的贡献，成为经济新的增长点和推动力。

三 中国高新技术产业并购发展概述

高新技术产业作为创新主导型产业，兼具技术密集和资金密集的特性，充分而有效率的金融支持是高新技术产业得以顺利发展的重要条件之一。随着高新技术产业进入新的发展阶段，新技术、新产品、新模式、新业态快速发展，未来制约其发展的瓶颈不仅是技术本身，还包括技术发展所倚赖的充足的投资与金融支持。作为资本市场支持实体经济发展的重要方式，并购无疑将在推动高新技术产业发展方面扮演日益关键的角色。高新科技企业并购在很多方面与其他类型企业的并购具有相同点，遵循并购的一般性规律，同时高新科技企业作为实现前沿科学和先进技术商业化的经济组织，具有研发投入大、风险高、成长速度快、规模经济优势强、收益回报丰厚以及无形资产比重大等特点，因而高新科技产业并购还具有自身独特的规律。以我国高新技术产业的发展历程为背景，结合并购市场的整体情况，我国高新技术产业并购自改革开放以来大致分为如下几个发展阶段。

（一）20世纪80年代：高新技术产业并购的萌芽阶段

20 世纪 80 年代，我国处于从计划经济向市场经济的转型过程，大量资产沉淀在经济效益不佳的国有企业，随着企业经营自主权的扩大，出现了国有企业之间的兼并收购，以达到促进企业优胜劣汰和调整产业结构的目的。1984 年，保定市纺织机械厂和保定市锅炉厂以承担被兼并企业全部债权债务的方式分别并购保定市针织器材厂和保定市风机厂，开创了我国企业并购的先河。随后优势企业开始通过半市场、半行政化的并购活动来整合亏损企业。1989年我国出台了第一部有关企业并购的法规——《关于企业兼并的暂行办法》。总体来看，20世纪80年代企业并购活动还没有形成规模，参与主体通常为国有企业，不仅形式单一而且带有明显的行政干预色彩，并购动因主要是解决企业亏损、卸掉财政包袱和安置就业。具体到高新技术产业并购，由于当时并购的最主要动机是解决国有企业亏损问题，而高新技术企业多数还处于成长发展时期，加之资本市场尚不发达，高新技术产业并购只是处于萌芽阶段，不过一批领先高新技术企业已经为日后实施并购积累了实力。

（二）20世纪90年代：以并购换取资金、市场、渠道等资源

20世纪90年代，我国经济体制改革在各个领域取得重大进展，并购所需要的制度基础和市场化交易平台逐步完善，企业开始更多地通过资本市场实施并购。1990年上海证券交易所和深圳证券交易所先后成立，各地也纷纷设立产权交易中心。1993年国务院证券委员会发布《股票发行与交易管理暂行条例》，1999年《证券法》正式开始实施。基于并购的市场环境逐步形成，1993年发生了中国上市公司第一起并购事件——深圳宝安集团收购上海延中实业，1994年出现了中国证券市场第一起协议收购、同时也是中国第一起完整意义上的借壳上市——珠海恒通集团股份有限公司并购上海棱光实业股份有限公司，1995年发生了中国第一起外资并贩——日本五十铃汽车株式会社与伊藤忠商社联合协议收购北京北旅未上市流通法人股。这一时期，国有股划拨、外资企业收购国内企业以及法人股协议转让等多种并购形式开始出现，不过并购参与方仍然以国有企业为主，并购的总体规模相对偏小。

20世纪90年代，我国高新技术产业蓬勃发展，产值快速增长，利润逐年增加，技术进步明显，高新技术产业领域的并购随之进入起步阶段。1998年国务院发布《关于加强技术创新，发展高科技，实现产业化的决定》，明确提出要培育有利于高新技术产业发展的资本市场，优先支持有条件的高新

技术企业进入国内和国际资本市场。这一时期，高新技术产业并购主要是由技术水平高、需要融资支持的高新技术企业与融资能力强、创新能力不足的上市公司之间借助资本市场实施，从而实现优势互补：一方面，具有资金和机制优势的上市公司通过并购非上市高新技术企业进入高新技术领域，从而实现公司战略调整和转型升级，如复星实业1998~1999年并购上海五洋药业健康产品有限公司、上海实业医大生物技术有限公司、上海创新科技公司；另一方面，在产品和技术方面具有优势的高新技术企业也在主动寻求控股上市公司，从而打通直接融资渠道，并获得上市公司的销售渠道和市场知名度等各种资源，如1998年北大青鸟收购北京天桥，1999年鼎天集团收购东方电工，1999年红桃K集团收购东湖高新等。除此之外，一些实力雄厚的大型高新技术企业开始通过并购其他高新技术企业来扩大市场份额，实施产业整合，扩展和完善企业价值链条，实现协同效应，比如1999年上市公司清华同方通过换股方式收购当时国内最大的中高压瓷介电容器生产商鲁颖电子，从而快速进入电子元器件领域，这也是我国首起以股权交换方式实施的并购交易。总之，此阶段高新技术产业并购与其他行业的并购区别还不是非常明显，都主要通过并购来获取资金、市场和渠道等资源。

（三）2000~2012年：技术获取型并购成为主流

2000年以来，随着相关政策和市场环境的进一步规范，并购特别是上市公司并购进入快速发展阶段。在1999年7月《证券法》实施后，证监会相继于2001年颁布《关于上市公司重大购买、出售、置换资产若干问题的通知》，2002年颁布《上市公司股东持股变动信息披露管理办法》《关于向外商转让上市公司国有股和法人股有关问题通知》《利用外资改组国有企业暂行规定》《上市公司收购管理办法》，2003年颁布《外国投资者并购境内企业暂行规定》，我国并购重组的政策法规体系更加完备。此外，2005年证监会启动上市公司股权分置改革，解决了中国证券市场原有的二元结构问题，国有股和法人股自此在二级市场上可自由流通，从而为市场化并购进一步铺平道路。这一时期，随着政策的完善和资本市场效率的提升，并购的形式不断创新，并购的质量进一步优化，市场化并购取代政府主导的并购成为主流，更为重要的是企业并购的动机进一步成熟，不再只是简单追求扩大市场规模，而是更加注重进行资源整合和提升企业竞争力的战略并购。

在高新技术产业并购方面，进入21世纪，高新技术飞速发展，人类社会从工业经济时代迈向知识经济时代，经济发展方式从资源密集型转为技术密集型，高新技术产业在推动经济发展中发挥着更为关键的作用，而并购在促进高新技术产业发展方面也扮演着更为重要的角色。以高新技术产业领域中具有代表性的几个行业为例，其并购交易的数量和金额情况可以大体反映出同时期中国高新技术行业并购的整体发展状况：2000～2012年，信息技术行业并购交易金额3041亿元；制药、生物技术与生命科学行业并购交易金额1287亿元；航空航天与国防行业并购交易金额236亿元；电信服务行业并购交易金额8858亿元。

这一时期，我国推动高新技术产业发展的政策模式从原先单一依靠科技政策转为科技政策与经济政策协同并举，资本市场特别是并购重组对于高新技术产业的支持助推作用得到进一步发挥。2006年国务院发布《国家中长期科学和技术发展规划纲要（2006～2020年）》，明确提出"积极推进创业板市场建设，建立加速科技产业化的多层次资本市场体系。鼓励有条件的高科技企业在国内主板和中小企业板上市。努力为高科技中小企业在海外上市创造便利条件。为高科技创业风险投资企业跨境资金运作创造更加宽松的金融、外汇政策环境"。在政策引导下，高速发展的高新技术企业逐步成为我国上市公司的中坚力量。据统计，截至2010年初，沪深两市上市公司总计1723家，高新技术产业上市公司609家，占上市公司总数的35.5%，其中沪市主板244家、深市主板101家、中小板229家、创业板35家。[①] 与传统的资源密集型产业相比，高新技术产业属于技术密集型产业，其研究开发成果基本以无形资产形式存在，高新技术企业拥有核心产品和技术的数量越

---

① 科技部火炬中心高新技术企业处：《中国高新技术企业发展环境及相关政策浅析》，《中国科技产业》2012年第11期。

多、质量越高，其盈利能力通常就越强，因此知识产权等无形资产对于高新技术企业发展愈发起到决定性作用，设备和厂房等有形资产的作用则退居相对次要地位。鉴于我国高新技术产业仍存在大而不强的问题，高新技术企业除加大研发投入、设立海外研发机构、建立技术联盟和委托研发外，还更加注重运用国内和跨境并购整合外部资源，在短时间内以相对较低的成本增强企业研发实力和自主创新能力，快速实现技术升级。此时，高新技术企业并购战略的重点不再仅仅是获取资金、渠道、市场或有形资产，而是有针对性地获取关键技术等知识资源和经验。这种以获取更先进核心技术为目的的技术获取型并购成为我国高新技术企业实现技术跨越和转型升级的有效手段。通过技术获取型并购，我国高新技术企业获取了外部技术资源和能力，经过技术整合产生协同效应，形成新技术、专利和产品，从而提升了企业的核心竞争力。例如，2000年激光产业龙头华工科技收购拥有国际领先水平高速无线互联网技术的民营高科技企业武汉汉网高技术公司，从而抢占国际高速无线互联网技术制高点；2001年浙江民营企业华立汪氏收购美国飞利浦公司CDMA研发部门，获得CDMA手机芯片软件设计及整体参考设计相关技术，进而进入移动通信产业上游；2003年京东方科技收购韩国现代显示TFT－LCD业务，从而掌握液晶平板显示技术的核心部分；2004年联想收购IBM个人电脑业务，取得了IBM个人电脑的销售网络、员工和知识产权，特别是拥有了IBM在美国和日本的研发中心，从而吸收其先进技术，巩固其国内PC市场霸主的地位。

在这一时期，2008年发生的全球金融危机对我国高新技术产业增长产生一定影响，但是一部分自主创新能力强、具备核心竞争力的高新技术领先企业经受住复杂市场环境的冲击，并且能够化危机为契机，充分利用金融危机后各种成本相对偏低的机会，在全球范围实施并购获取关键技术，进一步提升了企业核心竞争力，可以说在经济下行周期，并购对于我国高新技术产业的发展起到了一定支撑作用。比如，浙江吉利控股集团于2009年并购世界第二大自动变速器生产商澳大利亚DSL，从而直接掌握了汽车变速器技术，2010年吉利与因金融危机受到重创的福特公司达成协议，从后者手中收购沃尔沃汽车公司，从而获得具备国际竞争力的汽车核心技术、国际知名品牌、全球研发与营销网络。通过一系列技术获取型并购，吉利跨越式地提升了企业核心竞争力，并于 2012 年首次进入《财富》世界 500 强企业。再比如，联想集团自 2009 年起至少实施了六次跨境并购：2011 年联想并购日本电气株式会社（NEC）个人电脑业务，并与 NEC 成立合资公司，该合资公司成为日本市场最大的 PC 厂商，通过此次并购联想掌握了超过 3800 项专利组合，随后被大规模运用在其智能手机等诸多移动设备的生产制造中，2016 年底联想进一步收购了该合资公司的大部分股权；2011 年联想并购德国个人消费电子企业 Medion，从而切入欧洲市场并获取 Medion 在移动互联网终端和虚拟数据业务方面的技术和经验；2012 年联想并购巴西个人电脑和消费电子产品制造商 CCE；2012 年联想并购美国软件公司 Stoneware 以加强和扩展联想云计算解决方案业务。这一时期我国高新技术产业并购的实践充分说明，高新技术企业增强抵御风险能力的关键在于不断提升自主创新能力，而并购无疑是实现这一目的的有效途径之一。

（四）2013年至今：人才获取型并购引领新趋势

近年来，高新技术产业呈现出技术变更速度加快、产品生命周期缩短以及国际竞争日益激烈的趋势，单独一家企业越来越难以依靠自身内部研发力量来满足其对新技术的全部需求，高新技术企业通过并购获取外部先进技术与核心创新资源的主观意愿更加强烈。同时，我国高新技术企业经过长期高速发展积累下雄厚资金和丰富经验，客观上已经具备了以大规模并购方式提高企业核心竞争力的实力和条件。

基于这样的产业背景，我国高新技术产业并购进入更为活跃的时期。在并购交易数量方面，2013～2017 年中国高新技术企业并购交易的数量分别为 1076、1228、1459、1394 和 1372 宗；在并购交易金额方面，2013～2017 年中国高新技术企业并购交易的金额分别为 3950 亿、10998 亿、17114 亿、15394 亿以及 10726 亿元人民币。继续以上一部分选取的高新技术领域具有代表性的行业为例进行统计，2013～2017 年，信息技术行业并购交易金额

21319 亿元，制药、生物科技与生命科学行业并购交易金额 4672 亿元；航天航空与国防行业并购交易金额 839 亿元；电信服务行业并购交易金额 2518 亿元。与 2000 ~ 2012 年相比，除电信行业外其他三个行业在 2013 ~ 2017 年短短五年内的并购交易金额比 2000 ~ 2012 年 13 年间的总和还要高，充分说明了当前高新技术产业并购已进入新的跨越式发展时期。在本阶段，高新技术产业并购具体表现出以下特点。

第一，高新技术产业并购最突出的特点是人才获取型并购成为发展趋势。对于高新技术企业而言，资产易得、人才难求，人才是最富有活力和创新性的核心资源。随着产品和技术更新换代的速度不断加快，高新技术企业之间的竞争已经演变为人力资本的竞争，具备持续技术创新能力的优质人才成为支撑高新技术企业生存发展的关键，获取高端人才也就成为高新技术产业并购新的重点。人才具有稀缺性和难以替代性，并购是快速获取人才的有效途径之一，能够帮助企业在短时间内获得完整的研发团队，大幅降低获取人才的时间和成本，同时企业在并购后规模扩大、实力增强，还会吸引更多人才加入，为企业带来更多技术创新要素，进一步增强企业的创新发展能力，因此人力资本在高新技术产业并购中的作用越来越受到重视，并且成为决定并购成功与否的关键因素。美国思科公司总裁约翰·钱伯斯曾经说过："如果你希望从你的公司并购中获取 5 ~ 10 倍的回报，显然它不会来自今天已有的产品，你需要做的是，留住那些能够创造这种增长的人……与其说我们在并购企业，不如说我们是在并购人才。"可见人力资本已经成为高新技术企业最重要的战略资产。综观我国高新技术企业的并购动机，最初与其他行业领域实施的并购并无太大差异，均为获取市场份额、融资渠道或者销售网络，随后并购动机逐步转向获取先进技术，如今高新技术企业并购的关注重点进一步聚焦到获取具备持续技术创新能力的人才，人才激励措施也成为并购整合的关键因素。高新技术产业并购重点的转移对我国高新技术企业提出新挑战，完成并购仅仅是一个开始，并购后的整合过程中如有处理不当将可能导致人才流失，失去开发产品的核心人才，这就相当于只获取了第一代技术，而失去了第二代、第三代技术，因此高新技术企业在实施并购后还必须做好后续的整合工作，特别是要具备较强的人力资本整合能力，这样才能实现人才获取型并购所预期的并购协同效应。

第二，高新技术产业海外并购日趋活跃。在外部环境层面，全球经济增速放缓，欧美等发达经济体相当数量优质标的估值缩水并且亟待资金注入；相较于外部环境，中国经济持续快速增长，国际竞争力不断提升，外汇储备较以前相对充足，"一带一路"倡议进入加速落地阶段，这些客观上都为中国企业海外并购创造了有利条件。基于国际和国内两方面因素影响，中国企业海外并购活动出现热潮，海外并购涉及的行业从最初的矿产、能源等部门逐渐扩展至机械与工业制品、电子电气设备、汽车及配件、软件及网络服务业等多元化行业领域，并且制造业与服务业所占比重趋向上升，并购热点也从最初的获取自然资源、能源扩展至获取先进技术、设备、品牌、高端人才等战略性资产。在中国企业海外并购持续升温的趋势之下，我国高新技术产业海外并购同样势头强劲，高新技术企业积极在北美和欧洲等成熟市场寻找优质并购目标，获取国外先进技术、知识和人才等优势无形资源的战略意图明显。比如，2014 年联想并购谷歌旗下摩托罗拉移动智能手机业务，拥有了摩托罗拉的 2000 多项专利、品牌以及与 50 多家运营商的合作关系；2015 年联想并购 IBMx86 服务器业务，获得 IBM 在企业级服务器业务方面的技术；2016 年腾讯 102 亿美元收购芬兰手游开发商 SuperCell 84.3% 的股权，获得国外优秀游戏公司的产品能力以及流动性相对较低的技术人才；2017 年 4 月百度全资收购专注于机器视觉软硬件解决方案的硅谷科技公司 xPerception，从而加强其在视觉感知领域的软硬件能力，提速人工智能技术产品化，同年 7 月百度又全资收购了专注于语音处理的人工智能创业公司 KITT. AI，从而将 KITT. AI 的语音能力和自然语言处理能力融入百度平台。未来受益于"一带一路"倡议，我国高新技术企业在沿线国家的投资力度必然会进一步加大，并且将成为促进我国对外投资持续健康稳定发展的重要力量。

（五）中国高新技术产业并购的驱动力

总结中国高新技术产业并购的发展历程，推动高新技术产业并购不断向前发展的核心驱动力主要包括以下几方面。

第一，科技变革的驱动。当前新一轮科技变革与产业革命蓬勃兴起，信息、生命、材料、能源等领域的新兴技术正在加速与经济社会各领域的广泛交叉和深度融合，催生了一批新的经济增长点，日益成为引领经济社会发展的先导力量，科技变革不但直接推动了高新技术产业的快速发展，也促进高新技术企业通过并购来获取产品、技术、人才等方面的核心竞争优势。

第二，国家战略的支持引导。高新技术产业对于提升国家竞争力具有重要作用，各国普遍对高新技术产业发展规划进行顶层设计，并将其上升到国家战略的高度，从而为高新技术产业提供各种支持并营造良好环境，引导带动高新技术产业保持快速发展。党的十九大报告明确提出加快建设创新型国家，而高新技术企业是创新体系的中坚力量，建设创新型国家，高新技术企业发挥的作用举足轻重。可以说，加快建设创新型国家的发展战略将推动高新技术产业并购的发展。

第三，产业转型升级的内生动力。当前我国经济发展正面临动力转换、方式转变、结构调整的挑战，过去主要依靠低成本资源、劳动力等要素投入所形成的驱动力已经明显减弱并且不可持续，未来更需要依靠科技创新驱动产业转型升级，从而为经济发展注入新的动力，产业转型升级的内生动力促使高新技术企业不断通过实施并购获取并整合新技术、新产品，为后续发展注入强劲动力。

第四，中国高新技术产业的全球化发展布局。在经济全球化和区域一体化的背景下，随着我国高新技术产业规模迅速扩大、实力不断增强，我国高新技术产业的国际化进程不断加快，特别是"一带一路"倡议为我国高新技术企业实施国际化发展战略进一步提供了良好契机，国内领先的高新技术企业通过跨境并购获得全球顶尖的产品、技术、服务等高端生产要素，能够有效提升其在全球产业链中的地位和作用。

第五，资本市场日趋成熟的价值发现和培育激励功能。近年来在从严监管的背景下，借并购重组进行套利的行为得到有效遏制，并购重组市场秩序明显好转，长期且稳定的价值投资理念正在逐步确立。并购作为提升上市公司质量的有效手段，资本市场对其的认知和评价更加合理，特别是审慎理性的高新技术产业并购通常可以得到资本市场正向的反馈和估值，从而促进高新技术企业的迅速发展。

展望未来，新一轮科技革命浪潮来临，技术迭代加速，我国经济发展处于重大转型期，产业结构面临全面调整，驱动中国高新技术产业并购发展的几大核心要素将会长期存在并且不断得到加强，高新技术产业并购也必将获得持续健康发展，成为助力我国经济从高速度增长转向高质量发展的重要力量。

四　中国高新技术产业并购发展展望

（一）建设创新型国家，推动高新技术产业并购

随着中国特色社会主义进入新时代，我国社会主要矛盾已经转化为人民日益增长的美好生活需要和不平衡不充分的发展之间的矛盾，要解决这一矛盾就必须加快建设创新型国家。党的十九大报告提出，"从 2020 年到 2035 年，在全面建成小康社会的基础上，再奋斗 15 年，基本实现社会主义现代化。到那时，我国经济实力、科技实力将大幅跃升，跻身创新型国家前列"。根据十九大报告的要求，加快建设创新型国家，包括："要瞄准世界科技前沿，强化基础研究，实现前瞻性基础研究、引领性原创成果重大突破。加强应用基础研究，拓展实施国家重大科技项目，突出关键共性技术、前沿引领技术、现代工程技术、颠覆性技术创新，为建设科技强国、质量强国、航天强国、网络强国、交通强国、数字中国、智慧社会提供有力支撑。加强国家创新体系建设，强化战略科技力量。深化科技体制改革，建立以企业为主体、市场为导向、产学研深度融合的技术创新体系，加强对中小企业创新的支持，促进科技成果转化。倡导创新文化，强化知识产权创造、保护、运用。培养造就一大批具有国际水平的战略科技人才、科技领军人才、青年科技人才和高水平创新团队"。

党的十九大报告对建设创新型国家的目标、动力、路径和任务做出了明确部署，并且从基础研究、应用基础研究、国家创新体系、技术创新体系以及科技人才、知识产权保护等方面提出了明确要求，是新时代中国特色社会主义科技创新的总路线和总方针，为建设创新型国家指明了方向。十九大报告关于加快建设创新型国家的论述，将为我国高新技术企业带来新的发展机遇。历史上，我国高新技术企业通过并购等多种方式从欧美等发达国家引进先进技术，实现了持续快速增长。但是随着中国与欧美发达经济体之间的技术差距不断收窄，从后者直接获取技术并加以利用的空间已明显缩小，在技术追赶的后期，高新技术企业更需要采取自主创新的技术进步方式。与技术引进相比，自主创新具有前期投入成本高、见效周期长、投资风险高等特点，而高新技术领域的创新型企业很多又是中小企业，在新的发展阶段，高新技术产业并购不仅是简单的产能扩张或者直接获取技术，更重要的是高新技术产业并购可以有效拓宽创业投资的退出渠道，降低创新创业的制度门槛，促进创新成果的产业化、市场化和规模化，同时引导高端创新人才等关键性创新要素资源向领先高新技术企业集聚，从而推动尽快形成一批具有较强竞争力的创新型高新技术领军企业，这是建设创新型国家的一个重要抓手。总之，加快建设创新型国家的发展战略不仅将为高新技术企业的自主技术创新打开新的大门，同时也将促进高新技术产业并购开启新时代。

（二）建设资本市场强国，促进高新技术产业并购

党的十九大报告要求，"深化金融体制改革，增强金融服务实体经济能力，提高直接融资比重，促进多层次资本市场健康发展"。这是对金融领域的根本要求，是做好新时代金融工作的行动指南。以此为指引，中国资本市场面临着新的使命，其改革发展也在树立新目标，寻找新方略。可以预见，中国资本市场未来的发展与改革将紧密围绕"建设资本市场强国，更好服务经济高质量发展"这一主线进行，加快推进建设富有国际竞争力的资本市场强国。

我国资本市场经过 20 多年的快速发展已经取得长足进步，不仅从规模

上跻身世界前列，而且各项基础性制度基本完备，多层次资本市场体系基本形成。根据证监会统计，截至 2017 年 12 月，沪深两市上市公司总数达 3485 家，总市值约 56.7 万亿元，居全球第二位；新三板挂牌公司 11630 家，总市值 4.94 万亿元。当前我国已成为与自身经济实力相匹配的资本市场大国，但是距资本市场强国仍然有着一定的距离。在实现中华民族伟大复兴中国梦的历史进程中，中国资本市场需要向着使我国跻身资本市场强国的目标不断前进。

打造资本市场强国需要从以往追求高速发展的模式转变为注重高质量的发展模式，因而不能只追求资本市场的规模和容量，还需要实现更高的市场质量与资源配置效率。资本市场的高质量发展必然是坚持改革创新的发展，这就需要加大对符合国家发展战略、具有核心竞争力的高新技术企业和新经济新产业的支持力度，为更多的高新技术企业、战略性新兴企业进入股市和债市获得融资支持创造便利条件，同时还需要进一步推动和促进高新技术产业领域的并购，鼓励优质高新技术上市公司通过并购等手段继续做大做强，引导更多优质资源进入高新技术上市公司体系，从而充分发挥资本市场的优胜劣汰功能，提升我国资本市场质量。根据证监会的统计，2017 年全年，我国上市公司共完成再融资 8000 亿元，完成并购重组交易额达 1.87 万亿元，交易所市场发行债券 2433 只，合计融资 3.91 万亿元，全年新上市公司中，高新技术企业占比约 80%，资本市场服务创新驱动、制造业强国、网络强国、军民融合等国家战略的作用逐步增强。未来中国资本市场的发展目标之一就是形成领先的创新支持市场体系，市场投融资功能更加完备，对创业创新和高科技企业更加包容，吸引力显著提高，成为中国新经济的主场。

在建设资本市场强国、更好地服务经济高质量发展的背景下，高新技术产业所发挥的关键作用开始日益受到重视，高新技术产业并购有助于实现将资源优化配置到实体经济最需要的领域，从而有针对性地服务于创新驱动、制造业强国等国家战略，未来高新技术产业并购必将迎来大发展的有利时期。

（三）中国高新技术产业并购发展趋势

如前文所分析，在建设创新型国家以及资本市场强国的时代背景之下，中国高新技术产业并购呈现出如下发展趋势。

第一，多层次资本市场助力形成多元化高新技术产业并购融资渠道。企业实施并购交易通常需要巨额资金支持，并购融资在并购活动中起着核心作用。并购融资如果能有良好的资本市场作为基础，就可以提供更为丰富的并购融资工具，使企业在融资环节有更大的选择空间，满足企业多样化的并购融资需求，从而设计出更加合理的并购交易结构，提高并购交易成功的可能性。我国企业传统的并购融资方式主要包括自有资金、银行并购贷款、债券融资等。近年来随着多层次资本市场体系建设步伐的不断加快，过度依赖银行的局面得到了有效改善，资本市场已经成为并购重组的主要渠道，企业特别是上市公司的并购融资方式和手段进一步多元化，企业债券、优先股、可转换债券等成为新的并购支付方式，例如，在 2014 年 5 月和 6 月上海证券交易所与深圳证券交易所相继发布《上海证券交易所优先股业务试点管理办法》和《深圳证券交易所优先股业务实施细则》之后，次年就出现了上市公司向合格投资者非公开发行优先股作为并购重组的融资方式。

第二，PE 参与上市公司并购作为并购重组市场的一项创新模式正在成为新趋势。PE 作为场外市场的重要交易主体在推动形成多元化并购融资渠道方面将扮演越来越重要的角色。"PE + 上市公司"并购基金模式最早于 2011 年出现在国内资本市场上，这一并购融资的创新模式随即受到上市公司和 PE 的广泛青睐，并逐渐发展成为资本市场并购的重要模式之一。Choice 数据显示，2014 ~ 2016 年，新成立的上市公司并购基金数量分别为 41 只、205 只和 609 只，2017 年以来新成立的上市公司并购基金数量虽然有所下降但也达到 400 余只。在政策法规层面，2014 年出台的《国务院关于进一步优化企业兼并重组市场环境的意见》和 2016 年修订的《上市公司重大资产重组管理办法》等均鼓励依法设立的并购基金参与并购重组。2015 年证监会新闻发言人表示，"证监会对'PE + 上市公司'投资模式的监管坚持以市场化为导向，在合法合规范围内，尽可能地让市场主体自主决定。进一步加强政策引导，鼓励其在上市公司产业转型和升级中发挥正面作用"。具体到高新技术产业并购，PE 投资机构在专业性、合规性和对投资收益的要求方面往往非常严格，这也就决定了被投资企业往往是技术水平较高和具备较强成长性的企业，这些特点与高新技术企业的特质高度相符，PE投资机构未来必将会着重布局高新技术产业领域，更加主动地参与到高新技术产业整合与并购活动中，并充当起组织和发起者的角色。

第三，高新技术企业对并购整合能力的重视程度不断提升。高新技术产业并购的实践证明，在知识、技术密集型的高新技术产业领域，并购的价值主要是由并购交易之后的整合带来的，而非来自更容易引起人们注意的并购交易具体实施阶段。一部分在当时曾产生过巨大影响的并购交易后续由于经营管理不善、业务无法产生协同、人才流失等原因最终并未能取得良好的实际效果。随着技术获取性并购以及人才获取性并购成为高新技术产业并购的主流模式，并购整合能力成为决定并购效果的关键因素，企业对于并购整合能力的重视程度日益提升。并购整合是一项庞大的系统工程，包括战略整合、组织与管理整合、文化整合、人力资源整合、财务资产整合等诸多内容，高新技术企业在培养并购整合能力时必须着眼全局，坚持系统性思考，致力于企业并购价值的实现和核心竞争能力的提高，重点实施对文化、人才、能力等企业无形资源要素的整合。并购交易实现交割不是并购的结束，通过整合实现并购的预期目标才是并购的真正意义所在，未来企业的并购整合能力将在高新技术产业并购中发挥越来越关键的作用。

回顾我国高新技术产业并购发展历程，并购对高新技术产业的发展起到了关键性的推动作用，是高新技术企业成长、发展、壮大以及不断提升核心竞争力的重要途径。20世纪90年代，高新技术企业借助并购获取到资金渠道、销售网络和市场份额，从而实现资源的优化配置，增强了企业自身实力；进入21世纪，高新技术企业成为我国上市公司中坚力量，并购成为高新技术企业获取先进技术的重要手段，是企业提升自身技术创新能力的快速通道；2008年金融危机爆发后，一部分高新技术领先产业的领先企业充分利用金融危机后各种成本相对偏低的契机在全球范围实施并购以巩固其行业优势地位，从而使并购在经济下行周期对我国高新技术产业发挥出积极的支撑作用；2013年至今，我国高新技术产业并购进入更为活跃的时期，获取具备持续创新能力的关键人才成为并购的重心和趋势，并购数量和规模持续扩张，海外并购趋于活跃，并购成为高新技术企业深入整合智力资本和实施全球化战略布局的重要手段。展望未来，我国经济正处于重大转型期，产业结构面临全面调整，新技术迅速发展、传统产业改造与升级使得高新技术产业对技术和人才的依赖比以往任何时候都要突出，在建设创新型国家以及建设资本市场强国的时代背景之下，并购不是一个短暂的市场热点，而是将持续成为助力我国高新技术企业实现跨越式发展的重要方式。

市　场　篇

Market Reports

中国高新技术产业并购
市场发展报告

摘　要：　近年来，中国企业在高新技术领域的并购规模快速增长，并购金额从 2013 年的 3950 亿元增长至 2017 年的 10726 亿元，年均复合增长率达到 28.4%，快于全市场并购金额增长率 8 个百分点。在经济改革的内在驱动和政策护航下，高新技术领域并购在 2013～2015 年经历了高度繁荣，并购金额年均复合增长率达到 108.2%。2016～2017 年企业更加注重并购与自身战略、业务的协同性，以 A 股上市公司为例，围绕产业链展开的并购占比达到46%①，比 2013～2015 年提高了 12 个百分点。从并购地域来看，我国高新技术领域跨境并购迅速崛起，中国企业"出海"意愿强烈，并购金额从 2013 年的 598 亿元增长至 2017 年的 1964 亿

---

①　样本为首次发布并购重组公告后半年内股价涨幅前 50 的 A 股上市公司。

元，年均复合增长率达到 34.6%，以美国为首的发达国家依然是高新技术产业跨境并购的首选市场，同时"一带一路"倡议也推动沿线国家与地区成为高新技术产业跨境并购新的布局方向。从并购产业来看，我国高新技术领域并购形成了以电子信息产业为主、多产业均衡发展的格局。从并购资本市场来看，资本支持是并购成功的关键要素，境内上市公司是高新技术领域并购的中坚力量，现有并购依赖现金支付，多层次资本市场建设将有助于高新技术领域并购发展。

关键词： 并购特点　业务协同　科技创新　资本支持

党的十八大以来，全球经济形势发生了深刻变化。从国际看，世界经济正处在金融危机后的深度调整时期；从国内看，以往支撑经济高速增长的要素条件和市场环境发生明显改变，我国经济进入新常态，结构调整和增长动力转换的任务艰巨。随着经济进入新常态，经济增长动力从要素驱动和投资驱动转变为创新驱动，高新技术产业逐渐成为我国经济发展新的增长点和重要推动力。作为资源价值再分配、支持实体经济发展的重要资本工具，并购在经济结构转型阶段往往具有特别重要的作用，因此，经济结构转型期也往往是并购重组事件的高发期。从微观来说，借助并购，高新技术企业可以在较短时间内获取关键技术，实现高质量发展，加速高新技术产业的产业化、规模化和国际化；从宏观来看，并购可以对社会资源进行合理再分配，有效促进经济结构调整，从而为推动经济转向高质量发展阶段创造良好条件。在中国经济转型升级的背景下，并购对于促进高新技术产业持续健康发展以及我国加快转变经济发展方式、优化经济结构、转换增长动力都具有重要的现实意义。

本部分立足于并购市场，利用 2013～2017 年中国企业在高新技术领域发生的并购交易数据①，从并购趋势、并购地域、并购产业以及资本市场四个角度进行统计分析，从而揭示我国高新技术领域并购近年来发展的特点。

一 中国高新技术领域并购市场总体分析

并购是高新技术企业寻求转型升级和业务多元化的主要手段，近年来，中国企业在高新技术领域的并购规模快速扩大，并购金额从2013年的3950亿元增长至2017年的10726亿元，年均复合增长率达到28.4%，快于全市场并购金额增长率8个百分点，在全市场上的占比逐年提高，逐渐成为并购市场上不可忽视的重要组成部分（见图1）。

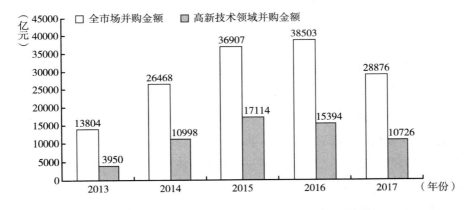

图1　2013～2017年中国高新技术领域与全市场并购金额对比

（一）高新技术领域并购特点

1. 高新技术领域并购金额快速增长，并购助推高新技术企业实现高质量发展、助力中国经济转型升级

2013年是高新技术领域并购重组快速发展的一年，我国企业在高新技

---

① 除特别注明外，本部分数据来自Dealogic数据库，具体定义参见附录一编写说明。

术领域发起并购 1076 宗，并购金额达到 3950 亿元，占全市场并购金额的 28.6%，经济结构转型升级是推动高新技术领域并购重组发展的主要驱动力（见图 2）。2013 年以来，中国经济从高速增长转为中高速增长，GDP 增长率由 2012 年前每年接近 10% 的超高水平转为 2012 年后 7% 左右的稳定状态，国内经济发展进入了新阶段，加快转变经济发展方式、大力调整产业结构是适应和引领经济新常态的关键。在这一阶段，传统产业通过并购高新技术企业，寻求突破和转型升级，引入新兴商业模式、改进生产制造流程，寻找更高的利润增长点；新兴产业通过并购整合行业内竞争者、提高市场集中度，直接获取新技术，降低企业自身研发的时间和不确定性。如果说经济结构转型的最终目的是"过河"，那么并购重组则是企业转型升级过河的"船"和"桥"。

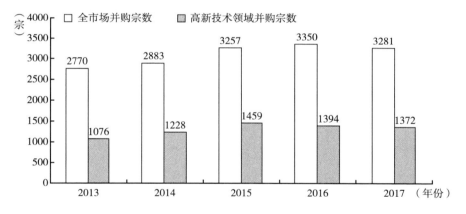

图 2　2013～2017 年中国高新技术领域与全市场并购宗数对比

经济结构转型是高新技术领域并购兴起的内在驱动力，政策制度则在外部为其蓬勃发展护航。2014 年，相关机构集中发布了一系列指导意见，促使并购市场创新发展，进入繁荣时期。2014 年 5 月 8 日，国务院发布《进一步促进资本市场健康发展的若干意见》（以下简称"新国九条"），鼓励市场化并购重组，随后，证监会对并购重组的审核时间大幅下降。在内外驱动下，2014 年并购市场井喷式增长，当年全市场并购金额达到 26468 亿元，同比增长91.7%，高新技术领域并购金额达到10998亿元，同比增长率高达178.4%。

新国九条还指出，应充分发挥资本市场在企业并购重组过程中的主渠道作用，强化资本市场的产权定价和交易功能，拓宽并购融资渠道，丰富并购支付方式。在此政策指导下，大批增量资金以产业资本的形式进入并购重组市场，充分发挥并购的资源再分配功能，加速了全市场和高新技术领域并购市场的繁荣。

高新技术领域并购重组的活跃成功助推了相关行业企业的发展，高新技术产业在中国经济结构转型中的重要作用开始凸显，2014年高新技术领域并购金额在全市场中的占比从2013年的28.6%一跃提高到41.6%，增加了13个百分点。高新技术产业的快速发展也反映在二级市场上，高新技术领域并购的热潮与资本市场热度相辅相成，形成了"热度上升—股价上升—并购增多—业绩上涨—热度进一步上升"的良性循环。以A股上市公司为例，若以"该行业上市公司发生并购重组数量/该行业上市公司数量"作为并购率来衡量行业并购的活跃度，那么可以看到，在2013年、2014年高新技术领域中具有代表性的计算机、电子、通信行业替代了房地产、采掘等传统行业，成为并购最为活跃的行业（见表1），同期也正是市场上电子信息产业快速发展的阶段。

表1　2007~2014年A股上市公司并购率行业排名

年份	第一名	第二名	第三名
2007	房 地 产	国防军工	公用事业
2008	采　掘	建筑材料	有色金属
2009	国防军工	房 地 产	非银金融
2010	传　媒	休闲娱乐	商业贸易
2011	建筑装饰	采　掘	休闲服务
2012	采　掘	传　媒	通　信
2013	传　媒	计算机	电　子
2014	综　合	计算机	通　信

资料来源：国泰君安证券。

如果将社会经济分为价值创造部门和价值再分配部门，并购则是将市场资源进行再分配以支持实体经济价值创造的过程，而资本市场的价值发现功能无疑加速了这个过程。2015 年，市场并购重组的热潮与资本市场的繁荣具有正向协同，一方面，繁荣的资本市场给并购提供了充裕的资金来源和较高的市盈率溢价；另一方面，上市公司借助并购重组进一步提升了自身业绩，进而促进了资本市场的繁荣。一个国家资本市场的成熟与否，很大程度上不在于融资额的多少，而在于这个市场的并购活动是否持续活跃和有效。2015 年我国企业在高新技术领域发起的并购宗数和并购金额都达到了历史顶峰，分别为 1459 宗与 17114 亿元，与 2013 年相比，短短两年时间并购金额增长了 333.3%，占全市场并购金额的比例也达到了 46.4%。

高新技术领域并购市场的繁荣实际上是这期间我国高新技术产业蓬勃发展的一个侧面体现。2013～2015 年，我国高技术产业投资年均增长 18.5%，比全部投资年均增速高 3.5 个百分点。其中，高技术制造业投资年均增长 14.3%，比全部制造业投资年均增速高 1.1 个百分点；高技术服务业投资年均增长 26.4%，比全部服务业投资年均增速高 10.5 个百分点；高技术服务业投资增速比高技术制造业投资年均增速高 12.1 个百分点。① 并购重组是助推我国高新技术产业投资快速增长的主要原因之一，助力高新技术产业成为中国经济新的增长点，加快了我国经济转型升级和经济发展方式转变的步伐。

2016～2017 年，经历了并购市场的扩张和繁荣后，高新技术产业并购转向重视质量与产业协同的新阶段。一方面并购宗数维持在每年 1300 宗左右，一方面并购金额增速放缓。我国高新技术领域平均单笔并购金额在 2013～2015 年快速增加，从 3.7 亿元提高至 11.7 亿元，2016 年与 2015 年基本持平，而在 2017 年单笔并购金额下降为 7.8 亿元（见图 3），其原因在于经历过 2013～2016 年快速规模化的并购扩张后，产业进入了整合和消化期，围绕产业结构、能产生良好协同效应的并购才是企业的追求所在。相关

---

① 资料来源：国家统计局，http://www.stats.gov.cn/tjsj/sjjd/201603/t20160303_1326437.html。

政策也为引导实现并购支持实体经济发展的目标进行了调整，2016 年 5 月，证监会叫停涉及互联网金融、游戏、影视、VR 四个行业的跨界定增，随后，证监会进一步加强了对并购重组的监管，重点遏制"忽悠式"、"跟风式"和盲目跨界重组，严厉打击重组过程的信息披露违规、内幕交易等行为，更好地引导并购重组服务实体经济，抑制"脱实向虚"。

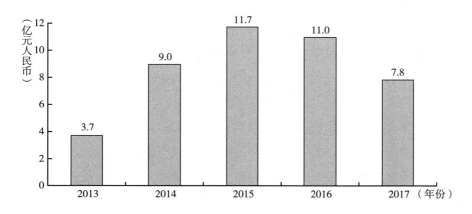

图 3　2013～2017 年中国高新技术领域单笔并购金额情况

在此背景下，并购的产业化、健康化特征日趋明显，以 A 股上市公司并购重组为例，区分为 2013 年 1 月至 2015 年 12 月、2016 年 1 月至 2017 年 12 月两个时间段，将发生并购重组事件的股票在首次公告日后半年的股价变动进行排序，统计股价涨幅前 50 的公司发生的并购重组类型，发现 2016 年前，有 32% 的公司股价大涨的原因是买壳上市，而这一比例在 2016～2017 年下降到了 14%；同时，在涨幅前 50 的股票中，围绕产业协同重组的交易（横向整合和垂直整合）所占比例由 34% 上升到 46%，提高了 12 个百分点（见图 4、图 5）。

因此，并购重组的整体金额虽然有所下降，但向重视产业协同、长期价值提升的高质量并购的转变促进了相关产业经营能力的高质量发展，直接体现为我国相关产业增加值的大幅度提高。2016 年，我国战略性新兴产业增加值同比增长 10.5%，快于规模以上工业增加值增速 4.5 个百分点。智能

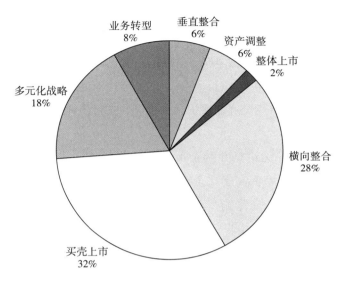

图 4　2013～2015 年 A 股股价涨幅前 50 并购重组类型

资料来源：Wind 资讯。

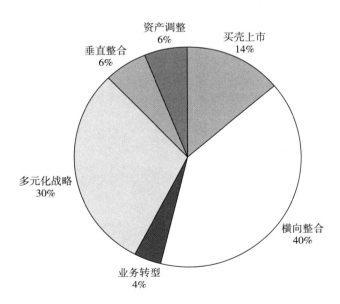

图 5　2016～2017 年 A 股股价涨幅前 50 并购重组类型

资料来源：Wind 资讯。

手机、新能源汽车、工业机器人等行业市场规模位居世界前列。在某些高技术行业，我国与发达国家站在了同一起跑线上，如2016年我国智能手机销量在世界市场上的占比超过20%；新能源汽车销售51万辆，位居世界第一；工业机器人销量比上年增长31%，占全球比重超过30%。①

2. 高新技术领域并购发展速度快于全市场，规模占比趋于稳定，成为我国经济新的增长点

2013～2017年，无论是并购金额还是并购宗数，我国企业在高新技术领域发起并购的增长率都高于在全市场中发起并购的增长率。其中，2013～2015年，高新技术领域并购发展最快，并购金额年均复合增长率达到108.2%，同时期全市场并购金额年均复合增长率仅有63.5%，尤其是在2014年，高新技术领域并购金额同比增长了178.4%，接近全市场并购金额增长率的2倍，2015年高新技术领域并购金额增长率为55.6%，接近全市场的1.5倍（见图6）。2016～2017年，并购宗数维持在相对稳定的水平，但2017年单笔并购金额有所下降，主要原因在于跨境并购的个别单笔交易金额在2016年创下了历史新高，发生了如中国化工以430亿美元收购全球第一大高科技农化公司先正达等并购大案，而在2017年全球宏观环境和我

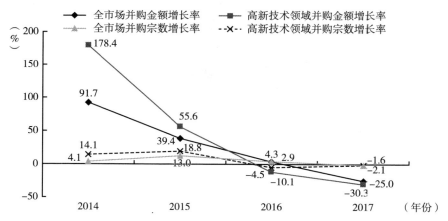

图6　2014～2017年中国高新技术领域与全市场并购金额/宗数增长率

① 资料来源：国家统计局，http://www.stats.gov.cn/tjsj/sjjd/201706/t20170626_1506952.html。

国监管政策发生了较大变化，并购金额出现短暂回落。同时，中国企业在发起并购时也更加谨慎，注重标的质量和协同效应，高新技术领域并购市场在经历高度繁荣后趋向常态化、健康化。

高新技术领域并购金额市场占比与并购宗数市场占比在 2013～2017 年呈现逐年增长后保持稳定的趋势，5 年内高新技术领域并购金额占比平均为 38.7%，并购宗数占比平均为 41.9%，最高时，高新技术领域并购金额和并购宗数占比分别达到了 46.4% 和 44.8%（见图 7）。

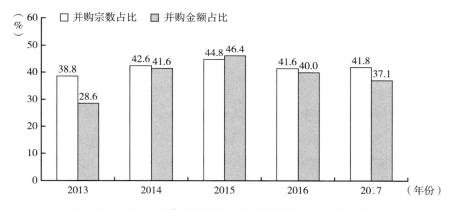

图 7　2013～2017 年高新技术领域并购金额/宗数占全市场比例

将高新技术领域并购金额与当年 GDP 进行比较，2013～2016 年高新技术领域并购规模在 GDP 中的占比从最初的 0.8% 提升到 2.1%，反映了高新技术产业在我国经济中发挥的作用不断增大（见图 8）。以并购较为突出的 2016 年为例，高技术服务业完成投资 14960 亿元，比上年增长 18.3%，增速比第三产业投资高 7.4 个百分点，比全部投资高 10.2 个百分点，占第三产业投资的比重为 4.3%，比上年提高 0.2 个百分点；工业高技术产业投资 22787 亿元，比上年增长 14.2%，增速比工业投资高 10.6 个百分点，占全部工业投资的比重为 10%，比上年提高 0.9 个百分点。[①] 电子、汽车已成为拉动我国工业经济发展最重要的主导产业。2016 年，电子、汽车行业现价

①　资料来源：国家统计局，http://www.stats.gov.cn/tjsj/sjjd/201701/t20170122_1456822.html。

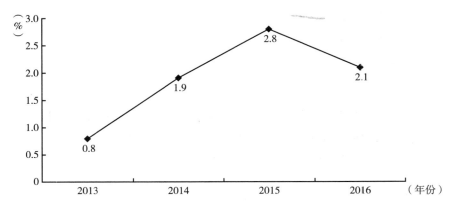

图8　2013～2016年高新技术领域并购金额与GDP比值*

＊GDP数据使用不变价计算。
资料来源：GDP数据来自于Wind资讯。

增加值占工业增加值比重分别达到7.5%和6.9%，两个行业对工业增长的贡献率高达27.9%。[1] 同时，智能手机、智能电视、集成电路、光电子器件、SUV、新能源汽车等生产均保持了较高增速，在并购重组的助推下，新旧动能转换加快，工业结构调整、转型升级进一步深化，高新技术产业逐渐发展为我国国民经济中的支柱性产业，是我国经济新常态下的新增长点。

2017年中国企业高新技术领域前二十大并购重组交易[2]见表2。

表2　2017年高新技术领域并购重组金额前二十大交易

公告日期	并购重组事件	标的方所在行业	是否跨境并购	交易金额（百万元人民币）
2017.11	江南嘉捷收购三六零（360）100%股权	互联网软件与服务	否	50416.4
2017.05	国电南瑞科技股份有限公司收购南瑞集团等公司主要资产	计算机、通信和其他电子设备制造	否	26680.0
2017.06	江苏沙钢股份有限公司收购苏州卿峰投资管理有限公司、北京德利迅达科技有限公司100%股权	信息科技咨询与其他服务	否	25808.0

----

① 资料来源：国家统计局，http://www.stats.gov.cn/tjsj/sjjd/201701/t20170122_1456821.html。

② 为更全面地反映市场情况，本部分排名包含市场并购与重组交易。

续表

公告日期	并购重组事件	标的方所在行业	是否跨境并购	交易金额（百万元人民币）
2017.07	江粉磁材收购领益科技100%股权	电子产品制造	否	20730.0
2017.03	太盟亚洲资本有限公司收购盈德气体集团有限公司	工业气体	否	19462.0
2017.12	阿特斯太阳能公司私有化，公司管理层瞿晓铧等收购在外的77.1309%股权	半导体产品	否	18586.1
2017.07	小桔科技、软银集团、丰田通商及现有股东共同收购GrabTaxi 41.6667%股权	科技推广和应用服务业	是	16957.0
2017.05	畅游私有化，张朝阳非约束性要约收购畅游在外普通股	软件和信息技术服务业	否	15345.2
2017.01	中国山东如意投资控股集团收购英威达尼龙聚合物和纤维产品等业务	高性能聚合物制造	是	13181.0
2017.04	中国石化控股子公司上海高桥石化收购上海赛科石油化工有限责任公司50%股权	化学原料和化学制品制造业	否	11616.8
2017.07	北京汽车、中冀投资及信达资产收购北京新能源汽车股份有限公司37.5599%股权	汽车制造	否	11118.0
2017.06	宁波均胜电子股份有限公司收购日本高田公司除PSAN业务以外的资产	汽车零部件制造	是	10884.2
2017.03	天马微电子股份有限公司收购厦门天马微电子有限公司100%股权	计算机、通信和其他电子设备制造	否	10452.5
2017.04	上海莱士母公司科瑞集团收购德国血浆产品制造商Biotest 100%股权	生物医药	是	9660.0
2017.09	江苏省广电有线信息网络股份有限公司收购江苏有线及其他18家电视广播公司	电信、广播电视和卫星传输服务	否	9329.0
2017.08	湖北能源、中科院计算机网络信息中心及中国三峡集团收购秘鲁查格亚水电站项目公司股权	水力发电	是	9281.9
2017.11	奥瑞德光电股份有限公司收购合肥瑞成100%股权从而获得Ampleon控制权	半导体	是	8635.3
2017.01	恒力石化收购恒力投资（大连）有限公司	化工	否	8310.0
2017.06	银亿房地产股份有限公司收购宁波东方逸盛投资有限公司100%股权从而获得比利时邦奇100%股权	汽车零部件制造	是	7980.6
2017.11	辅仁药业收购开药集团100%股权	生物医药	否	7809.0

二　中国高新技术领域跨境并购市场分析

随着中国经济崛起，中国企业自身有了"走出去"的实力，也产生了在全球范围进行资源、资本配置的强烈需求。由于高新技术产业具有对科技、人才高要求的天然属性，因此高新技术产业通过境外并购获得研发、管理技术等高端生产要素的需求也逐渐提高，如浙江吉利收购瑞典沃尔沃轿车，吉利获得了高素质的汽车研发团队和研发设施，也为国内主体提供了技术储备，实现了技术跨越；上海闪胜并购美国芯成半导体公司，获得了先进的存储器集成电路设计技术。

在高新技术产业带动经济结构转型的背景下，我国高新技术领域跨境并购金额逐年提高，在整个高新技术领域并购金额中的占比也在逐渐增大，通过跨境并购快速获得高新技术、管理经验及高素质人才的方式正在兴起，但是鉴于宏观经济形势、外汇管制政策、境外政府监管等多方面因素，境内标的仍然是高新技术领域并购的主流，2013～2017年平均占比达到80%以上。

（一）高新技术领域跨境并购市场特点

1. 高新技术领域跨境并购迅速崛起，并购金额大幅度增长

近五年，中国企业跨境并购海外高新技术领域企业规模实现了快速扩张，并购金额从2013年的598亿元迅速增长至2016年的7235亿元，增长了11.1倍，在宏观经济与政策的影响下，2017年跨境并购金额回归到1964亿元，但与2013年相比仍增长了2.3倍，2013～2017年的年均复合增长率达到34.6%，比高新技术领域并购的复合增长率高6.2个百分点，比高新技术领域境内并购的复合增长率高7.4个百分点（见图9）。

2016年中国高新技术领域跨境并购金额出现了爆炸式增长，主要原因有以下几点。第一，充足的外汇储备为我国企业跨境并购奠定了基础。随着我国近年来经济的快速发展，长期的贸易顺差积累了大量外汇储备，2014

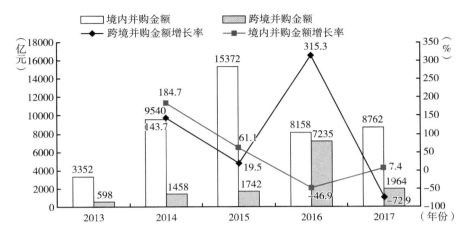

图9　2013～2017年中国高新技术领域境内外并购金额趋势

年6月末，我国外汇储备达到39932亿美元①，创历史新高。天量外汇储备为境内企业海外并购投资提供了资金支持，为后续海外并购的井喷式增长奠定了基础。2016年，我国高新技术领域跨境并购金额也达到历史高峰，同年，我国外汇储备下降达到近十年的最大幅度，减少了3198亿美元。② 第二，国内经济形势转变，经济结构调整是跨境并购兴起的主要驱动力。近年来我国人口红利渐退、经济增速变缓，我国企业面临规模扩大、边际效应递减的困境，亟须优化要素配置，通过创新研发实现转型升级，在此背景下，吸收国外先进的技术、人才、管理经验为传统产业赋能、缩短新兴产业成长时间就成为必然的发展路径。第三，全球金融危机为跨境并购提供了新机遇。全球性金融危机使得海外的诸多行业面临洗牌，为中国企业参与全球资本的竞争带来历史性的机遇。

2. 受宏观经济及政策监管影响，高新技术领域跨境并购增速阶段性放缓

高新技术领域跨境并购金额在2016年创下历史新高，与同期境内并购金额相当，同比增速达到315.3%，而后增速放缓，在近5年首次出现负增

---

① 资料来源：国家外汇管理局。

② 资料来源：国家外汇管理局。

长，其背后的原因主要有两点。一是高新技术领域的跨境并购往往是为了获取发达国家标的企业先进的技术、研发团队和管理经验，从而实现中国经济从依赖低端制造业到高附加值产业的转型。2016 年，中国企业大规模地在世界范围内进行并购，此行为引起了西方国家对丧失自身技术优势的担忧，为防止高端技术外流，收紧了对外国企业跨境并购的审查力度，对外方进入本国并购高新技术领域的行为加强了监管。二是跨境资本净流出持续增加，人民币汇率承受的贬值压力增大，相关政策对中国企业跨境并购做出了更多限制并加大了审查力度，这也造成了中国高新技术企业跨境并购步伐的阶段性放缓。

3. 高新技术领域跨境并购金额占比上升，中国企业"出海"意愿强烈，但境内并购依然是主流

从 2013 年到 2017 年，中国企业高新技术领域跨境并购总金额在不断增长，从 598 亿元增长到 1964 亿元，在总市场中的占比也从 15.1% 上升到 18.3%，特别是 2016 年，我国企业跨境并购金额与境内并购金额几乎相等，其占总金额的比重达到 47.0%。除 2016 年外，境内并购金额在全市场并购金额中的占比平均为 80% 左右，依然是我国高新技术领域并购的主流（见图 10）。

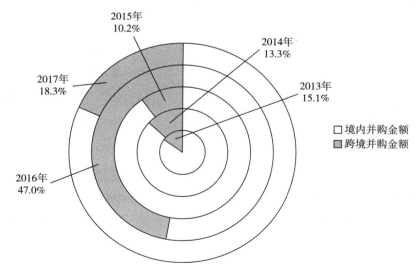

图 10　2013～2017 年中国高新技术领域境内外并购金额占比

4. 高新技术领域跨境并购平均单笔交易金额高于境内并购

2013 ~ 2017 年，除 2015 年外，中国高新技术领域境内并购单笔交易金额均低于跨境并购。2013 ~ 2017 年中国高新技术领域境内并购平均每笔金额为 7.7 亿元，跨境并购平均每笔金额为 14.0 亿元，接近境内金额的 2 倍（见图 11）。境外并购往往出现巨额交易，例如，为促进原有传统产业转型升级，中国化工以 430 亿美元收购全球第一大农药、第三大种子农化高科技公司先正达，成为 2016 年全市场并购金额第一大交易；为深亿在计算机行业中的领先优势，腾讯斥资 86 亿美元收购美国移动游戏开发商 Supercell 84.3% 的股权；天海投资以 63 亿美元收购美国上市供应链服务公司 Ingram Micro，实现由物流产业向供应链运营商的转型；中国墨盒芯片生产商艾派克、私募公司太盟投资以及君联资本组成并购基金，以 30 亿美元收购全球领先的中高端打印设备及服务商——美国上市公司利盟国际；等等。

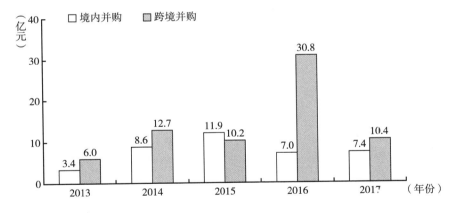

图 11　2013 ~ 2017 年中国高新技术领域境内外并购平均单笔并购金额

大规模的跨境并购交易助力我国高新技术产业关键技术实现多点突破，在新兴产业异军突起，结构调整成效显著。在云计算、人工智能、物联网等新兴技术领域，我国具备了与世界领先国家竞争的实力。

5. 以美国为首的发达国家是中国企业跨境并购的首选市场

2017 年中国高新技术领域跨境并购金额与并购宗数最多的十大国家和

地区中，美国的并购金额和并购宗数均位居第一，说明在高新技术领域，美国依然是中国的第一大并购伙伴，并购交易十分频繁，远超其他国家和地区（见表3）。在其他发达国家中，中国企业与德国全年共发生23宗并购交易，共计金额160.3亿元，在并购宗数和并购金额排名中分列第三和第五位，德国是我国重要的海外并购市场，加之近年来德国更加注重推行"信息产业＋制造业"的发展方式，实施信息数字化战略，未来我国与德国企业的并购合作将更加密切。另外，日本与新加坡也是我国重要的跨国并购交易伙伴。值得一提的是，2017年我国与英国、澳大利亚、加拿大、意大利也发生了较为频繁的并购交易，虽然并购金额不高，但考虑到其领先的科技实力，这些国家未来也是具有潜力的海外并购市场。

表3　2017年中国高新技术领域跨境并购金额／宗数 TOP10

单位：亿元，宗

并购金额		并购宗数	
美　　　国	629.3	美　　　国	76
新　加　坡	291.1	中 国 香 港	24
印　　　度	184.4	德　　　国	23
印度尼西亚	163.2	新　加　坡	16
德　　　国	160.3	英　　　国	14
塞 浦 路 斯	156.1	澳 大 利 亚	9
日　　　本	153.1	加　拿　大	9
巴　　　西	145.6	意　大　利	9
秘　　　鲁	92.8	日　　　本	9
比　利　时	89.0	印　　　度	7

6. "一带一路"倡议推动沿线国家成为中国企业跨境并购选择的新市场

2017年8月国务院办公厅下发《关于进一步引导和规范境外投资方向的指导意见》，大力推进"一带一路"建设并加强与境外高新技术和先进制造业企业的投资合作。在此指导意见下，"一带一路"沿线国家正在成为我国企业在高新技术领域并购的海外热点。

在并购金额排名前十的国家中，印度、印度尼西亚、塞浦路斯、秘鲁这些"一带一路"倡议中的沿线国家或重点国家都赫然在列,均在 2017 年与中国企业发生了大体量的并购交易。其中,印度和印度尼西亚分别与中国企业发生了 184.4 亿元和 163.2 亿元的并购交易,排名第三、第四位(见表3),且所有并购标的都属于电子信息产业领域,塞浦路斯主要因金科文化收购该国开发了知名 IP"会说话的汤姆猫"的移动应用公司 Outfit7 而上榜。并购目的地的变迁本质上反映的是并购热点的转移,"一带一路"倡议正在引领和推动中国企业"走出去"并在此过程中发挥巨大作用。

(二)2017年中国企业高新技术领域跨境并购重组前十大案例

表4　2017 年中国企业高新技术领域跨境并购重组金额前十大交易

公告日期	并购重组事件	标的方所在行业	交易国别	交易金额(百万元人民币)
2017.07	小桔科技、软银集团、丰田通商及现有股东共同收购 GrabTaxi 41.6667% 股权	科技推广和应用服务业	美国	16957.0
2017.01	中国山东如意投资控股集团收购英威达尼龙聚合物和纤维产品等业务	高性能聚合物制造	美国	13181.0
2017.06	宁波均胜电子股份有限公司收购日本高田公司除 PSAN 业务以外的资产	汽车零部件制造	日本	10884.2
2017.04	上海莱士母公司科瑞集团收购德国血浆产品制造商 Biotest 100% 股权	生物医药	德国	9660.0
2017.08	湖北能源、中科院计算机网络信息中心及中国三峡集团收购秘鲁查格亚水电站项目公司股权	水力发电	秘鲁	9281.9
2017.11	奥瑞德光电股份有限公司收购合肥瑞成 100% 股权从而获得 Ampleon 控制权	半导体	美国	8635.3
2017.06	银亿房地产股份有限公司收购宁波东方逸盛投资有限公司 100% 股权从而获得比利时邦奇 100% 股权	汽车零部件制造	比利时	7980.6
2017.01	南京新街口百货商店股份有限公司收购 Dendreon 制药有限责任公司 100% 股权	保健药品/药品	美国	5968.0
2017.09	山东威高集团医用高分子制品股份有限公司收购爱琅医疗器械控股有限公司 100% 股权	生物医药	美国	5609.6
2017.11	北京字节跳动科技有限公司收购美国 Musical.ly 公司 100% 股权	软件和信息技术服务业	美国	5272.4

三　中国高新技术领域并购产业①分析

高新技术产业代表新一轮科技革命和产业变革的方向，是培育发展新动能、获取未来竞争新优势的关键领域，2013～2017年期间，我国节能环保、新一代信息技术、生物与新医药、高端装备制造、新能源、新材料等高新技术产业快速发展。新一代信息技术、生物与新医药、新能源等领域的一批企业竞争力增强，进入国际市场第一方阵，高铁、通信、航天装备、核电设备等国际化发展实现突破。大众创业、万众创新蓬勃兴起，高新技术产业广泛融合，加快推动了传统产业转型升级，涌现了大批新技术、新产品、新业态、新模式，成为稳增长、促改革、调结构、惠民生的有力支撑。

高新技术产业的蓬勃发展离不开并购手段的支持，在各高新技术领域快速发展取得突破性进展的同时，各产业的并购金额也是节节攀升，成功助力产业结构的优化升级。

（一）高新技术领域并购产业发展特点

2013～2017年，中国高新技术领域并购热点产业发生了较大变化，如今形成了以电子信息为主、各产业均衡发展的局面（见图12）。

2013年，电子信息和先进制造与自动化是我国高新技术并购领域两大热门产业，并购金额各占总金额的32.4%和28.3%，其他产业发生交易的规模较小，排名第三的高技术服务产业并购金额仅占总金额的12.7%，是排名第一的电子信息产业并购金额的39.3%。

2014年，先进制造与自动化产业并购规模出现了井喷式增长，交易金额达到5749亿元，同比增长了413.3%，也成为当年并购交易金额最高的产业，是排名第二的电子信息产业交易金额的2.4倍。其他产业虽然起步

---

① 高新技术领域产业定义具体参见附录一编写说明。

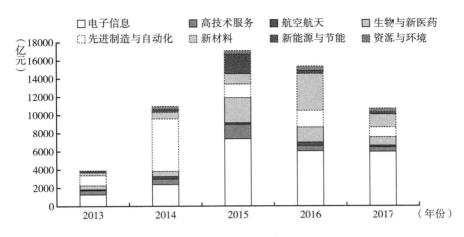

图12　2013～2017 年中国高新技术领域并购金额产业分布

晚、并购规模小，但同年并购金额也有大幅度提升，如航空航天产业同比增长了 387.3%，资源与环境产业同比增长 278.4%。

2015 年，电子信息产业并购金额迅猛增长到 7000 亿元以上，并在随后 2 年保持稳定，始终是高新技术领域中并购规模最大的产业，成为高新技术领域无可争议的代表性产业。其他产业在这期间并购情况有波动性变化，如新材料产业的并购金额曾在 2016 年爆发式增长到 4000 亿元以上规模，而后又回归稳定（见表5）。

表5　2013～2017 年中国高新技术领域并购金额产业分布

单位：亿元

产　业	2013 年	2014 年	2015 年	2016 年	2017 年
电子信息	1279	2401	7384	6062	5956
高技术服务	503	594	1628	560	520
航空航天	55	268	130	355	146
生物与新医药	471	597	2755	1700	938
先进制造与自动化	1120	5749	1537	1833	1101
新材料	273	726	1147	4082	1436
新能源与节能	153	298	2129	316	213
资源与环境	97	367	405	485	416

总体来说，从 2013 年至 2017 年，高新技术领域并购金额的产业分布日趋多元，这主要源于中国高新技术产业在众多细分行业的蓬勃发展。在中国多年来的科学创新政策推动下，中国不仅在物联网、人工智能等信息技术方面走到了世界前列，在航天研究、粒子科学领域也培育了具有世界领先水平的高科技企业"国家队"，在生命科学、深海研究等产业领域扶持了一大批具有世界顶尖水平的民营企业。高新技术产业发展正"多点开花"，助力我国经济结构优化转型。

1. 电子信息产业始终是高新技术领域并购主流，是高新技术产业重要支柱性产业

电子信息产业始终是高新技术领域并购的主流产业，2013～2017 年，电子信息产业并购金额在整个高新技术领域并购总金额中的占比分别为 32.4%、21.8%、43.1%、39.4% 和 55.5%，并购金额占比总体呈上升趋势。电子信息产业在高新技术产业发展之初就占据优势，最近五年在大规模发展的基础上依然保持了快速增长，成为我国高新技术产业的领军产业。

腾讯、阿里巴巴、华为等领军企业的爆发式增长带动了以移动互联网、互联网和通信等行业为代表的电子信息产业的高速发展，产业内企业普遍获得大量融资，频繁发生并购，进入了新一轮快速发展阶段。2016 年，我国互联网普及率达到 53.2%，其中农村地区普及率达到 33.1%；移动互联网接入量达 93.6 亿 G，比上年增长 123.7%；互联网上网人数达 7.3 亿人，增加 4299 万人。[①] 互联网进一步向经济社会各个领域渗透，对生产和流通方式产生了重大影响，为经济社会发展注入了新的动能，使一些传统产业焕发了青春。互联网渗透带来的新业态也在改变着人们的生活方式，如第三方支付、网上购物、网络约车、网上订餐、在线医疗等模式日新月异，逐渐替代传统产业，成为经济增长的新动力。电子信息产业尽管在规模上还难以和传统产业等量齐观，但其显现出的快速增长的势头，表明经济新动能正在迅速积聚，成为经济增长的重要力量。在国内发展日新月异的同时，我国电子信

---

① 资料来源：国家统计局，http://www.stats.gov.cn/tjsj/zxfb/201702/t20170228_ 1467424. html。

息产业企业的实力水平也逐渐受到世界各个国家的认可，2017 年我国信息工业产品出口增长明显加快，计算机、通信和其他电子设备制造业出口交货值增长 14.2%，我国电子信息产业正在站上世界领先的舞台。

未来 5 到 10 年，是全球新一轮科技革命和产业变革从蓄势待发到群体迸发的关键时期。信息革命进程持续快速推进，物联网、人工智能、大数据等技术广泛渗透于经济社会各个领域，信息经济繁荣程度成为国家实力的重要标志，电子信息产业并购重组将会持续活跃。

2017 年高新技术领域电子信息产业并购重组前十大交易见表 6。

表 6　2017 年高新技术领域电子信息产业并购重组金额前十大交易

公告日期	并购重组事件	标的方所在行业	是否跨境并购	交易金额（百万元人民币）
2017.11	江南嘉捷收购三六零(360)100% 股权	互联网软件与服务	否	50416.4
2017.05	国电南瑞科技股份有限公司收购南瑞集团等公司主要资产	计算机、通信和其他电子设备制造	否	26680.0
2017.06	江苏沙钢股份有限公司收购苏州卿峰投资管理有限公司、北京德利迅达科技有限公司 100% 股权	信息科技咨询与其他服务	否	25808.0
2017.12	阿特斯太阳能公司私有化，公司管理层瞿晓铧等收购在外的 77.1309% 股权	半导体产品	否	18586.1
2017.07	小桔科技、软银集团、丰田通商及现有股东共同收购 Grab Taxi 41.6667% 股权	科技推广和应用服务业	是	16957.0
2017.05	畅游私有化，张朝阳非约束性要约收购畅游在外普通股	软件和信息技术服务业	否	15345.2
2017.03	天马微电子股份有限公司收购厦门天马微电子有限公司 100% 股权	计算机、通信和其他电子设备制	否	10452.5
2017.09	江苏省广电有线信息网络股份有限公司收购江苏有线及其他 18 家电视广播公司	电信、广播电视和卫星传输服务	否	9329.0
2017.11	奥瑞德光电股份有限公司收购合肥瑞成 100% 股权从而获得 Ampleon 控制权	半导体	是	8635.3
2017.11	北京字节跳动科技有限公司收购美国 Musical.ly 公司 100% 股权	软件和信息技术服务业	是	5272.4

2. 先进制造与自动化并购快速增加，加快推动传统产业转型升级

2013 年先进制造与自动化并购重组金额占比为 28.3%，2014 年这一比例上升至 52.3%，超过电子信息成为当年并购规模最大的产业，在此之后产业并购增速虽然放慢，但在高新技术领域并购总金额中的占比逐渐稳定在 10% 左右。传统设备制造类公司借助并购进行产业升级成为产业主旋律，如全球领先的电池装备制造商先导智能并购了锂电池生产自动化线生产企业，高空作业车制造商海伦哲并购了平板显示模组自动化设备生产企业，视频安防企业东方网力并购了物联网设备制造企业，精密清洗设备生产商和科达并购了平板显示行业专用自动化设备生产企业，集装箱装卸设备生产商华东重机并购了数控机床生产企业，等等。

在并购的助推下，我国制造业取得了高速发展，2013～2016 年，我国装备制造业增加值年均实际增长 9.4%，快于规模以上工业 1.9 个百分点；2017 年 1～8 月，装备制造业增加值同比增长 11.4%，快于规模以上工业 4.7 个百分点。[①] 2017 年，我国工业机器人、民用无人机、城市轨道车辆等高新技术工业产品产量分别增长了 68.1%、67%、40.1%[②]，取得了突破性的成就。特别是在工业机器人领域，国际机器人联盟（IFR）发布的一组数据显示，2015 年全球工业机器人的销量已经达到 24.8 万台，同比增长 12%，中国以 6.7 万台的用量成为工业机器人的第一大市场；同时，虽然我国是工业机器人销量第一大国，然而自主品牌的市场占有率却很低，核心零部件也依赖进口。为改善这一现状，中国开启了一场并购大潮，通过收购知名机器人企业从而获取核心技术成为国内机器人快速走向高端市场的重要途径。如美的集团 2016 年收购全球领先的机器人及智能自动化解决公司库卡（KUKA）集团全部股份，获得了库卡公司所有负载范围和机器人类型。2015 年，中国南车旗下的株洲南车时代电气股份有限公司收购了国际领先的工作级深海机器人和海底工程机械英国制造商 Specialist Machine

---

① 资料来源：国家统计局，http：//www.stats.gov.cn/tjsj/zxfb/201710/t20171010_ 1540653.html。

② 资料来源：国家统计局，http：//www.stats.gov.cn/tjsj/sjjd/201801/t20180119_ 1575462.html。

Developments。

制造业是国民经济的主体，打造具有国际竞争力的制造业，是我国提升综合国力、保障国家安全、建设世界强国的必由之路。顺应"创新驱动、质量为先、绿色发展、结构优化、人才为本"的发展趋势，并购将继续推动传统制造业的转型升级，全面实现工业化，使我国早日迈入制造强国行列。

2017年高新技术领域先进制造与自动化产业并购重组前十大交易见表7。

表7 2017年高新技术领域先进制造与自动化产业并购重组金额前十大交易

公告日期	并购重组事件	标的方所在行业	是否跨境并购	交易金额（百万元人民币）
2017.07	江粉磁材收购领益科技100%股权	电子产品制造	否	20730.0
2017.07	北京汽车、中冀投资及信达资产收购北京新能源汽车股份有限公司37.5599%股权	汽车制造	否	11118.0
2017.06	宁波均胜电子股份有限公司收购日本高田公司除PSAN业务以外的资产	汽车零部件制造	是	10884.2
2017.06	银亿房地产股份有限公司收购宁波东方逸盛投资有限公司100%股权从而获得比利时邦奇100%股权	汽车零部件制造	是	7980.6
2017.06	广州红松投资有限公司收购希努尔男装股份有限公司62.5055%股权	服装制造	否	4200.4
2017.05	郑州煤矿机械集团股份有限公司(65.06%)、华兴资本(21.1%)与池州丰晟股权投资管理公司(13.84%)共同收购博世子公司SG Holding 100%股权	汽车零部件制造	是	4110.0
2017.04	浙江三花智能控制股份有限公司收购浙江三花汽车零部件有限公司100%股权	汽车零部件制造	否	3889.4
2017.06	MI能源收购CQ Energy Canada Partnership 100%股权	能源基建	是	3646.9
2017.04	无锡华东重型机械股份有限公司收购广东润星科技股份有限公司100%股权	机械制造	否	3550.4
2017.03	东旭光电科技股份有限公司收购上海申龙客车有限公司100%股权	汽车制造	否	3233.7

3.顺应可持续发展趋势，新材料产业并购稳步上升

在高新技术领域的八大产业中，新材料产业并购金额在 2013 年至 2016 年一直稳步上升，即使是在 2017 年市场并购在受政策环境影响大幅下降的情况下，其并购金额也仍然高于 2015 年的水平，2013～2017 年复合增长率达到 51.4%，2013～2016 年的复合增长率高达 146.4%。究其原因，是因为传统材料行业正在通过并购实现产品结构优化、产业链价值升级，所以在新材料领域并购保持高速增长势头的同时，可以看到传统材料行业中如钢铁、有色工业中附加值相对较低的冶炼行业生产份额减少、增速走低，而合成材料制造、专用化学产品制造等新材料产值增速迅速提高，如 2013～2015 年建材行业中，轻质建筑材料制造、防水建筑材料制造、隔热和隔音材料制造等新型建材产品的年均利润增速均超过 10%；2015 年，化工行业中，碳纤维增强复合材料、稀土磁性材料等新材料产量均实现两位数增长。①

随着国民经济的持续稳定增长，经济转型对于新材料产业的需求将进一步增加，而并购重组是改变中国新材料相关行业生产方式粗放、资源严重浪费现状的一种重要手段，在国家鼓励行业并购相关政策的支持下，近年来中国新材料企业间强强联合、跨地区并购、境外并购和投资合作增长迅速。如 2017 年山东如意集团并购美国英威达公司聚合物和纤维产品业务等。

新材料领域并购的飞速发展得益于我国顺应新材料高性能化、多功能化、绿色化发展趋势，大力推动特色资源新材料可持续发展，不断优化新材料产业化及应用环境，加强新材料标准体系建设，提高新材料应用水平，推进新材料融入高端制造供应链的战略背景。随着物联网、军事、人工智能、可穿戴设备等领域的发展，未来新材料的开发和应用会更加普遍，到 2020 年，我国力争使若干新材料品种进入全球供应链，重大关键材料自给率达到 70% 以上②，在此战略规划背景下，我国新材料所涉及的并购市场会更加广阔。

2017 年高新技术领域新材料产业并购重组前十大交易见表 8。

---

① 资料来源：国家统计局，http：//www.stats.gov.cn/tjsj/sjjd/201603/t20160303_1326436.html。
② 《"十三五"国家战略性新兴产业发展规划》。

表 8　2017 年高新技术领域新材料产业并购重组金额前十大交易

公告日期	并购重组事件	标的方所在行业	是否跨境并购	交易金额（百万元人民币）
2017.10	中国山东如意投资控股集团收购英威达尼龙聚合物和纤维产品等业务	高性能聚合物制造	是	13181.0
2017.04	中国石化控股子公司上海高桥石化收购上海赛科石油化工有限责任公司 50% 股权	化学原料和化学制品制造业	否	11616.8
2017.01	恒力石化收购恒力投资（大连）有限公司	化工	否	8310.0
2017.05	云南创新新材料股份有限公司收购上海恩捷新材料科技股份有限公司 93.3% 股权	锂离子电池隔膜开发与制造	否	5179.7
2017.09	宁波梅山保税港区锦程沙洲股权投资有限公司收购东北特殊钢集团 43% 股权	材料	否	4462.0
2017.02	复星国际收购南京钢铁股份有限公司 38.7% 股份	材料	否	3757.9
2017.03	南京康尼机电股份有限公司收购广东龙昕科技有限公司 100% 股权	塑料	否	3400.0
2017.12	内蒙古兰太实业股份有限公司收购中盐吉兰泰高分子材料有限公司等资产	化工	否	2910.7
2017.10	美都能源股份有限公司收购山东瑞福锂业有限公司 98.5% 股权	化工	否	2906.0
2017.07	长园集团股份有限公司收购湖南中锂新材料有限公司 80% 股权	材料	否	1920.0

4. 建设健康中国，生物与新医药产业并购持续增长

过去五年，生物与新医药产业以基因技术快速发展为契机，把握生命科学纵深发展、生物新技术广泛应用和融合创新的新趋势，推动医疗向精准医疗和个性化医疗发展，同时带来了生物与新医药产业并购规模的快速、持续扩张。2015 年生物与新医药产业并购达到顶峰，金额为 2755 亿元，是 2013 年的 5.8 倍，虽然 2016 ~ 2017 年交易金额有所回落，但 2017 年交易仍然是 2013 年的 2.0 倍。

目前，生物与新医药是我国和发达国家差距较大的一个产业，随着"健康中国"战略的深入推进，国内居民的健康需求持续增长，我国生物医药产业逐步进入发展快车道，并大量借助并购重组缩小我国与世界领先水平

的差距，如复星医药收购印度药企 Gland Pharma，后者的单品肝素钠是目前全球临床用量最大的抗凝血药物，而中国是目前全球最大的肝素原料药生产与出口国，该收购将有利于复星医药将 Gland Pharma 在肝素行业的能力嫁接入国内。

　　未来，并购还会以产业链整合、获取研发支持等方式助力生物医药实现产业规模化和质量升级，整合各类要素形成一批具有先进产品标准和国际先进水平的产业技术体系，为健康中国建设提供新支撑。

　　2017 年高新技术领域生物与新医药产业并购重组前十大交易见表9。

表9　2017 年高新技术领域生物与新医药产业并购重组金额前十大交易

公告日期	并购重组事件	标的方所在行业	是否跨境并购	交易金额（百万元人民币）
2017.04	上海莱士母公司科瑞集团收购德国血浆产品制造商 Biotest100% 股权	生物医药	是	9660.0
2017.11	辅仁药业收购开药集团 100% 股权	生物医药	否	7809.0
2017.10	南京新街口百货商店股份有限公司收购 Dendreon 制药有限责任公司 100% 股权	保健药品/药品	是	5968.0
2017.01	三胞集团有限公司收购 Dendreon 制药有限责任公司 100% 股权	保健药品/药品	是	5703.4
2017.09	山东威高集团医用高分子制品股份有限公司收购爱琅医疗器械控股有限公司 100% 股权	生物医药	是	5609.6
2017.04	国威财富投资集团有限公司收购珠海伟星实业有限公司 100% 股权	保健药品/药品	否	4552.0
2017.11	上海医药收购康德乐中国业务 100% 股权	保健药品/药品	否	3756.6
2017.10	中国生物制品有限公司收购天新福（北京）医疗器材股份有限公司 80% 股权	医疗器械	否	3383.9
2017.09	中国人寿、招商证券、国投瑞银、中信证券、中国风险投资有限公司、国开金融、中金公司共同收购上海联影医疗科技有限公司部分股权	医疗设备	否	3333.0
2017.02	广东东阳光科技控股股份有限公司收购宜昌东阳光长江药业股份有限公司 50.1749% 股权	保健药品/药品	否	3221.1

5. 顺应我国产业绿色转型发展要求，新能源与节能、资源与环境产业并购市场潜力巨大

我国经济在高速增长的同时，由于增长方式、管理方式等方面的原因，环境污染、生态破坏问题正在集中显现出来，过去我国粗放型的经济发展方式使得资源利用效率低，资源、能源消耗量大，这种高投入、高消耗、高排放、低效率的粗放型扩张的经济增长方式已难以为继。如今，建设资源节约型、环境友好型社会，树立节能为本的理念，全面推进能源节约是经济可持续发展的基本要求。在此背景下，我国新能源与节能、资源与环境领域的并购规模快速扩大。2017 年，新能源与节能产业并购金额达到 213 亿元，与2013 年相比增加了 39.2%；资源与环境产业并购金额达到 416 亿元，是2013 年的 4.3 倍。

目前，我国资源与环境产业竞争加剧，企业纷纷通过并购的手段实现主业的壮大或多元化布局，如盛运环保与中节能华禹基金成立 200 亿元产业并购基金，用于投资固废上下游及其他环保业务。有 25 年房地产行业背景的雅居乐通过并购超过 20 家环保企业成功跨界环境保护与资源行业，聚焦固体废弃物、环境修复和水务三大领域。

未来我国将继续把产业的绿色转型放在产业发展的重要位置，着眼生态文明建设和应对气候变化，在此背景下，新能源与节能、资源与环境领域的并购还将出现大规模增长，以全面助力我国建设高效节能、先进环保和资源循环利用的产业体系。

2017 年高新技术领域新能源与节能以及资源与环境产业并购重组前十大交易分别见表 10、表 11。

表 10　2017 年高新技术领域新能源与节能产业并购重组金额前十大交易

公告日期	并购重组事件	标的方所在行业	是否跨境并购	交易金额（百万元人民币）
2017.03	太盟亚洲资本有限公司收购盈德气体集团有限公司	工业气体	否	19462.0

续表

公告日期	并购重组事件	标的方所在行业	是否跨境并购	交易金额（百万元人民币）
2017.08	湖北能源、中科院计算机网络信息中心及中国三峡集团收购秘鲁查格亚水电站项目公司股权	水力发电	是	9281.9
2017.02	云南铝业股份有限公司收购国电德宏大盈江水电开发有限公司、国电云南忠普水电有限公司、国电云南阿墨江发电有限公司100%股权	能源	否	2101.3
2017.05	中国国家电网收购 Oil&Gas 资产、Darling Downs 管道网络100%股权	新能源与节能	是	2013.0
2017.05	熊猫绿色能源集团公司收购西藏藏能股份有限公司75%股权	能源	否	1039.7
2017.03	海南民生房地产开发公司收购海南民生管道燃气有限公司100%股权	新能源与节能	否	1032.6
2017.04	百川能源股份有限公司收购荆州市天然气发展有限责任公司100%股权	新能源与节能	否	879.0
2017.12	四川升达林业产业股份有限公司收购榆林金源天然气有限公司49%股权	新能源与节能	否	630.0
2017.05	长春中天能源股份有限公司收购广东华丰中天液化天然气有限公司55%股权	新能源与节能	否	561.0
2017.05	中国天伦燃气控股有限公司收购四川省金堂县天伦燃气有限公司100%股权	新能源与节能	否	501.3

表11　2017年高新技术领域资源与环境产业并购重组金额前十大交易

公告日期	并购重组事件	标的方所在行业	是否跨境并购	交易金额（百万元人民币）
2017.03	中国葛洲坝集团股份有限公司收购巴西圣保罗圣诺伦索供水系统公司100%股权	生态保护和环境治理业	是	4570.0
2017.12	江苏金山环保工程集团有限公司收购江苏金山环保科技有限公司	生态保护和环境治理业	否	1915.0
2017.10	南方中金环境有限公司收购浙江金泰来环保科技有限公司96.6%股权	专用设备制造业	否	1787.1
2017.07	粤海投资有限公司收购汕头市自来水有限公司51%股权	生态保护和环境治理业	否	1709.3

续表

公告日期	并购重组事件	标的方所在行业	是否跨境并购	交易金额（百万元人民币）
2017.04	浙江申联投资管理有限公司收购富阳申能固废环保再生有限公司60%股权	生态保护和环境治理业	否	1511.5
2017.09	海南瑞泽新型建材股份有限公司收购广东绿润环境管理有限公司80%股权	生态保护和环境治理业	否	1360.0
2017.03	北京首创股份有限公司收购河北华冠环保科技有限公司100%股权	环境与设施服务	否	739.3
2017.05	华自科技股份有限公司收购北京格兰特膜分离设备有限公司100%股权	生态保护和环境治理业	否	469.2
2017.04	津膜科技股份有限公司收购甘肃金桥水科技（集团）股份有限公司100%股权	生态保护和环境治理业	否	419.6
2017.10	江苏汇鸿国际集团股份有限公司收购江苏莱茵达再生资源科技有限公司及其他三家公司股权	生态保护和环境治理业	否	383.2

四　中国高新技术领域并购资本市场分析

成功的并购离不开强有力的资金支持，融资渠道是否畅通、融资方式差异、支付工具的使用等都是并购中的关键，甚至直接影响到并购交易的成败。运用合理的融资方式和支付工具不但可以使并购活动获得充裕的资金支持，还可以降低买方的融资成本和今后的财务负担，因此并购融资是成功并购的基础条件之一。然而，并购活动因风险和信息不对称程度较高，往往面临着较高的融资约束，资金问题往往是阻碍企业成功实施并购的第一大障碍。因此，并购买方能否得到资本市场支持以及如何得到支持对并购有着至关重要的影响。

（一）高新技术领域并购资本市场发展趋势

1. 境内上市公司是高新技术领域并购的中坚力量

从并购宗数来看，2013～2017年中国高新技术领域并购买方主要为境内上市公司和境内外非上市公司，其中，买方为境内上市公司的平均占比为59.0%；买方为非上市公司的平均占比为30.4%；境外公司，包括港股上市公司、美股上市公司和其他市场上市公司发起的并购交易共占比10.7%（见图13）。

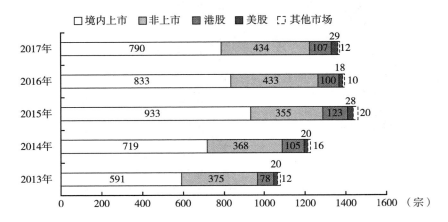

图13 2013～2017年中国高新技术领域并购买方上市情况分析（并购宗数）

中国高新技术领域并购接近60%都由境内上市公司发起，境内上市公司是并购市场中最为活跃的力量，这是因为上市公司具有多重资金筹措渠道，容易解决并购融资难的问题；同时，与非上市公司相比，上市公司体量更大、经营情况更优，对于并购的需求更大。

2. 非上市公司单笔交易金额规模大、目的性强

从中国高新技术领域并购金额分布来看，境内上市公司和境内外非上市公司发起的并购交易金额最大，其中境内上市公司发起的并购交易金额平均占比48.6%，非上市公司发起的并购交易金额平均占比33.1%，其趋势特点与并购宗数基本一致（见图14）。值得注意的是，结合并购宗数分析，非上市公司虽然并购活跃度不高，但并购总金额较大，平均单笔并购金额高于上市公司，说明由于缺乏资金支持，非上市公司在发起并购时会更为谨慎，不会频繁通过并购进行扩张，发起并购交易的目的更为明确，单笔交易规模更大，而上市公司并购渠道便利，可以通过小额频繁并购不断获得外部资源。

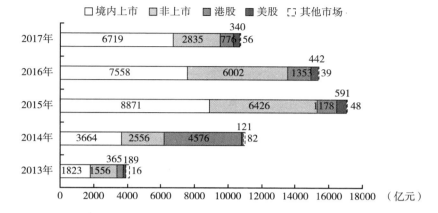

图14　2013～2017年中国高新技术领域并购买方上市情况分析（并购金额）

（二）高新技术领域并购资本市场发展特点

1. 主板、中小企业板、创业板上市公司并购活跃度相当，并购助力不同阶段企业发展

将2017年中国高新技术领域发生并购行为的境内上市公司所属板块按并购宗数进行划分，发现买方属于主板市场的并购宗数占比最高，为23.5%；第二是中小企业板，占比18.6%；第三是创业板，占比15.5%（见图15）。主板、中小板、创业板并购活跃度相当。不同板块的上市公司是企业发展到不同阶段的标杆性企业，其并购的高活跃度显示出并购在高新技术产业发展的不同阶段都发挥了至关重要的作用。

如果上述分类按并购金额进行划分，则发现与并购宗数有不一样的特点。2017年，高新技术领域43.6%的并购交易都是由主板上市公司发起的，中小企业板和创业板上市公司发起的并购交易金额仅占19.1%（见图16）。这与在并购活跃度中三大板块"平分秋色"的情况有很大不同。其原因主要是并购交易标的规模与买方规模息息相关，中小企业板和创业板上市公司规模较小，能主导的并购交易规模也较小，因而总体并购金额小于主板上市公司发起的并购。

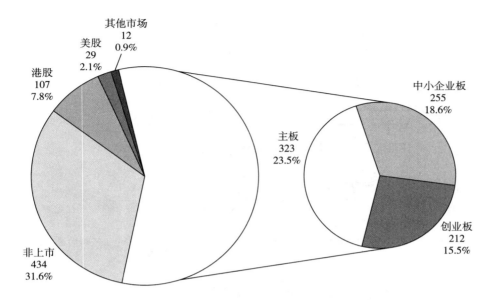

图 15　2017 年中国高新技术领域并购买方上市情况分析（并购宗数，单位：宗）

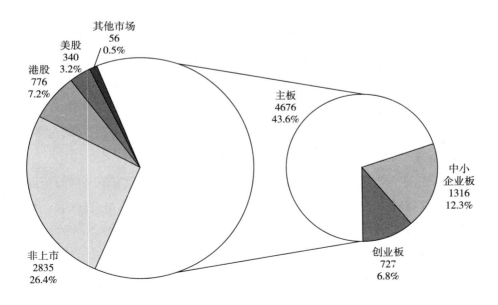

图 16　2017 年中国高新技术领域并购买方上市情况分析（并购金额，单位：亿元）

2. 并购依赖现金支付，多层次资本市场建设有助于高新技术领域并购发展

从2013年至2017年，中国并购交易几乎80%以上都采取了现金支付的支付方式，仅有不到20%的交易采取了股份、"现金＋股份"等其他支付方式（见图17）。这一方面说明并购交易依赖现金支付，另一方面也说明并购对于买方的资金筹措能力、并购交易技巧等要求极高，需要在短时间内筹集大笔并购交易支付资金。因此，积极规范发展多层次资本市场，开发各种融资工具，扩大直接融资规模，加强信贷政策指引，鼓励金融机构加大对高新技术领域的资金支持，有助于并购支持高新技术产业发展，为支持实体经济发展创造更好的金融环境。

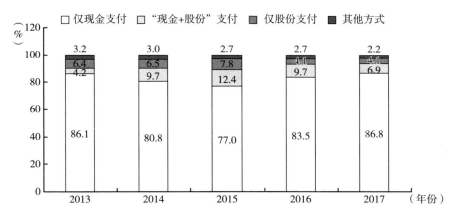

图17　2013～2017年高新技术领域并购支付方式统计（并购宗数占比）

中关村国家自主创新示范区并购发展报告

摘　要： 中关村国家自主创新示范区作为我国技术创新的源头与体制机制先行先试区，是我国抢占国际科技竞争制高点的前沿阵地，肩负着引领我国高新技术产业跨越式发展的重要使命。围绕着超前的科技研发、庞大的智力资源、充足的资本支持、活跃的创新创业精神和全方位的政策保障，中关村形成了独特的区域型创新网络，推动着区域内企业的高速发展。中关村上市公司并购活跃，并购规模快速扩大，截至 2017 年 12 月，中关村有上市公司 315 家，总市值 55874 亿元，占 A 股总市值的 8.8%，2013~2017 年，中关村境内外上市公司参与并购共 928 宗，并购金额超过 4760 亿元，并购金额增长率高达 200%。其中，中关村境内上市公司参与并购金额占到全国高新技术上市公司并购金额的 10% 以上。同时，中关村境内上市公司还充分运用资本工具，共设立了 186 只并购基金支持并购，基金总规模达 5085 亿元。作为企业扩张、转型升级的重要手段，并购支持中关村形成了以电子信息等产业为代表，科技创新和资本支持双轮驱动的高新技术产业集群，使中关村成为全球领先的高端产业功能区。

关键词： 中关村　科技创新　资本支持　高质量发展

创新集群直接促进战略性新兴产业的培育，提升产业和区域创新能力，是贯彻落实国家创新战略的重要支点。从世界范围看，无论是发达国家还是发展中国家均深刻认识到发展创新集群对推动产业创新、增强国家竞争力的重要意义，普遍发展形成了具有广泛影响力的创新集群，比如美国的硅谷、英国的剑桥科技园以及日本的筑波科学城等。当前我国经济正在从高速度增长转向高质量发展，只有进一步加大力度支持信息技术、智能制造、节能环保、新能源、新材料等高新技术产业的发展，才能从根本上有效解决中低端产品过剩、高端产品供给不足的问题，提高经济发展的质量和效益。未来科技创新对于我国经济高质量发展的贡献程度将与日俱增，高新技术产业作为促进创新驱动和产业升级的排头兵，除了自身不断加大科技创新投入、加强核心技术研发攻关外，还必须更加注重通过市场化并购的方式来调整存量、做优增量，高新技术产业并购将成为我国促进经济发展方式从规模速度型转向质量效率型的关键。

中关村国家自主创新示范区是我国技术创新的源头与体制机制先行先试区，是我国抢占国际科技竞争制高点的前沿阵地，肩负着引领我国战略性新兴产业跨越式发展的重要使命，分析研究中关村企业的并购发展趋势和特点，不仅有助于把握资本市场支持实体经济发展的规律，且对于其他地区的高新技术产业并购也有着重要借鉴意义。

本部分首先介绍中关村国家自主创新示范区历经三十年发展在创新、增长方面取得的成绩；其次利用 2013 ~ 2017 年中关村国家自主创新示范区上市公司发生的并购交易数据①，从中关村上市公司的并购趋势、并购产业两个角度进行统计分析，揭示中关村上市公司并购近年来发展的特点；最后围绕科技和资本两大驱动因素分析并购支持中关村成长为我国高新技术产业第一集群的内在逻辑。

一 中关村高新技术产业集群发展现状

（一）发展历程

中关村从 20 世纪 80 年代初期的"电子一条街"起步，在政府的大力

---

① 除特别注明外，本部分数据来自 Dealogic 数据库，具体定义参见附录一编写说明。

支寺和引导下，历经三十年发展取得了举世瞩目的成绩，如今已成为中国创新发展的一面旗帜。总体来看，中关村高新技术产业集群大致经历了如下几个发展阶段。

1. 集群初创

1978 年 3 月，全国科学大会在北京召开，邓小平同志在会上提出"科学技术是生产力"，改革开放为中关村的人才智力资源创造了开拓市场的环境。1980 年 10 月，中科院物理研究所研究员陈春先等 6 名科技人员成立了北京等离子体学会先进技术发展服务部，从此揭开了科技人员走出科研院所和高校面向市场自主创办民营高科技企业的序幕。至此之后，著名的"两通两海"公司（四通公司、信通公司、科海公司、京海公司）、联想公司前身中国科学院计算技术研究所新技术发展公司以及多家科技企业围绕中关村路一带成立，形成了著名的"中关村电子一条街"。截至 1987 年，以电子商贸、微电子研究和应用推广为主的科技公司纷纷出现并初具规模，形成了拥有 148 家公司的科技企业群，当年的科技企业总收入约为 10 亿元[1]，中关村的科技产业集群初步形成。

2. 创新创业中关村

1988 年 5 月，经国务院批准，北京市政府印发了《北京市新技术产业开发试验区暂行条例》（以下简称《暂行条例》），在区内注册的高新技术企业可以享受《暂行条例》所规定的国家各项优惠政策。由此，中国第一个国家级高新技术产业开发区正式成立，它就是中关村科技园区的前身。

1992 年春，邓小平同志南方谈话，将改革开放推向新的高峰，我国掀起了新的科技创业的热潮。中关村的科技企业家率先提出了"二次创业"的战略，即"资本股份化、产业规模化、技术创新化、融资多元化、管理科学化、经济国际化"。[2] 在此浪潮下，北京市新技术产业开发试验区得到

---

[1] 陈红泉：《北京中关村科技园区发展报告》，载钟坚主编《中国经济特区发展报告（2010）》，社会科学文献出版社，2010。

[2] 陈红泉：《北京中关村科技园区发展报告》，载钟坚主编《中国经济特区发展报告（2010）》，社会科学文献出版社，2010。

了长足的发展，园区成立了北京地区第一家科技企业孵化器"北京高技术创业服务中心"，出现了北京市第一家在香港上市的民营科技公司"四通电子"……同时，中关村出现风险投资，民间资本成立的中关村科技投资有限公司率先加入到资本市场支持高科技产业成果转化的路径中来。在政策、科技和资本的三重驱动下，中关村出现了以联想、搜狐、用友等为代表的一批引领中国经济发展，甚至具有世界影响力的科技企业。1990 年联想集团研发了首台联想微机，成为拥有自己品牌的电脑产品生产商，30 年后，联想成为全球第一大 PC 生产商。1990 年，用友电子财务技术有限公司成立，是中关村试验区的第一家私营企业，30 年后，用友已成为我国最大的 ERP 服务商。

截至 1999 年，中关村高新技术企业共有 4622 家，从业人员达 24.3 万人；高新技术企业总收入 1049 亿元，其中，电子信息产业占 75.3%；上缴税费 40.8 亿元，出口创汇 9.6 亿美元，高新技术产业增加值 226.1 亿元，相当于北京市地区生产总值的 10.4%[①]，中关村率先成长为具有一定规模的高新技术产业园区。

在此之后，中关村的发展得到了党和国家领导人的高度重视。1999 年 6 月 5 日，国务院正式批复要求将中关村建设成为一流的科技园区，"北京新技术产业开发试验区"正式更名为"中关村科技园区"，国家领导人先后到园区内进行视察。从 1999 年至 2008 年，中关村在一直以来的优势产业——电子信息产业——的高端环节取得了技术突破，2001 年百度正式推出了面向终端用户的搜索引擎网站，并在 2007 年成为美国纳斯达克市场上市值超过 1000 亿元人民币的中国互联网企业。

截至 2008 年，中关村高新技术企业有 18473 家，高新技术企业总收入突破万亿元大关，达到 10222.4 亿元，上缴税费总额达到 504 亿元，高新技术产业增加值 1786 亿元，占全市的 17%。[②]

[①] 陈红泉：《北京中关村科技园区发展报告》，载钟坚主编《中国经济特区发展报告（2010）》，社会科学文献出版社，2010。

[②] 陈红泉：《北京中关村科技园区发展报告》，载钟坚主编《中国经济特区发展报告（2010）》，社会科学文献出版社，2010。

3. 中国的中关村，世界的中关村

2009 年 3 月 13 日，国务院正式同意中关村科技园区升格为我国第一个国家级自主创新示范区，并赋予了中关村在股权激励试点、深化科技金融改革创新试点等各方面的优惠政策，为中关村的发展提供了新动力。国务院提出"全面提高中关村科技园区自主创新和辐射带动能力，推动中关村科技园区的科技发展和创新在本世纪前 20 年再上一个新台阶，使中关村科技园区成为具有全球影响力的科技创新中心"。2013 年 9 月 30 日，中共中央政治局第九次集体学习在中关村举行，中共中央总书记习近平发表重要讲话。习近平在讲话中指出，面向未来，中关村要加快向具有全球影响力的科技创新中心进军①，意味着中关村的发展定位为利用国际级技术优势和政策优势引领未来中国创造和发展的科技创新中心，不仅要发挥国家创新驱动战略的示范引领作用，还要代表中国创新将影响范围扩大到全球范围。

在国家战略的指导下，中关村逐渐成为我国的创新引擎。2009 年 10 月，酝酿 10 年之久的中国创业板开市，神州泰岳、乐普医疗、立思辰、鼎汉技术和北陆药业 5 家中关村企业登陆创业板，占到首批登陆创业板公司的 17.8%。2011 年，京东方投产了中国首条自主建设的高世代 TFT - LCD 生产线。2015 年中关村发布国内第一个以科技园区上市公司为样本编制的股票指数。

与此同时，中关村企业"走出去"的步伐不断加快。2009 年，奇虎 360 发布了世界上首款永久免费的杀毒软件；2011 年，利亚德发布全球首台 108 英寸 LED 电视；2014 年，京东成为中国第一个成功赴美上市的大型综合型电商品台；2015 年，中关村在硅谷设立了第一个创新中心……中关村的影响力正在辐射到世界的各个角落，中关村不仅是中国的中关村，并且已经成为世界高科技领域重要的科技创新中心。

如今，经过 30 年的发展，中关村已经聚集了以联想、百度为代表的高

---

① http://news.cctv.com/2016/06/29/ARTIefaTZtSeBe41fifqieYD160629.shtml.

新技术企业 25000 家，培育了以小米、美团、滴滴、寒武纪、商汤科技为代表的 65 家独角兽企业，占全国独角兽企业的 49.6%①，形成了以电子信息、生物医药、能源环保、新材料、先进制造、航空航天为代表，以研发和服务为主要形态的高新技术产业集群，形成了"一区十六园"各具特色的发展格局，成为全国范围内跨行政区的高端产业功能区。

（二）发展成就

中关村国家自主创新示范区（以下简称中关村）在创新引领、先行先试、发展战略性新兴产业等方面取得了辉煌的成就，其作为国家自主创新龙头与战略性产业引擎的作用进一步凸显，并加速向具有全球影响力的科技创新中心迈进。对于中关村的发展成就，从不同的角度已有了很多介绍，以下将采取数据分析的方式②，从中关村的自身发展速度、对北京地区经济发展的推动作用以及在全国高新科技园区中的领先地位三个层面，简要介绍说明近年来中关村所取得的发展成就。

1. 中关村总收入长期保持高速增长，领跑全国经济

从中关村的自身发展速度来看，中关村的总收入长期以来保持着高速增长的良好趋势。自 2006 年至 2016 年的 11 年间，中关村总收入增加了近 6 倍，总收入增长率最高达到 38.3%，最低为 12.8%，年均复合增长率为 21.2%（见图 1）。即便是在全球金融危机爆发的 2008 年，中关村总收入仍然保持了增长，并在 2009 年总收入增长率恢复至 27.2%，这也充分说明中关村企业经过多年发展，在具备高速增长能力的同时已经具备了较强的抵御风险的能力。

将中关村总收入增长情况与中国 GDP 增速相比，2006～2016 年中关村总收入增长率均大幅度超过了全国 GDP 增长速度，可以说中关村在全国范围保持着较高的经济发展水平，领跑全国经济（见图 2）。

---

① 科技部火炬中心：《2016 年中国独角兽企业发展报告》，2017。
② 除特别注明外，本部分中关村相关经济数据来源于中关村管委会。

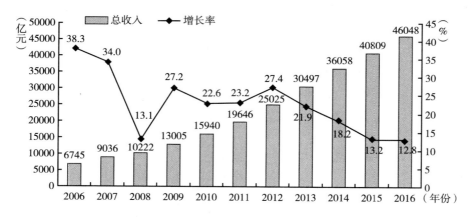

图1　中关村2006～2016年总收入及增长率

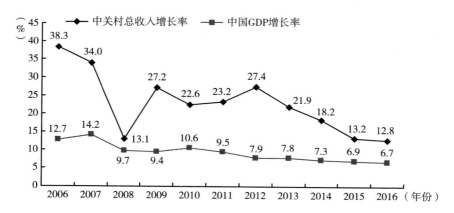

图2　2006～2016年中国GDP增长率和中关村总收入增长率

资料来源：GDP数据来自Wind资讯。

2. 中关村是首都经济发展的重要支柱

从中关村在首都经济发展中的作用来看，中关村对首都经济的贡献度不断加强，是首都经济发展的重要支柱。中关村高新技术企业实现增加值逐年增长，从2006年的1286亿元增长至2016年的6254亿元，11年间增长了4968亿元。更为重要的是，中关村高新技术企业实现增加值占北京市地区生产总值比重也一直保持着逐年增长的态势，从2006年的15.8%

增加至 2016 年的 25.1%，中关村在首都经济发展中的地位日益突出（见图 3）。

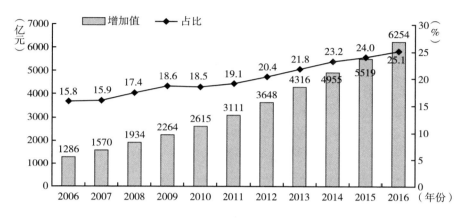

图 3　2006～2016 年中关村高新技术企业实现增加值
及占北京市地区生产总值比重

3. 中关村是中国高新技术园区的一面旗帜

从中关村与国内其他重点高新科技园区主要经济指标的对比以及中关村各项数据在全国高新区中所占比重来看，中关村在全国高新科技园区中居于领先地位，是中国创新示范园区的一面旗帜。

将中关村与上海张江高新区、武汉东湖高新区、深圳高新区等 8 个国家重点高新区 2016 年的主要经济指标进行横向比较，可以发现中关村在登记在册企业数量、从业人员人数、总收入、工业总产值、实缴税费、出口总额和净利润 7 个方面几乎全部居于首位。在企业数量方面，2016 年中关村登记在册企业数量达到 19869 家，该数量是上海张江高新区登记在册企业数量的 4.7 倍、武汉东湖高新区的 6.2 倍、苏州高新区的 16.9 倍，可以说中关村的整体规模在全国高新科技园区中占据着绝对的优势。不仅如此，2016 年中关村园区内企业实现营业收入 46047.6 亿元，净利润 3170.3 亿元，分别是排名第二的上海张江高新区的 3.0 倍和 2.0 倍，说明中关村不仅在企业数量上占有绝对优势，而且在经营质量上也处于遥遥领先的地位（见表 1）。

表1 2016年中关村与国内重点高新区主要指标对比

	企业数量（家）	从业人员（万人）	总收入（亿元）	工业总产值（亿元）	实缴税费（亿元）	出口总额（亿美元）	净利润（亿元）
中关村	19869	248.3	46047.6	9937.7	2314.1	257.9	3170.3
上海张江高新区	4244	91.3	15455.1	9938.5	898.0	298.7	1609.0
武汉东湖高新区	3215	54.9	11368.8	7778.5	497.6	147.8	706.0
西安高新区	3882	41.5	10031.6	7258.3	728.4	128.1	645.1
天津高新区	4005	37.3	7177.8	4665.7	255.7	73.8	565.8
成都高新区	1762	37.9	5743.9	4224.6	248.1	158.7	331.8
广州高新区	2868	47.0	6024.2	3903.5	291.7	113.1	441.7
深圳高新区	1874	48.5	6208.5	4292.4	462.1	195.0	747.1
苏州高新区	1176	22.5	2812.5	2678.7	102.6	221.6	142.4

此外，分析中关村主要经济数据在全国高新区中所占比重可以发现，2010～2016年中关村的总收入、实缴税费和净利润在全国高新区中的占比大且呈波动上升趋势。中关村总收入从2010年的15940.2亿元增长到2016年的46047.6亿元，增幅达到188.9%，该指标在全国高新区总收入中的占比从2010年的15.0%增长到2016年的16.7%。中关村贡献的税收从2010年的767.2亿元增长到2016年的2314.1亿元，翻了一番有余，该指标在全国高新区实缴税费中的占比从2010年的14.1%增长到2016年的14.8%。中关村净利润从2010年的1106.4亿元增长到2016年的3170.3亿元，增长了近2倍，该指标在全国高新区净利润中的占比从2010年的16.1%增长到2016年的17.1%。可以说，中关村在全国高新技术产业园区体系中占据着举足轻重的地位（见表2、图4）。

表2 2010～2016年中关村与全国高新区主要数据对比

2013～2016年中关村与全国高新区主要数据对比					
项目		2016年	2015年	2014年	2013年
总收入（亿元）	全国高新区	276559.4	253662.8	226754.5	199648.9
	中关村	46047.6	40809.4	36057.6	30497.4
	中关村占比（%）	16.7	16.1	15.9	15.3

项目		2016 年	2015 年	2014 年	2013 年
实缴税费 （亿元）	全国高新区	15609.3	14240.0	13202.1	11043.1
	中关村	2314.1	2035.7	1857.6	1506.6
	中关村占比（%）	14.8	14.3	14.1	13.6
净利润 （亿元）	全国高新区	18535.1	16094.8	15052.5	12443.6
	中关村	3170.3	2903.5	2582.0	1908.2
	中关村占比（%）	17.1	18.0	17.2	15.3
出口总额 （亿美元）	全国高新区	4389.5	4732.4	4382.6	4133.3
	中关村	257.9	299.4	337.3	336.2
	中关村占比（%）	5.9	6.3	7.7	8.1

2010～2012 年中关村与全国高新区主要数据对比

项目		2012 年	2011 年	2010 年
总收入 （亿元）	全国高新区	165689.9	133425.1	105917.3
	中关村	25025.0	19646.0	15940.2
	中关村占比（%）	15.1	14.7	15.0
实缴税费 （亿元）	全国高新区	9580.5	6816.7	5446.8
	中关村	1445.8	925.8	767.2
	中关村占比（%）	15.1	13.6	14.1
净利润 （亿元）	全国高新区	10243.2	8484.2	6855.4
	中关村	1370.7	1306.4	1106.4
	中关村占比（%）	13.4	15.4	16.1
出口总额 （亿美元）	全国高新区	3760.4	3180.6	2648.0
	中关村	261.7	237.3	227.4
	中关村占比（%）	7.0	7.5	8.6

4. 中关村是中国创新科技的主要源泉

科研人员是科技活动的主体，稳定、高水平的科研人员是创新活动的保障，从企业科技活动人员及其占从业人员比重来看，中关村创新能力较强。中关村的科研人员数量呈逐年增加趋势，从 2009 年的 32.2 万人增长至 2016 年的 65.7 万人，八年间翻了一番，科研活动人员占比也基本保持在 26% 左右（见表 3）。大量高水平的从业人员支持了中关村的科研活动，使其成为中国创新科技的主要源泉。

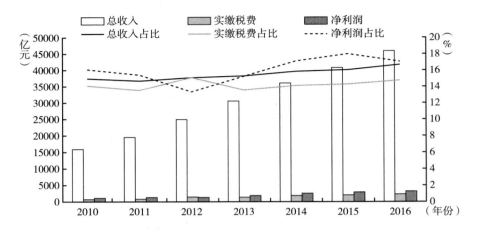

图 4　2010～2016 年中关村主要数据变化情况

注：占比为中关村各主要数据占全国高新区的比重。

表 3　2009～2016 年中关村企业科技活动人员及占从业人员比重

单位：万人，%

项目	2016 年	2015 年	2014 年	2013 年	2012 年	2011 年	2010 年	2009 年
科技活动人员	65.7	60.5	53.2	50.0	40.2	35.9	30.7	32.2
占从业人员比重	26.5	26.2	26.4	26.3	25.4	26.0	26.5	30.3

　　分析中关村人力资源情况可以发现，2009～2016 年中关村从业人员逐年增加，其中留学归国人员、硕士和博士及以上高学历人才大幅增加，且很多是前沿科技领域的核心开发与研究人员。留学归国人员数量从 2009 年的 0.8 万人增长到 2016 年的 3 万人，翻了近两番，增长率最高；博士及以上学历从业人员数量从 2009 年的 1.1 万人增长到 2016 年的 2.5 万人，人数增长超过 1 倍，硕士学历从业人员数量从 2009 年的 9.9 万人增长到 2016 年的 26.3 万人，增长近两倍；本科学历从业人员数量从 2009 年的 41.4 万人增长到 2016 年的 103.1 万人，增幅近 150%（见表 4）。高精尖人才的汇聚使中关村成为自主创新的重要源头，反过来也吸引了越来越多的高水平从业人员。

表4　2009～2016年中关村人力资源情况

单位：万人

人员情况	2016年	2015年	2014年	2013年	2012年	2011年	2010年	2009年
从业人员	248.3	230.8	201.0	189.9	158.6	138.5	115.8	106.2
其中：留学归国人员	3.0	2.7	2.2	2.0	1.6	1.4	1.0	0.8
博士及以上学历	2.5	2.3	2.0	1.8	1.5	1.4	1.2	1.1
硕士	26.3	23.8	19.8	18.3	15.7	13.2	11.3	9.9
本科	103.1	94.1	81.1	74.7	61.5	53.4	45.5	41.4
大专	52.6	49.8	43.4	41.2	32.1	27.7	23.1	21.2

从中关村与国内其他重点高新科技园区的科技活动人员数量与科研经费投入的对比来看，中关村在全国高新科技园区中遥遥领先，具有绝对优势。将中关村与上海张江高新区、武汉东湖高新区、深圳高新区2015年的科技活动人员与科研经费投入情况进行横向比较，可以发现中关村在科技活动人员数量、R&D人员数量、R&D人员全时当量、科技活动经费内部支出以及R&D经费内部支出这五个方面均居于榜首。在科技活动人员数量方面，2015年中关村科技活动人员数量达到60.5万人，该数量是上海张江高新区科技活动人员数量的2.3倍、武汉东湖高新区的4.7倍、深圳高新区的4.6倍，可以说中关村的整体规模之大在全国高新科技园区中首屈一指。此外，2015年中关村园区内R&D人员数量达到20.6万人，全时当量13.8万人年，几乎都是排名第二的上海张江高新区的近2倍。在科研经费投入方面，2015年中关村科技活动经费内部支出超过1500亿元，是上海张江高新区的2倍，R&D经费内部支出近600亿元，比上海张江高新区高出160多亿元（见表5）。中关村在人力和资本方面始终处于全国领先地位，其研发投入与科技创新能力成为中关村企业增长的活力来源。

中关村所拥有的高水平人力资源及大量的科研投入，保证了其一直以来的高科技产出。从中关村企业专利申请与授权量及其占北京市及全国比重来看，2009～2016年中关村企业专利申请量与授权量逐年增长，其中，专利申请量从2009年的14668项增长到2016年的69217项，增幅为372%，专

表5　2015年全国高新区企业科技活动人员及经费统计

	科技活动人员数量（万人）	R&D人员数量（万人）	R&D人员全时当量（万人年）	科技活动经费内部支出（千元）	R&D经费内部支出（千元）
中关村	60.5	20.6	13.8	158176427	59561003
上海张江高新区	26.7	12.4	8.3	76188706	43400618
武汉东湖高新区	13.0	9.7	4.3	27490862	23009110
深圳高新区	13.2	6.8	5.1	34429381	18300483
全国高新区合计	311.7	175.5	113.0	757834591	452158469

资料来源：科技部火炬中心。

利授权量从2009年的6362项增长到2016年的36336项，增幅为471%（见表6）。可以说中关村企业在北京地区，甚至在全国范围内始终保持着较高的科研产出水平，是全国高新区企业的标杆。

表6　2009～2016年中关村企业专利申请与授权量占北京市、全国比重

单位：项，%

年份	专利申请量			专利授权量		
	中关村	占北京比重	占全国比重	中关村	占北京比重	占全国比重
2009	14668	29.2	1.7	6362	27.8	1.3
2010	14806	25.8	1.2	8834	26.4	1.1
2011	21866	28.0	1.5	12587	30.8	1.4
2012	28159	30.5	1.4	15407	30.5	1.2
2013	37782	30.6	1.7	20991	33.5	1.7
2014	43793	31.7	2.0	22960	30.8	1.9
2015	60603	42.6	2.3	34946	37.2	2.2
2016	69217	36.6	2.1	36336	36.1	2.2

此外，从对中关村企业新产品销售收入及占产品销售收入比重的分析可以看出，中关村企业不仅在科研产出数量上表现良好，产品质量也十分过

硬，为中关村带来了可观的经济效益。从 2008 年至 2016 年，中关村企业新产品销售收入呈波动上升趋势，从 2008 年的 3327 亿元增长到 2016 年的 4566 亿元，增幅达到 37.2%，新产品占产品销售收入比重最高达 63.6%，实现了科研产出量与质的双重突破，再次证明了中关村极强的科研能力（见图 5）。

图 5　2008～2016 年中关村企业新产品销售收入占产品销售收入比重

经过三十年发展，中关村已经成为首都经济的主要贡献者，更是全国经济增长的领跑者，不仅实现了自身的迅速成长，还具备了较强的抵御风险能力。与国内其他重点高新园区对比，中关村企业在质与量上皆具有绝对优势，其总收入、实缴税费和净利润等逐年上升，在全国高新技术产业园区体系中占据着举足轻重的地位，已经发展成为我国高新技术产业集聚区的一面旗帜。

在人才储备、研发投入及科研产出等方面，中关村始终处于领先地位，不仅吸引了大批高精尖人才，更借助其高科研投入实现了高产出，专利申请量及授权量在全国首屈一指，其新产品为中关村企业带来了良好的经济效益。人才、资本、企业数量等多重优势赋予了中关村极强的原始创新能力，中关村已成为首都乃至中国经济发展的重要支柱，成为全国自主创新的源泉。

二 中关村并购市场分析

（一）中关村上市公司并购趋势①

1. 中关村上市公司并购规模稳步上升

无论是从并购宗数还是从并购金额来看，中关村上市公司在 2013 年至 2017 年都保持了强劲的增长势头，并购金额从 2013 年 406 亿元增长到 2017 年的 1222 亿元，年均复合增长率达到 31.7%，2014 年和 2015 年并购金额的增幅高达 113.8% 和 45.3%；并购宗数从 2013 年的 131 宗迅速增加到 2016 年的 223 宗，2017 年在外部宏观环境的影响下下滑至 171 宗，年均复合增长率为 6.9%（见图 6）。

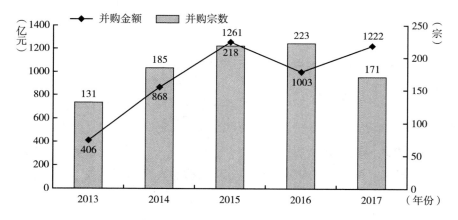

图 6　2013～2017 年中关村上市公司并购趋势

2. 产业并购成为中关村上市公司并购的新趋势

对于企业而言，并购的目的主要分为横向扩张、纵向延伸和多元化

---

① 鉴于数据获取原因,本部分并购数据分析仅限于中关村上市公司,具体定义参见附录一编写说明。

发展。

2013～2015年，中关村上市公司产业链并购重组（横向整合和垂直整合）占比75%，2016～2017年，中关村产业链并购重组占比80%，而出于多元化战略、买壳上市等其他原因的并购比例显著下降（见图7、图8）。说明伴随着中国经济结构转型，中关村上市公司近两年的并购重组也逐渐转向提高产业竞争力的产业链整合，通过并购引进新技术、提高行业集中度、淘汰落后产能，使产业焕发活力。

3. 并购领域聚焦高新技术产业，以电子信息产业为主导，多产业齐头并进

将中关村上市公司2013～2017年并购标的所处产业进行分析可以发现，高新技术的八大产业是中关村上市公司选择并购标的时的热门产业。在所有发生的并购中，并购标的属于高新技术产业的数量占比为60%～70%，并购标的属于高新技术产业的金额占比波动较大，为40%～80%。其中，电子信息产业无论在并购金额还是在并购交易数量方面，每年都是中关村上市公司并购的第一大产业，体现了中关村在计算机、信息技术开发等行业上的优势，该产业并购金额占比保持在40%以上，2017年略有下降，至260亿元，占比21.3%；并购宗数占比呈逐年提升趋势，2017年略有下降，至33.3%；其次是高技术服务产业，其并购宗数在2013年超过电子信息产业，成为当年并购最活跃的标的产业；先进制造与自动化产业是唯一一个并购金额保持持续增长的产业，尤其是在2017年由上年的20亿元骤升至119亿元，增幅高达495%，而2017年先进制造与自动化产业的并购宗数只有4宗，平均并购金额为29.75亿元，单笔交易金额庞大；资源与环境产业的并购金额在2015年增长至48亿元，增长了5倍；生物与新医药产业的并购金额呈现"钟"形变化，从2013年的11亿元增长至2015年的66亿元，再回落至2017年的21亿元（见表7）。

电子信息产业是中关村的传统优势产业，在面对新时代的机遇和挑战时，部分电子信息企业通过并购实现技术互助和协同共享。如华胜天成收购美国GD公司，利用其在项目系统架构设计和交付、大数据、云工程、搜索引擎开发领域拥有的深度专业化技术人才和全新技术，为公司进一步丰富和

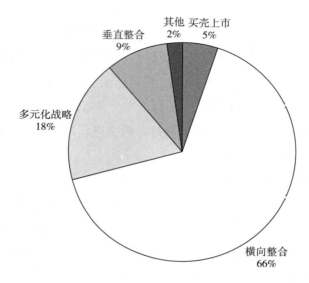

图7 2013~2015年中关村上市公司并购重组类型占比

资料来源：Wind 资讯。

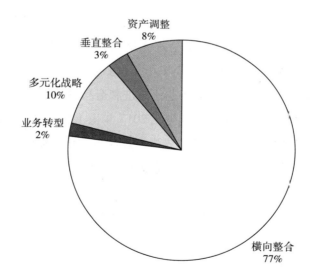

图8 2016~2017年中关村上市公司并购重组类型占比

资料来源：Wind 资讯。

表 7　2013～2017 年中关村上市公司并购标的产业分布

并购宗数（单位：宗，%）

产业	2013 年		2014 年		2015 年		2016 年		2017 年	
	宗数	占比	宗数	占比	宗数	占比	宗数	占比	宗数	占比
电子信息	31	23.7	44	23.8	58	26.6	84	37.7	57	33.3
高技术服务	32	24.4	33	17.8	50	22.9	13	5.8	17	9.9
航空航天	1	0.8	0	0.0	2	0.9	0	0.0	1	0.6
生物与新医药	12	9.2	20	10.8	14	6.4	13	5.8	16	9.4
先进制造与自动化	3	2.3	5	2.7	6	2.8	7	3.1	4	2.3
新材料	1	0.8	4	2.2	3	1.4	7	3.1	5	2.9
新能源与节能	1	0.8	0	0.0	0	0.0	1	0.4	0	0.0
资源与环境	3	2.3	6	3.2	8	3.7	4	1.8	4	2.3
其他	47	35.9	73	39.5	77	35.3	94	42.2	67	39.2

并购金额（单位：亿元，%）

产业	2013 年		2014 年		2015 年		2016 年		2017 年	
	金额	占比	金额	占比	金额	占比	金额	占比	金额	占比
电子信息	183	45.1	419	48.3	546	43.3	405	40.4	260	21.3
高技术服务	93	22.8	81	9.3	274	21.7	118	11.7	102	8.3
航空航天	1	0.3	0	0.0	3	0.2	0	0.0	0	0.0
生物与新医药	11	2.7	59	6.8	66	5.2	30	3.0	21	1.7
先进制造与自动化	5	1.2	11	1.3	15	1.2	20	2.0	119	9.7
新材料	1	0.2	14	1.6	27	2.2	10	1.0	10	0.8
新能源与节能	1	0.3	0	0.0	0	0.0	2	0.2	0	0.0
资源与环境	3	0.9	8	0.9	48	3.8	3	0.3	1	0.1
其他	107	26.4	276	31.8	282	22.4	414	41.3	709	58.0

夯实"以高端计算系统为基础的行业大数据和服务提供商"的定位提供超前的技术互助。

在先进制造领域，企业根据自身战略布局开展并购实现业务协同。如新元科技收购清投智能，清投智能在大屏幕显示控制系统、智能装备等领域处于国内先进水平，收购清投智能是新元科技向成为领先综合智能装备制造商迈出的重要一步；鼎汉技术收购德国 SMART 有助于促进技术、市场协同，提升国际化水平，是公司"从国内到国外"海外战略的初步落地。

在生物医药领域，并购标的聚焦创新药研发、具有较强技术优势的企业。如双鹭药业并购的浦诺维聚焦于糖尿病、恶性肿瘤、心脑血管疾病等领域的药品开发，以重组蛋白为主攻方向，研制了一批具有自主知识产权的创新药物；赛升药业收购的华大蛋白自主开发了一系列应用于科学研究、临床检测以及工业生产等领域的相关产品。

4. 产融结合拓宽并购融资渠道，并购基金成为并购融资的重要工具

从 2011 年开始，硅谷天堂先后与大康牧业、合众思壮、京新药业和升华拜克等上市公司合作设立产业并购基金，经过几年的发展，"PE + 上市公司"并购基金模式逐渐普及。PE 机构根据上市公司的经营战略寻找并购标的并完成交易架构设计等资本层面事宜，上市公司负责收购后标的的日常经营和管理，此种方式一方面可以及时锁定优质项目并进行储备培育；另一方面有助于上市公司产业链纵向及横向的并购整合。

与传统并购相比，并购基金模式优势突出。第一，拓宽上市公司并购的融资渠道。在并购基金模式中，上市公司只需要出资一部分，另一部分向社会其他投资者进行募集即可成立产业并购基金，并且能够通过"GP + LP"的模式获得对基金及并购标的的实际控制权。第二，降低并购风险。上市公司通过产业并购基金收购标的资产后，可以先进行"体外"管理和培育，减少信息不对称，在充分掌握标的公司的有关信息后再进行二次收购，将标的资产整合进入上市公司，从而降低并购整合的风险。第三，具有时间优势。并购交易市场往往瞬息万变，并购基金在标的出现前募集好资金，可以大大提高并购效率。

中关村上市公司积极采用此种创新工具，2013 ~ 2017 年，中关村上市公司共参与设立并购基金 186 只，基金规模总计 5085 亿元，设立基金总规模排名前十位的上市公司包括华胜天成、恒泰艾普、用友网络、旋极信息、神州高铁、立思辰、易华录、利亚德、三聚环保和博天环境。其中，用友网

络、立思辰、利亚德、恒泰艾普、神州高铁也是近五年间直接参与并购较为活跃的中关村上市公司（见表8）。

表8　2013～2017年中关村A股上市公司参与设立产业并购基金规模前十

单位：万元

排名	证券代码	公司简称	规模总和
1	600410. SH	华胜天成	3896500
2	300157. SZ	恒泰艾普	1646000
3	600588. SH	用友网络	1625000
4	300324. SZ	旋极信息	1502711
5	000008. SZ	神舟高铁	1405515
6	300010. SZ	立思辰	1377000
7	300212. SZ	易华录	1250000
8	300296. SZ	利亚德	1225000
9	300072. SZ	三聚环保	1225000
10	603603. SH	博天环境	1000000

资料来源：根据上市公司公告整理。

（二）中关村上市公司并购情况分析

1. 加快培育新动能，并购支持中关村发展"高精尖"产业

电子信息领域活跃的并购直接支持了中关村电子信息产业的发展壮大，电子信息领域的并购宗数和并购金额持续上升，同时对应的产业收入也在稳步增加。

总体来看，除了2016年，电子信息领域并购金额在整个中关村上市公司并购金额中的占比均高于电子信息领域收入在整个中关村总收入中的占比（见图9）。这一方面说明电子信息企业通过产业链并购持续进行产业扩张，另一方面说明其他行业的企业也在通过并购电子信息领域的企业进行转型升级或结构调整，因此在中关村园区总收入保持高速增长的背景下，电子信息领域收入增长更加迅猛，从2013年到2016年，中关村电子信息领域收入从

11010 亿元增长到 18292 亿元，成为中关村具有绝对优势的第一大支柱性产业（见表9）。

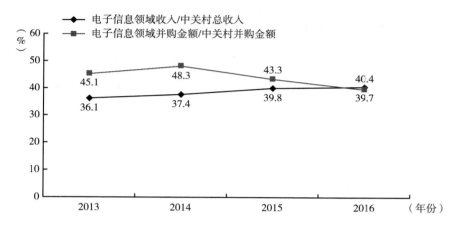

图9 中关村电子信息领域收入占比与并购金额占比对比

表9 2013~2017 年中关村重点技术领域总收入

单位：亿元

产业	2013 年	2014 年	2015 年	2016 年
电子信息	11010	13502	16246	18292
生物医药	1317	1431	1628	1873
新 材 料	3016	3043	2624	3071
先进制造	4204	4591	4777	5620
新能源与节能	3463	4382	4587	4820
环境保护	748	874	1038	1144
其 他	6739	8234	9909	11228

除电子信息产业以外，其他高新技术产业的并购规模也是节节攀升，并购产业呈现多元化趋势。

高技术服务产业的并购规模和活跃度都不容忽视，其并购金额在 2015 年曾达到最大值 274 亿元（见表7），成为当年园区内除电子信息外唯一一个并购金额占比超过10%的产业，这与中国经济加快发展第三产业，同时"互联网＋"加速向服务业渗透不无关系。2016年，中关村现代服务业实现收入29869.7亿元，占中关村总收入的64.9%①，创下历史新高。随着互联网、人工智能等行业的快速发展，高技术加速向传统服务渗透，带动园区内智慧物流、交通等领域的迅速发展，服务业智能化成为新趋势。

在如今经济进入新常态的背景下，并购助力中关村持续发展新经济，推动新技术、新产业和新业态快速成长，加快构建"高精尖"经济结构，汇聚发展新动力。

2. 并购助力中关村上市公司转型升级

（1）并购支持中关村上市公司规模扩张

任何企业在成长发展的过程中都离不开规模扩张和结构调整两大问题，无论是产业链的纵向延伸还是横向扩张，或是当企业业务遭遇"天花板"需要调整结构、转型升级或多业务并举时，并购都是快速获取新资源、新技术、新人才的"金钥匙"。如果说中关村是依靠科技创新实现了"从无到有"的飞跃，那么并购则是助其实现"从小到大"成长的重要手段。

2013～2017年，并购使中关村上市公司的资产组成发生了极大变化，企业并购产生的商誉资产在总资产中的占比从3.5%上升到11.5%，提高了8个百分点（见图10）；同期中关村上市公司的总资产水平从18524亿元增长到57059亿元，增长率为208.0%。相较而言，中关村上市公司并购扩张的速度大大高于企业自建或自营资产增长的速度，说明并购在过去几年间是上市公司资产规模扩张的重要手段之一，但由于并购效果的实现还要依靠企业在未来进行有效整合、发挥协同效应，因此也应该注意未来商誉减值的风险。

（2）并购有助于中关村上市公司提高盈利能力

资产的扩张为企业奠定了经营规模扩大的基础，2013年，中关村上

---

① 资料来源：《中关村指数2017》。

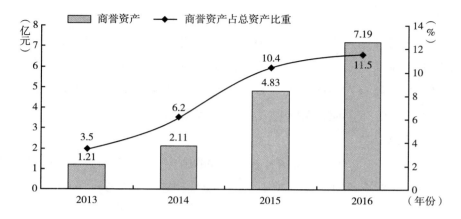

图10　2013～2017年中关村上市公司商誉资产及占总资产比重

资料来源：Wind资讯。

市公司总营业收入仅为14286亿元，在2016年则实现了翻番，收入达到了34843亿元，2016年同比增幅为49%，远远超过北京市规模以上工业企业营业收入4.9%的增长速度和中国A股公司总营收10%的增长速度。在快速扩张的同时，中关村上市公司的盈利能力却没有下降，2013年中关村上市公司的平均毛利率为17.8%，2016年平均毛利率上升到了19%。

如果将2013～2017年中关村上市公司平均增长情况与并购较为活跃的上市公司进行对比，则可以较为清晰地看出并购对于公司成长的影响。将2013～2017年中关村发起并购金额前三十和发起并购宗数前三十的上市公司的平均市值增长率、营业收入增长率、净利润增长率与中关村所有上市公司平均数进行比较，可以发现并购金额前三十的上市公司在市值、营业收入和净利润方面都遥遥领先于市场平均水平（见图11）。如果说并购金额大小可能受公司规模影响，存在规模越大上市公司并购金额越大、规模化效应越明显的内生性问题，那么从并购活跃度角度来看同样能发现，并购越活跃的上市公司其市值、净利润的增长率更高。

中关村A股上市公司并购金额/宗数前三十具体见表10。

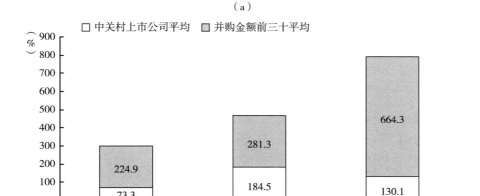

图 11　2013～2017 年中关村上市公司市值、收入、净利润增长率对比情况

资料来源：Wind 资讯。

表 10　中关村 A 股上市公司并购金额/宗数前三十

单位：万元，宗

并购金额前三十			并购宗数前三十		
上市公司	并购金额	并购宗数	上市公司	并购金额	并购宗数
蓝色光标	1342454	49	蓝色光标	1342454	49
昆仑万维	915779	23	乐普医疗	496866	26
捷成股份	833606	21	大　北　农	172727	24

并购金额前三十			并购宗数前三十		
上市公司	并购金额	并购宗数	上市公司	并购金额	并购宗数
掌趣科技	799769	10	昆仑万维	915779	23
千方科技	793913	16	捷成股份	833606	21
梅泰诺	693500	5	光线传媒	354188	19
金一文化	638249	14	利亚德	412246	18
信威集团	608316	6	立思辰	424911	18
神州高铁	513195	7	合众思壮	241335	18
乐普医疗	496866	26	北京科锐	28853	18
四维图新	456571	9	恒泰艾普	213795	17
华联股份	444594	16	千方科技	793913	16
立思辰	424911	18	华联股份	444594	16
利亚德	412246	18	东方网力	244973	16
碧水源	376619	10	石基信息	231671	14
光线传媒	354188	19	金一文化	638249	14
飞利信	352759	10	北斗星通	274271	14
中信国安	349886	10	用友网络	87522	13
光环新网	335250	6	探路者	108221	13
东方园林	334827	10	神州泰岳	280197	13
奥瑞金	303813	10	启明星辰	206566	13
旋极信息	302052	12	绿盟科技	66343	13
神州泰岳	280197	13	朗姿股份	243330	13
久其软件	275500	5	旋极信息	302052	12
北斗星通	274271	14	安控科技	71578	12
中文在线	256377	7	中化岩土	154032	11
东方网力	244973	16	双鹭药业	11647	11
海兰信	244445	7	数字政通	71950	11
朗姿股份	243330	13	江河集团	145118	11
合众思壮	241335	18	华谊嘉信	235906	11

3. 并购引领中关村成为全国领先的高端产业功能区

中关村作为我国领先的高新企业聚集区，不仅园区收入、产业增加值在全国范围内领先，并购意识也是超前的。

将中关村 A 股上市公司在全部 A 股上市公司数量中的占比同相应的并

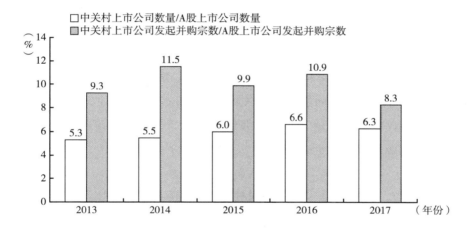

购宗数占比对比可知，中关村 A 股上市公司数量平均占比为 6% 左右，而主动发起的并购宗数在全市场上占比超过了 6%，平均在 10% 左右（见图12）。对比并购金额也有同样的发现，2013～2016 年中关村上市公司市值在 A 股中占比在 5% 左右，而撬动的并购金额在全市场上占比达到了 7% 左右（见图13）。以 2013 年为例，中关村上市公司并购活跃，以在市场上占比 5% 的市值达成了市场上占比超 8% 的并购，而高新技术企业多是轻资产运营，平均并购金额较小，并购宗数在市场上占比更高达 9.3%。随后，虽然市场掀起了并购热潮，并购规模和活跃度大大上升，但直到 2017 年中关村上市公司发起的并购交易比例仍远高于市场平均水平。

图12　2013～2017 年中关村上市公司发起并购宗数与市场对比

资料来源：Wind 资讯。

　　中关村超前的并购意识促进了产业的快速升级。如联想集团通过跨境收购 IBM 公司 PC 业务、日本 NEC 公司、德国 Medion AG 公司和巴西 CCE 公司，快速切入国际同行制高点，获得先进的 PC 研发技术和销售渠道，一举成为世界第一大 PC 业务生产厂商。又如小米科技利用已有产业优势，建立了生态链王国，输出先进的管理经验，拓展销售渠道和品牌知名度，同时又拓展产业链，培育战略合作伙伴。

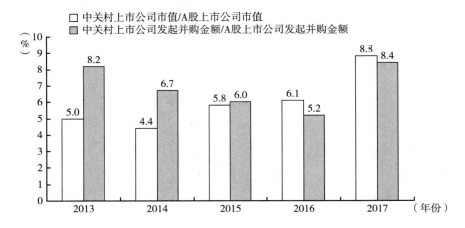

图 13 2013～2017 年中关村上市公司发起并购金额与市场对比

资料来源：Wind 资讯。

率先开展的产业升级成功引领中关村成为全国范围内领先的高端产业功能区，在全国不断增设高新区的背景下，中关村示范区的总收入规模、净利润规模在全国高新区总量中的占比都超过了 15%，是全国范围内最重要的高新技术产业集聚区（见表 11）。

表 11 2013～2016 年中关村与全国高新区主要数据对比

单位：亿元，%

项目		2013 年	2014 年	2015 年	2016 年
总收入	全国高新区	199648.9	226754.5	253662.8	276559.4
	中关村	30497.4	36057.6	40809.4	46047.6
	中关村占比	15.3	15.9	16.1	16.7
净利润	全国高新区	12443.6	15052.5	16094.8	18535.1
	中关村	1908.2	2582.0	2903.5	3170.3
	中关村占比	15.3	17.2	18.0	17.1

4. 并购是企业创新的手段之一，助力中关村成为我国最重要的创新源头

创新的主体是企业，并购则是手段，通过并购，企业可以得到创新的一

切"素材"。2013～2017 年，A 股上市公司并购高新技术领域标的的金额占比保持在40%左右，而同期中关村上市公司并购高新技术领域标的的金额占比平均为62.8%；A 股上市公司发起并购高新技术领域标的的数量占比普遍不足40%，而同期中关村上市公司发起的并购高新技术领域标的的数量占比不低于50%（见图 14）。这说明并购高新技术领域公司已经成为中

（a）

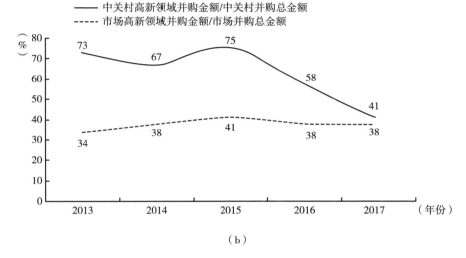

（b）

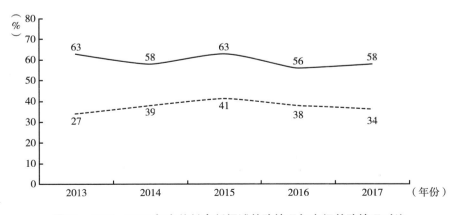

图 14 2013～2017 年中关村高新领域并购情况与市场并购情况对比

关村企业吸纳高科技技术、人才，实现创新的主要手段之一，也是中关村引领市场成为国家最重要的创新源头的关键因素之一。

5. 中关村上市公司并购带动扶持"双创"优质企业

上市公司通过并购重组中小企业，"以大带小""以强扶弱"是推动"双创"发展的重要方式。

一种方式是积极培育和介入新兴产业，上市公司或其集团成为"双创企业"优质孵化器，带动旗下企业实现产业化、规模化，并产生协同效应。

如清华控股有限公司成立于 2003 年，是清华大学在整合清华产业的基础上，经国务院批准，出资设立的国有独资有限责任公司，自成立以来，清华控股依托清华大学的科研实力与人才优势，面向国家战略需求与社会发展需要，不断探索和推进创新发展与战略变革，坚持产学研一体化的发展道路和生态化、社群化、全球化的发展战略，以创新链、产业链、资本链三链融合驱动，通过体内培育和体外并购的方式，推动科技成果产业化、孵化、投资、运营创新型企业。自创立以来，清华产业累计孵化培育创业企业 6000 多家，自 2006 年以来孵化 37 家海内外上市公司，拥有 200 多个创新网点，辐射网络覆盖国内 70 个城市，以及美国、韩国、俄罗斯、以色列、加拿大、英国、意大利等国家。

在创新链方面，清华控股旗下有多家科技实业孵化器，依托清华大学的科研与人才优势，发挥清华产业成果转化与运营经验，通过带土移植等模式，培育了一批细分行业的科技领头企业，如全球领先的安检解决方案和服务提供商同方威视等。同时，清华控股集团还建有世界上最大的大学科技园——清华科技园，运营管理的科技园和孵化器遍及全国数十个城市与地区，入驻企业超过 4000 家，每年申请专利超过 3000 件。另外，清华控股还将创新创业的精神通过旗下企业传播开来，联合旗下企业设立创业 DNA 基金、种子基金，支持创新创业教育。围绕着创新链驱动，清华控股培育了大量科技初创企业，帮助其实现技术转移和科技成果的产业化，2017 年，清华控股集团研发强度位居 2017 年中国企业 500 强第 7 位。

在产业链方面，清华控股旗下产业涵盖科技产业、创新服务、科技金融、创意产业、在线教育五大产业集群（见图 15），运营着同方股份、紫光集团、启迪控股、诚志股份四大综合性集团，拥有同方股份、紫光股份、启迪桑德、世纪互联等十多家上市公司，2016 年集团实现总收入 956 亿元，总资产达到 3528 亿元。[①]

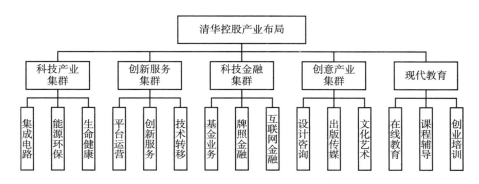

图 15　清华控股产业布局

资料来源：清华控股有限公司。

在资本链方面，清华控股以"产业为本，金融为用"为原则，大力发展科技金融，推动科技创新与金融深度融合，实现技术资产、知识产权的资本化、商业化。围绕"全产业、全周期"，清华控股全面布局全线基金、全牌照金融和互联网金融，资产管理规模逾 700 亿元。建立母基金和并购/夹层基金管理规模超过 200 亿元，主导参与展讯通信、新华三、桑德环境、惠生能源等重大并购案例。

围绕着创新链、产业链、资本链三链驱动，在集团资金及战略的支持下，清华控股有限公司通过成立母基金、产业并购基金和创投基金等模式体内培育、体外并购发展了大量优质"双创企业"，"以强扶弱"带动了旗下企业产业化、健康化发展，成为全国一流与世界领先的创新型企业孵化、投资和运营的巨人。

第二种方式是由上市公司并购"双创"优质企业，由上市公司的控股方（集团母公司）按公司发展战略，储备主业关联产业中的新项目或下一

---

① 资料来源：清华控股有限公司。

步拟重点发展产业的新兴项目，既降低了培育经营风险，又可以配合上市公司的资本运作。

如联想控股在以 IT 为主业的战略下，采取战略投资和财务投资双轮驱动模式（见图 16），培育处于不同成长阶段的企业，打造形成一个类似产业航空母舰的国际化集团。具体来说，在财务投资方面，联想控股致力于投资或并购各种处于不同阶段的项目，包括新兴企业、快速增长的企业以及成熟企业；在战略投资方面，联想控股追求价值提升。财务投资项目可以成为战略投资项目，反过来，战略投资也可以为被投资项目/公司提供各种增值服务，从而加速这些项目/公司的发展和增值。这种投资组合内部的协同效应是联想控股不同于其他纯财务投资公司的地方。如今，通过战略投资业务，联想控股已涉足 IT、金融服务、创新消费与服务、农业与食品以及新材料五大领域（见图 17），旗下拥有二十余家成员企业。

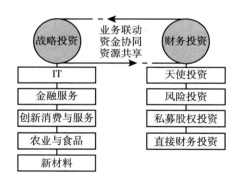

图 16　联想"战略投资＋财务投资"双轮驱动

资料来源：联想控股官网。

第三种方式是设立专门的投资型子公司或并购基金。近 5 年来，中关村出现了以同行业上市公司为主发起，共同设立行业性产业投资基金或并购基金的趋势。中关村处在电子商务、互联网金融以及科技型企业发展的全国领先地位，离不开资本市场、上市公司并购重组的推动。上市公司的资本实力、经营管理经验以及多年积累的品牌和市场渠道，正是初创型、成长初期型"双创"企业所急需的。而新兴项目的注入，也有利于上市公司获取新

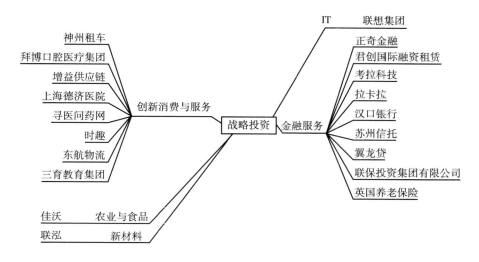

图 17　联想控股战略投资布局

资料来源：联想控股官网。

发展动能，形成新的竞争优势。

6. 并购重组助力优质中关村企业回归国内资本市场

许多优质的企业在创立之初，由于急迫的融资需求和国内缓慢的 IPO 节奏选择到境外资本市场上市，虽然企业取得了持续发展，但客观上也存在价值被低估、不为投资者完全认可等问题。时至今日国内资本市场发展日益完善，越来越多的优质中概股选择回归国内资本市场，而并购重组则为优质中概股回归国内资本市场打开了便捷的通道。如 2017 年，三六零借壳江南嘉捷回归 A 股，在中国资本市场掀起了不小波澜，借壳完成后，复牌的江南嘉捷连续涨停，市值大幅上涨，反映出市场对三六零回归的积极态度和热烈反应。

7. 并购支撑中关村企业成为经济发展中的创新标杆

作为国家自主创新的源泉，中关村在各类新兴产业中都取得了辉煌的成就，尤其是在高新技术产业并购领域，各企业更是打破桎梏，在不同战略指导下探求多种并购模式，引领并购潮流。

（1）跨国并购，实现高质量跨越式发展的有效途径

跨国并购是企业获取技术、人才、渠道等核心资源，助力高新技术产品

和服务跨越发展，从而实现实体经济高质量发展的有效路径之一。

联想集团就是运用跨国并购成功实现跳级，从本土走向全球的成功典型。联想集团初始成立时是一家只拥有 11 名工作人员的本土小公司，到 2013 年前后，联想已成为全球 PC 行业的领导者，这与联想抓住机遇坚持海外并购与整合驱动的国际化扩张路径有着直接的联系。

联想团队的创业开始于 1984 年，从此，联想向着"高科技的联想、服务的联想、国际化的联想"的远景迈进，并不断取得卓越成就，成长为中国信息产业发展的领军企业。

2000 年联想品牌的营业额为 200 亿港元，占据了 27.5% 的国内市场份额，但是在北美、西欧和日本三大市场上占有率还是零，选择直接并购海外品牌，无疑是联想占领国际市场的一条捷径，随后联想通过四大并购成功发展成为国际化集团。

首先是通过并购 IBM 进军北美市场，联想上演了一出完美的"蛇吞象"，缔造出了当时的全球第三大个人电脑企业。联想在 2004 年将"Legend"更换为"Lenovo"，凭借着拥有了"ThinkPad"，加速了国际化的进程。

2011 年，在联想收购 IBM PC 部门 6 年之后，联想集团与 NEC 公司达成协议，合资成立名为"联想 NEC 控股 B.V."的新公司，这家新公司也成为日本市场上最大的个人 PC 业务集团。与日本 NEC 公司的战略合作，是联想在国际化并购道路上取得的新的重大进展，并使联想超越宏碁，成为全球 PC 厂商第三名。

同年，联想集团收购德国个人消费电子企业 Medion AG。德国是欧洲最大的个人电脑市场，本次并购后，双方在德国 PC 市场上的总份额超过 14%，排名第三，而联想由此在西欧 PC 电脑市场上的份额达到约 7.5%。收购 Medion AG 帮助联想加快了进军西欧消费市场的步伐，并可以借助 Medion 原有的实力，在欧洲市场上获得更多的增长机会。此后，联想集团又通过收购巴西个人电脑和消费电子行业的重要企业 CCE 公司，成为巴西本地个人电脑市场份额第一的公司。

通过系列化并购，联想集团不仅拉开了国际化战略的序幕，更提升了联想品牌的竞争力，2012 年联想电脑销量已经跃居世界第一，联想集团在《财富》世界 500 强中的排名提升了 80 位，至第 370 位，在付出巨大努力之后，联想国际化扩张战略的成效终于清晰地显现出来。

并购是国际化的翅膀，走国际并购的道路将是中国企业实现国际化的一条捷径。作为传统 PC 四强中最年轻的一家公司，联想快速成长为全球 PC 第一并非偶然，而是因为联想选择了一条适合自己的发展战略，通过并购，从多元化到国际化，打造强大的经营集团，让中国民族品牌开始走向世界。

（2）并购产学研一体化，打通科技创新的上、中、下游

产学研合作是集研究、开发、生产于一体的有效组合，在各产学研合作模式中，产学研一体化世界级标杆清华控股旗下的代表性企业清华紫光与清华大学等科研机构有着天然的血缘关系，在产学研方面有着独特的优势，通过不断优化升级自身发展战略，始终走在产学研合作的前列。

紫光集团前身为 1988 年成立的清华大学科技开发总公司，自 2012 年确立"打造世界一流高科技企业"的目标及发展战略后，紫光集团始终着眼于 IT 服务领域，致力于打造一条完整而强大的"云—网—端"产业链，并全面深入云计算、移动互联网和大数据处理等应用领域，逐渐形成了以集成电路为主导，从"芯"到"云"的高科技产业生态链，成长为中国最大的综合性集成电路企业、全球第三大手机芯片企业；在企业级 IT 服务细分领域排名中国第一、世界第二，与英特尔、惠普、西部数据等全球 IT 巨头都形成了战略合作。

纵观紫光集团的发展历程，始终贯穿着并购交易，一系列并购环环相扣。2013 年，紫光集团意识到美国上市公司展讯通信的创始人离职，且存在管理层持股比例低等并购优势，同时预见了智能手机广阔的发展前景，于是斥资 18.7 亿美元收购展讯通信，从此进军集成电路芯片产业，打响了紫光集团并购战的第一枪。

依靠强大的芯片研发能力，2014 年 6 月，展讯通信发布首颗国产 28nm 通信 SoC 四核智能手机单芯片——SC883XG，"中国芯"成为国际主

流。此时，紫光集团又瞄准其对手——同样是三大芯片设计制造商之一的美国上市公司锐迪科微电子。同年7月，紫光集团利用境外资金9.07亿美元顺利收购锐迪科微电子，双方在集成电路领域由同业竞争转为整合协同。

这两笔交易吸引了在芯片领域排名世界第一的英特尔公司，2014年9月，英特尔向展讯、锐迪科投资人民币90亿元，联合开发基于英特尔架构和通信技术的手机解决方案。至此，紫光集团集成电路的研发能力和市场地位得到了全球范围的认可，也获得了更多的项目机会。2015年2月，紫光集团与国家集成电路产业投资基金和国家开发银行达成总额300亿元的战略合作意向，以产融结合的方式共同打造中国集成电路产业航母。同时，紫光集团还入股TCL，使其成为紫光产业生态链终端厂商。

在并购与产学研一体化的推进下，紫光的科研水平及科研产出达到世界水平。2015年4月，展讯宣布28nm四核五模LTE和WCDMA SoC平台实现大规模量产，"紫光芯"进入全球竞争市场。同年，紫光集团下属子公司紫光股份以25亿美元从惠普手中收购中国网络设备及存储器、服务器巨头"新华三"51%的股权，其优质的科技能力和市场地位，使紫光集团的发展更上一层楼，成为中国信息技术领域的领导企业。同年9月，紫光与微软、世纪互联合作定制混合云解决方案，决心打造最适合国企客户的国际化云计算解决方案平台。

此后，紫光又将投资重心转向存储和封测领域。2016年9月，紫光股份旗下香港全资子公司紫光联合信息系统有限公司以38亿美元买入西部数据公司15%股权，成为西部数据第一大股东，并获得一个董事席位，从此进军大数据存储领域。之后不到一个月，西部数据宣布以190亿美元收购全球第三大闪存厂商闪迪（SanDisk），弥补了其在固态硬盘领域的劣势。

伴随着收购，紫光集团的战略重心从开始的"芯"转变为"芯+云"。2016年，紫光控股上海宏茂微电子公司，布局半导体封测产业领域，全面构筑"芯—云—网—端"信息产业生态链。2016年底至2017年初，紫光相继在武汉、南京、成都投入巨资开工建设大规模存储与芯片制造工厂，以"技术＋制造"推动中国半导体产业强势崛起。2018 年，紫光推出了我国首个具有自主知识产权的三维闪存芯片，这不仅填补了国内的空白，打破了国际垄断，而且提升了中国芯片产业整体水平，进而改写全球芯片产业格局。

围绕着产学研一体的并购为紫光集团带来了非凡的成就。2009 年，紫光集团资产规模约 13 亿元，净资产 2 亿元，收入 3 亿元，截至 2015 年底，资产规模达到 1000 亿元，合并净资产约为 350 亿元，收入约为 500 亿元[①]，在六年多的时间里，紫光集团实现了近百倍的扩张。紫光的成功经验表明，教育、科研和商业的有效融合，把握产业发展趋势的并购是其成长为世界一流高科技集团的关键因素所在。

（3）生态圈并购，打造企业全方位发展平台

随着创新时代的到来，新的模式在不断出现，无论是传统行业还是新兴行业，商业逻辑都在不断被刷新，向合作企业输出成熟的价值观并赋予品牌背书、共享渠道及粉丝等资源的生态圈并购是新兴产业打造创新发展平台的路径之一，而这其中做得最为成功的当属千亿"独角兽"企业——小米。

小米诞生于 2010 年，是一家专注于高端智能手机、互联网电视以及智能家居生态圈建设的创新型科技企业。利用兼具互联网思维的"低成本＋高效率"独特的规模化发展模式，小米将商品的"高质价比"属性标签化，快速做大市场。在过去的 8 年里，小米手机业务经历了爆发式增长（2012～2015 年）、回落（2016 年）和重回增长通道（2017 年）三个关键阶段，成为全球罕见的从创伤中恢复的手机终端厂商。2016 年其国内市场销量下滑，但小米凭借其多年在电商平台高效运营积累的大数据资源以及自有流量优势，顺势推出小米之家三年千家门店的扩张计划，最终在 2017 年重回手机销量巅峰，全年实现销量 9240 万台，全球占比超过 6%，成为全球排名第

---

① 赵伟国：《谈谈中国高科技企业的自强之路》，2015 中国信息产业经济年会，2015。

二的手机生产厂商。

小米在手机领域的快速成功与其不满足于"做手机"是高度相关的。2013年，小米开始前瞻布局智能硬件设备，将目光投向手机周边、智能产品与生活耗材等物联网领域，小米生态圈雏形初成。2014年，雷军通过创业投资开始迅速布局"小米生态链"企业，通过输出成熟的价值观、产品理念、共享资源等方式，形成了商品流、信息流、资金流互通的高效闭环。生态链中的企业，通过小米背书，在短时间内迅速提升关注度，缩短市场培育期，并能通过小米其他商品、品牌相互导流，共享粉丝经济。小米作为核心，对生态链企业给予渠道资源支持、供应链支持，遵循小米产品定义原则对质量严格把关。在获得小米资金支持和资源共享的背景下，很多企业都打破了所处行业的原有规则，制定了新的行业标准，高效地实现了规模化的突破。

经过4年的投资布局，"小米系"已经成为市场上能与阿里、腾讯抗衡的互联网企业代名词，小米已发展了90家生态链合作企业，其中16家合作企业年收入过亿，3家年收入过10亿，4家成为估值超过10亿美元的"独角兽"企业。通过独特的生态圈投资并购模式，小米打造了涵盖智能硬件、软件与服务、新零售三大业务板块的旗舰战队，一个完整、战略明确的生态链王国雏形已经显现（见表12）。

表12 部分小米参与投资公司领域

硬件			
万魔声学	豹米空气净化器	云米科技	GLXSS 亮亮视野
云柚科技	攀腾科技 Plantower	Ninebot 纳恩博	星想软件
华米科技	精益理想插空儿	慕声电子科技	农田管家
加一联创	云马智行车	紫米电子	疯景科技
Zealer	电视家	上海小蚁科技	米物科技
Kisslink 吻路由	趣睡科技(8H 床垫)	大朋 VR(乐相科技)	峰米科技
摩象科技	机器岛科技	智米科技	石头科技
游戏			
全民奇迹	有爱互动	西山居	Egret Engine
块块娱乐	柠檬微趣 MicroFunPlus	珠海乐趣科技	奇矩互动 Ismole

电子商务			
触手 TV	美菜网	御家汇	闪电购
凡客诚品	51 订货(我要订货网)	8 天在线	铜师傅

SNS 社交			
ShareChat	人脉通	闺蜜圈	

移动互联网			
DoubleDate 小嘿科技	抱抱 APP	凯立德	电话邦
猎豹移动	瓦力网络(收购)	魔秀科技	WiWide 迈外迪
跃联互动	WiFi 万能钥匙	老年桌面	

文化娱乐			
星座女神	UI 中国	迅雷	界面网络
米泛娱乐	抖动文化	雷锋网	英众文化
优酷土豆	火星小说	Bookfaces 似颜绘	荔枝 FM
爱奇艺	九月光合	Musical. ly 音乐地	

教育			
宝宝巴士	闺蜜圈	人脉通	掌门 1 对 1 - 翼师网络
编程猫	TPO 小站教育	星空琴行	沪江网
一起作业网	知米英语	青禾谷仓	KLSW 克洛斯威

企业服务			
世纪互联	LBE 安全大师	金山云	和创科技
RIGO	Design	智谷睿拓	易点租
疯群 CDN 云熵科技	工多多	Agora 声网	金山软件
BOSS 直聘	树米科技	山骁科技	

本地生活			
阿姨帮	果然优	丽维家	青橙科技
大众点评网	硬派健身	万能小哥	我有外卖
蹲点早餐	冻品在线	怪兽充电	

房产酒店			
爱空间	YOU + 国际青年公寓	神工 007	寓见城市青年公寓
U 办优办科技	丽维家	爱屋吉屋	房呀 - 房牙科技

工具			
猎豹浏览器	金山毒霸	电池医生	清理大师

海外版图			
MiSfit	Pebbles	Nanigans	RozBuzz

续表

旅游			
发现旅行网	香蕉出行		
汽车交通			
人人车	蔚来汽车	ofo 共享单车	板牙科技
车财多	小白单车		
广告营销			
品众互动	大面发行		
医疗健康			
iHealth	医号线	爱丁医生	

资料来源：IT 桔子等公开网站收集。

在互联网和品质化升级的消费时代，小米抓住了新消费时代的脉搏和商业运营的本质，通过"高品质＋低成本＋高效率"规模化运作快速切入大众市场，沉淀出一套成熟的运作理念，颠覆了行业旧有格局。通过打通产品流、资金流、信息流在渠道、消费者、生态链企业之间的流动，小米渠道生态圈能够将用户真实需求数据第一时间反馈给生态链企业，通过大数据分析，为他们提供其他消费品，高效地实现了规模化突破，生态链中被孵化的企业还能实现反哺，从而形成良性循环。

小米公司自创办以来，始终保持着令世界惊讶的增长速度，其在手机、生态链硬件等领域的成长空间很大，已成为最具效率的零售平台之一。小米产业链和生态链公司陆续登陆资本市场，将实质性提高公司的盈利能力，对于小米来说，生态链布局是一座藏在后院的金矿，不仅可以推高公司估值，还能从不同细分领域辅助小米在互联网企业中全面、快速地成长。未来，小米将成长为全球科技生态的下一个巨头，成为中关村企业科技创新的主力军。

（4）多元化并购，打开未来发展空间

多元化并购是企业实现混合经营战略的捷径，有助于企业迅速抢占市场，打开发展空间。今日头条即是抓住机会，实施多元化战略，迅速成长为千亿"独角兽"企业的典型。

今日头条创建于 2012 年 3 月，基于大数据挖掘技术，通过分析用户的兴趣需求，为用户推荐个性化的新闻资讯。自成立以来，其以惊人的速度吸收用户、布局产品线、开拓市场，迅速抢占移动互联网份额，截至 2017 年，今日头条月活跃用户量突破 2 亿，居行业第一，日新增用户量达到百万级别；今日头条及旗下平台短视频产品日均总播放量过 100 亿，头条号总数超过 120 万，成为国内最大的第三方内容分发平台。

今日头条迅速占领行业第一离不开其坚持多元化发展，通过并购整合多种业务模式，逐步打造"内容帝国"的战略。

今日头条自成立以来，从传统的内容分发起步，先后并购、开发了短视频、微博客、问答、垂直媒体、电商、第三方导流等多种业务模式（见图18）。如今，社交化、视频化和国际化是今日头条未来发展的三大战略。社交化和视频化分别对应社交平台和短视频两大具体业务，同时通过大举并购海外优质标的实现国际化目标，全面提升公司自身竞争力。

图 18　今日头条产品、并购时间线

资料来源：通过网络信息整理。

2016 年初，今日头条开始布局短视频领域，以输出人工智能技术为核心，谋求与当地内容合作伙伴、内容创作者合作，进军国际市场。2017 年 2 月，今日头条全资收购美国移动短视频创作者社区 Flipagram，收购后，Flipagram 获得强大的智能算法支持，双方形成优势互补。2017 年 11 月，今日头条以 8660 万美元收购猎豹移动旗下新闻聚合平台 News Republic，并向 Live. me 投资 5000 万美元。2017 年 11 月，今日头条以 10 亿美元收购音乐类短视频平台 Musical. ly，旗下抖音平台与 Musical. ly 合并，更好地发挥品牌协同作用。

多轮收购大大拓展了今日头条在巴西、印度、北美、欧洲等地区市场的触达能力，也提高了其市场占有率和用户活跃度。目前，在今日头条以及旗下的火山小视频、抖音短视频、musical. ly、topbuzz video 等平台上，短视频的日均总播放量已经超过 100 亿，包括 OGC、PGC 以及 UGC 在内的短视频发布量超过 2000 万条。通过并购，今日头条已进入短视频行业第一梯队。

对于今日头条的高成长，资本市场也用最直接的方式给予了充分认可。在今日头条保持一年一次融资的节奏下，一级市场不断刷新对其估值的高度。2012 年 4 月，今日头条获得 300 万美元的天使融资，而后不到 3 个月，又获得 500 万美元的 A 轮融资。2013 年 9 月，今日头条完成 1000 万美元的 B 轮融资。2014 年 6 月，今日头条完成 1 亿美元的 C 轮融资。此时，其投后估值已达 5 亿美元。2017 年 4 月，今日头条获得 10 亿美元的 D 轮融资，投后估值超过 110 亿美元（见表 13）。截至 2017 年 8 月，今日头条估值高达 220 亿美元，超过当时市值 200 亿美元的新浪微博。

表 13　今日头条融资情况

	时间	投资者	获得融资金额（万美元）
D 轮	2017 年 4 月 7 日	红杉资本/建银国际金禾	100000
C 轮	2014 年 6 月 1 日	红杉资本/新浪微博/新浪	10000
B 轮	2013 年 9 月 1 日	DST	1000
A 轮	2012 年 7 月 1 日	海纳亚洲	500
天使	2012 年 4 月	海纳亚洲	300

资料来源：新芽、IT 桔子。

自 2012 年创立以来，今日头条完成了分发、创作和互动，在移动互联网用户端取得了巨大的成功。究其原因，是因为其在看清信息视频化的趋势下，抓住机遇，主动出击，积极围绕短视频领域展开海外并购吸纳优质标的，成功打开了未来的成长空间，从而成长为互联网大数据时代新媒体领域中的下一个巨头。

三　中关村并购因素分析

（一）产业升级是中关村企业并购的内在动力，也是最终目标

从经济发展的角度看，中国的产业升级包含两个方面，既包括发展高新技术产业，也包括现有产业的生产要素改进、结构改变、生产效率提高，以使产品获得更高附加值，而并购重组则是降低高新技术产业进入门槛、提高行业集中度、升级产业链、实现产业升级的重要工具。

中关村作为国家自主创新示范核心区，肩负着引领我国战略性新兴产业跨越发展的重要使命，中关村产业的发展深深关系着我国经济转型升级的时间和路线，因此快速实现产业升级，引领中国经济发展是中关村企业的重要职责，在此背景下，过去 5 年来，中关村企业积极利用并购重组工具，一方面多元化经营发展、降低新兴产业的进入门槛；另一方面促进企业技术升级、改进管理模式、提高产品附加值，并购成功推动了中关村战略性新兴产业的发展，提升了园区经济整体运行效率，并帮助产业价值链升级。可以说，产业升级是中关村企业发起并购的核心驱动力也是最终目标。

（二）科技和资本是产业升级的要素，也是中关村企业成功并购的必要条件

1. 科技是推动产业升级的力量

十九大报告中强调，过去五年实体经济"发展不平衡不充分的一些突出性问题尚未解决，发展质量和效益还不高"，其核心原因是"创新能力不够强，实体经济产业竞争力水平有待提高"。科技创新是促进产业转型升级的重要推动力。技术进步所创造的新工艺、新产品逐渐发展成新的产业部门

和行业。这些产业部门和行业凭借自身科技优势以及对新技术、新工艺的市场垄断地位，迅速积累各种资源，生产规模持续扩大，产业链条逐渐完善，从而推动产业结构演进。

2. 资本是产业获取科技的手段

以科技创新为主的高新技术产业若想真正实现对传统产业的颠覆，必定需要大量的资本与研发投入。有不少优秀的已上市企业，正是借助"科技"和"资本"两个轮子，或自我技术创新，逐步向高新技术产业转型的，或以资本为手段，打造自身投资和并购平台，突破区域和业态限制，快速实现新的转型升级。对于创业企业来说，资本的力量更加重要。高强度的研发投入，保证了产品质量水平和毛利率增长，有利于企业获得资本市场认可，带动进一步投融资，进而再度增加研发强度，形成了一个良性放大的循环。

3. 科技与资本是中关村企业并购的必要条件

依托区域自身的科技、文化、教育优势，科技创新一直以来是中关村企业的核心特点，同时商业银行的科技信贷专营机构、区域性股权市场以及专业化投资机构等构成了中关村园区内活跃的资本市场平台。在科技与资本的支持下，中关村企业才得以坚持科技创新的发展战略，并有充足的资金在全国和全世界范围内并购最新、最前沿的科学技术，对自身产业进行升级改造，成长为一批引领中国经济转型升级的高新技术企业。

（三）中关村的创新生态网络促进了并购的发展

中关村之所以可以通过并购在创新引领、发展战略性新兴产业、实现产业升级等方面取得辉煌的成就，并加速向具有全球影响力的科技创新中心迈进，得益于其特殊的创新生态网络，包括企业家精神、金融服务、科技支持、创新文化以及政策服务五个方面，中关村在每个方面优秀的表现促进了并购活动的发展，从而成就了科技与资本对其产业升级的驱动。

1. 企业家精神

企业家精神是一系列素质特征的结合体，是企业家组织建立和经营管理企业的综合才能的表述方式，是一种重要而特殊的无形生产要素。习近平总书记在党的十九大报告中指出："历史只会眷顾坚定者、奋进者、搏击者，而不会等待犹豫者、懈怠者、畏难者。"这也是习近平主席在纪念孙中山先生诞辰 150 周年大会上讲话的重要内容。习近平主席所提到的这种坚忍不拔、百折不挠的奋斗精神就是企业家精神的内涵。在中关村，正是一批优秀的企业家用他们特有的企业家精神成就了中关村的发展。

中关村长期以来创新创业活跃，形成了良好的创新创业生态，在这样的环境下，中关村企业家普遍具有极强的创新精神和前瞻意识。早在 1980 年，中科院物理研究所研究员陈春先等 6 名科技人员成立了北京等离子体学会先进技术发展服务部，就此揭开了科技人员走出科研院所和高校面向市场自主创办民营高科技企业的序幕，而后中关村企业家们创造了中国无数个领域的"第一名"。正是这种不断创新的精神促使中关村企业家善于运用并购等方式不断获取新技术、新模式和新平台，实现企业的转型升级。

中关村企业家大多为技术人员出身，如百度公司创始人、董事长兼首席执行官李彦宏，毕业于北京大学信息管理专业，随后前往美国布法罗纽约州立大学完成计算机科学硕士学位；小米科技创始人雷军毕业于武汉大学计算机系，创办小米前长期任职金山公司；奇虎 360 董事长周鸿祎，本科毕业于西安交通大学电信学院计算机系，而后在西安交通大学攻读管理学院系统工程系研究生，在创办 360 公司前，曾是雅虎中国总裁；成为全球人工智能芯片首个"独角兽"的寒武纪，其创始人是中国科学院计算技术研究所的陈云霁、陈天石两兄弟，陈云霁曾任龙芯 3 号总设计师，获得首届国家自然科学基金优秀青年科学基金，现在计算机体系结构国家重点实验室任研究员，弟弟陈天石曾获中国计算机学会优秀博士论文奖，为计算技术研究所副研究员……实际上，众多中关村企业家都是以技术研发者的身份开始创业，与非技术型创业者相比，他们在专业技术领域的优势使其能够更加准确地把握住产业发展趋势，注重以技术创新为核心、以产业并购为手段，不断推动企业向前发展。

中关村企业家的创业之路是随着中国高新技术产业的发展壮大一路走到今天的，在此过程中很多中关村企业家都历经了艰苦奋斗的创业历程，对自己一手创办的企业有着同呼吸、共命运的深厚感情，对社会具有强烈的责任感和奉献精神，从而形成了一种推动企业和社会可持续发展的重要力量。与硅谷等区域的连续创业者不同，中关村企业家进行创业后大多会坚定地伴随自己一手创办的企业从小到大、从大变强，自始至终与企业一道，共同见证产业的发展。中关村企业家为了促进技术的进步和产业的蓬勃发展，也普遍能够秉承对企业负责和对社会奉献的积极态度实施产业并购。

2. 金融服务

并购需要大量资金支持，一般凭借内部融资企业难以完成并购，没有融资渠道并购活动将无法开展，高效的资本市场能显著降低并购活动的信息不对称风险，解决并购的融资渠道问题，提高并购活动的成功率。中关村历经 30 年发展建立了以银行、证券为代表的成熟的传统金融平台，也大力发展风险资本、并购基金等直接融资渠道，为园区内企业的并购创造了多种融资条件。

（1）传统金融机构

中关村园区内汇集了一批商业银行的科技信贷专营机构，北京银行、交通银行、中国银行、招商银行小企业信贷中心等 14 家商业银行在中关村设立了专门为科技企业服务的信贷专营机构和特色支行，为中关村企业提供多层次、多领域、全方位的金融服务，为并购等需要大规模资金的企业活动提供了大量的金融服务，有效地缓解了中小企业融资难问题，形成了对科技企业创新发展的金融支持体系，建立了科技企业和金融机构之间的沟通机制。

特别的，1999 年，在国务院做出加快建设中关村科技园区的决策后，北京银行率先在中关村园区设立了中关村科技园区支行和中关村科技园区管理部。2011 年 5 月，北京银行在京首家分行——中关村分行落户中关村，这也是中关村园区内第一家分行级特色银行机构。北京银行中关村分行以中关村为主战场和试验田，推动金融与科技的有机结合，致力成为科技创新的有力支点与科技企业的强力后援，形成了鲜明的"科技金融"特色和品牌。北京银行中关村分行辖内 50 多家网点为中关村高科技、高成长的中小微企业发放的贷款在中关村排名第一。在区域内银行机构中，北京银行中关村分行服务的北京地区创业板上市企业、中小板上市企业、新三板挂牌企业存量占比均超过 50%，在业界树立起特色鲜明的科技金融旗帜，为加快中关村建设和首都经济发展做出了积极贡献。

另外，为服务创新创业、推动行业转型升级，2017 年 7 月，中关村园区内还成立了由 11 家中关村园区上市公司共同发起设立的中关村银行，该银行成为北京首家获批开业的民营银行，注册资本 40 亿元。中关村银行是运用科技金融，通过中关村创新创业生态，链接优秀的天使投资和创业投资机构、优秀的孵化器、加速器和大企业的双创平台，目标是促进科技与金融深度融合，支持实体经济发展。

除银行外，1999 年中关村还成立了北京中关村科技融资担保有限公司（以下简称中关村担保），是北京市政府批准设立的国有政策性专业担保机构，是中关村国家自主创新示范区科技金融政策的重要实施渠道。作为中关村发展集团的控股子公司，中关村担保坚持服务科技及现代服务业中小微企业发展，服务中关村发展。中关村担保自成立以来建立了瞪羚计划、展翼计划、文化创意、留学通道、重大工程等覆盖不同发展阶段、不同行业企业的专项担保通道，形成了直接融资担保、间接融资担保与非融资担保相结合的多元化产品服务体系；紧密结合北京市"高精尖"产业结构调整，明确以战略性新兴产业为代表的科技创新领域和以文化创意产业为代表的现代服务业为重点服务领域；不断加强科技金融服务创新，积极推动和支持大众创业、万众创新，推出普惠保、创易保、中关村创新成长企业债等创新担保品种。截至 2016 年底，中关村担保已经累计为 28600 余个科技型中小微企业担保项目提供近 1800 亿元的担保服务，服务客户中 550 余家企业在国内外资本市场成功上市（含新三板挂牌）。

（2）资本平台

除了通常的银行、证券、信托等各类金融机构外，中关村聚集了一批植根于中关村、专门服务于中关村的资本平台，不但推动了区域内高新技术创业企业的快速成长，从而为高新技术产业并购培育出充足和优质的并购标的，而且为高新技术创业成熟企业实施并购直接提供了全方位、多元化的金融支持。

在区域性股权市场方面，为建立和完善产业资本与金融资本、政府资金与社会资金、直接融资与间接融资有机结合的科技金融创新体系，解决中关村园区企业股份流转问题，2006年1月北京市启动了中关村代办股份转让系统试点，在支持科技型企业直接融资方面发挥了重要作用，并最终于2013年发展成为全国中小企业股份转让系统。2015年5月，原北京股权交易中心（北京区域性股权市场、四板市场）正式更名为中关村股权交易服务集团，全面融入中关村科技金融体系，进一步完善了中关村科技金融创新体系和创新创业生态环境。

在股权投资方面，科技型中小企业轻资产的特点使得天使投资在中关村有着广阔的发展机会。由多元投资主体建立的各类专业孵化器和综合孵化器，基本形成了专业化、市场化、社会化、国际化的创业孵化网络。2016年中关村创业投资案例数占到全国的34.3%，投资金额占到全国的38.0%（见表14）。高新技术产业需要大量持续的科技研发投入，没有资金的支持，科学技术就难以最终转化为现实生产力。中关村活跃的股权投资加快了高新技术企业的研发速度，缩短了科技成果产业化周期，有效地促进了园区内高新技术产业的发展，一方面既为并购活动培育了高质量的高科技企业标的，另一方面也为并购资金的退出创造了条件。

表14　2016年中关村创业投资占全国比重

区域	创业投资案例数（件）	创业投资金额（亿元）	创业投资案例数占全国比重（%）	创业投资金额占全国比重（%）
中关村	1961	1053.95	34.3	38.0
全国其他地区	3761	1716.29	65.7	62.0

另外，中关村园区内还有多只PE基金与并购基金与企业组成"企业＋PE"的并购模式，直接为企业并购提供资金支持。2013～2017年，与中关村A股上市公司组成并购产业基金前十的企业中有80%都是中关村内的资本平台（见表15）。

表15　2013~2017年与中关村A股上市公司合作成立产业基金次数前十企业

企业名称	合作次数
北京中关村创业投资发展有限公司	9
中关村科技园区海淀园创业服务中心	6
北京市海淀区国有资产投资经营有限公司	6
北京能源集团有限责任公司	6
清华控股有限公司	6
北京利亚德投资有限公司	4
北银丰业资产管理有限公司	2
北京中关村大河资本投资管理中心	2
上海爱建信托有限责任公司	2
昆吾九鼎投资管理有限公司	2

资料来源：根据上市公司公告整理。

　　为顺应产业转型升级需要，2016年中关村园区内成立了目前国内规模最大的并购母基金——中关村并购母基金。中关村并购母基金是由海淀区政府引导基金及海淀区国投为主要发起和出资方，由清华控股、中发展集团、北京能源集团为战略投资人，5家金融机构参与，服务于近50家中关村高科技上市公司的产业并购母基金。基金总规模300亿元人民币，通过与中关村领先企业联合设立子基金的方式，基金最终将完成1500亿~2000亿元规模的并购，一期基金总规模为124亿元人民币，共有13家上市公司LP参与。

　　中关村并购母基金以发展中国高精尖科技产业为己任，定位于支持海淀区重点行业领军企业的境内外并购，服务中关村核心区优质上市公司，以及其他符合海淀区产业方向、具有领军潜力的企业。作为注册在中关村核心区的投资机构，中关村并购母基金专注于服务中关村上市企业，通过并购、产业基金、项目直投等方式，帮助中关村企业做大做强。中关村并购母基金的投资重点包括TMT、消费升级及大健康等领域，投资标的集中在互联网和移动互联网、云计算、定位导航与空间信息服务、集成电路设计、生物医药、新能源、新材料、节能环保、文化和科技融合等领域。中关村并购母基金的成立能助力中关村企业牢牢把握住产业转型升级过程中的领先优势布局，为中关村领先企业通过并购实现跨越式发展提供有力的金融支持和保障。

3. 科技支持

中关村拥有高素质研发人才优势，且各类高校科研平台、实验室等支持着中关村成为全国范围内的科技领头羊，成长为中国经济转型的创新源泉，这些科研支持也成为中关村实现高科技并购的充分条件。

（1）高校科研平台

中关村作为我国科教智力和人才资源最为密集的区域，拥有以北京大学、清华大学为代表的高等院校近40所，以中国科学院、中国工程院所属院所为代表的国家（市）科研院所200多所，大学科技园24家，留学人员创业园29家。

（2）高水平人才

随着高新技术产业的发展，获取具备创新能力的高端人才成为高新技术产业并购的新趋势。中关村吸引高端人力资源聚集，为高新技术企业实施人才获取型并购创造了良好的外部条件。北京地区两院院士数量均占全国的50%左右，科研能力出众，已然成为中关村发展的强大后盾（见表16）。

表16　2016年北京地区两院院士数量

单位：人，%

院士	北京地区人数	占全国比重
中国科学院院士	382	51.1
中国工程院院士	356	43.3

资料来源：中关村管委会。

中关村企业积极引进高端人才，在全国范围内的中央"千人计划"中，中关村入选1188人，占整体的20.0%；在北京市范围内的"海聚工程"中，中关村入选590人，占整体的65.6%；在中关村"高聚工程"中，中关村有高端人才292人。以上数据均表明中关村高端人才数量众多，在全国高新区中保持领先（见表17）。

表17　2016年各人才工程/计划中关村入选人数

单位：人，%

人才工程/计划	中关村入选人数	占全部入选人数的比重
中央"千人计划"	1188	20.0
北京市"海聚工程"	590	65.6
中关村"高聚工程"	292	100.0

资料来源：中关村管委会。

（3）实验室与孵化器

中关村拥有开放实验室223个，国家级重点实验室67个，国家工程研究中心27个，国家工程技术研究中心28个。此外，2015年中关村拥有国家级科技企业孵化器42个，场地面积136.1万平方米，在孵企业3095家，累计毕业企业4704家，以上4个方面占全国比重在5%上下（见表18）。以上数据表明，中关村在科技型中小企业孵化方面无论是数量还是规模都处于全国领先地位，中关村内存在大量潜在优质并购标的。

表18　2015年中关村国家级孵化器情况

孵化器类型	孵化器数量（个）		场地面积（万平方米）		在孵企业数（家）		累计毕业企业数（家）	
	示范区	占全国比重（%）	示范区	占全国比重（%）	示范区	占全国比重（%）	示范区	占全国比重（%）
国家大学科技园	15	13.0	110.1	14.1	1198	11.8	1351	16.4
国家级科技企业孵化器	42	5.7	136.1	4.0	3095	4.9	4704	8.6

资料来源：中关村管委会。

4. 创新文化氛围

除了全方位的金融服务、国家及中关村管委会的政策支持以及大量科研平台的助力，中关村各企业还自发组成了大量多层次的创新创业组织，包括产业联盟、协会等，为中关村营造了良好的创新文化氛围。

如为努力营造"大众创业、万众创新"的良好氛围，积极弘扬"鼓励

139

创新、宽容失败"的中关村精神，北京市海淀区青年联合会联合怀进鹏、柳传志、王文京、徐井宏、邓锋、孙陶然、刘志硕、李竹等128位老中青三代企业家、学者及投资人于2015年7月15日发起了一项致力于传承中关村精神和中关村企业家精神，面向广大青年创业者发起寻找30位30岁以下改变世界的创业者活动（简称中关村U30）。从2015年发起至今，已累计有来自全国各地和北美的千余位创业者报名参赛，并为百位优秀青年创业者搭建了同创业导师展示交流、资源对接的平台，引导青年开展创新性强、前瞻性好的创业项目，扶持培育科技含量高、商业模式新的创业团队。

如2012年正式成立的中关村创业投资和股权投资基金协会，是在中关村管委会、海淀区金融办等政府部门指导下设立的非营利性社团组织，聚集了多家国内知名创业投资、股权投资机构及金融机构，超过60%的会员为中关村企业，是中关村最具代表性的行业协会之一。在协调行业政策、拓宽融资渠道、深入行业研究、搭建交流平台的同时，承担了多项政府委托工作职能，为中关村科技金融建设起到重要推动作用。

再如2013年7月成立的中关村天使投资协会，是由清华科技园启迪天使、联想之星、银杏天使、华创盛景、富汇天使和北航科技园等机构共同发起设立的，吸引了一批早期创业投资的风险投资机构、天使投资人、创业者和活跃在天使与早期项目投资领域的相关企业以及具备条件的专家、学者和相关从业精英。

作为中关村创新创业季的品牌项目，由多家大企业共同举办"极客挑战72小时"的挑战赛是街区"创新创业服务＋资本＋产业资源"服务升级的首次探索，也是大企业促进自身转型的有力尝试。此外，2017年中关村管委会、北京市教委、北京市人社局、清华大学、北京大学共同主办的"2017年中关村前沿科技创新大赛"，则围绕中关村重点布局的前沿领域，开展前沿技术创新创业大赛，在全球范围内吸引拥有颠覆性原创核心技术的团队和项目在中关村创新创业，弘扬中关村前沿技术创新创业文化，筛选优质的项目和团队。

这些组织、平台、机构打造了中关村独一无二、焕发活力的创新文化网络，一方面成为企业家追求创新、并购、产业升级的文化精神力量，另一方面也培育了大大小小的创业企业，使它们成为并购标的。未来，中关村各企业将在此创新文化氛围下，于项目服务、孵化投资、资源对接、信息共享等方面展开紧密合作，共同推动中关村并购领域的蓬勃发展、实体经济的转型与创新创业行业的快速成长。

5. 政策引领与政府服务

在加快建成具有全球影响力的科技创新中心过程中，中关村正在逐步实现从主要依靠要素聚集，到更加依靠创新引领和资本驱动的转变。相关政府部门长期以来注重通过政策的支持和引领，推动中关村企业与资本市场的对接，特别是制定相关政策引导中关村领先高新技术企业通过并购促进企业间融合发展，不断提升创新能力，并以优质的服务为园区企业的并购活动营造良好条件。

在并购相关政策方面，中关村管委会于 2017 年 4 月出台了《中关村国家自主创新示范区促进科技金融深度融合创新发展支持资金管理办法》（以下简称《管理办法》），提出完善产融结合的金融支撑体系，从绿色金融、天使创投、多层次资本市场建设、并购重组、融资租赁等方面为产业提质增效、转型升级创造良好的融资环境。《管理办法》规定，支持企业积极开展并购重组，给予企业并购补贴支持，对并购交易额在 1000 万元（含）以上的交易，根据企业并购的类型按照交易额的一定比例给予资金支持，用于补贴企业并购时发生的法律、财务中介服务费等相关费用，对每家企业的年度支持金额不超过 100 万元。境内并购按照并购交易额的 1% 给予企业资金支持，对单个项目的年度支持金额不超过 50 万元；境外并购按照并购交易额的 2% 给予企业资金支持，对单个项目的年度支持金额不超过 60 万元。此外，给予企业并购贷款贴息支持，对商业银行为企业开展并购发放的一年期（含）以上的并购贷款，按照 40% 的比例给予企业贷款贴息。对单个企业的年度贴息总额不超过 50 万元，每笔贷款贴息的时限不超过三年。

针对中关村企业的需求，中关村管委会大力支持并组织各专业机构开展并购培训。如联合境内外知名律所及金融机构的资深专家，举办"中关村企业跨境并购和上市公司私有化"的专题培训活动，又如邀请政府部门、交易所和投行相关人员围绕"北京地区上市公司并购重组培训"专题进行授课等。此类培训服务增进了中关村企业对并购活动具体流程及相关法律法规的了解，增强了企业在并购过程中解决问题的能力，为企业的成功并购指明方向。

产　业　篇

Industry Reports

　　2016 年底，国务院印发《"十三五"国家战略性新兴产业发展规划》，规划指出，战略性新兴产业代表新一轮科技革命和产业变革的方向，是培育发展新动能、获取未来竞争新优势的关键领域，要把战略性新兴产业摆在经济社会发展更加突出的位置，加快发展壮大新一代信息技术、高端装备、新材料、生物、新能源、新能源汽车、节能环保、数字创意等战略性新兴产业，促进更广领域新技术、新产品、新业态、新模式蓬勃发展，建设制造强国，发展现代服务业，推动产业迈向中高端，有力支撑全面建成小康社会。未来科技创新将成为引领发展的重要动力，战略性新兴产业对于中国经济增长的贡献程度将与日俱增，高新技术产业也将赢得更加广阔的发展空间。产业篇选取了物联网、人工智能、信息安全、金融科技、智能制造、生物制药、新能源汽车、环境保护八个产业，它们既是高新技术产业的重要组成部分，也属于当前我国加快发展壮大的战略性新兴产业范畴。其中，我国物联网、人工智能、金融科技、新能源汽车产业已经在全球具有较强竞争力。通过对以上产业的发展概况、产业政策以及重大并购进行梳理分析，可以进一步加深对高新技术产业并购的理解和认识。

　　关键词：*战略性新兴产业　新经济　新动能*

物联网产业并购发展报告

摘　要：　物联网被视为世界信息产业发展的第三次浪潮。随着网络基础设施供应能力的增强及社会信息化水平的不断提高，物联网产业将加速进入大规模普及和运用阶段。物联网所实现的物物互联市场将远超人与人互联的通信市场，它能够在统一的标准和架构下为行业提供标准的应用平台，解决目前传统行业中发展的痛点并通过行业交叉实现聚合效应。物联网产业因其庞大的需求及广阔的市场前景被各国纳入产业振兴发展计划中。中国将物联网纳入国家新兴战略产业规划并计划在 2020 年形成具有国际竞争力的物联网产业体系。目前以三大通信服务商中国移动、中国联通和中国电信及科技巨头阿里巴巴、华为、中兴、小米、京东等为代表的中国企业也在大力对物联网产业各细分领域进行研发和布局，中国物联网产业已经在世界物联网产业发展中占据重要地位。国家的高度重视、政策的大力支持及企业的积极参与带来了物联网产业投资并购市场的活跃。近年来中国物联网产业并购整体呈增长趋势，同时国内企业也逐渐开始向全球扩张。

关键词：　物联网　移动通信　行业聚合　并购

一　产业发展概述

物联网（Internet of Things）简称"IoT"，即连接人与人、人与物、物与物之间的桥梁。物联网是互联网的延伸，这种延伸需要通过射频识别（RFID）技术和信息传感设备，按照一定的通信协议与互联网进行连接，最终达到物品之间的信息交换和通信，实现智能化识别、定位、追踪、管理。物联网仍然需要以互联网为基础，但连接从用户端扩展到了物体之间，其发展和成熟应用将对人们现有的生活习惯造成巨大影响，因此也被称为世界信息产业发展的第三次浪潮。

物联网的基本含义最早在 1999 年由 Kevin Ashton 教授在麻省理工创立"自动识别中心（Auto – ID）"时阐明，此后物联网的定义及范围不断扩大——2005 年国际电信联盟（ITU）在报告中定义物联网是通过 RFID 和智能计算技术实现全世界设备互联的网络；2009 年，欧洲物联网研究项目工作组制定了《物联网战略研究路线图》。随着技术逐步成熟，再加上金融危机之后各国开始寻求复苏与新的经济增长点，欧盟、美国、韩国、日本等国家相继将物联网作为新的增长动力纳入发展规划。中国的物联网发展开始于2009 年，2009 年 8 月，国务院总理温家宝在无锡考察中科院高新微纳传感网工程技术研发中心后提出"感知中国"概念，之后工信部对物联网做出了概括阐释，同时国家还将物联网列为五大新兴战略性产业之一，写入《政府工作报告》。

近年来，物联网应用率正在快速提高，据国际知名运营商沃达丰发布的《物联网晴雨表 2017/2018》统计，物联网的应用率从 2013 年的 12% 上升至2017 年 29%，该报告还发现拥有越多物联网设备的企业受益越高。从国内的应用率统计数据来看，三大运营商中国移动、中国联通和中国电信的物联网连接数加起来超过 3 亿，这些已经实现连接的数亿终端也将给产业链上下游企业带来新的市场空间。

物联网已经逐渐在某些领域实现规模化并悄然改变人们的生活。共享单车在国内迅猛发展让数千万的智能锁成为国内单一连接规模最大的物联网应用之一，无人智慧零售超市同样使用了大量传感器、通信及物联网平台技术，天猫精灵等智能家居也已经进入人们的生活。在人们还未察觉时，物联网的产业化时代已经来临。

当前，全球物联网产业由起步阶段跨入创新活跃阶段，无论是物联网技术还是应用都在逐渐成熟。据 IDC 统计，2016 年全球物联网支出超过7370 亿美元。而 ABI Research 统计 2017 年新接入的物联网设备为 6600万，同比增长 408%。据统计，2016 年中国物联网市场规模达 9300 亿元，同比增长 24%。工信部发布的物联网未来发展规划中，计划 2020 年中国物联网总体产业规模突破 1.5 万亿元，这个目标很可能将在 2018 年提前完成（见图 1）。

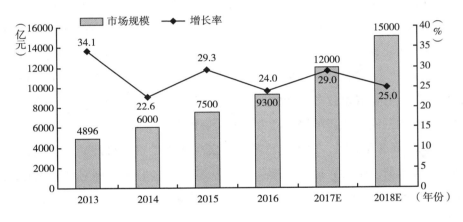

图 1　中国物联网市场规模

资料来源：《2016～2017 年中国物联网发展年度报告》。

二　产业政策

2013 年以来，国家对物联网产业相继出台多项政策，物联网产业顶层设计规划不断完善。2013 年 2 月，国务院发布的《国务院关于推进物联网有序健康发展的指导意见》中提出要实现物联网在经济社会各领域的广泛应用，基本形成安全可控、有国际竞争力的物联网产业体系。同年，《物联网发展专项行动计划》进一步明确物联网产业发展目标。2016 年 3 月，国务院印发了《国民经济和社会发展第十三个五年规划纲要》（以下简称《纲要》)，《纲要》中提出要建设物联网应用基础设施和服务平台，推进物联网重大应用示范工程，广泛开展物联网技术集成和模式创新，丰富物联网运用。同年发布的《"十三五"国家战略性新兴产业发展规划》和《"十三五"国家信息化规划》中均对物联网产业发展提出专项要求。

2017年1月工信部印发的《物联网"十三五"规划》中提出要建设物联网应用基础设施和服务平台，推进物联网重大应用示范工程，广泛开展物联网技术集成和模式创新，丰富物联网运用。

目前，物联网已被列入国家战略性新兴产业规划，无锡则被列为国家重点扶持的物联网产业研究与示范中心。同时，上海、北京、浙江、广东、福建、山东、四川、重庆、黑龙江等地纷纷出台物联网发展规划，三大运营商、广电总局、国家电网及产业链上多家企业也已制定了物联网发展规划。物联网产业相关政策见表1。

表1　物联网产业政策

时间	政策法规	主要内容/规划目标	颁布主体
2013.02	《国务院关于推进物联网有序健康发展的指导意见》	实现物联网在经济社会各领域的广泛应用，基本形成安全可控、有国际竞争力的物联网产业体系	国务院
2013.09	《物联网发展专项行动计划（2013～2015年)》	到2015年，充分发挥物联网发展部际联席会议制度作用，健全完善物联网统筹协调工作机制，初步实现部门、行业、区域、军地之间的物联网发展相互协调，以及物联网应用推广、技术研发、标准制定、产业链构建等相互协调发展的局面	国家发改委、工信部、教育部、公安部、财政部、国土资源部、商务部、税务总局、统计局、知识产权局、中科院、工程院、国家标准委
2014.06	《工业和信息化部2014年物联网工作要点》	突破核心关键技术：推进传感器及芯片技术、传输、信息处理技术研发，推进传感器及芯片技术、传输、信息处理技术研发，开展物联网技术典型应用与验证示范，构建科学合理的标准体系	工信部
2016.03	《国民经济和社会发展第十三个五年规划纲要》	建设物联网应用基础设施和服务平台，推进物联网重大应用示范工程，广泛开展物联网技术集成和模式创新，丰富物联网运用	国务院

147

续表

时间	政策法规	主要内容/规划目标	颁布主体
2016.11	《"十三五"国家战略性新兴产业发展规划》	实施网络强国战略,加快假设"数字中国",推动物联网、云计算和人工智能等技术向各行业全方面融合渗透,构建万物互联、融合创新、智能协同、安全可控的新一代信息技术产业体系	国务院
2016.12	《"十三五"国家信息化规划》	推进物联网感知设施规划布局,发展物联网开环应用;实施物联网重大应用示范工程,推进物联网应用区域试点建立城市级物联网接入管理与数据汇聚平台,深化物联网在城市基础设施、生产经营等环节中的应用	国务院
2017.01	《信息通信行业发展规划物联网分册(2016~2020年)》	推进物联网感知设施规划,2020年公众网络M2M连接数突破17亿	工信部
2017.01	《物联网"十三五"规划》	物联网产业"十三五"的发展目标:完善技术创新体系,构建完善标准体系,推动物联网规模应用,完善公共服务体系,提升安全保障能力等具体任务	工信部
2017.03	《2017年政府工作报告》	深入实施《中国制造2025》,加快大数据、云计算、物联网应用	国务院
2017.05	《关于实施深入推进提速降费、促进实体经济发展2017专项行动的意见》	加快窄带物联网(NB-IoT)商用,拓展蜂窝物联网在工业互联网、城市公共服务及管理等领域的应用	工信部、国资委
2017.06	《关于全面推进移动物联网(NB-IoT)建设发展》	全面推进广覆盖、大连接、低功耗移动物联网(NB-IoT)建设,目标到2017年末实现NB-IoT网络对直辖市、省会城市等主要城市的覆盖,基站规模达到40万个	工信部
2017.11	《关于第五代移动通信系统使用3300-3600MHz和4800-5000MHz频段相关事宜的通知》	规划3300-3600MHz和4800-5000MHz频段作为5G系统的工作频段,其中,3300-3400MHz频段原则上限室内使用	工信部

三 物联网产业链

（一）产业链图谱

物联网产业链自下而上包括基础器件感知层、数据传输处理层、横向能力平台层和物联网应用层（见图2）。

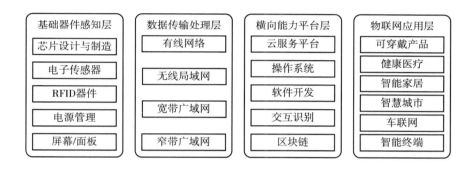

基础器件感知层	数据传输处理层	横向能力平台层	物联网应用层
芯片设计与制造	有线网络	云服务平台	可穿戴产品
电子传感器	无线局域网	操作系统	健康医疗
RFID器件	宽带广域网	软件开发	智能家居
电源管理	窄带广域网	交互识别	智慧城市
屏幕/面板		区块链	车联网
			智能终端

图2 物联网产业链

基础器件感知层构成了物联网的核心，其通过各类传感器感知和获取外部信息（物理、化学及生物信息）并转化为数字信息进行传输。因此也可以将感知层比作人类的皮肤和五官，是后续处理数据的基础。传感器作为整个物联网的基础是需求量最大的环节之一。据Marketsand Markets预测，到2022年物联网传感器市场将达384.1亿美元，2016~2022年之间的复合年增长率为42.1%。目前国内传感器厂商苏州敏芯、歌尔声学、化工科技、昆仑海岸等排名靠前，而全球市场仍然掌握在博世、霍尼韦尔、英飞凌等欧美企业手中。

数据传输处理层是物联网的通信基础，由于物联网应用场景及需求变化多样，天然需要不同通信模式来满足。根据传输速度不同，可将物联网通信分为高速率、中速率和低速率。其中，高速率主要应用在自动驾驶、车联网、远程医疗等实时性要求较高的应用场景；中速率一般应用在 POS、智能家居等高频使用领域；低速率传输则主要应用于智能抄表、环境监测、智能停车、智慧农业等低频但广泛分布的应用场景。

物联网平台层主要起到承上启下的作用。物联网平台向下接入分散的物联网传感层，汇集传感数据，向上面向应用服务提供商提供应用开发的基础性平台和统一的接口，平台层主要用于设备管理、连接管理、应用支撑和数据分析。巨头如 AWS IoT、阿里等定位云平台基础设施，各个细分领域也不乏玩家，如设备管理商 Wireless，连接管理商思科、爱立信，应用支撑服务商宣通世纪等。

物联网应用层则是"物联网＋"的一种业态，物联网作为一种信息技术，并非独立存在的一个行业，而是通过物联网对传统行业进行赋能和改造，如当下火热的共享单车、智慧家居等，都是物联网和传统行业的深度结合所带来的质变。总结来说，应用层分为消费物联网应用和产业物联网应用。

物联网产业图谱见图 3。

（二）领先企业

在世界物联网大会最新评选出来的物联网百强企业中，中国大陆入选企业数最多，为 26 家；美国位列第二，有 19 家企业入围。共有 20 个国家或地区的企业入选 100 强，除中国大陆和美国外，还有德国、日本、俄罗斯、法国、荷兰、瑞士、英国、阿联酋、韩国、中国台湾、爱尔兰、芬兰、瑞典、西班牙、澳大利亚、加拿大、新加坡和意大利（见图 4）。

在百强物联网企业中，华为、思科位列第一和第二，中国电信、中国移动进入前十，德国博世集团、英飞凌，美国谷歌、微软、亚马逊等进入前十（见表 2）。目前物联网企业的竞争已经逐渐成为巨头之间的竞争。

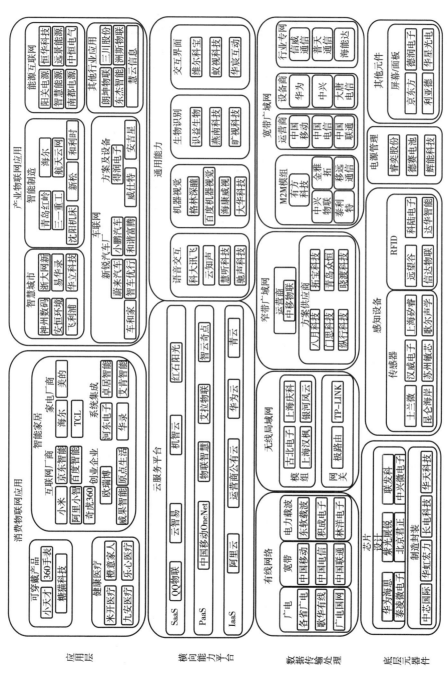

图 3　物联网产业图谱

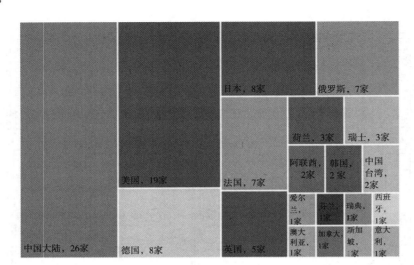

图4 世界百强物联网企业国家/地区分布

表2 世界物联网企业百强名单

排名	公司名称	国家/地区	排名	公司名称	国家/地区
1	Huawei/华为	中国大陆	19	IBM Watson	美国
2	Cisco/思科	美国	20	Datang Telecom/大唐电信	中国大陆
3	Bosch/博世集团	德国	21	Roscosmos/俄罗斯航天	俄罗斯
4	Google/谷歌	美国	22	ARM	英国
5	中国 Telecom/中国电信	中国大陆	23	Vodafone/沃达丰	英国
6	Infineon/英飞凌	德国	24	Sugon/曙光	中国大陆
7	Microsoft/微软	美国	25	Haier U +/海尔智能家电	中国大陆
8	中国 Mobile/中国移动	中国大陆	26	Texas Instruments/德州仪器	美国
9	SAP	德国	27	Verizon/威瑞森电信	美国
10	AWS/亚马逊网络服务	美国	28	TE Connectivity	美国
11	Intel/英特尔	美国	29	SICK	德国
12	Oracle/甲骨文	美国	30	Qualcomm/高通	美国
13	ZTE/中兴通讯	中国大陆	31	AT&T	美国
14	中国 Unicom/中国联通	中国大陆	32	Siemens/西门子	德国
15	GE/通用电气	美国	33	T - Mobile	美国
16	PHOENIX CONTACT/菲尼克斯电气	德国	34	Alibaba Cloud/阿里云	中国大陆
17	STMicroelectronics/意法半导体	瑞士	35	Thyssenkrupp/蒂森克虏伯	德国
18	Apple/苹果	美国	36	Lenovo/联想	中国大陆

续表

排名	公司名称	国家/地区	排名	公司名称	国家/地区
37	Schneider/施耐德电气	法国	69	Flo Live	英国
38	Facebook	美国	70	中国 RS/中科遥感	中国大陆
39	NXP/恩智浦	荷兰	71	RocKontrol/罗克佳华	中国大陆
40	Deutsche Telekom/德国电信	德国	72	ZEMIC/中航电测	中国大陆
41	ZTEWelink/中兴物联	中国大陆	73	Baidu IV/百度	中国大陆
42	Rostelecom/俄罗斯电信	俄罗斯	74	Cainiao/菜鸟	中国大陆
43	Vmware/威睿	美国	75	CNIT/中国信息技术	中国大陆
44	Neusoft/东软集团	中国大陆	76	Senseye	英国
45	Advantech/研华有限公司	中国台湾	77	Nimbits	法国
46	Honeywell/霍尼韦尔	美国	78	SIPAI/上海工业自动化研究院	中国大陆
47	KPN	荷兰	79	Panasonic/松下	日本
48	Tongfang/同方	中国大陆	80	KT	韩国
49	analog devices/亚德诺半导体	美国	81	Actility	法国
50	Telecom Italia/意大利电信	意大利	82	BeWhere	加拿大
51	ROHM/罗姆半导体	日本	83	éolane/欧朗集团	法国
52	MediaTek/联发科	中国台湾	84	Mitsubishi/三菱	日本
53	Softbank/软银	日本	85	LG	韩国
54	Device Pilot	英国	86	Denso/电装	日本
55	FUJITSU/富士通	日本	87	JEZETEK/九洲电器	中国大陆
56	OMRON/欧姆龙	日本	88	ESI Group	法国
57	法国 Telecom/法国电信	法国	89	Wia	爱尔兰
58	MegaFon	俄罗斯	90	Evrythng	阿联酋
59	ROSSETI	俄罗斯	91	ECar Telematics/翼卡车联网	中国大陆
60	CETC/中国电科	中国大陆	92	Hitachi/日立	日本
61	Hanwei/汉威	中国大陆	93	Ericsson/爱立信	瑞典
62	Greenwave	荷兰	94	ABB	瑞士
63	Orange	法国	95	Etisalat	阿联酋
64	俄罗斯 n Space Systems	俄罗斯	96	Nokia/诺基亚	芬兰
65	PETER – SERVICE	俄罗斯	97	Telefonica	西班牙
66	Kaspersky	俄罗斯	98	Telstra	澳大利亚
67	Newland/新大陆	中国大陆	99	Singtel	新加坡
68	Invengo/远望谷	中国大陆	100	Swisscom	瑞士

资料来源：世界物联网大会。

四　产业重大并购交易

2013～2017 年物联网产业发生了许多具有重大影响力的并购事件（见表3）。

表3　2013～2017 年物联网产业重大并购重组交易

公告日期	企业	并购重组事件	是否跨境并购	交易金额（百万元人民币）
2015.05	紫光股份	并购香港华三 51% 股权	否	19665.8
2017.11	奥瑞德	并购 Ampleon100% 股权	是	8635.3
2015.11	紫光春华	并购同方国芯 36.39% 股权	否	7011.5
2015.01	索芙特	并购天夏科技 100% 股权	否	4113.0
2015.11	国家集成电路基金	并购中兴微电子 24% 股权	否	2400.0
2017.04	华胜天成	并购泰凌微电子 82.75% 股权	是	1860.0
2016.02	旋极信息	并购泰豪智能 100% 股权	否	1800.0
2017.06	京东方	并购法国 SES – imagotag SA54.4% 股权	是	1519.0
2015.01	华鹏飞	并购博韩伟业 100% 股权	否	1350.0
2014.09	华为	并购英国 Neul 公司	是	154.2

2015 年，紫光股份以 196.7 亿元现金并购服务器及存储设备供应商香港华三通信技术有限公司 51% 股权。紫光股份是"云—网—端"现代信息系统全产业链服务提供商，覆盖存储系统、智能网络设备、应用软件解决方案等软硬件重要领域。香港华三通信原是惠普旗下通信业务子公司，是领先的数字化解决方案领导者，提供云计算、大数据等在内的数字化解决方案及服务器、存储、网络、超融合系统等产品，其主要经营实体为注册在中国内地的杭州华三。此次并购使得紫光股份依托新华三（杭州华三和紫光组成）由芯片设计向存储和服务器领域延伸，扩张了其信息系统业务版图，同时增厚了公司业绩。公开资料显示，重组后香港华三净利润年均增长率将达到30%。此外，香港华三也通过此次交易打破国内政策壁垒并成为惠普在中国服务器、存储、网络产品的独家代理商。

2017 年，奥瑞德作价 86.4 亿元并购合肥瑞成 100% 股权，从而持有射频功率芯片设计商 Ampleon 集团 100% 股权。本次交易奥瑞德以 15.9 元/股价格向合肥瑞城 5 个股东发行总额为 71.9 亿元的股份，同时向香港瑞控支付 14.5 亿元并购其 16% 股权。奥瑞德光电股份有限公司之前主营业务为西药生产，2015 年转型后主业变为蓝宝石晶体材料、单晶炉、蓝宝石制品的研发销售。Ampleon 是在全球两大半导体公司恩智浦（NXP）和飞思卡尔（Freescale）合并时从 NXP 中剥离出来的射频功率业务部分，集团总部位于荷兰，为全球第二大射频功率芯片制造商，占据 24.1% 份额。公司主要为各大通信基站设备制造商提供产品，同时也向全球范围内知名企业，如三星、诺基亚、爱立信、LG、西门子、NEC、日立、华为、中兴、美的等提供服务。2015 年时建广资产联合中信并购基金等成立合肥瑞成并购基金，出资 66.5 亿元控股 AMpleon。此次交易使奥瑞德新增射频功率芯片业务并填补国内高端集成电路技术空白，帮助奥瑞德在 5G 布局中取得优势。

2015 年，紫光春华以 70.1 亿元现金并购中国领先芯片设计公司同方国芯 36.4% 股权。紫光春华系紫光集团的全资子公司，主营业务为集成电路领域内的股权投资。同方国芯原为同方股份控股子公司，专注于集成电路芯片设计业务，在国内具有领先地位，目前在智能芯片、存储器芯片、特种行业集成电路等领域具备竞争优势。本次转让完成后，同方股份对同方国芯的持股比例由 41.4% 降至 5%，此次交易实为清华控股集团响应加速国有企业深化改革所进行的战略重组和产业布局调整，将集成电路领域业务汇集到紫光集团旗下，推进紫光集团成为世界级集成电路领域公司。

2015 年，索芙特以 41.1 亿元并购中国领先智慧城市综合服务商天夏科技 100% 股权，天夏科技实现借壳上市。本次交易索芙特以 6 元/股的价格发行共计 51.1 亿元股份。其中，41.1 亿元将用于收购天夏科技，剩余 10 亿元用于补充天夏科技流动资金。索芙特为中国知名化妆品企业。天夏科技深耕智慧城市大数据，在中国乃至世界都具有领先的综合实力。公司专注于智慧城市生态产业链建设，凭借其地理信息共享云平台、通信网、互联网和物联网技术，在整合城市资源的基础上积极探索物联网时代下通过大数据分析处理和自动化调度管理形成智慧生活服务运营生态系统，为城市数据信息化、环境治理精细化、社会治安智能化、生活低碳高效化等城市管理的需求提供实时、定制化的产品和解决方案。本次交易后索芙特更名为天下智慧，公司主营业务变更为智慧城市系统业务，原有主营业务美容化妆品、药品等占营业收入 22.98%。

2017 年，华胜天成作价 18.6 亿元并购国内物联网芯片领先企业泰凌微电子 82.8% 股权。本次交易由华胜天成牵头设立结构化并购基金实施。该并购基金由华胜天成及其大股东王维航作为劣后方，中关村并购母基金及华胜天成作为夹层，中国平安证券某资产管理计划作为优先级组成，中域高鹏作为基金普通合伙人（GP）对该基金进行管理。华胜天成是中国领先的 IT 综合服务商，也是国内第一家服务网络覆盖整个大中华区域及部分东南亚、北美及东欧的本土 IT 服务商。泰凌微电子是一家物联网无线连接芯片和系统解决方案供应商，致力于研发物联网和人机交互市场的低功耗、高集成度的 SoC 芯片，主要产品包括低功耗蓝牙 BLE/BLE Mesh、ZigBee/RF4CE/Thread、2.4Ghz 私有协议芯片，主要应用领域为可穿戴设备、智能家居、智能照明等，主要客户有英特尔、GE 照明、UEI、LG、小米、创维、立达信等。此次交易是华胜天成物联网战略的关键一步，公司以泰凌微电子为桥梁扩大在物联网领域核心技术的领先优势。

2016 年，旋极信息以 18 亿元并购时空大数据服务商泰豪智能 100% 股权。旋极信息以 9.3 元/股的价格发行总额为 18 亿元的股份收购泰豪智能。交易对手方承诺 2017~2018 年净利润分别不低于 2 亿元和 2.4 亿元。旋极信息以嵌入式系统起家，提供面向国防军工的嵌入式系统测试产品及技术服务、嵌入式信息安全产品和嵌入式行业智能移动终端产品及技术服务，后布局税务信息化并增厚公司业绩。泰豪智能是智慧城市解决方案供应商，通过其特有的时空大数据基础应用平台加上两项大数据支撑技术（大数据 AI 智能分析技术、大数据异构分阶建模技术）来规划大数据智慧应用解决方案。旋极信息通过本次交易布局智慧城市领域，规划装备健康管理系统作为公司主要业务方向，这等同于旋极信息大数据和物联网技术在军用、民用两大领域的布局，两类业务相互促进，推进公司军工业务快速发展。

2017 年，京东方以 2 亿欧元（约 15.2 亿元人民币）并购零售数字化解决方案供应商 SES – imagotag SA 公司。本次交易京东方经由香港子公司组建合资公司（SPV）通过大宗交易并购 SES 公司 54.4% 股份。京东方是中国液晶显示产业的领导者，业务拓展后成为一家提供信息交互和人类健康智慧端口产品及服务的综合型公司，产品包括显示器件、健康服务和智慧系统。SES – imagotag SA 是一家法国上市公司，主要面向全球提供电子货架标签和数字标牌，其解决方案由显示终端（电子货架标签）、店内通信设施和软件平台构成，产品覆盖超过 50 个国家、100 家零售品牌和 1.2 万家门店，累计安装电子标签 1.5 亿个。京东方看好全球电子货架标签发展趋势，并通过本次交易建立与 SES 的优势互补，以电子标签为基础打造智慧零售生态系统，进一步抢占其在物联网产业的经营份额并扩大行业影响力。

2015 年，华鹏飞以 13.5 亿元并购物联网平台运营商博韩伟业 100% 股权。本次交易中华鹏飞以 20 元/股的价格发行总额为 8.9 亿元的股份，并支付现金 4.6 亿元取得博涵伟业全部股权。交易对手方承诺 2015～2017 年净利润分别不低于 1 亿、1.4 亿和 1.6 亿元。华鹏飞是国内现代综合物流服务商和国家 5A 级物流企业，主要为客户提供 E2E 一体化、一站式、个性化的综合供应链外包服务。博韩伟业是国内领先的物联网（IOT）技术综合服务商和物联网平台运营商，拥有"智能物联、平台互联、云计算 & 大数据、DT + 运营服务"四大核心竞争力，涵盖行业包括教育、公共安全产业、物流供应链、政府与公共事业、医疗与大健康、人工智能等，主要为行业客户提供全程全网的综合运营服务。本次交易是华鹏飞提出"大物流"战略后的关键一步，双方在业务、技术和市场上进行协同，使得华鹏飞提高了竞争能力和营业能力。

2014 年，华为以 2500 万美元（约 1.5 亿元人民币）并购了英国领先物联网芯片及解决方案提供商 Neul。华为是全球领先的信息与通信技术（ICT）解决方案供应商。Neul 总部位于英国剑桥，主要生产工业用物联网产品，具体包括间歇性信息发送感应器等物联网无线电模块仪器和设备，这些设备是物联网基础器件感知层的关键组成部分，主要应用于电脑、智能手表及联网汽车、桥梁、防盗报警器等领域。在此次交易前，华为与 Neul 已经就窄带物联网开展过 9 个月的合作。这次并购是华为作为运营服务商巨头向物联网产业转型的关键一步，将增强其对物联网市场的准入。依靠 Neul 在物联网领域提供的核心技术，华为可以扩大自身在物联网产业的业务范围，并向现有客户提供更多的服务和解决方案，以实现其建立全球物联网的愿景。

人工智能产业并购发展报告

摘　要： 自20世纪50年代以来，人工智能经历了三次兴衰，目前人工智能已经从简单模拟人类智能的阶段发展到研究人类智能活动规律并构建具有一定智能的人工系统或硬件、对人类智能进行拓展的阶段。随着大数据的发展和深度学习算法的突破，人工智能已经开始广泛应用于图像识别、语音识别、金融、医疗等领域。人工智能将使各行业实现根本性转变并对经济发展产生深刻影响。根据国务院对人工智能的规划，中国核心人工智能产业规模将在2020年达到1500亿元，2025年达到4000亿元，在2030年突破万亿元。据统计，2016年中国人工智能企业占全球23.7%，仅次于美国的26.2%。中国已经成为全球人工智能产业发展的一股重要力量，产生了如商汤科技、寒武纪等一批独角兽企业。随着人工智能各细分领域创业公司的蓬勃发展，IT巨头们在自建人工智能研发部门的同时也积极寻找优质标的进行并购，掀起了人工智能并购热潮。自2014年以来中国人工智能产业并购数量及并购金额保持稳定增长。

关键词： 人工智能　独角兽　行业变革　并购

一　产业发展概述

人工智能（Artificial Intelligence）简称"AI"，是研究和开发用于模拟、延伸及扩展人的智能的理论、方法、技术与应用系统的一门新的技术科学。人工智能可理解为类人思维（模拟人脑思考）、类人行为（模拟人类行为结果），同时还能通过逻辑推理做出理性思考及行动。人工智能被认为是 21 世纪三大尖端技术（另外两个为纳米科学、基因工程）之一。

人工智能自 1956 年美国达特茅斯会议首次提出以来，经历了三次兴衰，神经网络计算机与机器模拟促成了人工智能的萌芽和第一次爆发，而由此诞生的逻辑证明器、感知器、增强学习等机器及算法应用领域的局限性致使人工智能很快遭遇了第一次瓶颈。20 世纪 80 年代，随着多层神经网络和 BP 算法带来计算机成本的降低与计算能力的大幅提升，人工智能再次活跃，但 PC 机的出现使人工智能的发展再次陷入寒冬。20 世纪末，随着计算机能力的进一步提升和深度学习算法在语音及视觉识别上的突破，人工智能迎来了新的繁荣。2016 年，AlphaGo 击败围棋世界冠军、Waymo 无人驾驶汽车正式上路并行驶 1000 英里等事件引爆了大众关注与资本投资热潮，人工智能已经进入爆发式发展阶段。

2017 年在中国，腾讯宣布开放人工智能技术平台；百度在 AI 开发者大会上宣布开源自动驾驶系统 Apollo；商汤科技完成 B2 轮融资 4.1 亿美元，创全球 AI 行业最大单笔融资记录；寒武纪宣布 A 轮融资达 1 亿美元，成为全球人工智能芯片领域首个独角兽企业；阿里巴巴宣布投资 1000 亿元成立达摩院并在全球建立实验室，启动人工智能计划。

由于有良好的互联网基础，中国的人工智能产业发展势头与美国差距不大。中国人工智能相关专利申请数于 2015 年大幅度增长，达到 28022 项，同比增长 46.3%。到了 2016 年，中国人工智能产业专利年申请数已达 29023 项，同时市场规模由 2014 年 51.7 亿元增长为 100.6 亿元，年均复合增长率达 40.3%，预计 2018 年人工智能产业规模将达到 238.2 亿元（见图 1）。

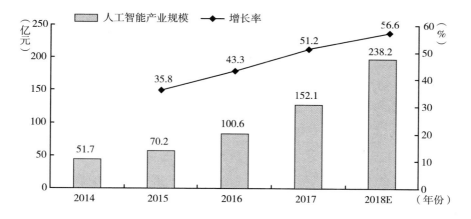

图1　中国人工智产业规模及预测

资料来源：iiMedia Research。

二　产业政策

国家对人工智能产业的规划不断完善，自 2015 年 7 月以来，多项政策相继出台。国务院 2015 年 7 月印发的《关于积极推进"互联网＋"行动的指导意见》提出了 11 项具体行动计划，其中一项便是"互联网＋"人工智能。《指导意见》提出，将"加快人工智能核心技术突破，培育发展人工智能新兴产业，推进智能产品创新，提升终端产品智能化水平。"

2016 年中，国家发改委、科技部、工信部、中央网信办联合发布了《"互联网＋"人工智能三年行动实施方案》，这是我国首次单独为人工智能发展提出具体的策略方案，也是对 2015 年发布的"互联网＋"战略中人工智能部分内容的具体落实。

2017 年 7 月，国务院印发《新一代人工智能发展规划》（以下简称《规划》），被认为是"中国科技历史上的重要一笔"。《规划》中明确将人工智能划定为"经济发展的新引擎"，可以带来社会建设的新机遇。《规划》重点提出了构建开放协同的人工智能科技创新体系、培育高端高效的智能经济和建设安全便捷的智能社会。

2017 年 10 月 18 日，在十九大开幕会上，习近平总书记代表第十八届中央委员会做了题为《决胜全面建成小康社会 夺取新时代中国特色社会主义伟大胜利》的报告，在《贯彻新发展理念，建设现代化经济体系》这一部分中讲到要加快建设制造强国，加快发展先进制造业，推动互联网、大数据、人工智能和实体经济深度融合。此次十九大报告中写入人工智能，表明国家力图在新一轮国际科技竞争中掌握主导权的决心。

2017 年 11 月 20 日，科技部牵头组织多个国家部委和科研机构，高规格召开了新一代人工智能发展规划暨重大科技项目启动会，同时成立了人工智能规划推进办公室，并宣布了首批四个专项开放创新平台的依托单位名单。首批国家新一代人工智能开放创新平台涉及自动驾驶、城市大脑、医疗影像和智能语音四大人工智能领域，采取依托百度、阿里云、腾讯和科大讯飞建设国家级平台的模式。

国家出台的人工智能产业政策见表 1。

表 1　人工智能产业政策

时间	政策法规	主要内容/规划目标	颁布主体
2015.05	《中国制造 2025》	提出"加快发展智能制造装备和产品"，指出"组织研发具有深度感知、智慧决策、自动执行功能的高档数控机床、工业机器人、增材制造装备等智能制造装备以及智能化生产线，统筹布局和推动智能交通工具、智能工程机械、服务机器人、智能家电、智能照明电器、可穿戴设备等产品研发和产业化"	国务院
2015.04	《关于加强社会治安防控体系建设的意见》	加大公共安全视频监控覆盖，将社会治安防控信息化纳入智慧城市建设总体规划，加深大数据、云计算和智能传感等新技术的应用	中央办公厅、国务院
2015.07	《关于积极推进"互联网+"行动的指导意见》	明确提出人工智能作为 11 个重点布局的领域之一，促进人工智能在智能家居、智能终端、智能汽车、机器人等领域的推广应用	国务院
2016.03	《国民经济和社会发展第十三个五年规划纲要（草案）》	人工智能概念进入"十三五"重大工程	国务院

续表

时间	政策法规	主要内容/规划目标	颁布主体
2016.05	《"互联网+"人工智能三年行动实施方案》	明确了要培育发展人工智能新兴产业、推进重点领域智能产品创新、提升终端产品智能化水平,并且政府将在资金、标准体系、知识产权、人才培养、国际合作、组织实施等方面进行保障	国家发改委、科技部、工信部、中央网信办
2016.07	《"十三五"国家科技创新规划》	发展新一代信息技术,其中人工智能方面,重点发展大数据驱动的类人工智能技术方法,在基于大数据分析的类人工智能方向取得重要突破	国务院
2016.09	《智能硬件行业创新发展专项行动(2016~2018)》	重点发展智能穿戴设备、智能车载设备、智能医疗健康设备、智能服务机器人、工业级智能硬件设备	国家发改委
2016.11	《"十三五"国家战略性新兴产业发展规划》	发展人工智能、培养人工智能产业动态,推动人工智能技术向各行业全面融合渗透	国务院
2017.07	《新一代人工智能发展规划》	明确将人工智能划定为"经济发展的新引擎",可以带来社会建设的新机遇。重点提出构建开放协同的人工智能科技创新体系、培育高端高效的智能经济和建设安全便捷的智能社会	国务院
2017.12	《促进新一代人工智能产业发展三年行动计划(2018~2022)》	结合"中国制造2025",对《新一代人工智能发展规划》相关任务进行细化和落实,以信息技术与制造技术深度融合为主线,以新一代人工智能技术产业化和集成应用为重点,推动人工智能和实体经济深度融合	工信部

三　人工智能产业链

(一)产业链图谱

人工智能产业链根据技术层级从上到下,可以分为技术支撑层、基础应用层和场景应用层(方案集成层)三部分(见图2)。技术支撑层由基础器件+技术两层构成,主要由AI芯片、传感器等硬件和以算法模型为核心的软件两部分构成。基础应用层的技术则是为了让机器完成对外部世界的探测,主要由计算机视觉、语音识别等感知层和语义识别等认知层构成,这些技术是机器能够做出分析判断的基础。此外，在感知与认知技术之下还有数据标注作为其底层支撑。场景应用层主要是基于基础层与技术层实现与传统产业的融合和不同场景的应用，目前已经涉及金融、安防、家居、医疗等多个行业，人工智能相关技术的渗透率在快速提升。

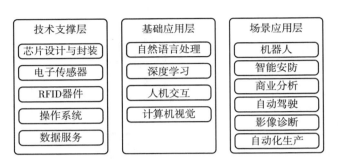

图2　人工智能产业链

人工智能产业图谱见图3。

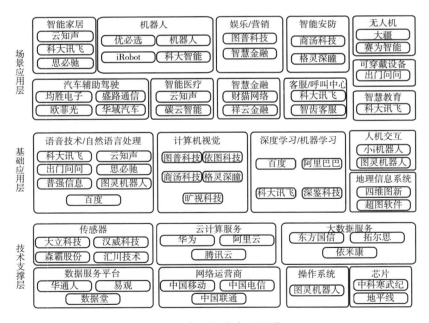

图3　人工智能产业图谱

（二）领先企业

在机器之心发布的 2017 年全球最值得关注的 100 家人工智能公司中，美国以 56 家高居榜首，中国以 27 家位列第二，共有 10 个国家的企业入围榜单。除美国和中国外，还有加拿大，以及亚洲的日本、新加坡，欧洲的英国、德国、以色列、丹麦及瑞士（见图 4）。

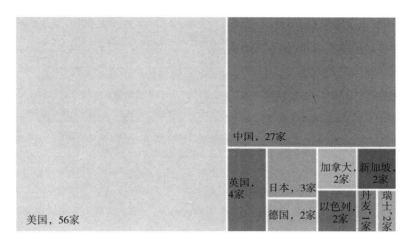

图 4 全球最值得关注的 100 家人工智能企业国家分布

全球最值得关注的 100 家人工智能企业主要分布在垂直应用、机器学习、计算机视觉、医疗、语言和自然语言、智能机器、智能驾驶等领域，在金融和医疗行业应用较为广泛，同时还将科技巨头单独归类。这其中，中国和美国是唯二在所有领域都有企业分布的国家。中国在计算机视觉、语言和自然语言、智能机器等领域发展较为活跃；美国在垂直应用、机器学习、医疗等细分领域发展更为活跃。中国上榜的科技巨头有阿里巴巴、百度、搜狗、腾讯、寒武纪、商汤科技、地平线、蚂蚁金服、科大讯飞等国内知名人工智能企业。

机器之心发布的 2017 年全球最值得关注的 100 家人工智能公司见表 2。

表 2　机器之心 AI100

领域	公司	国家	产品应用
语音和自然语言处理	搜狗	中国	搜索引擎、知识图谱、输入法、语音交互产品等
	X. AI	美国	个性化智能助理
	科大讯飞	中国	智能家居、车载、电信等行业解决方案
	思必驰	中国	车载、智能家居和智能机器人等智能硬件的语音交互服务
	大象声科	中/美	会议转录，通讯，机器人，智能家居，虚拟现实，增强现实，混合现实
	竹间智能	中国	竹间个人助理机器人小影、金融机器人、客服机器人
	TalkIQ	美国	电话语言反馈、预测销售结果、自动信息检索
	Solvvy	美国	理解和分类用户请求
计算机视觉	Clarifai	美国	图像及视频识别 API
	Affectiva	美国	实时面部表情分析和情绪识别解决方案
	ViSenze	新加坡	电子商务、移动商务、在线广告等图像识别解决方案
	Orbital Insight	美国	分析海量卫星图像，用于经济趋势分析和公益研究
	Planet Labs	美国	将卫星图像识别用于农业、城市规划和灾害响应等
	Descartes Labs	美国	通过 DLFP 平台为农业提供数据分析和预测的解决方案
	商汤科技	中国	人脸识别、危险品识别、行为检测、车辆检测等的安防监控系统
	旷视科技	中国	Face＋＋人脸识别云服务平台、Image＋＋图像识别平台、VisionHacker 移动游戏工作室
	依图科技	中国	基于图像理解的信息获取和人机交互服务
	图普科技	中国	图像识别、视频鉴黄、智能审核、图片增值等云服务
	Neurala	波士顿	帮助机器人和智能设备学习和适应环境的软件
	云从科技	中国	金融机构人脸识别应用、公安系统实时布控、追逃等
芯片和硬件	Wave Computing	美国	DPU（Dataflow Processing Unit）
	Ceva	美国	用于机器学习的第二代神经网络软件框架 CDNN2
	Tera Deep	美国	被移动设备直接嵌入的深度学习模块
	寒武纪科技	中国	中国首款神经网络处理器
	深鉴科技	中国	深度学习 DPU 平台
	Graphcore	英国	开源软件框架 Poplar 和智能处理器 IPU
	Groq	美国	暂无信息

续表

领域	公司	国家	产品应用
智能机器	ABB Robotics	瑞士	工业机器人、智能设备
	Fanuc	日本	工业机器人
	KUKA Robotics	德国	工业机器人
	Rethink Robotics	美国	智能机器人
	Universal Robots	丹麦	工业机器人
	3D Robotics	美国	无人机,软件服务
	Cyberdyne	日本	医疗助理机器人
	iRobot	美国	电子产品,家用机器人
	ReWalk Robotics	德国	代步机器人,残障专用智能设备
	Dyson	英国	清洁机器人
	新松机器人	中国	工业机器人和行业解决方案
	埃夫特机器人	中国	工业机器人、智能装备和行业解决方案
	大疆	中国	无人机航拍和图像传输
	Embodied Intelligence	美国	智能设备
医疗	Arterys	美国	深度学习分析系统 Arterys System
	Enlitic	美国	癌症检测系统
	VoxelCloud（体素科技）	美国	医疗影像分析云服务
	Insilico Medicine	美国	癌症诊疗
	Oncora Medical	美国	通过数据分析为放射肿瘤学家提供临床决策支持,用于个性化医疗
	Atomwise	美国	药物发现
	TwoXAR	美国	通过药物研发平台 DUMA™ 来评估大型公共和私有数据集,以迅速识别药物,并对药物和疾病的匹配度按照概率进行排序。
	Berg Health	美国	Interrogative Biology 平台结合病人生物学和人工智能分析来进行药物发现、开发和诊断等
	Cloud MedX	美国	拥有 MedxExchange、MedxInsights 和 MedxCare 三款服务产品的医疗人工智能平台,提供数据、医疗洞见和健康管理服务
	Deep Genomics	加拿大	精准医疗
	碳云智能	中国	通过数据挖掘和机器分析提供个人性健康指数分析和预测

167

续表

领域	公司	国家	产品应用
金融	Context Relevant	美国	本地分析软件和云服务
	Kensho Technologies	美国	金融分析辅助决策系统
	Zest Finance	美国	信用服务
	Aire	英国	金融产品的信用评级
	高盛	美国	AppBank、金融业务自动化
	蚂蚁金服	中国	智能助理、信用评级和风险管理等应用
	Citadel	美国	对冲基金
智能驾驶	Waymo	美国	自动驾驶汽车
	Tesla	美国	电动汽车
	Drive. ai	美国	自动驾驶汽车
	nuTonomy	新加坡/美国	城市自动驾驶的算法和软件
	Innoviz Technologies	以色列	物美价廉的高清晰度固态激光雷达
	Peloton Technology	美国	自动驾驶卡车
	SmartDrive	美国	交通安全和表现的智能解决方案
	Zoox	美国	全新的自动驾驶汽车
	图森未来	中国	自动驾驶
	Minieye	中国	辅助驾驶系统
	Argo AI	美国	自动驾驶汽车
垂直应用	Darktrace	英国	Darktrace 的核心产品为企业免疫系统（EIS）
	Uber	美国	自动驾驶汽车、智能交通和智能出行应用
	Airbnb	美国	开源 AeroSolve 机器学习框架、智能助手、智能推荐、定价
	Salesforce	美国	CRM 解决方案
	Slack	美国	企业通信应用，bots 平台
	Sentient Technologies	美国	解决复杂商业问题的综合智能系统
	Dataminr	美国	基于社交网络的数据分析服务
	ROSS Intelligence	美国	法务研究智能辅助工具
	滴滴	中国	自动驾驶汽车、智能交通和智能出行应用
	今日头条	中国	媒体产品的应用
	地平线机器人	中国	智能机器解决方案
	Cylance	美国	使用人工智能来预防网络攻击
	Sift Science	美国	利用人工智能/机器学习来开发网络安全应用的公司
	SparkCognition	美国	使用机器学习和人工智能技术来分析预测网络安全漏洞与系统故障

领域	公司	国家	产品应用
机器学习	DeepMind	英国	AlphaGo、医疗健康、谷歌内部产品应用
	Vicarious	美国	新的计算机视觉系统,机器人视觉
	Bonsai	美国	Inkling 脚本语言和集成开发环境 Mastermind
	Preferred Networks	日本	深度学习操作系统 Chainer,机器学习在物联网的应用
	Skymind	美国	深度学习企业应用包 SKIL、开源框架 Deeplearning4j
	H2O. ai	美国	开源机器学习平台和商业化支持
	Uptake	美国	为铁路、建筑等大行业提供数据预测分析 SaaS 服务
	Indico	美国	为数据科学家提供图像、文本的识别和分析的工具
	第四范式	中国	金融应用和"先知"平台
	Gamalon	美国	Bayesian Program Synthesis 可以自行编写代码,用最优的方法解释收集到的数据
	DataRobot	美国	机器学习平台公司,DataRobot 平台上有数百个开源机器学习算法
	Petuum	美国	PetuumOS、Poseidon 框架、Petuum Healthcare Solutions
	Algorithmia	美国	类似于苹果 App Store 的"算法应用"商店
大公司	谷歌	美国	TensorFlow 等开源框架, Google Photos、Now、Inbox 和搜索等多项产品和服务、硬件
	Facebook	美国	多个开源框架和硬件平台,Messenger、社交网络和定向广告等多项产品和服务
	亚马逊	美国	云服务、Echo 等智能家居、机器人、电商产品应用
	微软	美国	CNTK 等开源框架,Cortana、小冰等多项产业和服务,硬件
	IBM	美国	Watson、行业认知计算解决方案、量子计算机等
	苹果	美国	基于智能手机等硬件的多项产品和硬件、智能助手、智能家居、医疗等
	百度	中国	开源框架 PaddlePaddle、百度大脑、自动驾驶、互联网应用
	阿里巴巴	中国	云服务、人工智能平台 DT PAI、电商产品应用
	腾讯	中国	互联网应用
	NVIDIA	美国	GPU、深度学习超级计算机 DGX－1、自动驾驶超级计算机 Xavier
	英特尔	美国	CPU、Xeon Phi、Nervana
	高通	美国	移动智能设备芯片
	赛灵思	美国	All Programmable FPGA、SoC 和 3D IC 提供商
	华为	中国	人机交互设备应用、芯片等
	京东	中国	电商产品应用、金融

资料来源：机器之心。

四　产业重大并购

2013～2017年人工智能产业发生了许多具有重大影响力的并购事件（见表3）。

表3　2013～2017年人工智能产业重大并购重组交易

公告日期	企业	并购重组事件	是否跨境并购	交易金额（百万元人民币）
2016.05	美的集团	并购库卡集团81.04%股权	是	29200.0
2016.06	均胜电子	并购KSS100%股权	是	6000.0
2017.11	千方科技	并购杭州交智科技有限公司96.72%股权	否	4337.0
2017.03	四维图新	并购杰发科技100%股权	否	3875.1
2015.03	中达股份	并购保千里100%股权	否	2883.1
2016.07	科大智能	并购冠致自动化100%股权，华晓精密100%股权	否	1349.0
2016.12	远方信息	并购维尔科技100%股权	否	1020.0
2017.04	埃斯顿	并购Barret 30%股权	是	0.6
2017.04	百　度	并购xPerception 100%股权	是	未披露
2017.07	百　度	并购KITT.AI 100%股权	是	未披露
2017.06	埃夫特	并购Robox 100%股权	是	未披露

2017年，美的集团以37.1亿欧元（约292亿元人民币）现金并购了德国机器人及自动化生产设备和解决方案供应商库卡集团81.0%股权。美的集团是全球领先的暖通空调、消费电器、机器人与自动化系统、智能供应链的科技集团。其主营业务分为大家电、小家电、电机和物流四个业务板块，公司在全球拥有数亿用户。库卡集团总部位于德国奥格斯堡，主营业务为提供工业机器人、工业自动化和创新自动化等解决方案，客户主要分布于汽车工业行业，并覆盖物流、医疗、能源等多个领域。库卡的机器人业务板块处于市场领先地位，在汽车工业机器人行业位列全球市场前三、欧洲第一，是全球四大机器人集团之一。近些年来，美的集团加快推进"智慧家居＋智能制造"的"双智"战略，此次并购有助于美的集团扩展其在工业和服务

机器人领域的业务范围，提高机器人和控制系统技术。美的集团可以借助库卡集团的优势，进一步升级生产制造与系统自动化。

2016 年，均胜电子以 9.2 亿美元并购了美国汽车安全系统供应商 KSS 100% 股权。在此次交易中，由均胜电子基于合并目的在美国设立的全资子公司 Merger Sub 与 KSS 进行合并，Merger Sub 并入 KSS 且终止存续，KSS 作为存续公司在合并后继续存续。本次合并以发行股份的方式进行，发行价格为 29.9 元/股。均胜电子是全球化的汽车零部件供应商，主要致力于智能驾驶系统、汽车安全系统、新能源汽车动力管理系统以及高端汽车功能件总成等的研发与制造，目前已经成为宝马、奔驰、奥迪、大众、通用和福特等全球汽车制造商的长期合作伙伴。KSS 是全球领先汽车安全系统供应商，主营业务包括汽车安全类产品的研发、生产和销售，主要产品可以分为主动安全、被动安全和特殊产品三大类别。KSS 涉足汽车安全市场已有 60 多年，是全球少数几家具备主被动安全系统整合能力，面向自动驾驶提供安全解决方案的公司。均胜电子并购 KSS，是完善智能驾驶布局、深度融合提升竞争力的重要举措。此次并购促使均胜电子形成以人车交互、汽车安全、智能车联和新能源动力控制为代表的四大业务体系，并强化各业务之间在技术和数据层面的深度融合，围绕解决车辆使用中的"安全、智能、环保、舒适"四大关键点，为用户提供整体技术解决方案。

2017 年，千方科技以 43.4 亿元并购杭州交智科技有限公司 96.7% 股权。千方科技以 11.9 元/股的价格发行股份购买交智科技股权，并向不超过十名特定合格投资者募集配套资金不超过 6 亿元。千方科技是国内智能交通产品和解决方案提供商。交智科技的实际运营实体是宇视科技，为中国领先的视频监控产品和解决方案供应商，拥有端到端全系列自主知识产权的 IP 视频监控产品，包括 IP 摄像机、视频编解码器、NVR、卡口电警、监控网络、存储、平台等。本次交易完成后千方科技持有交智科技 100% 股权。千方科技通过交智科技增强自身基础核心技术储备及研发能力，并顺利进入空间广阔的安防产业。

2017 年，四维图新以 38.8 亿元并购了国内汽车电子芯片设计和解决方案提供商杰发科技 100% 股权。四维图新以 25.6 元/股的价格发行 3.3 亿元股份，同时使用现金 35.5 亿元支付交易对价。四维图新是由国家测绘局创建的专业从事测绘的中国领先导航地图和动态交通信息服务提供商，目前在国内排名第一、全球排名第五。杰发科技主要从事汽车电子芯片的研发设计，主要产品为车载信息娱乐系统芯片及解决方案，公司在国内车载信息娱乐系统后装市场处于领先地位，占有 70% 的市场份额，其在前装市场上也有较高的占有率。杰发科技打破了前装汽车电子市场被国外垄断的格局，成为一汽、上汽等主流车企的供应商。四维图新并购杰发科技后，可以实现从芯片到地图数据、导航软件、手机车联、车载语音、车联网数据云的全产业链布局，将其大数据及计算能力在车载端实现落地；而在后装市场，四维图新可以由此获得大量用户，增加用户黏性。

2015 年，中达股份以 28.8 亿元并购了高端视像领军企业保千里 100% 股权，保千里借壳中达股份实现上市。此次交易采用发行股份的方式进行，发行股份的股票价格为 2.1 元/股。保千里作为国内高端电子视像领军企业之一，定位于高端电子视像产品的研发、生产和销售，提供高端电子视像方案、产品和服务。自成立以来，保千里一直专注于研发与图像有关的光机电核心技术，以高端的图像采集、分析、显示、处理技术为产品主要研发方向。中达股份主要从事软塑新材料的研究开发、生产与销售，是我国"软塑材料生产基地"和国家"烟辅材料"的定点生产企业。近年来，伴随着国内外经济增速趋缓，受软塑包装产品供过于求、价格竞争激烈的影响，中达股份经营的主要薄膜产品获利水平大幅下降，自 2009 年以来营业利润均为负数，公司濒临破产。通过此次重组，中达股份的主营业务将变更为高端电子视像产品的研发、生产和销售，从根本上提升了核心竞争力。保千里所处的电子视像行业发展前景广阔，电子视像行业已成为建设信息化社会和智慧地球的重要技术支撑，此次借壳上市也将为保千里业务今后的发展提供有力保障。

2016 年，科大智能以 8 亿元并购了柔性生产线综合解决方案提供商冠致自动化 100% 股权，以 5.5 亿元并购了智能物流输送机器人制造企业华晓精密 100% 股权。科大智能以 17.8 元/股的价格发行股份并使用现金 2.4 亿元购买冠致自动化等的全部股权。科大智能是全国领先的工业智能化解决方案供应商之一，专注于工业机器人、服务机器人、电力和新能源领域的产品研发及应用。在现有业务稳步发展的同时，科大智能也着力发展工业生产和电商领域的智能物流系统，并全面布局人工智能、工业大数据、服务机器人技术研发和产业化推广。冠致自动化是一家专业从事工业智能化柔性生产线的设计、研发、生产和销售的高科技企业，产品主要包括智能焊装生产线、机器人工作站等。它是国内为数不多的能够提供全方位、智能化和定制化柔性生产线综合解决方案的企业之一，是国内汽车智能焊装生产线细分领域的领军企业。华晓精密是一家专业从事工业生产智能物流输送机器人成套设备制造及提供系统解决方案的企业，致力于以自动导引轮式物流输送机器人为核心设备的智能物流输送系统的研发、生产和销售，是我国该细分领域的知名企业。科大智能并购冠致自动化和华晓精密，有助于完善自身在工业生产智能化领域的产业布局，加快推进在高端智能生产线和物流机器人应用领域的发展战略。

2016 年，远方信息以 10.2 亿元并购生物识别产品和服务提供商维尔科技 100% 股权。本次交易中远方信息以 15.1 元/股的价格发行总金额为 7.1 亿元的股份同时支付现金 3.1 亿元。远方信息是国内专业从事 LED 和照明光电检测设备的研发、生产、销售及综合检测解决方案的龙头企业之一，特别是在光电检测和校准服务领域具备国际先进水平。维尔科技是一家提供基于生物识别技术的信息安全产品、智能信息系统及服务的提供商。其生物识别技术主要包括指纹识别技术、指静脉识别技术和人脸识别技术，主要产品包括指纹模块、指纹密钥、指纹仪、指纹采集器及身份证阅读机等。近年来，随着生物识别技术的发展成熟，生物识别领域的商机不断涌现。此次交易是远方信息跨入生物识别领域的关键一步，也有助于完善其自身检测识别产品和服务产业链，发展新的盈利增长点。

2017 年，百度宣布全资并购美国计算机视觉初创公司 xPerception。百度是全球最大的中文搜索引擎和中文网站，也是国内最早布局人工智能技术及应用的公司。百度 2013 年宣布成立胜读学习研究院（IDL），2016 年提出"百度大脑计划"并开放其核心能力和底层技术，2017 年百度实行"ALL IN AI"战略，内部已经聚集一批人工智能人才，目前在语音识别、图片识别、语音搜索等领域均位于世界前列。xPerception 是一家专注于机器视觉软硬件解决方案的科技公司，面向机器人、智能导盲、AR/VR 等行业客户提供以立体惯性相机为核心的机器视觉软硬件产品。百度并购 xPerception 可以进一步加强在视觉感知领域的软硬件能力，加速其包括 AR、机器人、自动驾驶等在内的人工智能业务矩阵的产业化。

2017 年，百度宣布全资并购美国语音唤醒和自然语音交互技术服务提供商 KITT.AI。KITT.AI 位于西雅图，曾入选 CB Insights 人工智能企业 100 强，其一直专注于语音唤醒和自然语音交互技术的研发。目前，KITT.AI 共开发三款产品：Snowboy（可定制的词典检测引擎）、NLU（多语言自然语言理解引擎）和 ChatFlow（多圈谈话引擎）。百度计划将 KITT.AI 的自然语言识别及语音交互能力融入百度的 AI 平台中，同时百度在 AI 领域的广泛布局也为 KITT.Aide 的技术落地提供想象空间，二者结合可以实现融合与协同。

2017 年，埃夫特并购了意大利机器人和运动控制系统设计服务提供商 Robox。埃夫特是一家专门从事工业机器人、大型物流储运设备及非标生产设备的综合设计制造商。埃夫特机器人经过奇瑞汽车等企业充分验证，目前广泛应用于汽车及零部件行业、电子行业、家电行业、机械制造行业、机床行业、光电行业等。Robox 是一家国际领先的工业机器人控制器生产商，主要业务为机器人制造、运动控制系统设计和编程语言等。公司产品可用于机器人、机床、测量机等各类设备。埃夫特并购 Robox 弥补了其在核心部件控制系统方面的短板，可以促进埃夫特应用驱动机器人整机业务的成长。

信息安全产业并购发展报告

摘　要： 互联网的普及和数据挖掘技术带来新的安全问题，信息泄露、网络攻击、网络犯罪、金融欺诈等事件时有发生，信息安全需求在不断提升。信息安全产业的健康发展是网络空间安全的前提保障，是形成网络空间话语权和控制权的基础，是实现我国网络强国目标的先决条件。随着云计算、大数据、物联网等信息技术的革新，信息安全产业也在不断发生变革。各国都将信息安全放在重要位置。在中国，信息安全作为国家安全的重要组成部分，产业重要性被提升到前所未有的高度。随着《网络安全法》等重要政策出台，信息安全产业将迎来黄金发展期。根据工信部最新规划，到"十三五"末，信息安全产业规模将达到2000亿元，年均增长20%以上。随着国家对信息安全产业的重视，信息安全产业市场逐渐活跃，产业并购整合不断。

关键词： 信息安全　网络空间安全　并购

一　产业发展概述

信息安全指对信息系统的硬件、软件、系统中的数据及依托其开展的业务进行保护，使得它们不会由于偶然的或者恶意的原因而遭到未经授权的访问、泄露、破坏、修改、审阅、检查、记录或销毁，保证信息系统连续可靠地正常运行。当前，信息安全已经成为一门以计算机科学为核心，涵盖信息安全技术、密码技术、网络技术、通信技术、信息论、数论等多学科的综合体。

"信息安全"一词产生于20世纪50年代，从20世纪90年代开始，"信息安全"开始陆续出现在各国和地区的政策文献中，中国的信息安全发展经历了三个阶段，第一阶段为20世纪80年代末之前，当时国家已经成立信息中心信息安全处，但此阶段还没有较完整的规章制度和法律法规，信息安全产业还处于初步探索阶段，主要内容为实体安全。第二阶段为20世纪80年代末至90年代末，计算机应用开始在国内迅速拓展，各行业企业需求开始显现。中国在1994年出台第一部信息安全法规——《中华人民共和国计算机信息系统安全保护条例》，此后不断出台政策文件逐渐规范信息安全的范围和边界。这个时期许多企事业单位将信息安全作为系统内重要内容来进行建设，一些学校和科研机构也开始将信息安全作为课程及研究课题。第三阶段则是20世纪90年代末至今，中国信息安全产业进入快速发展阶段，逐步走向正轨。科技的不断创新让信息安全的边界不断拓宽，现阶段，信息安全是指国家、机构、个人的信息空间、信息载体和信息资源不受来自内外各种形式的威胁、干扰和破坏。随着互联网的普及和云计算落地应用，网络信息的安全保障逐渐成为网络活动中不可或缺的一部分，信息安全逐步进入包含云安全在内的网络安全时代。

2014年我国信息安全产业规模约为321.3亿元，到2017年信息安全产业规模达674.6亿元，2014～2017年复合增长率为28.0%。预计2018年、2019年信息安全产业仍将保持高速增长，增速分别为31.6%和32.8%，2019年产业规模将达到千亿量级（见图1）。

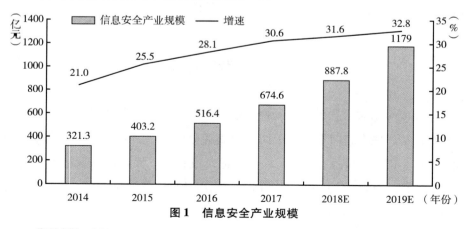

图1　信息安全产业规模

资料来源：CCID。

二　产业政策

我国一直高度重视信息安全产业的发展，早在 2003 年，中共中央办公厅、国务院办公厅就颁发了《国家信息化领导小组关于加强信息安全保障工作的意见》。党的十六届四中全会将信息安全上升到国家安全的战略层面，明确提出"确保国家的政治安全、经济安全、文化安全和信息安全"。

面对日益复杂的全球信息安全形势和国内信息安全现状，2012 年，党的十八大报告中强调，要高度关注网络空间安全，并将网络空间安全、海洋安全、太空安全置于同一战略高度。2013 年，党的十八届三中全会也再次指出，"加大依法管理网络力度，加快完善互联网管理领导体制，确保国家网络和信息安全"。2014 年，中央网络安全和信息化领导小组成立，充分体现了国家对信息安全的重视程度。

2016 年 11 月，全国人民代表大会常务委员会通过《中华人民共和国网络安全法》，并于 2017 年 6 月 1 日开始实施，强调了对金融、能源、交通、电子政务等行业在网络安全等级保护制度的基础上实行重点保护。这是我国第一部网络安全的专门性综合性立法，提出了应对网络安全挑战这一全球性问题的中国方案。2016 年 12 月，国家互联网信息办公室发布《国家网络空间安全战略》，这是我国第一次向全世界系统、明确地宣示和阐述对于网络空间发展与安全的立场及主张。2017 年 1 月，工业和信息化部制定印发了《信息通信网络与信息安全规划（2016 ~ 2020 年)》，紧扣"十三五"期间行业网络与信息安全工作面临的重大问题，对"十三五"期间行业网络与信息安全工作进行统一谋划、设计和部署。

我国信息安全产业相关政策见表1。

表 1　信息安全产业政策

时间	政策法规	主要内容/规划目标	颁布主体
2012.06	《关于大力推进信息化发展和切实保障信	意见要求实施"宽带中国"工程,构建下一代信息基础设施;推动信息化和工业化深度融合,提高经济发展信	国务院

时间	政策法规	主要内容/规划目标	颁布主体
2012.06	息安全的若干意见》	息化水平;加快社会领域信息化,推进先进网络文化建设;推进农业农村信息化,实现信息强农惠农;健全安全防护和管理,保障重点领域信息安全等内容	国务院
2014.05	《关于加强党政机关网站安全管理的通知》	通知要求提高党政机关网站安全防护水平,保障和促进党政机关网站建设	中央网信办
2014.09	《关于应用安全可控信息技术加强银行业网络安全和信息化建设指导意见》	从2015年起,各银行业金融机构对安全可控信息技术的应用以不低于15%的年度信息化预算,到2019年安全可控信息技术在银行总体达到75%左右的使用率	银监会
2014.10	《关于进一步加强军队信息安全工作的意见》	指出必须把信息安全工作作为网络强军的重要任务和军事斗争准备的保底工程	中央军委
2015.06	《关于加强党政部门云计算服务网络安全管理的意见》	意见要求加强党政部门云计算服务网络安全管理,维护国家网络安全	中央网信办
2015.07	《中华人民共和国国家安全法》	以法律的形式确立了中央国家安全领导体制和总体国家安全观的指导地位,明确了维护国家安全的各项任务,建立了维护国家安全的各项制度,对当前和今后一个时期维护国家安全的主要任务和措施保障做出了综合性、全局性、基础性安排,为构建和完善国家安全法律制度体系提供了完整的框架,为走出一条中国特色国家安全道路提供了坚实有力的法律和制度支撑	国防部
2015.07	《关于运用大数据加强对市场主体服务和监管的若干意见》	意见要求以社会信用体系建设和政府信息公开、数据开放为抓手,充分运用大数据、云计算等现代信息技术,提高政府服务水平,加强事中事后监管,维护市场正常秩序,促进市场公平竞争,释放市场主体活力,进一步优化发展环境	国务院
2015.07	《关于积极推进"互联网＋"行动的指导意见》	意见要求加快推动互联网与各领域深入融合和创新发展,充分发挥"互联网＋"对稳增长、促改革、调结构、惠民生、防风险的重要作用并提出了行动要求和发展目标	国务院
2016.03	《"十三五"规划纲要(2016～2020年)》	加强关键信息基础设施核心技术装备威胁感知和持续防御能力建设,完善重要信息系统等级保护制度,健全重点行业、重点地区、重要信息系统条块融合的联动安全保障机制,积极发展信息安全产业	国家发改委
2016.10	《工业控制系统信息安全防护指南》	对安全软件选择、系统配置和补丁管理、边界安全防护、物理和环境安全防护、系统身份认证、远程访问安全、安全监测、数据安全等做出详细要求	工信部

时间	政策法规	主要内容/规划目标	颁布主体
2016. 11	《中华人民共和国网络安全法》	该法旨在监管网络安全、保护个人隐私和敏感信息,以及维护国家网络空间主权/安全。与一些最常用的网络安全标准相类似,主要强调了网络产品、服务、运营、信息安全以及监测、早期诊断、应急响应和报告等方面的要求。在保护数据隐私方面,其与其他国家的数据隐私法律法规亦相近	人大常委会
2016. 11	《"十三五"国家战略性新兴产业发展规划》	加强数据安全、隐私保护等关键技术攻关,形成安全可靠的大数据技术体系	国务院
2016. 12	《国家网络空间安全战略》	以总体国家安全观为指导,贯彻落实创新、协调、绿色、开放、共享的发展理念,增强风险意识和危机意识,统筹国内国际两个大局,统筹发展安全两件大事,积极防御、有效应对,推进网络空间和平、安全、开放、合作、有序,维护国家主权、安全、发展利益,实现建设网络强国的战略目标	国家互联网信息办公室
2016. 12	《"十三五"国家信息化规划》	加强网络安全态势感知、监测预警和应急处置能力建设。建立统一高效的网络安全风险报告机制、情报共享机制、研判处置机制,准确把握网络安全风险发生的规律、动向、趋势。建立政府和企业网络安全信息共享机制,加强网络安全大数据挖掘分析,更好感知网络安全态势,做好风险防范工作。完善网络安全检查、风险评估等制度。加快实施党政机关互联网安全接入工程,加强网站安全管理,加强涉密网络保密防护监管	国务院
2017. 01	《软件和信息技术服务业发展规划(2016～2020年)》	采用定量目标和定性目标相结合的方式,提出了"十三五"时期我国软件和信息技术服务业发展目标。在总体目标方面,提出"产业规模进一步扩大,技术创新体系更加完备,产业有效供给能力大幅提升,融合支撑效益进一步突显,培育壮大一批国际影响力大、竞争力强的龙头企业",明确打造具有国际竞争力的产业生态体系。在具体目标方面,围绕产业规模、技术创新、融合支撑、企业培育、产业集聚5个方面提出了细化要求	工信部
2017. 01	《信息通信网络与信息安全规划(2016～2020年)》	确定了到2020年底建成"责任明晰、安全可控、能力完备、协同高效、合作共享"的信息通信网络与信息安全保障体系的工作目标	工信部
2017. 02	《战略性新兴产业重点产品和服务指导目录》	目录中详细列举了网络安全产品和服务中所包含的关键类别	国家发改委
2017. 07	《关键信息基础设施安全保护条例(征求意见稿)》	条例明确了国家行业主管或监管部门按照国务院规定的职责分工,以及关键信息基础设施的运营者的责任和义务,列出了产品服务安全以及运营安全的具体条例	中央网信办

时间	政策法规	主要内容/规划目标	颁布主体
2017.12	《工业控制系统信息安全行动计划（2018~2020年）》	到2020年，全系统工控安全管理工作体系基本建立，全社会工控安全意识明显增强。建成全国在线监测网络，应急资源库、仿真测试、信息共享、信息通报平台，态势感知、安全防护、应急处置能力显著提升。培育一批影响力大、竞争力强的龙头骨干企业，创建3~5个国家新型工业化产业示范基地（工业信息安全），产业创新发展能力大幅提高	工信部

三　信息安全产业链

（一）产业链图谱

信息安全产业链上主要是信息安全产品/服务提供商（见图2）。信息安全主要产品可分为安全硬件、安全软件和安全服务三大类，硬件产品主要包括防火墙、入侵识别系统、入侵检测系统、统一威胁管理、硬件认证、智能卡等；软件产品主要包括内容威胁管理、通信安全、时间管理、身份使用管理等；服务主要包括咨询服务、安装服务、运营、教育培训等。其中，安全硬件占比最大，其次是安全软件和安全服务，但是随着虚拟化以及云服务理念的渗透，信息安全盈利模式将由软硬件产品向服务转移。当前信息安全服务按小类可以划分为基础设施安全、安全管理、安全服务、终端安全、数据

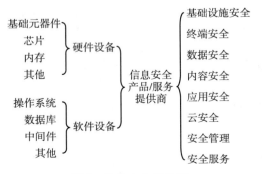

图2　信息安全产业链

安全、内容安全、云安全、应用安全、移动安全、业务安全。

信息安全产业图谱见图 3。

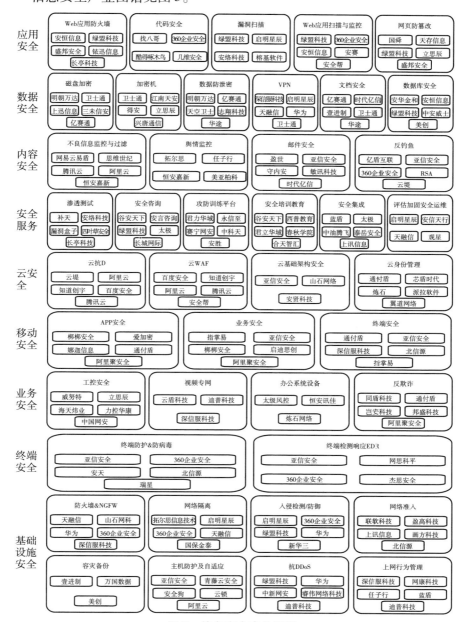

图 3 信息安全产业图谱

（二）领先企业

在《全球网络安全企业竞争力研究报告》选出的全球网络安全企业100强中，华为、360等中国企业占据了17个席位，中国在入选企业数量方面位居第二。100强榜单中，美国入选企业达58家，独占半壁江山；以色列居于第三位；其后是英国（4家）和法国（3家）。中国入选的17家企业分别为华为、奇虎360、深信服、启明星辰、Nexusguard、猎豹移动、安天实验室、拓尔思、迪普科技、安恒、任子行、瀚思、山石网科、卫士通、绿盟科技、天空卫视、美亚柏科。而在Cybersecurity Ventures发布的网络安全企业500强中，有7家中国企业上榜，360排在首位。在Cybersecurity Ventures网络安全企业500强中，前50强企业超过半数来自美国，此外，还有英国、以色列、加拿大、俄罗斯、新加坡、日本、意大利和中国香港等国家与地区的网络安全企业跻身50强名单（见图4）。网络安全企业20强见表2。

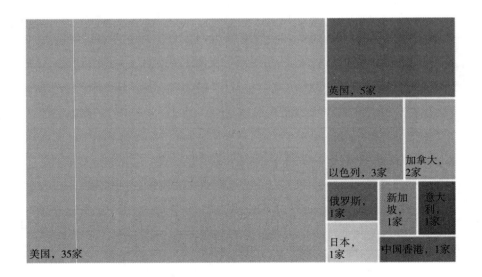

图4　Cybersecurity Ventures 50强企业国家/地区分布

表 2 网络安全企业 20 强

排名	公司	网络安全领域	总部所在地
1	Herjavec Group	信息安全服务	加拿大
2	IBM 安全（IBM Security）	企业 IT 安全解决方案	美国
3	雷神（Raytheon）	网络安全服务	美国
4	安永（EY）	网络安全咨询顾问	英国
5	Mimecast	电子邮件安全	美国
6	KnowBe4	安全意识培训	美国
7	思科（Cisco）	威胁防护和网络安全	美国
8	Sophos	防病毒和恶意软件保护	英国
9	Sera-Brynn	网络风险管理	美国
10	洛克希德马丁（Lockheed Martin）	网络安全解决方案和服务	美国
11	Clearwater Compliance	风险管理与合规	美国
12	Forcepoint	内部，云和网络安全	美国
13	Thycotic	特权客户管理	美国
14	BAE 系统（BAE Systems）	网络安全风险管理	英国
15	CyberArk	网络威胁防护	以色列
16	Digital Defense	管理安全风险评估	美国
17	Rapid7	安全数据和分析解决方案	美国
18	Palo Alto Networks	威胁检测与预防	美国
19	DFLabs	自动事件和违约反应	意大利
20	FireEye	高级威胁防护	美国
21	赛门铁克（Symantec）	端点，云和移动安全	美国
22	博思艾伦（Booz Allen）	网络安全解决方案和服务	美国
23	Code Dx	软件漏洞管理	美国
24	Nexusguard	云启用 DDoS 缓解	中国香港
25	Telos Corporation	风险管理与合规	美国
26	Check Point Software	统一威胁管理	以色列
27	RSA	情报驱动安全	美国
28	Proofpoint	安全即服务	美国
29	英国电信（BT）	安全与风险管理解决方案	英国
30	德勤（Deloitte）	全球风险管理服务	美国
31	趋势科技（Trend Micro）	服务器，云和内容安全	日本
32	普华永道（PwC）	网络安全咨询顾问	英国
33	Ziften	统一安全管理	美国

续表

排名	公司	网络安全领域	总部所在地
34	卡巴斯基（Kaspersky Lab）	恶意软件和防病毒解决方案	俄罗斯
35	SecureWorks	管理安全服务	美国
36	Carbon Black	端点与服务器安全平台	美国
37	Checkmarx	软件开发安全	以色列
38	Tenable Network	漏洞扫描	美国
39	Threat Stack	云基础设施安全	美国
40	i‐Sprint Innovations	身份和访问管理	新加坡
41	英特尔安全（Intel Security Group）	防病毒，恶意软件和威胁防护	美国
42	AlienVault	威胁检测和响应	美国
43	Fortinet	企业安全解决方案	美国
44	Imperva	数据和应用安全	美国
45	AT&T Network	管理安全与咨询	美国
46	诺斯洛普格拉曼（Northrop Grumman）	网络与国土安全服务	美国
47	黑莓（BlackBerry）	移动和数据安全	加拿大
48	赛仕软件研究所（SAS Institute）	欺诈与安全分析	美国
49	HackerOne	错误赏金平台	美国
50	Inspired eLearning	安全意识培训	美国

资料来源：Cybersecurity Ventures。

四 产业重大并购交易

2013～2017年信息安全产业发生了许多具有重大影响力的并购事件（见表3）。

2016年，南洋股份以57亿元并购领先信息安全服务提供商天融信100%股权。本次交易南洋股份以8.6元/股的价格发行总金额为36.2亿元的股份同时支付现金20.8亿元完成。交易对手方承诺天融信2016～2018年净利润分别不低于2.9亿、3.9亿及5.0亿元。南洋股份是广东省生产电线电缆规模最大的企业，主要从事电力电缆的研发、生产和销售。天融信是国内最早进入信息安全行业的公司之一，是国内领先的网络安全、大数据与安全云服务提供商，主要产品包括防火墙、VPN、入侵检测与防御、终端安全

表3 2013～2017年信息安全产业重大并购重组交易

公告日期	企业	并购重组事件	是否跨境并购	交易金额(百万元人民币)
2016.08	南洋股份	并购天融信100%股权	否	5700.0
2015.05	高新兴	并购创联电子100%股权;国迈科技90%股权	否	1288.0
2017.02	网宿科技	并购韩国CDNW97.82%股权	是	1251.0
2016.06	通鼎互联	并购百卓网络100%股权	否	1080.0
2014.11	东华软件	并购至高通信100%股权	否	800.0
2014.11	烽火通信	并购烽火星空49%股权	否	750.0
2015.08	美亚柏科	并购珠海市新德汇信息技术有限公司49%股权	否	638.0
2014.04	拓尔思	并购北京天行网安信息技术有限责任公司	否	600.0
2016.11	蓝盾股份	并购满泰科技60%股权	否	582.0
2016.06	启明星辰	并购赛博兴安90%股权	否	579.2

与管理、第三方产品集成等,其与启明星辰、绿盟科技属于同一梯队,并在防火墙与入侵防御两大领域占有稳定的市场份额。天融信于2015年11月以40亿元估值在新三板挂牌。本次并购交易完成后,天融信从新三板摘牌,成为南洋股份全资子公司,而南洋股份成为兼具先进制造和信息安全业务的双主业公司。对于南洋股份而言,原来所在电气设备行业在低端市场中竞争激烈,业绩增长承压,而天融信资产优质,盈利能力较强,同时也涉足电力能源、轨道交通行业,能与其产生系统的协同效应;此外,信息安全业务也是对其现有业务的有力拓展,有利于其寻找到新的增长点。

2015年,高新兴以12.9亿元购买创联电子100%股权和国迈科技90%股权。高新兴以14.7元/股价格发行总金额为11.6亿元的股份同时使用现金1.3亿元支付交易对价。交易对手方承诺创联电子2015～2017年净利润分别不低于0.9亿、1.1亿和1.3亿元。高新兴是中国领先的智慧城市物联网应用与服务提供商。其以物联网技术为核心,聚焦智慧城市、垂直行业两大市场,围绕平安城市、车联网、公安信息化、铁路安全、金融安全等领域深耕。创联电子是国内领先的铁路行车安全系统化产品和解决方案提供商,主要产品为铁路运行无线通信产品、GYK铁路轨道车运行控制产品和轨道车安全信息化产品，是中国铁路总公司认定的铁路运输安全设备生产企业和CRCC 认证企业。国迈科技则是国内领先的数据安全产品及解决方案提供商，主要从事行政执法行业领域内数据安全管理产品的研发、销售及应用，目前主营业务由执法信息采集与安全私有云存储平台、管理系统解决方案、数据安全防护产品三大板块组成。国迈科技自主研发产品已通过国家保密局、国家密码管理局、解放军保密委、公安部、中国信息安全测评中心的权威认证。通过本次并购，高新兴切入铁路安全和数据安全领域，为其"大安防"战略迈出重要一步。

2017 年，网宿科技以 211 亿日元（约 12.5 亿元人民币）现金并购CDNetworks Co.，Ltd.（简称 CDNW）公司 97.8% 股权。网宿科技是中国最大 CDN（内容分发加速服务）运营商，在全球拥有 1000 多个 CDN 加速节点，主要提供互联网内容分发与加速、云计算、云安全、全球分布式数据中心（IDC）等服务。CDNW 由日本 KDDI 持有，总部位于韩国，并在美国、英国、中国、日本和新加坡设有子公司，主要向客户提供全球范围内的内容分发与加速服务，目前 CDNW 在韩国 CDN 市场上排名第一，在日本 CDN 市场上排名前三。在云安全方面，CDNW 在全球有 6 个主要流量清洗点和 5 个次要流量清洗点。通过本次并购，网宿科技能够充分利用 CDNW 的全球化运营架构，快速填补公司在全球化运营体系上的短板；同时能够将双方优势节点资源进行整合，进一步向 CDNW 的国际客户提供网宿科技包括直播加速服务在内的各种领先服务内容，挖掘国际客户的服务深度。

2016 年，通鼎互联以 10.8 亿元并购百卓网络 100% 股权。通鼎互联以15.4 元/股的价格发行总金额为 6.48 亿元的股份并支付现金 4.32 亿元完成本次交易，交易对手方承诺百卓网络 2016～2019 年净利润分别不低于 0.7亿、1.0 亿、1.4 亿和 1.6 亿元。通鼎互联是专业从事光纤、电缆、分布式光纤传感定位系统等产品的综合服务商，主要客户为铁道部和中国移动、中国电信、中国联通三大运营商。百卓网络是运营商主干网安全防护龙头公司，主营业务是信息安全（针对骨干网不良信息管控、防病毒、互联网舆情监控等）、大数据和下一代互联网的软硬件研发生产，客户除工信部及三大电信运营商外，还涵盖国安、公安、教育和金融等行业。通鼎互联通过此次交易进入网络安全防护、SDN产品以及积分运营、大数据采集与挖掘领域，完成从硬件制造商向系统集成商转变，同时能利用信息安全和大数据技术提高通信产品的技术水平和附加值。

2014年，东华软件以8亿元并购至高通信。本次交易中东华软件通过以18.7元/股的价格发行5.6亿元股份并使用2.4亿元现金支付交易对价。交易对手方承诺至高通信2014~2017年净利润分别不低于0.7亿、0.8亿、1.1亿和1.3亿元。东华软件主要从事应用软件开发及信息系统集成等业务，具有系统集成一级资质、涉密甲级资质、CMMI5级资质。至高通信是国内领先的行业移动信息化解决方案提供商，以定制化、专业化的移动终端及应用软件为载体，协助客户构建安全、高效的移动业务运营及管理平台。至高通信专注于金融、军警、政府等领域，其研发的军用特种移动通信终端能够实现端对端加密通信，可以有效防止非法窃听或信息泄露等安全隐患，保障军队进行移动通信时的信息安全。通过本次交易，东华软件可以加强"云+端"战略中的"端"上服务能力，切入金融、军警、政府等行业的移动信息化业务，提高竞争实力。

2014年，烽火通信以7.5亿元并购拉萨行动所持有的烽火星空49%的股权。烽火通信以发行股份方式支付对价6.5亿元，另外支付现金1亿元。交易对手方承诺烽火星空2014~2017年净利润分别不低于1.3亿元、1.5亿元、1.8亿元和2.0亿元。烽火通信是信息通信领域设备与网络解决方案提供商，主要产品包括光网络、宽带数据、光纤光缆三大系列。烽火星空主要从事网络信息安全业务，在信息安全细分领域处于行业龙头地位。其主要业务包括网络信息安全、移动信息化两大板块，核心产品涵盖电信数据采集和分流平台、私有云存储和大数据分析平台。此次并购后，烽火通信全资控股烽火星空，加快信息安全业务发展和布局，有利于促进烽火通信整体业务结构调整，也为大数据时代的业务升级打下了坚实基础。

2015年，美亚柏科以6.4亿元并购新德汇49%股权。美亚柏科以18.3元/每股发行股份支付全部交易对价。美亚柏科是国内电子数据取证领域龙头企业和网络空间安全专家。其大数据和人工智能两大技术融入公司电子数据取证、互联网搜索和网络安全技术中，优化电子数据取证、网络空间安全、大数据信息化产品及专项执法装备四大产品。新德汇长期专注于公安、检察院、海关等行业信息化建设。公司研发产品包括便民服务、信息采集、情报信息平台、图像侦查、电子物证勘验鉴定实验室五大系列。美亚柏科于2013年获得了珠海新德汇51%的股权，此次购买新德汇49%股权后，珠海新德汇成为美亚柏科的全资子公司。通过本次交易，美亚柏科可以利用新德汇已有的营销渠道，加快公司电子数据取证产品在刑侦市场上的销售；此外，新德汇在刑侦信息化方面的技术及经验可以帮助美亚柏科加快公司拓展市场的步伐。

2014年，拓尔思以6亿元并购天行网安100%股权。本次交易中，拓尔思以17.2元/股发行4.8亿元股份同时以现金1.2亿元支付交易对价。拓尔思的核心业务包括软件产品研发、行业应用解决方案和数据分析挖掘云服务三大板块，涉及大数据管理、信息安全、互联网营销和人工智能等应用方向，在中文检索、自然语言处理等领域始终处于行业前沿。天行网安创建于2000年1月，是国内最早一批从事网络安全及数据交换技术研发的企业，在电子政务市场应用安全及数据处理领域处于领先地位。天行网安近年来相继推出了数据交换系统、视频交换系统、应用安全监测系统及共享服务平台等系列产品和方案，广泛应用于政府、公安、军队、金融等众多行业。通过本次交易，拓尔思切入信息安全领域，这是公司实现大数据发展战略的重要一步。拓尔思可与天行网安共享客户资源，同时充分发挥大数据核心技术，进一步挖掘客户需求，强化和丰富公司产品线，提升产品整体解决方案能力，形成新的利润增长点。

2016年，蓝盾股份以5.8亿元现金并购满泰科技60%股权。交易对手方承诺满泰科技2016～2019年净利润分别不低于0.6亿、0.7亿、0.9亿和1.2亿元。蓝盾股份是网络安全领域的领军企业，主要产品为账号集中管理、蓝盾防火墙、多功能安全网关（UTM）、安全审计、入侵检测、漏洞扫描等十个系列。满泰科技是国内领先的水行业综合自动化及信息化整体解决方案提供商、软硬件开发供应商及技术服务提供商。其主要业务为：在水利水电、智慧水务、城市防涝等应用领域提供全面的解决方案和服务体系，同时在政府、教育、建筑等多个行业提供信息化整体解决方案。本次交易是蓝盾股份布局"大安全"产业发展战略的重要环节，在未来工业控制系统联网化、智能化的背景下，蓝盾股份将通过满泰科技在工业控制领域安全服务这一细分市场上占据主导地位，扩大业务规模，增强盈利能力。

2016年，启明星辰以5.8亿元并购赛博兴安100%的股权。启明星辰以20.1元/股发行3.4亿元股份并使用现金2.4亿元支付交易对价。启明星辰是一家安全服务与解决方案的综合提供商，提供各类网络安全的技术、安全产品及专业的安全服务。赛博兴安主要从事信息安全技术研究与产品开发、信息系统安全体系规划与设计、信息系统安全工程建设和安全管理服务。目前其已形成了数据安全与加密、边界防护、安全管控、安全集成与服务四个产品系列。通过本次交易，启明星辰获得了赛博兴安的网络传输加密技术、加密认证数据与数据安全产品，得以深入安全加密领域，进一步完善其在信息安全行业的产品和服务线。

金融科技产业并购发展报告

摘　要： 金融科技是指技术带来的金融创新，它能够创造新的业务模式或应用流程，从而对现有金融市场、机构或金融服务造成重大影响。当前，物联网、区块链及人工智能等最新科学技术的发展让金融科技产业焕发新的生机。自2012年以来，中国金融科技产业迅猛发展，产生消费金融、供应链金融、平台经济、共享经济、普惠金融等新概念和第三方支付、P2P、众筹、智能投顾、数字货币等新兴业态。金融科技已经对整个金融产业产生深刻影响，发展金融科技不仅有利于提升金融行业的经营效率，而且能帮助金融机构运用数据识别管理风险。当前，中国已经成为全球最大金融科技市场，广阔的发展空间引来资本的不断加码，金融科技产业各细分领域投资并购不断。

关键词： 金融科技　创新技术　新兴业态　并购

一　产业发展概述

金融科技（FinTech）主要是指通过技术手段推动金融创新并对金融市场、机构及金融服务产生重大影响的业务模式、技术应用、金融流程和产品。目前，金融科技所依赖的主要技术是云计算、互联网、大数据、物联网、人工智能、区块链等信息技术。这些新技术与金融的紧密结合推动了金融业态的创新和发展。

广义的金融科技历史悠久，最早起源于20世纪50年代信用卡的兴起，自此之后，ATM 机的出现、电子证券交易实施、银行大型计算机和更复杂的数据和记录系统的兴起，至 90 年代互联网和电子商务模式蓬勃发展都可以算作广义的金融科技发展史。而国内的金融科技发展主要历经三个阶段：金融 IT、互联网金融及金融科技。在金融 IT 阶段，金融机构通过 IT 软件及硬件实现办公和业务的电子化，从而优化业务流程。随着 2013 年余额宝的兴起，"互联网金融"一词进入人们视野。互联网金融阶段本质上是商业模式的变革，互联网和金融企业搭建在线业务平台汇聚用户，通过互联网实现资金端、支付端等各个环节的互联互通，实现信息共享和业务撮合，除在线支付外，代表产品还有 P2P、互联网保险等。随着大数据、云计算、人工智能、区块链等新技术的成熟，互联网金融逐渐转变为金融科技，新技术与金融的结合旨在大幅提升传统金融效率，改变金融的运行模式。

目前，金融科技应用产业极其广泛，包括借贷、支付、保险、数据分析、财富管理、货币与外汇等。全球排名前 100 的金融科技公司中借贷和支付行业公司具有领先地位（见图 1），这是因为一方面借贷和支付业务与日常生活息息相关，因此拥有更大的消费者群体；另一方面，从信用卡到网上银行再到第三方支付，借贷和支付业务与科技的结合是具有长期历史积累的。

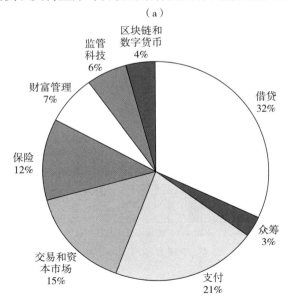

（a）

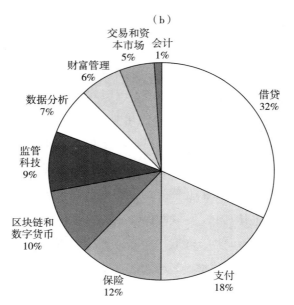

图1　2017 年 TOP100 金融科技公司行业分布（a），
2016 年 TOP100 金融科技公司行业分布（b）

资料来源：KMPG。

中国拥有世界上最大的金融科技市场。2016 年，中国网络资产管理规模超过 2.7 万亿元，网络信贷余额超过 1 万亿元（见图 2）。预计到 2020

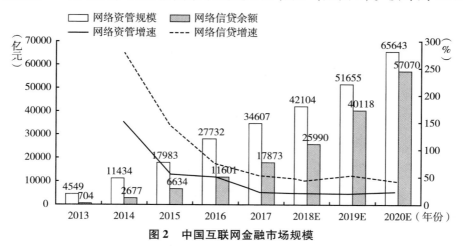

图2　中国互联网金融市场规模

资料来源：中国产业信息网。

年，中国互联网金融核心业务市场规模将超过 12 万亿元。从营业收入角度看，2016 年中国金融科技营收规模约为 0.4 万亿元，预计 2020 年将增长到近 2 万亿元，年复合增长率超过 47%（见图 3）。

图 3　中国金融科技市场规模

资料来源：中国产业信息网。

二　产业政策

总的来说，政府对金融科技的发展持鼓励和支持的态度。早在 2013 年，央行就多次表示支持科技创新以推动互联网金融发展。2015 年，十部委联合印发了《关于促进互联网金融健康发展的指导意见》，明确提出对互联网金融要有包容的态度，即"采取适度宽松的监管政策，为互联网金融创新留有余地和空间"。近两年来，政府越发强调金融与科技的深度融合，出台了一系列政策引导金融科技的探索与建设，从而为中国金融科技市场的繁荣提供了良好的制度基础。

然而，金融科技在带来便捷性的同时，也伴随着滥用数据资源、侵犯个人隐私、网络安全威胁不断等问题。政府在积极鼓励金融科技的前提下，也通过一系列政策法规不断完善市场秩序，以促进金融科技行业的健康发展。2016 年，中国政府以"鼓励合法、打击非法"为核心原则，开展了为期一年的互联网金融专项整治。2017 年，"穿透式"监管全面落地，如针对银行理财、保险资金等诸多产业已经正式发文。随着各类政策的不断出台，金融科技也在一步一步迈向正轨，走向合规，从而健康发展。

金融科技产业政策见表1。

表1　金融科技产业政策

时间	政策法规	主要内容/规划目标	颁布主体
2013.11	《消费金融公司试点管理办法（修订稿）》	扩大消费金融公司试点城市范围,新增沈阳、南京、杭州、合肥、泉州、武汉、广州、重庆、西安、青岛等10个城市参与试点工作	银监会
2015.07	《关于促进互联网金融健康发展的指导意见》	积极鼓励互联网金融平台、产品和服务创新,激发市场活力;鼓励从业机构相互合作,实现优势互补。通过鼓励创新和加强监管相互支撑,促进互联网金融健康发展,更好地服务实体经济	人民银行、工信部、公安部、财政部、工商总局、法制办、银监会、证监会、保监会、国家互联网信息办公室
2015.11	《关于积极发挥新消费引领作用加快培育形成新供给新动力的指导意见》	支持互联网金融创新发展,强化普惠金融服务,打造集消费、理财、融资、投资等业务于一体的金融服务平台。支持发展消费信贷,鼓励符合条件的市场主体成立消费金融公司,将消费金融公司试点范围推广至全国	国务院
2015.12	《关于大力推进体制机制创新,扎实做好科技金融服务的意见》	大力培育和发展服务科技创新的金融组织体系。加快推进科技信贷产品和服务模式创新。拓宽适合科技创新发展规律的多元化融资渠道。进一步深化科技和金融结合试点	人民银行、科技部、银监会、证监会、保监会
2016.01	《推进普惠金融发展规划(2016～2020年)》	到2020年,建立与全面建成小康社会相适应的普惠金融服务和保障体系,有效提高金融服务可得性,明显增强人民群众对金融服务的获得感,显著提升金融服务满意度,满足人民群众日益增长的金融服务需求,特别是要让小微企业、农民、城镇低收入人群、贫困人群和残疾人、老年人等及时获取价格合理、便捷安全的金融服务,使我国普惠金融发展水平居于国际中上游水平	国务院
2016.04	《互联网金融风险专项整治工作实施方案》	对当前及下一时期互联网金融风险整治工作作出全面部署和安排,相关部门也依据责任分工同时发布了互联网金融相关产业风险专项整治工作实施方案,首次提出"穿透式"监督。专用整治工作已于2016年4月开始,预计在2018年6月完成	国务院

时间	政策法规	主要内容/规划目标	颁布主体
2016.07	《国务院关于印发"十三五"国家科技创新规划的通知》	引导银行等金融机构创新信贷产品与金融服务,加快发展科技保险,鼓励保险机构发起或参与设立创业投资基金,探索保险资金支持重大科技项目和科技企业发展,推进各具特色的科技金融专营机构和服务中心建设	国务院
2016.08	《互联网金融信息披露规范(初稿)》	要求P2P从业机构每天更新至少涉及交易总额、交易总笔数、借款人数量、投资人数量	中国互联网金融协会
2016.09	《国务院关于印发北京加强全国科技创新中心建设总体方案的通知》	推动科技与产业、科技与金融、科技与经济深度融合,培育一批具有国际竞争力的创新型领军企业,聚集世界知名企业技术创新总部,构建跨界创新合作网络。完善技术创新服务平台体系,加强研究开发、技术转移和融资、计量、检验检测认证、质量标准、知识产权和科技咨询等公共服务平台建设	国务院
2017.02	《网络借贷资金存管业务指引》	明确了网贷资金存管业务应遵循的基本规则和实施标准,鼓励网贷机构与商业银行按照平等自愿、互利互惠的市场化原则开展业务	银监会
2017.06	《关于进一步做好互联网金融风险专项整治清理整顿工作的通知》	继续做好互联网金融风险专项整治工作,将其摆在今年防控金融风险、整顿金融秩序的重要位置,切实维护金融稳定	人民银行
2017.09	《关于防范代币发行融资风险的公告》	任何组织和个人不得非法从事代币发行融资活动;各金融机构和非银行支付机构不得开展与代币发行融资交易相关的业务。	人民银行、中央网信办、工信部、工商总局、银监会、证监会、保监会
2017.12	《关于规范整顿"现金贷"业务的通知》	规范整顿开展现金贷业务的小贷公司、P2P、银行业金融机构等	人民银行、银监会

三 金融科技产业链

(一)产业链图谱

当前,金融科技仍主要为新技术推动下所产生的新的业态或商业模式,传统金融企业和互联网科技公司都参与其中（见图4）。按照巴塞尔监督管理银行的分类方法，可将金融科技机构分为四大类，即市场设施类、支付结算类、融资类和投资管理类。①支付结算类。随着网络普及和信息技术的进步，传统支付方式已经逐渐被互联网支付和移动支付代替，新型支付方式应用于越来越多的生活场景中，大幅提高了支付效率，构建了良好的金融生态。目前，移动支付已经成为主要支付方式之一。②融资类。支付技术的进步、电子商务的发展以及大数据技术的广泛应用改变了传统的融资方式。当前，以众筹和P2P为代表的网络借贷已经具备一定规模，电商平台的兴起和所提供的分期服务促进了消费金融的发展。③投资管理类。智能金融理财服务利用人工智能技术为客户提供投资顾问及咨询等服务，这类服务为客户提供更多选择并让金融市场的投资活动更高效、更理性。④市场设施类。征信、数据源服务等为金融科技企业提供必要的信息支撑。数字货币则主要借助于区块链这项底层技术，其具有分布式、时间戳、免信任、加密和智能合约等特征。运用区块链技术开展贸易结算可以大幅提高结算效率和安全性。

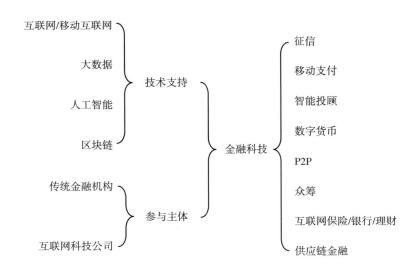

图4　金融科技产业链

金融科技产业图谱见图5。

互联网保险

- 互联网系: 众安保险 | 苏宁金融 | 蚂蚁金服 | 京东金融 | 去哪儿 | 携程 | 慧择网 | 新一站
- 保险公司融网: 泰康人寿 | 中国人寿 | 中国平安 | 太平洋保险 | 阳光保险 | 安邦保险
- 第三方保险平台: 网易保险 | 优保 | 中民保险网 | 保网 | 家保网 | 新一站

消费金融

- 银行消费金融: 浦发银行 | 广发银行
- 住房装修分期: 租房宝 | 斑马王国 | 土巴兔
- 持牌消费金融公司: 杭州银行 | 中国华融 | 海尔消费金融 | 招联金融 | 苏宁消费金融 | 盛银金融 | 捷信 | 中国消费金融
- 电商消费金融: 白条 | 任性付 | 花呗
- 学生分期: 分期乐 | 趣分期 | 人人分期 | 名校贷

大数据金融

- 百融金服 | 九次方数据
- 金融资产管理系统: 赢时胜 | 九恒星 | 恒生电子 | 拜特科技 | 上古彩 | 盈丰软件
- 证券交易行情系统: 东方财富 | 同花顺 | 恒生电子 | 盟固股份 | 指南针 | 多元世纪

第三方支付

- 互联网型: 财付通 | 快钱 | 汇付天下 | 拉卡拉 | 连连支付 | 盒子支付 | 环讯支付
- 运营商型: 翼支付 | 和包 | 沃支付
- 电商型: 支付宝 | 新浪支付 | QQ钱包 | 京东支付 | 百度钱包 | 易付宝
- 手机厂商型: 小米 | 华为 | 苹果 | 三星

供应链金融

- B2C零售电商平台: 苏宁 | 京东 | 蚂蚁金服 | 唯品会 | 国美在线 | 腾讯电商
- 银行: 交通银行 | 工商银行 | 招商银行 | 农业银行
- B2B大宗品电商平台: 阿里巴巴 | 蚂蚁金服 | 慧聪网 | 找钢网 | 快塑网 | 医药在线
- O2O生活服务电商: 去哪网 | 携程 | 滴滴出行

金融机构信息系统

- 金证股份 | 高伟达
- 中科金财 | 南天信息
- 金融数据技术服务: 恒生电子 | 安硕信息 | 赢时胜 | 博思汇众
- 网络支付信息系统: 石基信息 | ST天成 | 新开普 | 神思电子
- 金融支付安全系统: 恒生电子 | 长亮科技 | 大输信息 | 汇金科技 | 先进数通
- 区块链: 天一云
- 网贷信息系统: 安硕信息 | 宿峰科技 | 广酒信息 | 融都科技

P2P网贷

- 国资系: 壹方财富 | 海金金 | 口贷网 | 众信金融 | 金宝保 | 生菜金融
- 银行系: 陆金所 | 网信理财 | 民生易贷 | 民贷天下
- 民营系: 人人贷 | 红岭创投 | 融360 | 团贷网 | 有利网 | 积木盒子
- 上市系: 海金所 | 宜人贷 | 银湖网 | 理财农场

众筹

- 公益众筹: 轻松筹 | 多彩云 | 腾讯公益 | 开始众筹 | 京东众筹 | 原始会
- 产品众筹: 苏宁众筹 | 淘宝众筹 | 京东众筹 | 点名时间 | 娱乐宝
- 股权众筹: 创投圈 | 众众投 | 大伙投 | 天使客 | 京东金融
- 筹道股权 | 人人投

互联网理财

- 保险理财: 中国人寿 | 泰康人寿 | 太平洋保险 | 中国平安
- 宝类余额理财产品: 余额宝 | 零钱宝 | 腾讯理财通 | 京东小金库
- 第三方: 盈盈理财 | 理财范 | 铜板街 | 随手记 | 红岭创投 | 众信金融
- 银行: 工商银行 | 浦发银行 | 中信银行 | 建设银行 | 中国银行 | 招商银行
- P2P理财: 拍拍贷 | 宜人贷 | 陆金所 | 融360 | 金开贷 | 微贷网

图 5　金融科技产业图谱

（二）领先企业

在毕马威2017年评选出的全球金融科技领先企业50强名单中，有17个国家的企业入围，大部分国家来自北美洲、亚洲、欧洲地区，其中亚洲有中国、韩国、印度。中国有9家企业入围，仅次于美国的13家（见图6）。入围企业为蚂蚁金服、众安保险、趣店、陆金所、京东金融、51信用卡、点融网、Welab、融360，这些企业大多分布在支付、理财、P2P和互联网保险等行业。

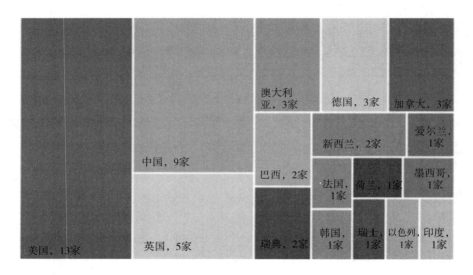

图6　金融科技行业50强国家分布

全球金融科技企业50强见表2。

表2　全球金融科技企业50强

企业名称	国家/地区	企业名称	国家/地区
蚂蚁金服（AntFinancial）	中国内地	iZettle	瑞典
众安保险（ZhongAn）	中国内地	51信用卡（51Xinyongka，u51.com）	中国内地
趣店（Qudian，Qufenqi）	中国内地	OnDeck	美国
Oscar	美国	WealthSimple	加拿大
Avant	美国	Circle	美国
陆金所（Lufax）	中国内地	点融网（Dianrong）	中国内地

续表

企业名称	国家/地区	企业名称	国家/地区
Kreditech	德国	Spotcap	德国
Atom Bank	英国	Lendingkart	印度
京东金融（JD Finance）	中国内地	Xapo	瑞士
Kabbage	美国	Viva Republica	韩国
Sofi	美国	WeLab	中国香港
Nubank	巴西	zipMoney	澳大利亚
Funding Circle	英国	融360（Rong360）	中国内地
Klarna	瑞典	Future Finance	爱尔兰
Square	美国	Coinbase	美国
Xero	新西兰	League	加拿大
Stripe	美国	Pushpay	新西兰
SecureKey Technologies	加拿大	CompareEuropeGroup	英国
solarisBank	德国	AfterPay Touch	澳大利亚
Adyen	荷兰	Lendix	法国
Affirm	美国	Lending Club	美国
Revolut	英国	Kueski	墨西哥
Clover Health	美国	GuiaBolso	巴西
Prospa	澳大利亚	iwoca	英国
OurCrowd	以色列	Robinhood	美国

资料来源：KMPG。

四　产业重大并购交易

2013～2017年金融科技产业发生了许多具有重大影响力的并购事件（见表3）。

表3　2013～2017年金融科技产业重大并购重组交易

公告日期	企业	并购重组事件	是否跨境并购	交易金额（百万元人民币）
2016.01	海联金汇	并购联动优势91.56%股权	否	3039.0
2014.01	二三四五	并购二三四五100%股权	否	2650.0
2015.04	润和软件	并购联创智融100%股权	否	2198.0
2017.03	中国创新支付	并购杭州起码科技有限公司51%股权	否	1856.0
2016.05	宏磊股份	并购广东合利90%股权	否	1400.0
2016.10	键桥通讯	并购上海即富45%股权	否	945.0
2016.11	中国信贷	并购掌众金融48%股权	否	800.0
2017.06	国美控股	并购银盈通	否	720.0
2016.08	91金融	并购点名时间	否	未披露
2017.07	点融网	并购夸克金融	否	未披露

2016 年，海立美达以 30.4 亿元人民币并购联动优势 91.6% 股权。本次交易中，海立美达以 15.5 元/股的价格向联动优势原有股东发行股份支付交易对价。交易对手方承诺联动优势 2016～2018 年净利润分别不低于 2.2 亿、2.6 亿和 3.2 亿元，累计不低于 8.1 亿元。海立美达是国内领先家电零部件供应商。联动优势由中国移动和中国银联发起成立，其主营业务包括商业营销、综合支付、大数据风控、金融信息和跨境支付等金融科技服务。联动优势是国内领先的第三方支付合作品牌、全球最大的金融信息服务提供商，目前业务范围覆盖 215 个国家和地区。通过此次交易，海立美达跨界布局金融科技业务，实施"工业制造 + 互联网金融信息技术服务"双主业发展战略。2017 年，海立美达更名为海联金汇。

2014 年，海隆软件以 26.5 亿元收购了二三四五 100% 的股权，二三四五实现借壳上市。本次交易海隆软件以 15.1 元/股发行股份支付交易对价，二三四五估值达 6 倍市净率。被借壳公司海隆软件是我国目前对日软件外包的主要企业之一。二三四五是打造上网入口平台的互联网企业，核心业务包含网址导航、桌面软件、移动互联网和王牌联盟四大类。旗下拥有 2345 影视大全、2345 网址导航、2345 好压等 18 款知名网站和软件产品。本次交易后，海隆软件从软件行业进一步迈入互联网行业，实现多元化的经营战略，由单一的软件外包服务企业转变为基于互联网平台提供信息服务和软件外包服务的多元服务商。2015 年，海隆软件正式更名为二三四五。当前，公司软件业务占营业收入的 30.16%。

2015 年，润和软件以 22 亿元人民币收购了联创智融。润和软件以 22.4 元/股的价格发行股份，同时使用现金 11.2 亿元支付交易对价。润和软件是智能化软件和供应链软件外包服务商。联创智融主要为国内银行提供应用程序产品、银行核心解决方案及银行全生命周期管理和服务，公司现有四大业务：BRM（Bank Resources Management 银行资源管理）、LCM（Lifecycle Management 全生命周期管理）、IF（Internet Financial 互联网金融）和 DAS（Data application service line 大数据在线应用）。随着网络普及和信息技术的发展，国内金融业态正发生巨大变化，金融信息化进程不断加深，金融企业在 IT 上的投入持续保持快速增长。通过本次并购，润和软件弥补了自身对金融机构整体信息化解决方案上的短板，继续向金融领域延伸，并与原有的外包业务形成协同效应，进一步加强公司在软件领域的竞争力，同时有利于开拓金融领域优质客户。

2017 年，中国创新支付以 21 亿港元（约合 18.6 亿元人民币）收购了起码科技（旗下产品"有赞"）51% 股权。本次收购中，中国创新支付通过增发股票完成对价支付。交易完成后，起码科技法定代表人朱宁将成为中国创新支付第一大股东，起码科技成为中国创新支付的一个控股公司。中国创新支付为投资控股公司，旗下子公司主要业务包括开发经营电子付款工具、买卖通信设备和经营预付卡等业务。起码科技是一家移动互联网技术型公司，主要从事移动电子商务平台的研发和运营，旗下知名产品"有赞"为其主要业务。"有赞"给商户提供强大的微店铺和完整的微电商解决方案，也就是帮商家管理他们的客户、服务客户，并能通过各类营销手段，产生交易获得订单。通过此次交易，起码科技实现借壳上市同时获得支付牌照，中国创新支付集团旗下既有网络支付牌照，又有线下预付卡牌照和在线预付卡许可，对于起码科技在电商业务中的支付环节来说，是一项关键的补充。

2016 年，宏磊股份以 14 亿元现金收购了广东合利 90% 股权。宏磊股份是我国大型综合性漆包线产品供应商之一，从事高精度铜管材、漆包线和其他铜材的研发生产及销售。广东合利主营业务有网络技术的研发、信息技术咨询服务等，旗下全资子公司合利宝是第七批获得中国人民银行颁发全牌照的第三方支付公司，主要为大宗商品交易所提供第三方结算。通过这次并购，宏磊股份将主营业务变更为第三方支付业务，目前主营业务包括第三方支付、供应链管理、商业保理、金融科技产品研发等，在此基础上还积极推进跨境支付、消费金融等多元金融业务，从而进一步扩展其在商业、科技和消费金融等创新金融领域的业务。2017 年宏磊股份正式更名为民盛金科。

2016 年，中国信贷以 8 亿元人民币收购掌众金融 48% 股权。此次并购中，交易对价将以 40% 现金及 60% 股份进行支付。交易完成后，中国信贷成为掌众金融第一大股东。中国信贷（2017 年更名为中新控股）是中国先锋金融集团有限公司旗下的一间投资公司。公司主营业务为提供传统融资、互联网融资和 P2P 贷款等服务。掌众金融是一家定位于消费金融的金融科技公司，其利用云计算、互联网和大数据技术建立风控模型，通过机器学习快速放款，提供针对年轻用户小额急用的闪电借款服务。通过此次并购，掌众金融借助中国信贷的资源从互联网金融公司升级为消费金融领域的金融科技平台。中国信贷基于掌众金融吸收数据风控模型，有效控制金融风险并迅速扩大用户规模。

2016 年，91 金融收购了点名时间。91 金融是我国大型的互联网金融服务提供商，旗下包括 91 金融开放平台、91 金融云、91 金融超市、摘星众筹等平台，主要涉及贷款、保险等领域。点名时间是国内第一家众筹平台，其众筹项目涵盖智能硬件、文化和创意等领域，2013 年点名时间做出业务调整，开始转型为智能硬件预购平台，专注于提供全面的智能硬件服务。但由于进入时间太早，智能硬件市场缺乏爆款，市场容量有限。2014 年下半年开始，点名时间的关注度逐渐下降。2015 年，转型失败的点名时间又将主营业务转回众筹平台。此次收购具体金额不详，由二者共同的投资人经纬中国牵线。本次交易是 91 金融整体资本战略布局的一部分，未来 91 金融还将继续加大在文创和金融领域的投资布局。

2017 年，点融网（已更名为点融）并购夸客金融的资产端，即夸客信贷工厂。点融是一家互联网借贷信息服务公司，专注于互联网借贷信息中介服务，为市场提供创新的金融技术解决方案。夸客金融是一家专注于个人金融服务的互联网金融信息中介机构，总部位于上海。公司主营业务为向借款和出借客户提供金融信息服务，为消费者与小微企业主提供专业的金融服务，帮助个人和小微企业主解决融资需求，向高净值人群以及互联网人群提供专业的出借信息咨询。通过此次交易，点融可以有效地解决其资产端所面临信息不对称的问题，更好地强化点融在借贷领域的实力，从而开拓更多优质的借款人，推动点融投资业务的发展。

智能制造产业并购发展报告

摘　要： 智能制造是指将信息技术、智能技术、数字技术等与制造技术结合，对制造过程感知、推理和决策并实现全过程控制。智能制造的本质是通过让生产线上的数据彼此关联并进行智能决策，从而实现下游推动上游的柔性生产链条。"智能制造"概念最早由美国于 2011 年提出，中国在 2012 年制定了专项规划。智能制造为制造业带来全方位的变革，是世界制造业发展的客观趋势，主要工业发达国家都在大力推广和应用。在资源约束与节能减排的客观要求下，发展智能制造符合当前制造业发展的内在要求，是我国实现产业转型升级的必然选择，同时也将重塑我国制造业新优势。当前中国在互联网及通信领域的市场普及率和应用程度已经位于世界前列，这为智能制造的发展打下坚实基础。自提出"中国制造 2025"概念以来，中国传统设备制造企业纷纷借助并购寻找优质智能制造产业标的来进行产业升级，智能制造产业迎来快速发展机遇期。

关键词： 智能制造　制造业转型升级　中国制造 2025　并购

一　产业发展概述

智能制造（Smart Manufacturing）是指将信息技术、智能技术、数字技术等与制造技术结合，对制造过程感知、推理和决策并实现全过程控制。智能制造是制造业产业链上的全方位变革，涵盖了生产方式、管理、产品服务以及业态模式等各个环节的智能化。智能制造的发展目标是实现关键工序智能化、关键岗位机器人替代、生产过程智能优化控制、供应链优化，建设重点产业智能工厂和数字化车间，从而达到降低运营成本、缩短产品生产周期，提高产品良率的目的。主要应用于机械、仪器和制造、能源、运载、化工、轻工纺织、冶金、信息电子、服务业等各个核心部门。

美国能源部和科技部最早在2011年6月推出了"智能制造"战略，德国教育部、经济部也在2013年4月提出了"工业4.0"口号。我国的制造业升级战略最早始于2012年3月颁布的《智能制造科技发展"十二五"专项规划》，意在将传统产业与互联网进行融合，提高生产效率和服务水平，推动产业升级。2015年我国制定"中国制造2025"发展规划，提出三步走战略。2016年发布的《智能制造发展规划（2016～2020年）》中提出到2020年，制（修）订智能制造标准200项以上；培育40个以上主营业务收入超过10亿元的系统解决方案供应商；关键技术装备与核心支持软件的国内市场满足率分别超过50%、30%；制造业重点产业企业数字化研发设计工具普及率、关键工序控化率、数字化车间和智能工厂普及率分别超过70%、50%、20%。

当前中国的智能制造产业正处在新一轮技术革命发展的起点上，但是我国制造业整体处于2.0的初级发展阶段，只有少部分企业迈出3.0走进4.0阶段。参考美国、德国制造业的发展水平——目前智能制造产业产值占制造业产值的比重在10%左右，而我国智能制造的渗透率仅有1.5%，产值占比为1.8%。

据统计，我国2017年智能制造的规模约为1.5万亿元，近7年来年均复合增长率在20%以上（见图1），远远高于我国制造业的年均增速6.5%。在国家多项政策的助力下，未来智能制造的渗透率将加速提升。

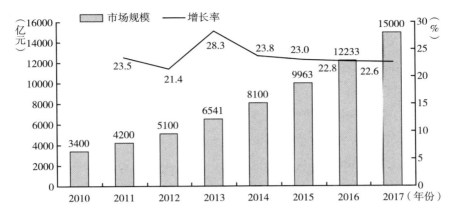

图1　中国智能制造产业市场规模

资料来源：前瞻产业研究院。

二　产业政策

我国智能制造产业的相关政策文件主要由国务院和工信部主导发布。"智能制造"概念最早来源于2012年3月出台的《智能制造科技发展"十二五"专项规划》，该文件提出了我国发展智能制造的目的，即提高自动化，减少资源消耗。同时提出了发展智能制造的五个方向，即：①推进产业化水平：提高产品的信息技术含量、网络化和智能水平；②推进集成应用创新：促进信息共享和业务协同，推进管理信息间的集成，实现管理创新和商业模式创新；③政策支持：产业集群"两化"（工业化和信息化）融合，降低企业使用"两化"服务平台门槛；④实现"两化"深度融合的制造业服务化和服务业产品化；⑤培育新兴业态，如工业电子产业、工业软件产业和工业信息化服务业。

2015年，国务院提出"中国制造2025"，推动智能化和信息化升级。提出通过传感、机器视觉等系统的应用，形成大数据的采集、反应和对未来的预测，在产品的开发和制造、产品的设计和制造、产品的质量和管理体系三方面形成有效闭环。同年，国务院还发布了《国务院关于积极推进"互联网＋"行动的指导意见》，对智能制造发展和规划做出进一步说明。

2016 年发布的《智能制造发展规划（2016～2020 年）》为"十三五"期间我国智能制造的发展指明了方向，提出了 2025 年前推进智能制造发展的"两步走"战略。2017 年，国务院发布《关于深化"互联网＋先进制造业"发展工业互联网的指导意见》，提出到 2035 年，建成国际领先的工业互联网网络基础设施和平台，形成国际先进的技术与产业体系，工业互联网全面深度应用并在优势行业上形成创新引领能力，安全保障能力全面提升，重点领域实现国际领先。

智能制造产业政策见表 1。

表 1　智能制造产业政策

时间	政策法规	主要内容/规划目标	颁布主体
2012.03	《智能制造科技发展"十二五"专项规划》	提高产品的信息技术含量、网络化和智能水平；实现制造业服务化和服务业产品化；培育工业电子产业、工业软件产业、工业信息化服务业	科技部
2012.06	《"数控一代"装备创新工程行动计划》	到 2020 年，实现纺织机械、塑料及橡胶加工机械、中小型机床与基础制造装备、印刷机械、包装机械、食品加工机械、制药机械等领域装备数控化率 70%	工信部、中国工程院
2013.12	《关于推进工业机器人产业发展的指导意见》	到 2020 年，形成较为完善的工业机器人产业体系，培育 3～5 家具有国际竞争力的龙头企业和 8～10 个配套产业集群；工业机器人行业和企业的技术创新能力和国际竞争能力明显增强，高端产品市场占有率提高到 45% 以上，机器人密度（每万名员工使用机器人台数）达到 100 以上，基本满足国防建设、国民经济和社会发展需要	工信部
2015.05	《中国制造 2025》	重点发展新一代信息技术、高档数控机船和机器人、航空航天装备、海洋工程装备及高技术船舶、先进轨道交通设备、节能与新能源汽车、电力装备、新材料、生物医药及高性能医疗器械、农业机械装备十大产业	国务院
2015.07	《国务院关于积极推进"互联网＋"行动的指导意见》	加强智能制造顶层设计。加快重点产业装备智能化，组织高档数控机床与基础制造装备专项。推动车联网技术研发、标准制定。推动智能穿戴、服务机器人等新型智能硬件产品研发和产业化。组织开展智能制造试点示范，推进工业互联网发展部署。加快基于 IPv6、工业以太网、泛在无线、软件定义网络（SDN）、5G 及工业云计算、大数据等新型技术的工业互联网部署	国务院

续表

时间	政策法规	主要内容/规划目标	颁布主体
2016.04	《机器人产业发展规划(2016~2020年)》	到2020年,自主品牌工业机器人年产量达到10万台,六轴及以上工业机器人年产量达到5万台以上。服务机器人年销售收入超过300亿元。培育3家以上具有国际竞争力的龙头企业,打造5个以上机器人配套产业集群	工信部、国家发改委、财政部
2016.05	《关于深化制造业与互联网融合发展的指导意见》	打造制造企业互联网"双创"平台。推动互联网企业构建制造业"双创"服务体系。支持制造企业与互联网企业跨界融合。到2018年底,制造业重点产业骨干企业互联网"双创"平台普及率达到80%	国务院
2016.07	《"十三五"国家科技创新规划》	智能制造和机器人成为"科技创新-2030项目"重大工程之一	国务院
2016.12	《智能制造发展规划(2016~2020年)》	提出了"两步走"战略:到2020年智能制造发展基础和支撑能力明显增强,传统制造业重点产业基本实现数字化制造,有条件、有基础的重点产业智能转型取得明显进展;到2025年智能制造支撑体系基本建立,重点产业初步实现智能转型	工信部、财政部
2017.12	《促进新一代人工智能产业发展三年行动计划(2018~2020年)》	深化发展智能制造,鼓励新一代人工智能技术在工业产业各环节的探索应用,提升智能制造关键技术装备创新能力,培育推广智能制造新模式	工信部
2017.11	《关于深化"互联网+先进制造业"发展工业互联网的指导意见》	到2025年,基本形成具备国际竞争力的基础设施和产业体系。覆盖各地区、各行业的工业互联网网络基础设施基本建成。工业互联网标识解析体系不断健全并规模化推广。形成3~5个达到国际水准的工业互联网平台。基本建立起较为完备可靠的工业互联网安全保障体系。2035年,建成国际领先的工业互联网网络基础设施和平台,形成国际先进的技术与产业体系,工业互联网全面深度应用并在优势行业形成创新引领能力,安全保障能力全面提升,重点领域实现国际领先	国务院

三 智能制造产业链

（一）产业链图谱

智能制造体系由中央数据处理中心、智能生产系统和智能物流系统组成。客户提出需求后经过智能制造体系即可获得理想产品（见图2）。

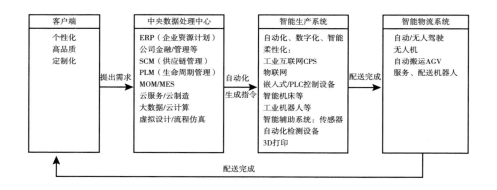

图2 智能制造体系

智能生产系统是指工厂在生产制造的过程中，利用物联网的技术和设备监控技术加强信息管理和服务，提高生产过程的可控性、减少生产线上的人工干预。工业互联网、物联网、智能机床、工业机器人等设备均属于这一范畴。智能生产系统中具体产业链由感知层、网络层、执行层和应用层组成（见图3）。感知层通过传感感知技术进行信息采集，并通过网络传输技术传输所获取的信息再进行处理得出最佳方案，最后通过执行层控制各类生产设备进行生产。

中央数据处理中心是工业自动化控制系统，机器设备或生产过程不需要

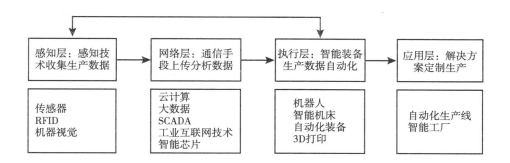

图 3　智能制造产业链

人工直接干预，按预期目标实现测量、操纵等信息处理和过程控制。涉及机械、微电子、计算机、机器视觉等多种技术。控制系统整体包括企业管理级、生产管理级、过程控制级、设备控制级和检测驱动级等方面。其中，PLC（Programmable Logic Controller，可编程逻辑控制器）是工业自动化控制的核心组成，是工厂的"大脑"。目前国内市场的主要份额被以西门子为代表的国外企业占据。

　　智能物流系统目的是解决制造业全产业链互联网化的"最后一公里"难题。例如，能够按照预先设定好的路线、程序、节拍自动作业，将生产中所需的物料或工装、夹具等运送到所指定工位的自动搬运机器人、无人驾驶搬运车（AGV）；以及从事维护保养、修理、运输、清洗、保安、救援、监护等工作的服务机器人；等等。

　　智能制造产业图谱见图 4。

（二）领先企业

　　在 ARC 咨询集团 CONTROL 杂志发布的 2016 年全球自动化企业 50 强榜单中，德国和美国并列榜首，各有 16 家企业入选，日本有 9 家企业入选，瑞士有 3 家企业入选，此外上榜国家和地区还有英国、奥地利、法国、芬兰和中国台湾（见图 5、表 2）。

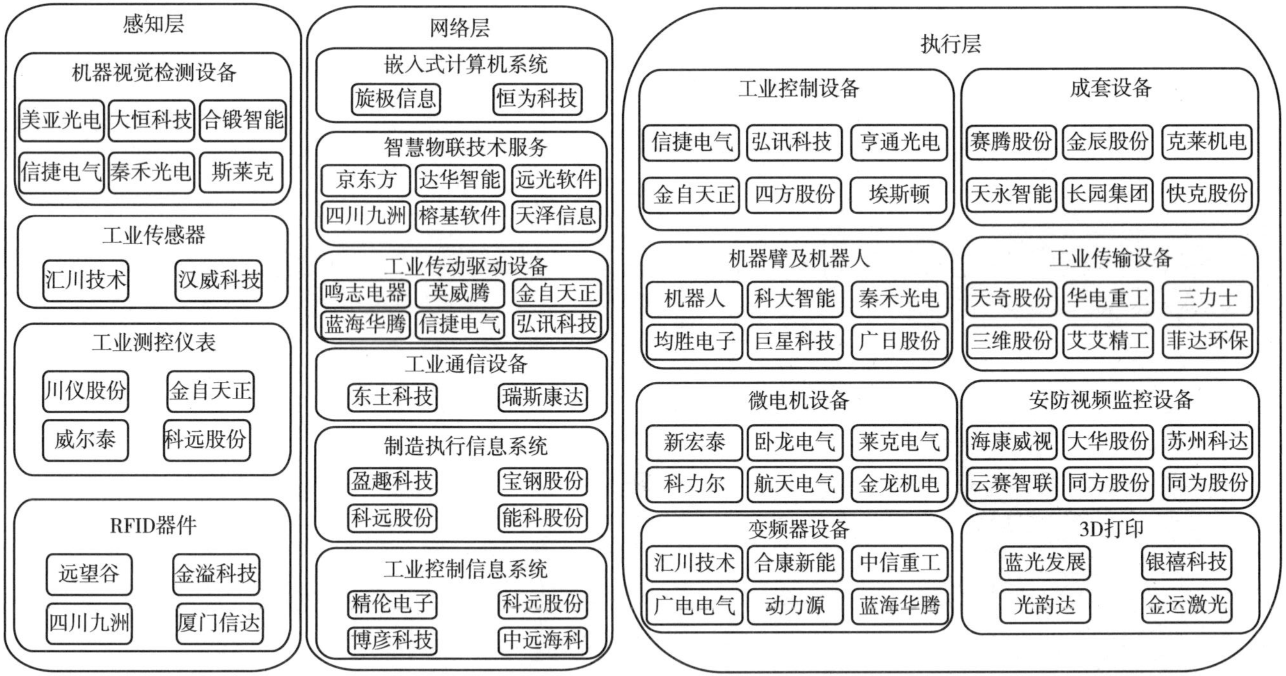

感知层

机器视觉检测设备：美亚光电、合锻智能、斯莱克、信捷电气、秦禾光电、大恒科技、汉威科技

工业传感器：汇川技术

工业测试仪表：川仪股份、金自天正、威尔泰、科远股份

RFID器件：远望谷、四川九洲、金溢科技、厦门信达

网络层

嵌入式计算机系统：旋极信息、恒为科技

智慧物联技术与服务：京东方、达华智能、远光软件、四川九洲、榕基软件、天泽信息

工业传动驱动设备：鸣志电器、英威腾、金自天正、蓝海华腾、信捷电气、弘讯科技

工业通信设备：东土科技、瑞斯康达

制造执行信息系统：宝信软件、盈趣科技、能科股份、科远股份

工业控制信息系统：精伦电子、科远股份、博彦科技、中远海科

执行层

工业控制设备：信捷电气、弘讯科技、亨通光电、金自天正、四方股份、埃斯顿

机器精及机器人：机器人、科大智能、秦禾光电、均胜电子、巨星科技、广日股份

微电机设备：新宏泰、卧龙电气、莱克电气、科力尔、航天电气、金龙机电

变频器设备：汇川技术、合康新能、中信重工、广电电气、动力源、蓝海华腾

成套设备：赛腾股份、金辰股份、克莱机电、天永智能、长园集团、快克股份

工业传输设备：天奇股份、华电重工、三力士、三维股份、艾艾精工、菲达环保

安防视频监控设备：海康威视、大华股份、苏州科达、云赛智联、同为股份、同方股份

3D打印：蓝光发展、银禧科技、光韵达、金运激光

图 4　智能制造产业图谱

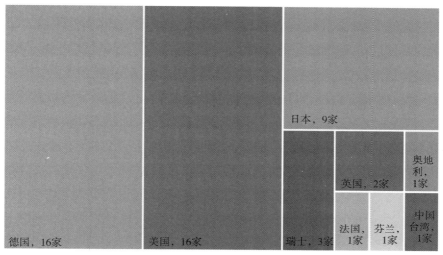

图 5　ARC 全球自动化企业 50 强国家/地区分布

表 2　全球自动化企业 50 强

排名	公司	国家/地区	排名	公司	国家/地区
1	西门子	德国	26	威卡	德国
2	ABB	瑞士	27	山武	日本
3	艾默生	美国	28	Teledyne Instruments	美国
4	施耐德	法国	29	万可	德国
5	罗克韦尔自动化	美国	30	伊顿	美国
6	三菱电机	日本	31	博世力士乐	德国
7	Fortive(Dannaher)	美国	32	富士电机	日本
8	横河电机	日本	33	魏德米勒	德国
9	通用电气	美国	34	倍福自动化	德国
10	霍尼韦尔	美国	35	儒博工业	美国
11	欧姆龙	日本	36	萨姆森	德国
12	阿美特克	美国	37	浩亭	德国
13	恩德斯豪斯	瑞士	38	贝加莱	奥地利
14	菲尼克斯电器	德国	39	日立	日本
15	IMI	英国	40	倍加福	德国
16	ifm	德国	41	百通	美国
17	思百吉	英国	42	图尔克	德国
18	研华科技	中国台湾	43	赛默飞世尔科技	美国
19	发那科	日本	44	克隆	德国
20	费斯托	德国	45	皮尔磁	德国
21	万机仪器	美国	46	horiba	日本
22	福斯	美国	47	宝帝流体	德国
23	美国国家仪器	美国	48	艾斯本	美国
24	梅特勒 – 托利多	瑞士	49	美卓	芬兰
25	安川电机	日本	50	Badger Meter	美国

资料来源：ARC 全球自动化公司 50 强。

四　产业重大并购交易

2013～2017 年智能制造产业发生了许多具有重大影响力的并购事件（见表3）。

表3　2013～2017 年智能制造产业重大并购重组交易

公告日期	企业	并购重组事件	是否跨境并购	交易金额（百万元人民币）
2017.07	江粉磁材	收购领益科技 100% 股权	否	20730.0
2017.06	均胜电子	收购日本高田公司除 PSAN 业务以外的资产	是	10884.2
2017.06	银亿股份	收购宁波东方亿圣投资有限公司 100% 股权从而获得比利时邦奇 100% 股权	是	7980.6
2017.05	郑州煤矿机械集团	与华兴资本(21.1%)、池州丰晟股权投资管理公司(13.84%)共同收购博世麾下汽车零部件公司 100% 股权	是	4110.0
2017.04	华东重机	收购广东润星科技股份有限公司	否	2950.0
2017.12	三丰智能	收购鑫燕隆 100% 的股权	否	2600.0
2014.12	长园集团	收购珠海市运泰利自动化设备有限公司	否	1720.0
2015.09	胜利精密	收购智诚光学 73.31%、富强科技 100% 股权、德乐科技 100% 股权	否	1582.3
2017.01	先导智能	收购泰坦新动力 100% 股权	否	1350.0
2017.05	巨星科技	收购 Arrow Fastener LLC 公司 100% 股权	是	860.0

2017 年，江粉磁材以 207.3 亿元并购领益科技，领益智造实现借壳上市。本次交易中江粉磁材以 4.7 元/股的价格发行股份收购领益科技。交易对手方承诺 2017～2020 年净利润数分别不低于 11.5 亿、14.9 亿、18.6 亿和 22.4 亿元。江粉磁材是国内大型铁氧体磁性材料元件制造商之一，主要产品铁氧体永磁元件广泛应用于办公设备、汽车、电动工具、IT、家用电器中。领益科技为全球领先的"一站式"高精密、小型化消费电子产品零件制造企业，是集消费电子金属结构件、内外部功能性器件、粘胶与屏蔽件于一体的综合供应商，也是苹果公司核心供应商。本次并购完成后，江粉磁材

更名为领益智造，同时主营业务变更为新型电子元器件，原有磁性材料业务占比不到7%。

2017年，均胜电子以108.8亿元收购日本安全气囊巨头高田公司除PSAN（硝酸铵气体发生器）业务以外的资产。均胜电子是一家全球化的汽车零部件顶级供应商，主要致力于智能驾驶系统、汽车安全系统、新能源汽车动力管理系统以及高端汽车功能件总成等的研发与制造。2011年至今，公司先后收购了汽车电子公司德国PREH、德国机器人公司IMA、德国QUIN、汽车安全系统全球供应商美国KSS以及智能车联领域的德国TS。日本高田公司是全球领先的汽车安全系统制造商，主要产品包括安全气囊系统、汽车安全带、方向盘和其他非汽车类安全和电子产品，与日本、北美洲和欧洲主要的汽车OEM厂商如宝马、奔驰、大众、福特等都有长期稳定的合作关系。本次交易有利于继续加强均胜电子子公司KSS现有的主动和被动安全技术。另外，通过高田进入日本市场和日系整车厂商供应体系，有利于实现产能的有效扩充，进一步提升公司在全球汽车供应链中的地位。

2017年，银亿股份以79.8亿元收购宁波东方亿圣投资100%股权，从而获得比利时知名汽车自动变速器独立制造商邦奇集团100%股权。银亿股份以8.7元/股发行股份支付交易对价。交易对手方承诺，东方亿圣2017～2019年净利润分别不低于7.5亿、9.2亿、11.2亿元。银亿股份是专业房地产开发企业，拥有国家一级房地产开发资质，目前产品包括精品住宅、高档公寓、甲级办公和大型城市综合体等，此外还涉足高星级酒店、商业等公建项目开发。邦奇集团是全球知名的汽车自动变速器制造商，其产品主要为无级变速器，且正致力于研发双离合变速器、纯电动动力、混合动力总成系统。2016年，银亿集团旗下的银亿股份以28.5亿元收购宁波昊圣100%股权，从而间接持有美国ARC集团相关资产，从此进军汽车零部件行业。本次交易是其在汽车制造行业的又一重要布局，对于汽车核心零部件领域实现产业升级具有重大意义，奠定了其"房地产业和高端制造业"双轮驱动的战略格局。

2017年，郑州煤矿机械集团（65.1%）、华兴资本（21.1%）与池州丰晟股权投资（13.8%）以 5.7 亿欧元（约 41.1 亿元）现金共同收购博世旗下汽车零部件制造商 SG Holding 100%（后更名为 SEG Automotive Germany GmbH）股权。郑州煤矿机械集团生产销售以液压支架、刮板机为主的煤矿综采设备。德国博世是全球最大的汽车零部件供应商，2016 年销售额高达 731 亿欧元。SG Holding 及其下属子公司是为承接博世公司起动机和发电机业务而设立的企业。郑州煤矿机械集团通过此次交易快速切入汽车制造行业，向其战略目标"成为世界汽车零部件行业的领导者"迈出坚实一步。

2017 年，华东重机以 29.5 亿元收购中高端数控机床制造商润星科技 100% 股权。华东重机以 21.2 亿元的股份同时使用现金 8.3 亿元支付交易对价。润星科技承诺 2017～2019 年净利润分别不低于 2.5 亿、3 亿和 3 亿元。华东重机是专业生产集装箱装卸设备的企业。其产品主要包括各种规格的岸边集装箱式、轮胎式集装箱门式、轨道式集装箱门式、通用门式和门座式起重机等专业港口装卸设备。润星科技专业从事数控机床的研发生产，是华南地区重要的数控机床全产业链公司。此次交易是华东重机向高端装备制造领域业务的开拓布局，华东重机通过新增数控机床业务，提高高端制造业务在公司整体业务中所占的比例，从而实现公司业务领域的拓展和产业升级。

2017 年，三丰智能以 26 亿元收购车身智能焊装系统供应商鑫燕隆 100% 的股权。三丰智能以 16.5 元/股的价格发行总金额为 16.9 亿元的股份并使用现金 9.1 亿元支付交易对价。交易对手方承诺 2017～2019 年的净利润分别不低于 1.8 亿、2.2 亿和 2.6 亿元。三丰智能是国内最早从事智能物流输送成套装备的综合供应商，主要产品有工业机器人、智能物流输送装备、智能立体停车系统、自动化仓储与分拣设备、工业自动化控制系统、环保节能涂装设备、无人机、智能精准焊接设备等。鑫燕隆专注于为整车制造企业提供车身自动化生产线解决方案，是行业内优秀的车身智能焊装系统整体解决方案供应商。其产品主要分为三大类：机运系统和机械化吊挂系统、焊接生产线和焊接夹具以及车间二次公用系统。通过本次交易，三丰智能和鑫燕隆在智能制造领域进行技术、人才和市场的整合，有效促进了三丰智能装备业务的进一步发展，完善其在汽车、智慧物流及其他高端装备制造领域的市场布局。

2014 年，长园集团以 17.2 亿元收购了自动化设备制造商珠海运泰利。长园集团以 10.4 元/股发行总额为 16.9 亿元的股份并使用现金 0.3 亿元支付交易对价。运泰利承诺 2014～2016 年净利润分别不低于 1 亿、1.3 亿和 1.7 亿元，3 年累积净利润不低 4 亿元。长园集团专业从事电动汽车相关材料、智能工厂装备、智能电网设备的研发、制造与服务。运泰利主要从事工业自动化装备和精密测试设备的研发销售，客户涵盖汽车、医疗、新能源和电子等行业。当前，新能源汽车与智能汽车是汽车产业转型升级的重要方向和新的增长点，长园集团在相关领域已展开一系列的战略布局，而运泰利在工业自动化设备研发和消费类电子测试方面积累的技术优势将有助于上市公司布局电动汽车相关市场。

2015 年，胜利精密以 15.8 亿元收购智诚光学 73.31% 股权、富强科技 100% 股权和德乐科技 100% 股权。胜利精密是一家以精密制造为基石、以智能制造和新能源业务为驱动的科技服务型企业集团，业务主要覆盖 3C 消费电子、新能源汽车和智能制造领域。智诚光学、富强科技均为移动智能终端制造厂商供应链内具有核心竞争优势的供应商。智诚光学的主营业务是手机、平板电脑等平板显示器视窗防护玻璃的研制与销售。富强科技主要生产自动化检测设备、自动组装与检测集成设备以及自动化控制集成系统等，是 3C 产业的顶尖公司（如苹果公司）的核心设备供应商。富强科技还与德国 Transfact 设立合资公司合作开发 MES 系统。通过本次交易，胜利精密能深化在智能制造领域的布局，同时与富强科技展开生产自动化方面的合作，对自身目前的生产线进行智能化改造，提升公司生产效率。

生物制药产业并购发展报告

摘　要： 21世纪以来，生命科学和生物技术实现重大突破，在许多重大疾病治疗中起到关键作用。生物制药是在生命科学发展中将生物技术运用于制药领域的新兴产业，它是生物产业的重要组成部分和生物技术发挥作用的重要手段。全球主要国家都将生物产业作为优先发展的战略产业，如美国实施"生物技术产业激励政策"，日本制定"生物产业立国"战略。中国同样高度重视生物产业发展，在"健康中国"上升为国家战略的背景下，以生物制药为代表的生物产业各项制度及改革方案也在全面推进中。近10年来，我国生物产业不断取得技术性突破，但规模和国外巨头相比仍旧偏小，存在较大发展空间和潜力。基于国家政策的不断重视以及广阔的市场前景，各地政府都在不断加大对生物产业的投入力度，资金不断涌入包括生物制药在内的生物产业，产业内并购数量和并购金额也不断增加，生物制药产业正展现出蓬勃的生命力。

关键词： 生物制药　生物技术　健康中国　并购

一　产业发展概述

生物制药产业是在生命科学发展中将生物技术运用于制药产业领域的新兴产业，是研究用于防病、治病等人工材料、制品、装置及系统技术的总称。生物制药产业由生物技术和生物药制品构成，具体可分为预防用制品、诊断用制品、组织修复用制品、治疗用制品、生化制品和生物技术服务六大板块。相对于传统医药制品，生物药制品对威胁人类的重大疾病如各类癌症、糖尿病等的治疗起到了更显著的作用。

生物技术起源于美国，自 1953 年发现 DNA 双螺旋结构开始，现代生物技术蓬勃发展。1971 年全球第一家生物制药公司 Cetus 公司在美国成立，同时该公司开始试生产生物药品；1976 年现代生物企业 Genentech 成立。据统计，目前美国生物技术公司已超过 1300 家，生物技术市场资本总额超过 400 亿美元，每年研究经费达 50 亿美元以上。截至 2017 年，全球有 1700 多种生物技术药物进入临床试验阶段，正在研制中的生物技术药物超过 2200 种。我国生物制药产业起步较晚，到 20 世纪 70 年代实现了将 DNA 重组技术应用于医学上。在国家政策的大力支持下，生物制药产业迅速发展，和发达国家之间的技术差距正逐步缩小。经过数十年发展，目前我国以基因工程药物为核心的研制、开发和产业化已经具备一定规模。

目前，生物制药公司主要分布于长三角、珠三角及环渤海等地区。2008～2015 年我国生物制药产业工业总产值年均复合增长率达到了 23.9%，2015 年实现工业总产值 3058.6 亿元，预计到 2020 年，我国生物药销售规模将会达到近 8500 亿元（见图 1）。

图 1　2008～2015 年我国生物医药产业总收入

资料来源：国家统计局。

二 产业政策

在生物技术产业领域，我国的相关研究虽然起步较晚，但国家不断出台鼓励政策，促进生物技术产业的发展。1983 年，国家科委建立了生物工程开发中心用于生物产业的相关研究，为我国生物技术的发展奠定了基础。在"七五"期间，政府投资成立了基因工程药物、生物制品和疫苗研究开发中心；"九五"期间，国家科委特别制订了"1035 计划"以推动新药的研制与开发：即分别研究开发出 10 种创新药物、首次上市的新药和基因工程药物，并分别成立 5 个新药筛选中心、GLP（实验室质量规范）中心和 GCP（临床试验质量规范）中心。

2006 年，国家颁布了一系列整顿措施规范药品市场秩序，同时颁布《国家中长期科学和技术发展规划纲要》，大力支持生物产业的发展。2012 年，国务院发布《生物产业发展规划》，正式将生物产业纳入国家发展战略，并做出相关规定。2015 年，为提高我国生物产业的国际竞争力，在发布的《中国制造 2025》中将生物医药产业列为未来十大重点发展产业之一，并动员了 48 位院士、400 多位专家及相关企业高层管理人员共同编制了生物医药产业技术路线图。

2016 年出台的《"十三五"生物产业发展规划》中提出我国以临床用药需求为导向，依托高通量测序、基因组编辑、微流控芯片等先进技术，促进转化医学发展，在肿瘤、重大传染性疾病、神经精神疾病、慢性病及罕见病等领域实现药物原始创新。计划到 2020 年，生物医学工程产业年产值达 6000 亿元，初步建立基于信息技术与生物技术深度融合的现代智能医疗器械产品及服务体系。

2017 年出台的《"十三五"生物技术创新专项规划》明确了"十三五"期间生物技术领域科技创新的指导思想、基本原则、发展目标、重点任务和保障措施，并强调要强化顶层设计和统筹部署，加快培育生物技术高新企业和新兴产业，推进生物技术大国向生物技术强国转变，为社会经济可持续发展提供坚实的科技支撑。

生物医药产业政策见表1。

表1 生物医药产业政策

时间	政策法规	主要内容/目标规划	颁布主体
2006.02	《国家中长期科学和技术发展规划纲要（2006～2020年)》	把生物技术作为未来高技术产业迎头赶上的重点,加强生物技术在农业、工业、人口与健康等领域的应用	国务院
2015.02	《国家重点研发计划干细胞与转化医学重点专项实施方案（征求意见稿)》	凝聚优势力量,重点针对干细胞发生、发育和形成功能细胞过程中的重要科学问题,深入开展干细胞、生物材料、组织工程、生物人工器官,以及干细胞与疾病发生等方面的基础研究、应用基础研究和转化开发。整体提升我国干细胞及其转化医学领域的实力,加快科研成果的应用	科技部
2015.05	《中国制造2025》	发展针对重大疾病的化学药、中药、生物技术药物新产品,重点包括新机制和新靶点化学药、抗体药物、抗体偶联药物、全新结构蛋白及多肽药物、新型疫苗、临床优势突出的创新中药及个性化治疗药物。提高医疗器械的创新能力和产业化水平,重点发展影像设备、医用机器人等高性能诊疗设备,全降解血管支架等高值医用耗材,可穿戴、远程诊疗等移动医疗产品。实现生物3D打印、诱导多能干细胞等新技术的突破和应用	国务院
2015.08	《干细胞临床研究管理办法（试行)》	规范干细胞临床研究,保护受试者权益	国家卫计委
2015.12	《国家标准化体系建设发展规划（2016～2020年)》	开展生物医学工程、新型医用材料、高性能医疗仪器设备、医用机器人、家用健康监护诊疗器械、先进生命支持设备以及中医特色诊疗设备等领域的标准化工作	国务院
2016.03	《关于促进医药产业健康发展的指导意见》	推动重大药物产业化。继续推进新药创制,加快开发手性合成、酶催化、结晶控制等化学药制备技术,推动大规模细胞培养及纯化、抗体偶联、无血清无蛋白培养基培养等生物技术研发及工程化,提升长效、缓控释、靶向等新型制剂技术水平	国务院
2016.04	《深化医药卫生体制改革2016年重点工作任务》	明确医改试点省份要在全范围内推广两票制,鼓励一票制,医院和药品生产企业的直接结算货款,药企和配送企业计算配送费用	国务院

续表

时间	政策法规	主要内容/目标规划	颁布主体
2016.07	《"十三五"国家科技创新规划》	瞄准世界科技前沿，抢抓生物技术与各领域融合发展的战略机遇，坚持超前部署和创新引领，以生物技术创新带动生命健康、生物制造、生物能源等创新发展，加快推进我国从生物技术大国到生物技术强国的转变。重点部署前沿共性生物技术、新型生物医药、绿色生物制造技术、先进生物医用材料、生物资源利用、生物安全保障、生命科学仪器设备研发等任务，大幅提高生物经济国际竞争力	国务院
2016.10	《关于加强生育全程基本医疗保健服务的若干意见》	《意见》提出，完善基因检测技术临床应用管理，推进基因检测技术应用示范中心建设，推动基因检测技术在出生缺陷综合防治中的科学应用	国家卫计委
2016.11	《"十三五"国家战略性新兴产业发展规划》	构建生物医药新体系，推动生物医药行业跨越升级，创新生物医药监管方式，提升生物医学工程发展水平，发展智能化移动化新型医疗设备，开发高性能医疗设备与核心部件	国务院
2016.12	《"十三五"生物产业发展规划》	以临床价值为核心，在治疗适应症与新靶点验证、临床前与临床试验、产品设计优化与产业化等全程进行精准监管，提供安全有效的数据信息，实现药物精准研发	国家发改委
2017.05	《"十三五"生物技术创新专项规划》	到2020年，实现生物技术领域整体"并跑"、部分"领跑"，基础研究取得重大原创性成果，突破一批核心关键技术，完善生物技术标准体系，培育一批具有重大创新能力的企业，基本形成较完整的生物技术创新体系，生物技术产业初具规模，国际竞争力大幅提升	科技部
2017.06	《"十三五"卫生与健康科技创新专项规划》	要求加强干细胞和再生医学、免疫治疗、基因治疗、细胞治疗等关键技术研究，加快生物治疗前沿技术的临床应用，创新治疗技术，提高临床救治水平	科技部、国家卫计委、体育总局、食品药品监管总局、国家中医药管理局、中央军委后勤保障部
2017.09	《细胞库质量管理规范》	按照细胞储存的工艺特点，提出了细胞库在各个方面和工艺环节应该遵守的质量管理原则	中国医药生物技术协会
2017.10	《关于深化审评审批制度改革鼓励药品医疗器械创新的意见》	对创新药、罕见病治疗药品、儿童专用药、创新治疗用生物制品以及挑战专利成功药品注册申请人提交的自行取得且未披露的试验数据和其他数据，给予一定的数据保护期	国家发改委

三　生物制药产业链

（一）产业链图谱

生物制药产业链分为生物技术、原料生产、生物药制造及生物药销售4个部分（见图2）。原料生产和生物药制造是生物技术的具体运用。其中原料生产主要是指血浆、抗原、细胞培养基、血清培养基、抗体和酶的生产制造过程，这些原料经过加工后既可以用于医疗保健，也可以用于后续医药的制造过程；生物药制造是生物制药产业的支柱之一，主要包括基因工程药物、诊断试剂及仪器、细胞治疗药物、生物疫苗制品、重组多肽药物、血液制品等生物药制品的生产。生物药销售处于生物制药产业链的下游，该环节

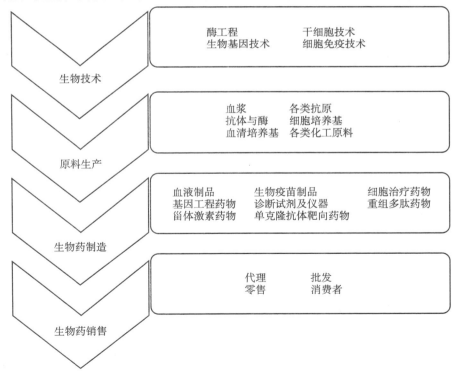

生物技术

酶工程　　　　　干细胞技术
生物基因技术　　细胞免疫技术

原料生产

血浆　　　　　各类抗原
抗体与酶　　　细胞培养基
血清培养基　　各类化工原料

生物药制造

血液制品　　　　生物疫苗制品　　　　细胞治疗药物
基因工程药物　　诊断试剂及仪器　　　重组多肽药物
甾体激素药物　　单克隆抗体靶向药物

生物药销售

代理　　　批发
零售　　　消费者

图2　生物制药产业链

是指产品或服务从生产企业到消费者的整个过程，包括代理、批发、零售以及物流运输过程，参与者包括医院、医药商业企业（代理商、零售商、批发商和物流商等）、消费者等。

生物制药产业图谱见图3。

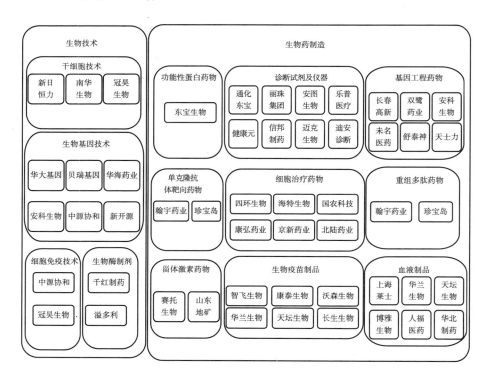

图3 生物制药产业图谱

（二）领先企业

当前，全球各大制药企业都在生物制药产业链上进行积极布局，其雄厚的资金实力和研发水平也推动着生物制药产业的发展。在全球领先的50家制药企业中，共有16个国家的企业上榜，其中美国以16家企业高居榜首，日本以10家企业紧随其后，德国、爱尔兰、瑞士进入前五；此外，法国、英国、澳大利亚、加拿大、南非、比利时、丹麦、西班牙、以色列和意大利均有企业入选（见图4、表2）。

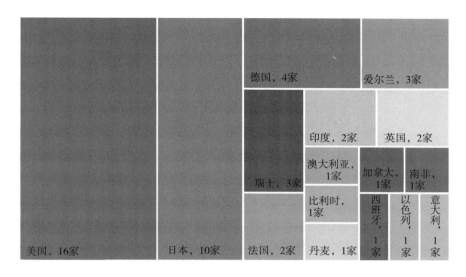

德国, 4家

爱尔兰, 3家

印度, 2家

英国, 2家

澳大利亚, 1家

瑞士, 3家

比利时, 1家

加拿大, 1家

南非, 1家

西班牙, 1家

以色列, 1家

意大利, 1家

美国, 16家

日本, 10家

法国, 2家

丹麦, 1家

图4　生物医药产业领先企业国家分布

表2　全球制药企业50强

排名	公司	国家
1	辉瑞（Pfizer）	美国
2	诺华（Novartis）	瑞士
3	罗氏（Roche）	瑞士
4	默克（Merck & Co.）	美国
5	赛诺菲（Sanofi）	法国
6	强生（Johnson & Johnson）	美国
7	吉利德科学（Gilead Science）	美国
8	葛兰素史克（GlaxoSmithKline）	英国
9	艾伯维（AbbVie）	美国
10	安进（Amgen）	美国
11	阿斯利康（AstraZeneca）	英国
12	艾尔建（Allergan）	美国
13	梯瓦（Teva Pharmaceutical Industries）	以色列
14	百时美施贵宝（Bristol-Myers Squibb）	美国
15	礼来（Eli Lilly）	美国
16	拜耳（Bayer）	德国
17	诺和诺德（Novo Nordisk）	丹麦
18	勃林格殷格翰（Boehringer-Ingelheim）	德国

续表

排名	公司	国家
19	武田（Takeda）	日本
20	新基（Celgene）	美国
21	安斯泰来（Astellas Pharma）	日本
22	夏尔（Shire）	爱尔兰
23	迈兰（Mylan）	美国
24	百健（Biogen）	美国
25	第一三共（Daiichi Sankyo）	日本
26	CSL	澳大利亚
27	默克（Merck KGaA）	德国
28	凡利亚药品国际（Valeant Pharmaceuticals International）	加拿大
29	大冢（Otsuka Holdings）	日本
30	太阳制药（Sun Pharma Industries）	印度
31	卫材药业（Eisai）	日本
32	施维雅（LES LABORATOIRES SERVIER）	法国
33	远藤国际（Endo International）	爱尔兰
34	优时比（UCB）	比利时
35	雅培（Abbott Laboratories）	美国
36	费森尤斯（Fresenius）	德国
37	中外制药（Chugai Pharmaceutical）	日本
38	盖立复（Grifols）	西班牙
39	再生元（Regeneron）	美国
40	住友制药（Sumitomo Dainippon Pharma）	日本
41	亚力兄制药（Alexion Pharmaceuticals）	美国
42	马林克罗（Mallinckrodt）	爱尔兰
43	美纳里尼（Menarini）	意大利
44	田边三菱制药（Mitsubishi Tanabe Pharma）	日本
45	鲁宾（Lupin）	印度
46	爱可泰隆（Actelion）	瑞士
47	艾健（Aspen Pharmacare）	南非
48	协和发酵麒麟（Kyowa Hakko Kirin）	日本
49	小野药品工业（One Pharmaceutical）	日本
50	辉凌医药（Ferring Pharmaceuticals）	美国

资料来源：Pharm Exec's Top 50 Companies 2017。

四　产业重大并购交易

2013～2017 年生物制药产业发生了许多具有重大影响力的并购重组事件（见表 3）。

表 3　2013～2017 年生物制药产业重大并购重组交易

公告日期	企业	并购重组事件	是否跨境并购	交易金额（百万元人民币）
2017.04	科瑞集团	上海莱士母公司科瑞集团收购德国血浆产品制造商 Biotest	是	9660.0
2016.07	复星医药	收购印度药企 Gland Pharma Limited 约 74% 股权	是	7809.0
2016.11	辅仁药业	购买开药集团 100% 股权	否	7809.0
2016.09	科瑞集团	收购英国血浆制品企业 BPL（Bio Products Laboratory Ltd.）	是	7200.0
2017.11	南京新百	并购母公司三胞集团所有的美国生物制药公司 Dendreon 全部股权	否	5968.0
2017.12	威高集团	并购爱琅医疗器械控股有限公司项目	是	5609.6
2015.06	长生生物	长春长生生物借壳黄海机械上市	否	5500.0
2014.09	上海莱士	收购同路生物 89.77% 股权	否	4757.8
2015.08	天兴仪表	贝瑞和康借壳天兴仪表上市	否	4300.0
2018.02	上海医药	收购康德乐马来西亚 100% 股权	是	3756.6

2017 年，上海莱士母公司科瑞集团以 96.6 亿元收购德国血浆产品制造商 Biotest，收购价格比 Biotest 过去三个月平均股票价格溢价 55%。科瑞集团为投资控股公司，其子公司上海莱士作为一家大型中外合资血液制品生产企业，研究领域集中在血浆来源产品以及基因工程重组凝血因子类产品。其主要产品包括人血白蛋白、静注人免疫球蛋白（pH4）等 7 个品种 23 个规格，有较高的血浆综合利用率，并在血液制品的生产销售包括血浆原材料收集、筛选及生产管理全过程中，发展建立了一整套完善的生产实验管理体制。Biotest 是一家德国的生物科技公司，主要的血浆产品用于治疗凝血障碍、自身免疫性疾病和免疫缺陷等，主营业务收入居全球同行业第五。此次

并购刷新了中国生物制药行业出海并购金额的纪录，更为重要的是作为亚洲领先的血液制品企业，科瑞集团收购德国血浆产品制造商，一方面可以打开欧美医药市场，促进上海莱士的国际化；同时也可以学习德国先进的制药技术，保持行业领先地位。

2016年复星医药通过控股子公司出资10.9亿美元，收购印度药企 Gland Pharma Limited（简称 Gland）约74%股权，并依据 Enoxaparin（简称依诺肝素）于美国上市销售情况支付不超过2500万美元的或有对价。复星医药是一家医疗健康产业集团，主要从事生物化学产品、试剂的生产以及生物技术服务。Gland 成立于1978年，总部位于印度海德拉巴，是印度第一家获得美国FDA 批准的注射剂药品生产制造企业，并获得全球各大法规市场的 GMP 认证。其业务主要是为全球各大型制药公司提供注射剂仿制药品的生产制造服务。此次交易是复星医药制药工业实现国际化发展的一个重要里程碑，Gland 成为复兴医药重要的国际化药品生产制造及注册平台，借助其自身的研发能力和在印度市场上的政策优势，复星医药推进了药品制造业务的产业升级，开拓了印度及其他市场的业务，从而扩大了复星集团药品制造与研发业务的规模。

2016年辅仁药业以78.1亿元购买开药集团100%股权，其中发行股份支付对价74.2亿元，现金支付对价3.9亿元。交易对手方承诺开药集团2017~2019年度净利润分别不低于7.4亿、8.1亿、8.7亿元，若业绩补偿期间顺延至2020年，则当年净利润不低于9.5亿元。辅仁药业是一家以药业、酒业为主导，集研发、生产、经营、投资、管理于一体的综合性集团公司，产品涵盖中西药制剂等多个门类，"辅仁"商标被认定为中国驰名商标。开药集团作为国家38家重点制药企业之一，2003年由国有企业转为股份制企业，是一家覆盖了抗生素等原料药，以及可生产多种剂型的大型综合性制药企业。这项交易是2016年医药圈成交的最大金额并购案，收购后，开药集团可以弥补辅仁药业在化学药和原料药领域的空白，扩大其中成药业务的规模，使其从较为单一的中成药厂商拓展为综合性医药服务商，显著提升辅仁药业的抗风险能力。

2016年，科瑞集团以72亿元收购英国血浆制品企业 BPL（Bio Products

Laboratory Ltd.）100％股权。科瑞集团是一家成立 25 年的投资公司，投资领域涉及多个方面，旗下有多家上市公司，其中包括上海莱士血液制品股份有限公司。BPL 公司是英国唯一一家全球前十的血浆制品企业，生产用于治疗免疫缺陷等的三大类共 14 种血浆制品，且是全球最大的第三方血浆供应商，除供自身加工之外，还向 Biotest 等血浆制品企业提供原料血浆和特免血浆。此次并购交易将实现双方国际、国内资源的整合，拓展国际、国内两个市场，实现采浆量的大幅提升，从而解决长期以来制约中国血浆企业做大做强的原料血浆瓶颈问题。由于 BPL 强大的采浆量，此次并购后科瑞向 BPL 追加 1 亿英镑投资，支持其扩大产能、开发新产品和开拓新市场。

2017 年南京新百以 59.7 亿元并购母公司三胞集团所持有的美国生物制药公司 Dendreon 全部股权。南京新百以 33.1 元/股向三胞集团发行股份来支付交易对价。本次交易完成后，三胞集团将合计持有南京新百（不含募集配套资金的发股数量）42.4％股权。南京新百是中国十大百货商店之一，也是南京市第一家商业企业股票上市公司，2015 年开始转向大健康领域。Dendreon 公司是一家美国生物制药公司，其主打商品 Provenge 是首个被美国 FDA 批准上市的前列腺癌自体免疫细胞疗法，也是目前治疗晚期前列腺癌的唯一细胞免疫疗法。收购完成后，南京新百成功进入大健康领域，从而完善自身产业链。

2017 年，威高集团医用高分子制品股份有限公司在美国投资 8.4 亿美元（约 56.1 亿元人民币）并购爱琅医疗器械控股有限公司，并成立合营公司 WW Medical and Healthcare Company Limited，其中威高占股 90％，合营伙伴占股 10％。威高集团作为一家民营企业，主营业务为研发、生产及销售一次性医疗器械。美国爱琅主要经营血管介入器械制造与销售，主要产品几乎覆盖了活检器械的全部领域，在美国细分市场上与巴德、TSK 一起位于行业前三。此次并购实现了威高集团对美国爱琅的自动化生产技术及管理模式的引进，获得了美国爱琅成熟的国际营销渠道，其在威海设立的国内生产基地预计在未来五年内将为威高集团带来 10 亿元的销售收入。

2015 年黄海机械发布重组预案，将其除货币资金 2.5 亿元及保本理财产品 1.2 亿元以外的全部资产和负债（作价 4 亿元）与置入资产长春长生生物 100% 股权中等值部分进行置换，差额部分以 16.9 元/股非公开发行股份支付；公司控股股东刘良文、虞臣潘以 21.0 元/股向交易对方之一张洺豪转让公司 10% 股份，长春长生生物以总交易金额 55 亿元实现借壳上市。交易对手方承诺长春长生生物 2015～2017 年净利润分别不低于 3 亿、4 亿和 5 亿元。长春长生生物是一家业务规模较大的民营疫苗企业，主营业务为人用疫苗产品的研发、生产和销售，是中国首批自主研发和销售流感疫苗及人用狂犬病疫苗（Vero 细胞）和最早获得许可采用细胞工厂技术生产甲肝减毒活疫苗的疫苗企业。通过借壳上市，长春长生生物能利用资本市场获得融资能力，继续保持在疫苗行业内较强的市场竞争力。

2014 年上海莱士以 47.6 亿元收购同路生物 89.8% 股权，本次交易全部以发行股份方式支付，发行价格为 33.1 元/股。上海莱士和同路生物均从事血液制品的研发、生产和销售，且均属于国内少数可同时生产人血白蛋白、人免疫球蛋白和人凝血因子这三大类产品的血液制品企业之一。其中，上海莱士的血白蛋白和静注人免疫球蛋白两种产品约占市场份额的 90%，而同路生物在这两种产品上拥有 22 个生产批件。本次并购双方明显的协同效应有利于提升上海莱士的核心竞争力，对血浆站的来源以及产品市场的扩张具有极大的互补性。从两家公司血浆站分布的差异来看，上海莱士主要分布于广西、海南、湖南等地，而同路生物主要分布于安徽、内蒙古、广东等地，尤其是同路生物所具有的内蒙古市场，是上海莱士所不曾进入的，本次并购重组实现了行业内优质资源的快速集中。

2015 年天兴仪表以 43 亿元购买贝瑞和康 100% 股权，贝瑞和康成功实现借壳上市。本次交易中，天兴仪表以 21.1 元/股发行股份方式支付；此外，公司现有的资产与负债将出售给通宇配件，后者以现金方式支付交易对价 3.0 亿元。贝瑞和康是一家高科技生物技术公司，致力于应用高通量基因测序技术为临床医学疾病筛查和诊断提供"无创式"整体解决方案，并凭借其自主研发的核心技术，率先将人类基因组测序技术实践于临床检测。通过本次并购，贝瑞和康成功登陆资本市场，成为 A 股市场首家基因测序公司。

新能源汽车产业并购发展报告

摘　要： 新能源汽车是指使用清洁可再生能源作为动力来源的新型汽车。电动汽车是当前中国新能源汽车发展的主要方向。电动汽车诞生于19世纪，后来石油的大量开采和燃油汽车的续航优势使得电动汽车逐渐失去市场。由于环境的恶化、清洁能源的研发、技术的成熟与突破，新能源汽车特别是电动汽车重新得到重视，其发展是推动节能减排的有效举措。荷兰、德国、挪威、比利时、瑞士等国家已经给出详细的燃油汽车退出时间表。中国将新能源汽车产业纳入战略新兴产业，由工信部牵头出台了多项政策对新能源汽车产业发展进行补贴和专项支持。目前，中国已经超过美国和欧洲成为全球最大的电动汽车市场。未来，随着政府补贴的不断退出，新能源汽车的产业集中度会逐渐提升，投资并购也会日趋活跃。

关键词： 新能源汽车　电动汽车　节能减排　并购

一　产业发展概述

新能源汽车是指使用清洁可再生能源作为动力来源，结合车辆在动力控制和驱动方面的先进技术，形成结构创新的新型汽车。新能源汽车包括纯电动汽车（BEV，包括太阳能汽车）、混合动力汽车（HV）、燃料电池电动汽车（FCEV）、氢发动机汽车、插电混动汽车（PHEV）、其他新能源（如高效储能器、二甲醚）汽车等各类别产品。

在新能源汽车各类别中，电动汽车占据主流。电动汽车诞生于 19 世纪，1881 年法国 G. Trouve 使用铅酸电池发明了第一辆可充电的电动汽车，早于 1885 年燃油汽车的诞生。1880～1920 年，由于内燃机技术的落后，燃油汽车行驶里程短、故障率高、维修困难，电动车在这一时期被普遍认可并进入第一次黄金发展期。在 20 世纪 20 年代后，世界范围内石油储量的大量发现、化石燃料先天的高能量密度所带来的续航优势和内燃机技术的不断突破，使得燃油汽车得到了广泛应用，相较之下电动汽车技术的停滞不前使其市场不断萎缩几乎销声匿迹。20 世纪 70 年代开始，受能源危机及空气污染影响，美国、欧洲及日本均逐渐重视电动汽车等新能源汽车的研发并出台相关法案政策。中国新能源汽车产业始于 21 世纪初，2000 年电动汽车被列入"863"计划 12 个重大专项之一，2004 年在国家颁布的《汽车产业发展政策》中明确提出鼓励发展节能环保型电动汽车与混合动力汽车技术。2008 年新能源汽车销量开始大幅增长，2011 年新能源汽车进入产业化阶段并开始在全社会推广。2015 年成为我国新能源汽车的爆发元年，全年产量达 34.1 万辆，较上年增长超过 300%；2016 年规模进一步扩大，产销规模分别达到 51.7 万辆和 50.7 万辆，到 2017 年产销量已分别达 79.4 万辆和 77.7 万辆，分别同比增长 53.6% 和 53.3%（见图 1）。我国成为全球最大的新能

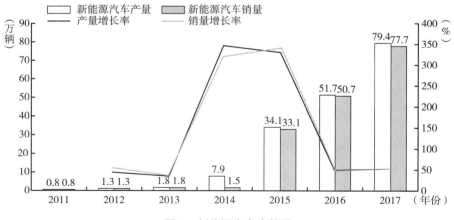

图 1 新能源汽车产销量

资料来源：中国产业信息网。

源汽车市场。目前，国内主流车企大多已在新能源汽车产业领域有所布局，国内车主对新能源汽车的接受度高，我国新能源汽车产业的初期培育阶段已经完成。

二 产业政策

自 2009 年以来，我国从国家战略高度上支持新能源汽车的发展并出台了一系列政策。2009 年中国开始试点通过财政补贴支持新能源汽车发展；2014 年 9 月实施了免征新能源汽车购置税（截至 2017 年 12 月 31 日）政策；2015 年 3 月，工信部发布《汽车动力蓄电池行业规范条件》，规范电池产业的发展；2015 年 4 月，财政部发布《关于 2016～2020 年新能源汽车推广应用财政支持政策的通知》，补贴标准向高续驶里程倾斜。

2016 年 1 月，工信部等 4 部委发布《关于开展新能源汽车推广应用核查工作的通知》，开始核查新能源汽车骗补事件，同月发布《关于"十三五"新能源汽车充电基础设施奖励政策及加强新能源汽车推广应用的通知》以推动新能源充电基础设施建设，培育良好的新能源汽车应用环境。2016 年 11 月，工信部发布《汽车动力电池产业规范条件》（征求意见稿），提出"对产能规模要求提高，锂离子动力电池单位企业年产能不低于 80 亿瓦时，系统企业年产能力不低于 80000 套或 40 亿瓦时"。2016 年 12 月，财政部、国家发改委等联合发布《关于调整新能源汽车推广应用财政补贴政策的通知》，明确了 2019～2020 年补贴在现有基础上退坡 20%，非个人用户满足 3 万公里行驶要求才能申请补贴。2016 年 11 月，国务院发布《"十三五"国家战略性新兴产业发展规划》，《规划》强调，新能源汽车、新能源产业是战略性新兴产业的重要组成部分，要把握全球能源变革发展趋势和我国产业绿色转型发展要求，大幅提升新能源汽车和新能源的应用比例，推动新能源汽车、新能源等成为支柱产业；提出到 2020 年新能源汽车实现当年产销 200 万辆以上，累计产销超过 500 万辆的目标。

2017 年 1 月，工信部发布《新能源汽车生产企业及产品准入管理规定》，对新能源汽车的定义、资质考核要求、监管要求、不合格惩罚措施等进行了详细规定。

新能源汽车产业相关政策见表 1。

表 1　新能源汽车产业相关政策

时间	政策法规	主要内容/规划目标	颁布主体
2012.06	《节能与新能源汽车发展规划（2012 ~ 2020 年）》	产能目标:到 2015 年,纯电动汽车和插电式混合动力汽车累计产销量力争达到 50 万辆;到 2020 年,纯电动汽车和插电式混合动力汽车生产能力达 200 万辆、累计产销量超过 500 万辆	国务院
2012.09	《关于扩大混合动力城市公交客车示范推广范围有关工作的通知》	将混合动力公交客车(包括插电式混合动力客车)推广范围从原来的 25 城扩大到全国所有城市	财政部、科技部、工信部、国家发改委
2014.01	《关于进一步做好新能源汽车推广应用工作的通知》	2014 年 1 月 1 日起,补贴退坡幅度减半:补助标准从原来 2014 和 2015 年度较 2013 年下降 10% 和 20% 调整为 5% 和 10%	工信部
2014.07	《关于加快新能源汽车推广应用的指导意见》	免征新能源汽车车辆购置税方案,对纯电动汽车、插电式混合动力汽车和燃料电池汽车从 2014 年 9 月 1 日到 2017 年底,免征车辆购置税	国务院办公厅
2014.08	《关于免征新能源汽车车辆购置税的公告》	自 2014 年 9 月 1 日至 2017 年 12 月 31 日,对赆置的新能源汽车免征车辆购置税	财政部、税务总局、工信部
2014.11	《关于新能源汽车充电设施建设奖励的通知》	对符合国家技术标准且日加氢能力不少于 200 公斤的新建燃料电池汽车加氢站每个站奖励 400 万元;对服务于钛酸锂纯电动等建设成本较高的快速充电设施,适当提高补助标准	财政部、科技部、工信部、国家发改委
2015.03	《汽车动力蓄电池行业规范条件》	从生产规范、产能、技术要求等多方面做出规定,企业按自愿原则进行申请,而符合相关要求的电池企业则可以进入《汽车动力蓄电池行业规范条件》企业目录	

续表

时间	政策法规	主要内容/规划目标	颁布主体
2015.04	《关于2016～2020年新能源汽车推广应用财政支持政策的通知》	补助范围技术要求新规,其中纯电动乘用车的续驶里程由大于等于80km提升至100km,纯电动乘用车30分钟最高车速应不低于100km/h。而2016年的补贴标准朝高续驶里程倾斜	财政部
2015.05	《关于完善城市公交车成品油价格补助政策加快新能源汽车推广应用的通知》	调整现行城市公交车成品油价格补助政策,涨价补助数额与新能源公交车推广数量挂钩。同时,中央财政对完成新能源公交车推广目标的地区给予新能源公交车运营补助	财政部、工信部、交通运输部
2015.06	《新建纯电动乘用车企业管理规定》	投资项目完成建设后,新建企业及产品按照工业和信息化部《乘用车生产企业及产品准入管理规则》和《新能源汽车生产企业及产品准入管理规则》的相关要求,通过考核列入《车辆生产企业及产品公告》,并按单独类别管理	国家发改委、工信部
2016.01	《关于开展新能源汽车推广应用核查工作的通知》	查骗补拉开序幕,将于近期对新能源汽车推广应用实施情况及财政资金使用管理情况进行专项核查,引起国务院高度重视	财政部、科技部、工信部、国家发改委
2016.01	《关于"十三五"新能源汽车充电基础设施奖励政策及加强新能源汽车推广应用的通知》	《通知》详细说明了对充电基础设施的奖补条件、方式、标准和奖补资金适用范围	财政部、科技部、工信部、国家发改委、国家能源局
2016.08	征求对《新能源汽车生产企业及产品准入管理规定(修订征求意见稿)》的意见	规范新能源汽车生产活动,落实发展新能源汽车的国家战略,保障公民生命、财产安全和公共安全,促进新能源汽车产业持续健康发展	工信部
2016.09	征求对《企业平均燃料消耗量与新能源汽车积分并行管理暂行办法(征求意见稿)》的意见	双积分意见稿出台	工信部

续表

时间	政策法规	主要内容/规划目标	颁布主体
2016.12	《严惩新能源汽车骗补行为 规范产业发展秩序》	对涉及"有牌无车"的4家企业给予"责令停止生产销售问题车型、暂停新能源汽车推荐目录申报资质、责令进行为期6个月整改"等处罚措施	工信部
2016.11	《"十三五"国家战略性新兴产业发展规划》	到2020年,实现当年产销200万辆以上,累计产销超过500万辆,整体技术水平保持与国际同步,形成一批具有国际竞争力的新能源汽车整车和关键零部件企业	国务院
2016.12	《关于调整新能源汽车推广应用财政补贴政策的通知》	从2017年1月1日起,新能源乘用车:中央补贴下调20%,地方补贴下调幅度为20%~34%且不超过中央补贴额的50%。大幅调降新能源客车补贴以回应骗补问题。首次提出以电池能量密度参考指标进行补贴,高能量密度受青睐	财政部、科技部、工信部、国家发改委
2017.01	《新能源汽车生产企业及产品准入管理规定》	对新能源汽车的定义、资质考核要求、监管要求、不合格惩罚措施等进行了详细规定	工信部
2017.04	《汽车产业中长期发展规划》	到2020年,新能源汽车年产销达到200万辆,动力电池单体比能量达到300瓦时/公斤以上,力争实现350瓦时/公斤,系统比能量力争达到260瓦时/公斤,成本降至1元/瓦时以下。到2025年,新能源汽车占汽车产销20%以上,动力电池系统比能量达到350瓦时/公斤	工信部、国家发改委、科技部
2017.09	《乘用车企业平均燃料消耗量与新能源汽车积分并行管理办法》	双积分政策将从2018年4月1日正式实行,并自2019年度起实施企业平均燃料消耗量积分核算。2018年不核算,2019年为10%,2020年为12%,两年合并考核	工信部、财政部、商务部、海关总署、质检总局
2017.11	《关于2016年度、2017年度乘用车企业平均燃料消耗量管理有关工作的通知》	对CAFC积分核算方法做出详细公布,核心有以下几点:①2016年、2017年CAFC积分目标值分别乘134%和128%;②2016年或2017年CAFC积分若为负,则在积分归零前禁售燃料消耗不达标的新车;③2013~2015年度积分法可以打折后结转抵偿负积分	工信部

三 新能源汽车产业链

新能源汽车属于新兴产业，产业链长，涉及多个产业，其产业链主要包括上游锂电池及电机原材料（包括隔膜、电解液、电池正极材料、电池负极材料等），中游电机、电控、电池，以及下游整车、充电桩和运营三个环节（见图2）。"三电"（电池、电机和电控）是新能源汽车产业的关键零部件。中游环节电池产业链相对较为复杂，主要由正极材料、负极材料、隔膜以及电解液组成。电控环节主要是控制类硬件与线速。电机上游主要是永磁材料与硅钢片，原材料为稀土与铁矿石。

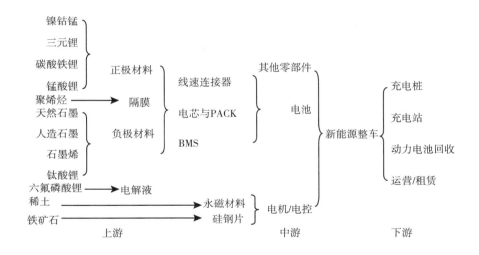

图2 新能源汽车产业链

新能源汽车产业图谱见图3。

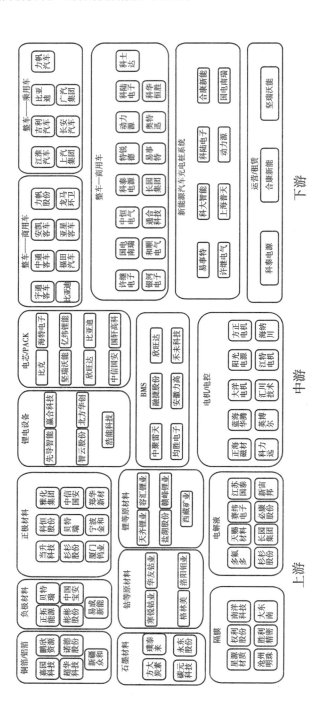

图 3　新能源产业图谱

四　产业重大并购

2013～2017 年新能源汽车产业发生了许多具有重大影响力的并购事件（见表2）。

表2　2013～2017 年新能源汽车产业重大并购重组交易

公告时间	企业	并购重组事件	是否跨境并购	交易金额（百万元人民币）
2016.03	金马股份	并购众泰汽车 100% 股权	否	11600.0
2014.07	江淮汽车	并购江汽集团 100% 股权	否	6412.2
2017.05	创新股份	并购上海恩捷 93.3% 股权	否	5179.7
2016.07	东方精工	并购普莱德 100% 股权	否	4750.0
2014.05	宇通客车	并购精益达 100% 股权	否	3793.6
2015.07	大洋电机	并购上海电驱动 100% 股权	否	3500.0
2017.01	华泰汽车	并购曙光股份 19.8% 股权	否	3100.1
2017.03	东旭光电	并购申龙客车 100% 股权	否	3000.0
2016.06	天际股份	并购新泰材料 100% 股权	否	2700.0
2017.02	珠海银隆	并购兰州宇通 80% 股权	否	未披露

2016 年，金马股份以 116 亿元并购了众泰汽车 100% 股权，交易完成后金马股份更名为众泰汽车。交易对手方承诺 2016～2019 年经审计的扣除非经常性损益后归属于母公司股东的净利润分别不低于人民币 12.1 亿、14.1亿、16.1 亿和 16.1 亿元。金马股份是国内规模较大的车用仪表生产厂家之一，2016 年实现收入 16.9 亿元，归母净利润 8678 万元。众泰汽车是一家以整车及关键零部件的生产和销售为主营业务的民营汽车公司，旗下拥有众泰汽车、江南汽车两大自主品牌，自 2008 年开始进军电动汽车领域，2016年电动车销量 32777 辆，排名全球第 7。通过并购众泰汽车，金马股份得以从汽车仪表业务全面升级至科技含量更高的汽车整车业务，优化了产品结构。

2014 年，江淮汽车以 64 亿元吸收合并江汽集团 100% 股权，江汽集团实现整体上市。江淮汽车是集商用车、乘用车及动力总成研发、制造、销售和服务于一体的综合型汽车厂商，自 2002 年开始布局新能源领域，纯电动轿车技术和运营数据积累丰富，其推出的 IEV4 电动车定位平民化路线，发展势头良好。江汽集团是安徽省国资委控股的大型汽车集团，旗下共有两家上市公司——江淮汽车及安凯客车，交易发生前持有江淮汽车 35.4% 股权、安凯客车 20.7% 股权。交易完成后，江汽集团注销，江淮汽车新增股份 1.8 亿股。此次集团整体上市，是国企改革的关键一步，有利于发挥江淮与安凯在新能源领域技术资源、采购资源、市场资源的共享合作；整体上市后，关联交易减少，公司治理结构优化，有利于上市公司的长期发展。

2017 年，创新股份以 51.8 亿元对价并购上海恩捷 93.3% 股权，正式进军锂电池隔膜业务，双方同时约定在此次并购事项完成后将继续并购上海恩捷剩余 6.7% 的股权。交易对手方承诺 2018 年、2019 年、2020 年的净利润分别不低于 5.6 亿、7.6 亿和 8.5 亿元。创新股份主营业务为纸张印刷、液体饮料包装（无菌包装）、BOPP 薄膜、高档包装纸深加工等，下游对应客户为烟草及视频饮料行业，业务发展较为平稳。上海恩捷是锂电池湿法隔膜领域的龙头企业，客户包括 LG 化学、三星 SDI、比亚迪和宁德时代能源等全球动力电池主流客户。此次并购完成后，创新股份成为锂电池湿法隔膜龙头，通过自身良好的现金流情况帮助上海恩捷扩大产能，在锂电池行业快速发展的背景下，大幅提高收入增速和盈利能力。

2016 年，东方精工以 47.5 亿元并购普莱德 100% 股权，其中 40% 以现金方式支付，60% 通过发行股份方式支付，交易对手方承诺 2016 ~ 2019 年扣除非经常损益后净利润分别不低于 2.5 亿、3.3 亿、4.2 亿和 5.0 亿元。东方精工主营业务为智能包装设备和高端核心零部件两大板块，拥有自动化包装设备的研发、生产能力，并通过参股、合资方式具备了向客户提供智能物流仓储的配套能力。普莱德是新能源动力电池整体解决方案提供商，主要提供新能源动力电池 PACK 集成服务，在锂电池模组 PACK 集成及电池管理系统（BMS）研发、设计、生产、维护等方面拥有丰富的实践经验，其设计生产的动力电池系统在稳定性、可靠性等方面性能优越。此次并购完成后，东方精工成功切入新能源汽车关键零部件动力电池系统领域，进一步深化公司在高端装备零部件方向的布局。同时，东方精工的技术资源和客户资源将对普莱德提供生产自动化支持和渠道支持，产生显著协同效应，最终实现丰富东方精工利润增长点、提升东方精工可持续发展能力的目的。

2014 年，宇通客车以 37.9 亿元并购精益达 100% 股权，其中 85% 以发行股份方式支付，15% 以现金方式支付。宇通客车是中国客车第一品牌，集产品研发、销售、制造于一体，同时也是新能源客车领域的龙头。精益达是宇通集团于 2009 年将汽车零部件相关业务独立拆分出来与猛狮客车共同成立的合资公司，主营业务为多品类的汽车零部件研发、生产及销售。此次并购完成后，宇通客车将优质零部件资产纳入上市公司，除增厚公司业绩外还能为发展新能源客车、专用车打下坚实基础，发挥协同效应，从而实现整体盈利能力提升。

2017 年，华泰汽车以 31 亿元对价，通过协议转让方式获得曙光股份 19.8% 股权，交易完成后，华泰汽车成为曙光股份第一大股东。华泰汽车是一家集新能源汽车的设计、生产、销售和汽车金融于一体的民营企业，掌握了汽车动力总成、新能源动力电池管理系统、电机控制器及整车轻量化方面的核心技术。曙光股份拥有皮卡、车桥以及客车三大核心业务，2017 年 4 月，曙光股份插电式混动大巴销售 276 辆，位居全国第一。并购完成后，华泰汽车将打造涵盖 A0 级别到 10 米长大客车的完整新能源汽车产品线，形成产业优势互补，共同发力新能源业务。同时，华泰汽车拥有曙光股份控制权后，未来或可注入集团内其他资产，打造华泰汽车自有上市平台。

2017 年，东旭光电以 30 亿元并购申龙客车 100% 股权，其中 4 亿元以现金方式支付，26 亿元以发股方式支付。交易对手方承诺 2017~2019 年净利润分别不低于 3 亿、4 亿及 5.5 亿元。东旭光电自成立以来，长期从事 CRT 相关的电子玻璃器件生产，随着平板显示技术的不断发展，CRT 显示器正逐步被平板显示器尤其是液晶显示器取代，公司通过产学研合作及资产收购积极布局石墨烯相关的战略新兴材料，实现了单层石墨烯及石墨烯基锂电池业务的突破，实现产业转型。申龙客车拥有柴油、天然气、混合动力、纯电动、氢燃料等多种动力燃料系列产品，是客车行业优势品牌之一，2017年1～5月，申龙客车跃升为国内纯电动客车行业第三，市场份额升至13.8%。通过此次并购，东旭光电能够切入新能源整车制造领域，而其推出的石墨烯基锂离子电池可以与申龙客车一起发挥产业链上下游的协同效应，东旭光电能利用自身融资优势帮助申龙客车扩大新能源汽车产能，实现自身在新能源领域的迅速壮大。

2016年，天际股份以27亿元并购新泰材料100%股权，转变为"厨房小家电＋锂离子电池材料"双主业上市公司。本次交易构成关联交易及重大资产重组，其中15%以现金方式支付，85%以发行股份方式支付。交易对手方承诺新泰材料2016～2018年实现净利润分别不低于1.9亿、2.4亿及2.5亿元。此次并购前，天际股份主营业务为研发、生产、销售厨房小家电、电子产品及医疗器械。新泰材料的主营业务为六氟磷酸锂产品的研发、生产和销售，六氟磷酸锂是锂离子电池关键材料之一电解液的重要组成部分，目前六氟磷酸锂广泛应用于动力电池、储能及数码、照明系列锂电池等产品中。此次并购完成后，天际股份切入市场前景广阔的锂电池行业，有助于上市公司优化业务构成，提高业绩规模，增加新的业绩增长点。

2017年，珠海银隆及其关联方并购兰州宇通80%股权。珠海银隆主营业务为新能源动力电池、电动汽车动力总成、整车制造及智能电网储能系统，在动力电池方面，通过控股美国奥钛公司，珠海银隆获得钛酸锂材料核心技术，填补了我国钛酸锂技术领域的空白。2016年，珠海银隆在我国纯电动客车市场排名第五。兰州宇通成立于2003年，于2009年因股东纠纷陷入停产，2015年，在当地政府的努力下，兰州宇通恢复生产。此次并购是兰州宇通客车混合所有制资产重组的关键环节，也为珠海银隆进入当地市场打开大门：珠海银隆与兰州市政府达成协议，兰州公交集团将采购或租赁珠海银隆纯电动公交车1500辆；珠海银隆获批在兰州新区投资100亿元打造新能源客车产业基地，形成包含新能源汽车、动力电池、储能电站及充电桩等的新能源产业全产业链的研发及生产。

环境保护产业并购发展报告

摘　要： 面对资源约束趋紧和日益严重的环境污染及生态系统退化，党的十八大首次提出建设生态文明并将其放在突出地位，提出"建设美丽中国实现中华民族永续发展"。节能环保产业被列为七大新兴战略产业之首，是环境保护的物质基础和技术保障，也是推进节能减排的重要支撑，涉及技术、装备、产品、材料、工程、服务等各方面，与国民经济的很多行业具有全方位、多层次的关联作用，是我国经济结构调整和产业转型升级的重要推动力量。2013年以来，我国环境保护产业在国家政策的大力支持下实现加速发展，产业内投资并购活跃，环境保护产业持续爆发活力和生机。

关键词： 环境保护　生态文明建设　经济结构调整　并购

一　产业发展概述

环境保护是指利用环境科学中的理论与方法，协调人类活动与自然环境的关系。"环境保护"的含义有狭义和广义两种，狭义上的环境保护即污染防治，即对生产过程中排放的"三废"（废水、废气、固体废弃物）进行末端处理，这是目前环保产业的核心内容。广义的环境保护还包括产品生产过程中的清洁生产技术和清洁产品，是环保产业未来的发展方向。

20 世纪 50~60 年代由于石油开采利用和工业化进程加速，欧美许多国家如美国、英国开始发生严重的环境公害事件，为了控制环境污染，环境科学、环境技术及环保产业开始产生及发展，陆续出现一批成熟的污染治理技术，同时基本形成从立法、管理再到控制技术、装备生产、工程治理的环境产业体系。中国的环境保护产业从 20 世纪 70 年代才开始起步，随着经济粗放式发展所带来的日趋严重的环境问题，政府逐渐重视环境保护的力度及对环保产品的投资。党的十八大以来，我国提出大力推进生态文明建设，坚持节约资源和保护环境的基本国策。当前我国环境保护产业处于快速发展阶段，边界和内涵不断延伸及丰富，环境保护产业被认为是重塑经济发展结构的驱动力量。

近 4 年来，国家加快推动生态文明建设的步伐，并创建实施了多个循环经济领域示范点，包括海绵城市、节能减排综合示范城市、园区循环化改造示范试点和"城市矿产"示范基地等。另外，公民的节能环保意识也在不断提高，由此我国环境保护产业实现了快速增长，总产值已经从 2012 年的 3 万亿元增长到 2016 年的 5.4 万亿元，同时预计未来 5 年环境保护产业产值增速将不断提高（见图 1）。

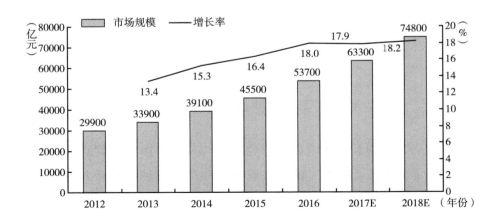

图 1 环境保护产业市场规模

资料来源：中国产业信息网。

二 产业政策

近年来，随着经济结构转型和国家对环境保护的重视，我国大力推进生态文明建设，政府出台多项环境保护政策。

2013 年 8 月，国务院发布《国务院关于加快节能环保产业的意见》，提出到 2015 年，节能环保产业总产值达到 4.5 万亿元，成为国民经济新的支柱产业。2013 年 9 月，国务院发布《大气污染防治行动计划》，提出五年内全国空气质量总体改善、重污染天气较大幅度减少的奋斗目标，并提出了各方面的具体指标要求。

2014 年 4 月，全国人大通过了《中华人民共和国环境保护法（2014 年修订版）》，这为政府进行环境治理提供了更加完善的法律支持；同年，国务院发布《能源发展战略行动计划（2014～2020 年）》；国家发改委发布《关于开展政府和社会资本合作的指导意见》，使政府和社会资本合作（PPP）模式成为环保产业的主流模式之一。

2015 年国务院发布《水污染防治行动计划》，制定了到 2030 年的水污染治理目标；同年，中共中央、国务院发布《生态文明体制改革总体方案》，将生态保护融入经济建设、政治建设、文化建设、社会建设各方面和全过程。

2016 年国务院发布《土壤污染防治行动计划》，提出到 2020 年，全国土壤污染加重趋势得到初步遏制，土壤环境质量总体保持稳定，农用地和建设用地土壤环境安全得到基本保障，土壤环境风险得到基本管控。

2017 年环境保护产业受到政府高度关切，多项政策密集出台，涉及"十三五"规划、环保税、"蓝天保卫战"、垃圾分类、生态保护红线等。党的十九大提出"加快生态文明体制改革"，对环保工作也做出了更高的要求。

环境保护产业相关政策见表 1。

表 1　环境保护产业相关政策

时间	政策法规	主要内容/规划目标	颁布主体
2013.09	《大气污染防治行动计划》	到 2017 年,全国地级及以上城市可吸入颗粒物浓度比 2012 年下降 10% 以上,优良天数逐年提高;京津冀、长三角、珠三角等区域细颗粒物浓度分别下降 25%、20%、15% 左右,其中北京市细颗粒物年均浓度控制在 60 微克/立方米左右	国务院
2014.04	《中华人民共和国环境保护法(2014 修订版)》	增加了按日计罚、生态保护红线、地方各级人民政府应当对本行政区域的环境质量负责等条款	全国人大常委
2014.06	《能源发展战略行动计划(2014～2020 年)》	明确了今后一段时期我国能源发展的总体方略和行动纲领,确定了优化资源结构、发展清洁低碳能源的绿色低碳战略	国务院
2014.12	《关于开展政府和社会资本合作的指导意见》	资源环境和生态保护等项目均可推行 PPP 模式	国家发改委
2015.04	《水污染防治行动计划》	到 2020 年,长江、黄河、珠江、松花江、淮河、海河、辽河等七大重点流域水质优良(达到或优于Ⅲ类)比例总体达到 70% 以上,地级及以上城市建成区黑臭水体均控制在 10% 以内,地级及以上城市集中式饮用水水源水质达到或优于Ⅲ类比例总体高于 93%,全国地下水质量极差的比例控制在 15% 左右,近岸海域水质优良(一、二类)比例达到 70% 左右。京津冀区域丧失使用功能(劣于Ⅴ类)的水体断面比例下降 15 个百分点左右,长三角、珠三角区域力争消除丧失使用功能的水体	国务院
2015.04	《关于加快推进生态文明建设的意见》	到 2020 年,资源节约型和环境友好型社会建设取得重大进展,主体功能区布局基本形成,经济发展质量和效益显著提高,生态文明主流价值观在全社会得到推行,生态文明建设水平与全面建成小康社会目标相适应	中共中央办公厅、国务院
2015.09	《生态文明体制改革总体方案》	对于生态文明体制改革作出了全方位部署	中共中央办公厅、国务院
2016.05	《土壤污染防治行动计划》	到 2020 年,全国土壤污染加重趋势得到初步遏制,土壤环境质量总体保持稳定,农用地和建设用地土壤环境安全得到基本保障,土壤环境风险得到基本管控	国务院

时间	政策法规	主要内容/规划目标	颁布主体
2016.08	《"十三五"重点流域水环境综合治理建设规划》	充分发挥重点流域水污染防治中央预算内投资引导作用,推进"十三五"重点流域水环境综合治理重大工程建设,切实增加和改善环境基本公共服务供给,改善重点流域水环境质量、恢复水生态、保障水安全	国家发改委
2016.09	《关于推进山水林田湖生态保护修复工作的通知》	加强组织协调、健全体制机制、完善保障措施,切实抓好山水林田湖生态保护修复重大工程组织实施	财政部、国土资源部、环境保护部
2016.10	《全国生态保护"十三五"规划纲要》	到2020年,生态空间得到保障,生态质量有所提升,生态功能有所增强,生物多样性下降速度得到遏制,生态保护统一监管水平明显提高,生态文明建设示范取得成效,国家生态安全得到保障,与全面建成小康社会相适应	环保部
2016.11	《控制污染物排放许可制实施方案》	到2020年完成覆盖所有固定污染源的排污许可证核发工作,建立控制污染物排放许可制,实现"一证式"管理	国务院
2016.11	《"十三五"生态环境保护规划》	《规划》提出了"环境治理保护重点工程"和"山水林田湖生态工程"两大类25项重点工程	国务院
2016.12	《中华人民共和国环境保护税法》	排污收费制度退出历史舞台,环保税开征	全国人大常委
2016.12	《"十三五"全国城镇污水处理设施建设规划》	到2020年底,实现城市污水处理率达到95%,地级及以上城市建成区黑臭水体均控制在10%以内;直辖市、省会城市、计划单列市建成区要于2017年底前基本消除黑臭水体等	国家发改委、住建部
2016.12	《"十三五"全国城镇生活垃圾无害化处理设施建设规划》	到2020年底,直辖市、计划单列市和省会城市(建成区)生活垃圾无害化处理率达到100%;其他设市城市生活垃圾无害化处理率达到95%以上,县城(建成区)生活垃圾无害化处理率达到80%以上,建制镇生活垃圾无害化处理率达到70%以上,特殊困难地区可适当放宽	国家发改委、住建部

续表

时间	政策法规	主要内容/规划目标	颁布主体
2017.02	《关于划定并严守生态保护红线的若干意见》	2020年底前，全面完成全国生态保护红线划定，勘界定标，基本建立生态保护红线制度，国土生态空间得到优化和有效保护，生态功能保持稳定，国家生态安全格局更加完善	中共中央办公厅、国务院
2017.03	《生活垃圾分类制度实施方案》	到2020年底，基本建立垃圾分类相关法律法规和标准体系，形成可复制、可推广的生活垃圾分类模式，在实施生活垃圾强制分类的城市，生活垃圾回收利用率达到35%以上	国家发改委、住建部
2017.04	《国家环境保护标准"十三五"发展规划》	"十三五"期间，环境保护部将全力推动约900项环保标准制修订工作。同时，将发布约800项环保标准，包括质量标准和污染物排放（控制）标准约100项，环境监测类标准约400项，环境基础类标准和管理规范类标准约300项，支持环境管理重点工作	环保部
2017.05	《"一带一路"生态环境保护合作规划》	到2025年，要夯实生态环保合作基础，进一步完善生态环保合作平台建设；制定落实一系列生态环保合作支持政策；在铁路、电力等重点领域树立一批优质产能绿色品牌；一批绿色金融工具应用于投资贸易项目；建成一批环保产业合作示范基地、环境技术交流与转移基地、技术示范推广基地和科技园区，形成生态环保合作良好格局	环保部
2017.12	《环境保护税法实施条例》	《条例》对纳税人和征税对象、计税依据和方法标准、不予免税以及跨省问题做出了详细的规定	国务院

三 环境保护产业链

环境保护产业链上游主要是环保产品的制造及研发，其中研发主要由高校和科研机构、企业实验室来承担，而环保制造业以小企业为主，竞争较为激烈。产业链中游主要是环保工程建设，通常以项目的形式进行工程分包。产业链下游则是环保基础设施运营，用户主要以公共机构为主（见图2）。环境保护产业流程见图3。目前环境保护产业运作模式主要采用BOT、TOT

和 PPP 三种模式。BOT（Build-Operate-Transfer）模式是指国家或地方政府部门通过特许协议，授予签约方承担公共性基础设施项目的投融资、建造、经营和维护。TOT（Transfer-Operate-Transfer）模式是指政府通过公开招标方式，出让已建成的市政公用设施的资产和特许经营权，中标者在合同期内拥有该设施的所有权和经营权，合同期满后将设施无偿移交给政府。PPP（Public-Private-Partnership）模式即公私合作模式，是公共基础设施的一种项目融资模式。在该模式下，鼓励私营企业、民营资本与政府进行合作，参与公共基础设施的建设。

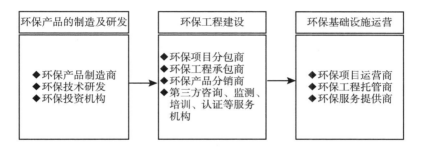

图 2　环境保护产业链

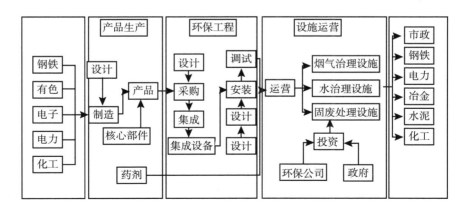

图 3　环境保护产业流程

环境保护产业图谱见图 4。

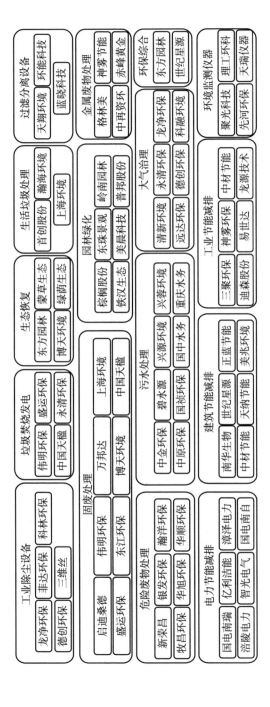

图 4　环境保护产业图谱

四 产业重大并购交易

2013～2017 年环境保护产业发生了许多具有重大影响力的并购事件（见表2）。

表2 2013～2017 年环境保护产业重大并购重组交易

公告日期	企业	并购重组事件	是否跨境并购	交易金额（百万元人民币）
2016.02	北京控股	收购德国固废能源利用公司 EEW	是	10500.0
2015.04	清华控股	收购桑德环境 29.8% 股权	否	6990.0
2016.08	华光股份	收购无锡国联环保能源集团	否	5772.4
2014.03	首创集团	购买 Transpacific New Zealand 公司（TPI NZ）100% 股权	是	4750.0
2017.05	深 高 速	购买重庆润德环境有限公司 20% 股权	否	4408.6
2015.02	中原环保	购买郑州市污水净化有限公司所拥有的五龙口污水处理厂一期和二期、马头岗污水处理厂一期和二期（污泥消化、干化资产除外）、南三环污水处理厂、马寨污水处理厂、王新庄污水处理厂技改工程	否	3231.6
2014.12	北京控股	收购金州环境 92.7% 股权	否	3000.0
2013.12	瀚蓝环境	收购创冠环保（中国）有限公司	否	2233.4
2014.04	鹏起科技	购买丰越环保 100% 股权	否	1800.0
2015.10	东方园林	并购申能环保 60% 股权	否	1511.5

2016 年，北京控股以 14.4 亿欧元（约合 105 亿元人民币）并购德国领先的废物能源利用公司 EEW Holding GMBH（简称 EEW）。北京控股为北控集团控股的上市公司，主要从事天然气销售、污水固废处理、啤酒等业务。EEW 公司位于德国，原实际控制人为瑞典私募股权投资公司 EQT。EEW 是欧洲领先的垃圾焚烧发电企业，占德国废物处理市场 17% 的份额，拥有 18 个垃圾焚烧电厂进行供电、供热及供气，一年可以处理垃圾 440 万吨。EEW 的垃圾焚烧技术及焚烧厂运营管理等均为世界一流水平。中国是全球垃圾处理业务最大的市场，本次交易使得北京控股加强了自身固废处理及废

物能源利用等业务能力，同时引进了相关先进技术及运营经验。

2015 年，清华控股集团旗下四家公司（清华控股、启迪科服、清控资产、金信华创）以启迪科技为主使用现金 69.9 亿元购买桑德环境 29.8% 股权。清华控股是清华大学在整合自身产业基础上经国务院批准设立的，旗下的国有独资公司涵盖科技产业（集成电路、能源环保、生命健康）、科技金融、创新服务、在线教育、创意产业五大产业集群。其中，能源环保产业包括清洁燃料和污水处理、地热资源利用、核能、太阳能等新能源的开发利用等业务。桑德环境是国内全产业链环保公司，主营业务包括再生资源回收利用、水务综合治理、固废处置与利用、PPP 业务、互联网环卫、环保装备及环卫专用车制造等。此次交易完成后，桑德环境实际控制人变为清华控股。此次交易是清华控股在环保领域所进行的产业整合，公司计划大力发展环保业务，并通过桑德环境这个平台整合集团体系内环保行业资源。

2016 年，华光股份以 57.7 亿元并购污泥处理领先企业国联环保。华光股份以 13.8 元/股的价格向国联集团发行股份换股吸收合并国联环保，同时支付 2 亿现金购买资产并通过员工持股计划配套募资不超过 2.2 亿元。交易对手方承诺国联股份 2016～2019 年公司净利润分别为 3.6 亿、2.7 亿、2.8 亿、2.7 亿元。华光股份为电站、工业、垃圾焚烧、燃气轮机余热锅炉等传统和特种锅炉制造商。近年来，在电站设备行业竞争加剧的情况下，华光股份开始转型为综合服务商，除原有业务外，还将固废处理与烟气治理、电站工程与服务（包括光伏电站 EPC）作为重要业务。国联环保下属无锡国资委，主营业务为地方热能源供应与环保业务（包括污泥处理、环境工程、电站工程等）。本次交易后国联环保的能源及环保业务得以利用资本市场做大，华光股份则成为无锡主要热力能源供应商，并提升了自身的业务规模与盈利能力。

2014 年，首创集团以 9.2 亿新西兰元（约合 47.5 亿元人民币）收购新西兰领先固废处理企业 Transpacific New Zealan（简称 TPI NZ）。2013 年 10 月，TPI 集团在全球发布招标信息出售其固废处理板块 TPI NZ。首创集团经过两轮竞价，在 2014 年 3 月与 TPI 集团达成收购协议。首创集团目前有税务、城市开发及投资并购三大核心业务。TPI NZ 是新西兰领先固废处理企业，其固废处理业务占当地 1/3 的市场份额，贯穿废弃物收运、中转与分选、填埋处理、建筑废弃物、沼气发电、废液处理、环卫特种车辆设计与维护等全产业链。通过本次交易，TPI NZ 更名为首创新西兰环境治理有限公司（Beijing Capital Waste Management NZ Ltd.）；首创集团吸收了 TPI NZ 在固废领域的先进理念和技术，借鉴其成熟的市场化、商业化运作模式，提高公司固废处理业务运营水平。

2017 年，深高速以 44.1 亿元现金购买重庆德润环境 20% 股权。深高速主营业务为收费公路和道路的投资、建设及经营管理。德润环境为重庆水务子公司，主营业务为城乡供水、污水处理和垃圾焚烧处理等，是重庆供水及污水处理的龙头。本次交易为深高速子公司环境公司通过重庆产权交易所受让。德润环境是重庆联交所挂牌转让金额最大的一个项目，本次出让股份是深化国企改革、优化股权结构的典型案例。深高速此前所从事主要业务与环保行业具有相似的行业特点和运营模式，通过本次交易，深高速跨入环保领域，扩大了自身环保业务，并和德润环境展开合作，实现优势互补。

2015 年，中原环保以 10.7 元/股的发行价格向污水净化公司非公开发行总额为 32.3 亿元的股份，购买 5 家污水处理厂（即马头岗污水处理厂、五龙口污水处理厂、马寨污水处理厂、王新庄污水处理厂和南三环污水处理厂）技改工程的所有权。郑州市污水净化公司持有上市公司 64.4% 股份，成为控股股东（现中原环保控股股东已变为郑州公用事业投资发展集团有限公司）。中原环保是河南省唯一环境保护类国有控股企业，主营业务为供水制水、污水处理、固废利用、集中供热、水环境综合治理等。郑州市污水净化有限公司在本次交易前为中原环保第二大股东，主营业务为污水处理厂及配套环境治理。中原环保通过此次交易解决了和污水净化公司的同业竞争问题，同时在多项污水处理工程的注入下，自身污水处理能力及资产规模得以大幅提升。

2014 年，北京控股以 30 亿元购买中国领先污水处理及垃圾焚烧发电服务商金州环境 92.7% 股权。北京控股为北控集团控股上市公司，主要从事天然气销售、污水固废处理、啤酒等业务。金州环境是金州环境集团的子公司，是国内领先供水、污水处理和垃圾焚烧发电服务商。其在北京的垃圾焚烧发电项目是亚洲最大的单线垃圾发电厂，其张家港垃圾焚烧厂项目也被评为 AA 级生活垃圾焚烧厂，高安屯项目被评为国家级 AAA 级焚烧厂。在此次交易之前，北京控股已经和金州环境以 BOT 模式合作运营北京水源十厂项目。通过此次交易，北京控股利用金州环境投资的资产与原有业务进行互补，扩大其业务版图并巩固公司在环保领域的地位。

案例篇

Case Studies

中关村历经三十年发展涌现出一大批高新技术产业领先企业。截至 2017 年 12 月底，中关村共有超过 20000 家高新技术企业，上市公司 315 家，总市值 55874 亿元，占 A 股总市值的 8.8%。其中，千亿元以上市值的上市公司已有 7 家，市值为 500 亿～1000 亿元的上市公司共有 13 家，市值为 100 亿～500 亿元的上市公司多达 91 家。① 在中关村上市公司不断发展壮大的过程中，以产业整合和转型升级为目的实施的并购发挥了积极作用，有力地支持了中关村高新技术产业的发展。中关村高新技术产业的发展历程同样也是中关村企业家艰苦奋斗的创新创业历程，大批技术出身的创业者聚集在具备良好创新创业生态的中关村，他们准确把握行业发展趋势，以技术创新为核心，以产业并购为手段，本着对企业和社会强烈的责任感和奉献精神不断开拓进取，成为推动高新技术产业持续向前发展的重要力量。

案例篇选取的研究对象主要是有代表性的中关村高新技术产业上市公司，其中包括军工信息化、卫星通信、云计算、物联网、汽车电子、教育、轨道交通等领域的领先企业，有通过并购不断开拓进取，提升行业领军地位的上市公司，如用友网络、利亚德、均胜电子等；有通过并购在原有行业持续耕耘，向产业链上下游延伸，不断开辟新应用领域的上市公司，如旋极信息、神州高铁、

---

① 资料来源：Wind 资讯，截至 2017 年 12 月 31 日，美股及港股折合为人民币市值计算。

合众思壮等；有通过并购积极转型，拥抱新业态的上市公司，如神州数码、华胜天成、立思辰等。通过追溯这些上市公司实施的一系列并购活动，整理其并购战略的脉络和特点，可以分析出中国高新技术产业上市公司、特别是中关村高新技术产业上市公司是如何以"科技＋资本"的方式不断实现自我突破并引领行业发展的。

关键词：中关村　高新技术　上市公司　企业家　并购战略

用友网络并购案[*]

摘　要：　　用友网络是我国本土最大的 ERP 供应商，2016 年中国市场份额超过 30%。^① 自上市以来，用友网络在近十年内进行了 11 起主要并购，接连并购了方正春元、英孚思为、大易云等公司，积极运用并购这项资本手段来为自己在业务拓展和转型升级中提供助力和支持。经过多年战略发展，公司由传统优势领域财会软件向"云服务、软件、金融服务"三大核心业务升级，逐步成长为中国云服务市场的领先企业。

自 2008 年以来，公司市值从 118.2 亿元增至 309.7 亿元，增幅达 162%；收入规模从 17.3 亿元增至 63.4 亿元，增幅达 266%；净利润从 4.1 亿元增至 5.6 亿元，增幅达 37%。^② 2017 年，用友云服务客户达到 393 万家^③，初步树立了用友云在企业服务领域的市场领导地位，云业务增长迅速，前期布局迎来收获期。

关键词：　　用友网络　软件行业　云服务　业务拓展

---

* 本报告内容，如无特殊说明，数据来源均为上市公司公告。

① 数据来源：方正证券研究所。

② 市值分别为 2008 年 1 月 1 日及 2017 年 12 月 31 日数据；财务数据为 2008 年及 2017 年数据。以上数据均来自 Wind 资讯财务摘要。

③ 数据来源：公司 2017 年年报。

一 用友网络并购之路——从财务软件到云服务供应商

用友网络科技股份有限公司（下称"用友"）创建于 1988 年，注册于北京市海淀区，于 2001 年 5 月上市，股票代码 600588.SH。截至 2017 年 12 月 31 日，公司总市值 310 亿元，动态市盈率 106 倍。用友是亚太区领先的企业管理软件和企业移动应用、企业云服务提供商。中国 500 强企业超过 60% 都与用友建立了合作关系。[①] 公司连续多年被评定为国家"规划布局内重点软件企业"，拥有系统集成一级资质，获评中国绿色公司百强。

用友网络于 2015 年公布转型计划，战略转型为"软件、互联网服务、互联网金融融合发展，服务企业互联网化"。[②] 在软件业务方面，用友是国内最大、产品线最为齐全的管理软件提供商。公司主要向大、中、小型企业提供 ERP 产品及面向多个行业的解决方案，其中大中型企业客户贡献了较多利润。用友于 2016 年基本完成了服务企业互联网化和金融化的战略布局。[③] 用友所从事的主要业务为软件、云服务、金融服务。在软件及服务业务领域，公司从事面向大型企业的解决方案与专业服务业务、面向中型企业的软件产品与解决方案业务、面向小微企业的软件包业务、面向行业和领域的解决方案与专业服务业务等；在云服务领域，公司从事数字营销与客服、社交与协同办公、智能制造、共享服务以及其他云服务业务等；在金融服务领域，公司从事企业支付业务与互联网投融资信息服务业务等。

截至 2017 年 12 月 31 日，用友参控股公司 43 家。[④] 用友自上市之初就开展并购活动，其投资并购活动与公司的战略布局紧密相关。在上市之初，用友网络主要业务为财务软件、管理软件和技术服务，此后，用友开始向政务软件业务、审计业务、医疗行业、汽车行业、教育培训等行业拓展，早在

---

① 数据来源：中信建投证券研究所。
② 数据来源：https://www.qianzhan.com/analyst/detail/220/150202 – b25cc92b.html。
③ 资料来源：http://news.cnfol.com/it/20170317/24450891.shtml。
④ 数据来源：Wind 资讯。

2010 年就发布了用友云战略，在业务升级中用友也不断通过并购来巩固、增强自己的行业地位。

二 用友网络历次并购情况分析①

用友网络历次并购情况见表 1。

表 1 并购事件时间线*

时间	事件	并购金额 （百万元人民币）	意义
2007 年	并购上海天诺科技有限责任公司和上海坛网软件有限公司	14.5	帮助提供房地产行业的全业务解决方案和产品
2008 年	并购北京方正春元科技发展有限公司 100% 股权	380.0	获得财政信息化领域的领导地位
2008 年	并购特博深信息科技公司	45.0	CRM 行业性补充并购
2009 年	并购上海恒聚网络科技有限公司部分资产	13.2	通过互联网呼叫中心增强服务能力
2009 年	并购北京时空超越科技有限公司	43.0	加快公司医药流通信息化业务发展
2009 年	全资子公司用友医疗卫生信息系统有限公司并购北京用友医院管理软件有限公司、广州安易医疗软件有限公司与江门安易医疗软件有限公司资产及业务	27.0	布局医疗软件及数字化医院业务
2010 年	与子公司江西用友共同并购上海英孚思为信息科技股份有限公司 100% 股权	491.0	增强汽车行业管理软件和咨询服务业务
2011 年	并购北京伟库电子商务科技有限公司在线业务及相关资产	23.9	战略占位云服务市场
2015 年	并购秉钧网络 70% 股权	175.0	布局互联网营销

---

① 下文数据统一保留小数点后一位，如有不一致情况，系源数据所致。

续表

时间	事件	并购金额 （百万元人民币）	意义
2015～ 2016 年	并购畅捷通支付 85% 股权	2015 年以 5602.5 万元并购畅捷通支付 24.9% 股权，2016 年以 19556.1 万元并购畅捷通支付 55.82% 股权，并以 10000 万元增资，交易完成后共计持有 85% 股权	巩固客户市场，开拓互联网金融业务
2017 年	与股东研究所共同并购大易云 45.9817% 股权	103.5	布局云招聘领域

   * 根据重要性考虑，此处只收录并购金额在 1000 万元以上的并购事件；并购主体如无说明，为上市公司。

   资料来源：Wind 资讯，公司公告。

（一）正式布局房地产信息化行业——并购上海天诺和上海坛网

1. 被并购方——上海房地产信息化市场的领导厂商之一上海天诺

上海天诺科技有限责任公司（下称"上海天诺"）成立于 2000 年 7 月，客户包括世贸集团、中星集团、绿地集团等国内诸多知名房地产企业，产品涵盖营销管理、PM（项目管理）、OA 等领域，尤其是售楼管理和动态成本管理功能在同类产品中首屈一指，其产品竞争力在行业性软件公司中处于领先地位。上海天诺和上海坛网实际为同一个团队背后的两家关联法人，实行的是"两块牌子，一套班子"。截止到 2007 年 11 月 30 日，天诺公司资产总额为 362 万元、负债总额为 173 万元、净资产 188 万元，坛网公司资产总额为 121 万元、负债总额为 25 万元、净资产 96 万元。两家公司 2006 年度合并收入和利润分别为 663 万元和 3.8 万元，2007 年 1～11 月两家公司合并收入和利润分别为 643 万元和 9.3 万元。

2. 并购背景与目的——房地产行业软件投资活跃，布局房地产信息化市场

2006 年房地产行业软件投资总规模就已经达到 6.9 亿元，其中应用软

件的增长速度为 38.1%，市场规模超过 5.5 亿元。① 其中，成本管理软件、项目管理软件和售楼管理软件，增长率均接近 40%，投资应用非常活跃。

此次并购有助于用友在房地产行业发展用户，体现了用友重点发展行业细分市场的战略意图。国内软件行业集中度仍然很低，行业整合是必然趋势，用友软件作为行业龙头，在并购中获得较多的机会。

3. 交易方案

用友软件以 1450 万元的价格并购位于上海的房地产行业软件公司上海天诺及上海坛网的部分资产。两家公司被并购的部分资产包括固定资产、现有产品、在开发项目、业务、业务合同、知识产权、无形资产、用户资源、客户资源及域名等，同时还锁定了关键人员的服务年限。

4. 并购结果

这次并购帮助用友提供了房地产行业的全业务解决方案和产品，使其服务覆盖房地产行业从高端到低端的全部客户。用友软件主导着中国管理软件市场最大的平台，公司通过并购完善产品线，使基于 UAP 平台的应用更加丰富。另外，用友通过并购获得了客户资源，这些客户也是用友软件其他产品的潜在使用者，以此实现整合效应。

（二）扩大财政信息化领域影响力——并购方正春元100%股权

1. 被并购方——财政信息化公司方正春元

北京方正春元科技发展有限公司（下称"方正春元"）是于 2001 年 3 月 29 日在北京注册成立的有限责任公司，是当时中国最大财政应用方案及综合服务提供商，主要从事资源规划软件（GRP）的研究、开发、销售和服务，为中国财政部、院校和财务研究机构提供财政业务管理系统。公司注册资金为 1107.9 万元。截至 2007 年 12 月 31 日，方正春元资产总计 11432.0 万元、负债总计 5000.3 万元、所有者权益合计 6431.7 万元，2007 年度实现主营业务收入 12560.5 万元、净利润 4115.4 万元。

---

① 数据来源：http://news.163.com/08/0107/19/41KLIA8M000120GU.html。

2. 并购目的——提升财政应用软件竞争力

本次并购将进一步提升用友财政应用软件产品与技术的竞争力，丰富公司在财政信息化市场上的行业经验并扩大公司人才优势，公司在财政信息化市场上的核心竞争力进一步加强，市场份额进一步扩大，确立并巩固公司在财政信息化市场上的领导地位。本次并购有利于发挥公司在财政信息化市场上的协同效益，有利于提高公司未来的主营业务收入增长率和主营业务盈利能力，并有利于提升公司内在价值。

3. 交易方案

用友以 3.8 亿元现金分期付款方式，并购北京方正春元 100% 股权。

4. 并购结果

并购是用友对外扩张的重要手段之一，自启动并购战略以来，虽然也并购了几家公司，但涉资金额都不大，3.8 亿元并购方正春元是用友上市以来最大的并购案之一。并购完成后用友吸收了方正春元在财政应用软件领域的先进技术，提升了公司财政应用软件产品与技术的竞争力，使用友占据我国财政信息化市场的领导地位。同时，此次并购的顺利实施也帮助用友积累经验，为此后外延扩张战略的推进打下良好基础。

（三）向医药流通信息化拓展——并购北京时空超越

1. 被并购方——具备丰富医药行业信息化经验的时空超越

北京时空超越科技有限公司（下称"时空超越"）成立于 2001 年 4 月，是注册在北京中关村的高新技术企业。公司注册资金 500 万元，主要从事医药流通、零售软件开发及市场推广。公司面向流通领域，全面提供具有自主知识产权的软件产品、服务与解决方案。截至 2008 年 12 月 31 日，时空超越公司资产总计 1315.5 万元、负债总计 191.8 万元，2008 年度实现主营业务收入 779.7 万元、净利润 270.8 万元。

2. 并购目的——加速向医疗流通信息化拓展

此次并购与用友原有业务形成良好互补。时空超越公司具备丰富的医药行业经验，并且积累了大量客户，行业拓展有较好基础。此外，时空超越所处的医药流通信息化行业，正是用友尚需战略加强的领域，具备互补性。并购该行业的成熟企业有助于提升用友产品的行业地位，使其迅速占领市场。

3. 交易方案

用友此次以 4300 万元的价格并购时空超越科技的资产和业务，支付方式为现金支付。

4. 并购结果

用友通过此次并购加速向医疗流通信息化拓展。用友的一系列并购行为体现了其向专业化发展的目标。用友向具有发展前景的医疗与建筑信息行业进一步拓展，获得了更大的发展机会。

（四）进入汽车管理软件行业——并购上海英孚思为100%股权

1. 被并购方——汽车行业管理软件和相关服务咨询公司英孚思为

上海英孚思为信息科技股份有限公司（下称"英孚思为"）将软件与咨询服务相结合，为汽车制造企业和汽车经销商提供自主研发的行业应用软件、IT 服务解决方案及咨询培训，主要从事汽车行业应用软件和解决方案的设计、研发及实施，汽车行业业务管理咨询服务，配套计算机软硬件的系统集成及汽车行业 IT 外包等业务。公司拥有国内汽车咨询行业最强大的国际化专业管理服务团队，是国内汽车流通与零售行业软件市场的领导厂商。截至 2009 年 12 月 31 日，英孚思为总资产 1.2 亿元，总负债 1087.5 万元，归属于母公司所有者权益合计 1.1 亿元，2009 年度实现营业收入 9281.4 万元，归属于母公司所有者的净利润 2713.1 万元。

2. 并购目的——进军汽车行业，增强市场影响力

英孚思为是国内规模最大、市场覆盖率最高的汽车行业管理软件和相关服务的咨询公司，客户包括 18 家车厂、3000 多家 4S 经销商。[①] 通过此次并购，用友能够通过管理软件和服务的交叉销售来发挥协同效应，依靠英孚思为在汽车行业的广大客户规模，用友今后可以取得更大的市场份额，从而实

---

① 数据来源：http://finance.sina.com.cn/stock/e/20100618/15248135838.shtml。

现规模扩大，直接获得汽车销售和服务信息化及汽车企业咨询市场的领导地位。

3. 交易方案

用友携同全资子公司江西用友共同出资 4.91 亿元并购英孚思为 100% 股权，此次并购采用全现金方式，其中，用友软件出资 4.8609 亿元占 99% 的股份，江西用友出资 0.0491 亿元占 1% 的股份。此轮并购前，英孚思为有 7 个自然人股东和 3 个机构股东。并购后，英孚思为成为用友全资子公司。按照协议，并购金额在三年内支付。

4. 并购结果

用友原来在汽车行业注重的是车厂的后端软件，如财务软件、HR 软件等。而英孚思为主要业务是提供以整车厂 DCS 软件和经销商 DMS 软件为主的前端软件。两者具有很强的互补性。英孚思为独特的软件与咨询服务相结合的模式，也给用友带来新的生机，对整个业务和公司发展都有很强的借鉴意义。2016 年 11 月，用友汽车（英孚思为更名）（839951.OC）于新三板挂牌，目前是创新层公司。2017 年，用友汽车实现净利润 8035.7 万元，是用友汽车应用板块的支柱企业。

（五）云服务市场抢先占位——并购伟库公司100%股权

1. 被并购方——SaaS 服务提供商伟库公司

北京伟库电子商务科技有限公司（下称"伟库公司"）成立于 2006 年 8 月，注册资本 1000 万元，注册于北京市海淀区，为用友股东用友研究所的全资子公司。伟库公司基于云计算和 SaaS 模式，借鉴 3G 商用经验，为企业提供包括营销推广、在线管理、移动商务、B2B&B2C 平台等在内的电子商务产品与服务，帮助企业创造更多的商业机会，提升效率。伟库公司全部在线业务已于 2010 年下半年正式投入规模化的市场推广和销售，未来业绩快速增长可期。

2. 并购目的——推进用友云服务战略

云计算技术、SOA（服务导向架构）的推出，SAAS（软件即服务）模式的兴起，3G网络时代的到来，都将影响管理软件行业中长期的发展，特别是云计算技术对管理软件的开发、部署和应用，甚至是商业模式将产生重大影响。本次购买伟库公司在线业务及相关资产有利于公司战略占位云服务市场，实施用友云战略，推进"用友软件+用友云服务"策略，这将对用友管理软件业务与在线业务协同发展和业绩产生积极影响。

3. 交易方案

用友以现金2394.7万元购买关联法人伟库公司的在线业务及相关资产。在线业务及相关资产包括伟库公司在线业务（包括但不限于管理SAAS业务、MERP业务、协同供应SAAS、CRM－SAAS、网客宝业务）和相应实物资产（包括现有的固定资产、办公设备和用品）、无形资产（包括软件著作权、软件技术、在开发项目、在申请专利、商标、域名等）。

4. 并购结果——云服务战略推进效果良好

2010年用友正式发布云战略，前瞻性战略布局逐渐开始在业绩端产生回报。公司云业务形成以iuap、PaaS平台为基础架构，纵向通过领域云深挖市场需求，横向通过行业云拓宽客户范围的结构模式。用友2017年归母净利润同比增长97.1%[①]，实现了云服务收入和金融服务收入的高速增长、软件业务的稳定增长。随着我国Paas和SaaS市场持续高速增长，用友的云服务业务仍将保持良好的发展空间。

（六）数字营销领域的"短平快"并购——并购秉钧网络70%股权

1. 被并购方——网络营销服务提供商秉钧网络

上海秉钧网络科技股份有限公司（下称"秉钧网络"）成立于2011年6月，位于上海，是国内第一个以社会化媒体为基础的网络服务提供商。秉钧服务于全球范围内的中小企业、中小网站，为企业与网站提供丰富的网络营销方案，帮助企业与网站在网络上迅速传播企业品牌、提高企业形象、销售产品，为企业与网站降低广告开支与营销成本。截止到2014年12月31日，

---

① 数据来源：公司2017年年报。

秉钧网络资产总计 1736.2 万元，负债总计 1102.3 万元，2014 年度实现营业收入 2089.3 万元，净利润 28.2 万元。

2. 并购目的——加快布局数字营销领域生态

并购秉钧网络后，用友将依托企业客户基础和渠道优势，以微信营销为切入点，构建数字营销特别是移动数字营销领域的生态，加快公司在数字营销领域业务的发展，帮助公司在企业互联网数字营销领域取得突破，同时巩固公司的企业客户市场，提高企业客户的黏性，实现公司企业互联网服务业务的战略提速和软件业务与互联网业务的融合发展。

3. 交易方案

用友以 1.25 亿元人民币自有资金并购秉钧网络 62.5% 股权，同时出资 5000 万元对秉钧网络进行增资，交易完成后共计持有秉钧网络 70% 股权。

4. 并购结果——客户资源带动秉钧网络飞跃式发展

用友拥有累计 200 万家企业客户，这些客户的第一需求就是如何更多、更快地销售其产品或者服务。上述 200 万家企业客户都是秉钧网络潜在的服务对象。用友整合秉钧的营销服务，可以为客户提供更趋多元化的服务。秉钧网络原来服务的客户有 3 万多家，借助用友客户和渠道的优势，截至 2017 年 12 月 31 日，秉钧网络"红人点点"产品累计付费客户数达到 6 万家，收入快速增长。

（七）开拓互联网金融业务——并购畅捷通支付85%股权

1. 被并购方——互联网支付企业畅捷通支付

北京畅捷通支付技术有限公司（下称"畅捷通支付"）于 2013 年 7 月成立。畅捷通支付注册资本为 20000 万元，经营范围为互联网支付，银行卡收单，技术开发，软件开发，设计、制作、代理、发布广告，计算机系统服务，等等。截止到 2015 年 12 月 31 日，畅捷通支付资产总计 16667.0 万元，负债总额为 2125.2 万元，所有者权益为 14541.8 万元，2015 年度实现营业收入 895.6 万元，净利润为 −3172.0 万元。

2. 并购目的——进入互联网金融业务市场

用友把畅捷通支付作为公司的主要支付服务平台，充分发挥支付业务作为互联网金融业务重要入口的优势，提升公司原有产品和方案的竞争力，促进支付业务的开展与技术创新，为公司更多的客户提供整体支付解决方案和服务，扩大公司的竞争优势和市场份额。

3. 交易方案

2015 年 5 月，用友以人民币 5602.5 万元的价格并购畅捷通支付24.9% 的股权。2016 年 10 月，用友以人民币 19556.1 万元的价格并购畅捷通支付 55.82% 的股权，并以人民币 10000 万元向畅捷通支付增资。上述股权并购和增资后，用友持有畅捷通支付 85% 的股权，其全资子公司畅捷通信息技术股份有限公司持有畅捷通支付 15% 的股权，本次交易不构成关联交易。

4. 并购结果

并购及增资畅捷通支付后，用友成为畅捷通支付的控股股东。畅捷通支付依托其在企业互联网支付服务及相关金融服务领域的发展，帮助用友在企业互联网金融服务领域取得突破，同时巩固公司的企业客户市场，提高企业客户的黏性，实现公司企业互联网服务业务的战略提速和互联网金融服务业务的发展。

本次股权转让后，畅捷通支付扩展了包括中大型企业、组织及小微企业在内的多样化用户群，畅捷通支付品牌通过用友的营销渠道得到更为广泛的宣传，其品牌的市场认知度得以增强，支付业务的市场占有率得以提高。

（八）开拓云招聘解决方案业务——与股东研究所共同并购大易云45.9817%股权

1. 被并购方——云招聘解决方案供应商大易云

上海大易云计算股份有限公司（下称"大易云"）（837911.OC）是国内第一家云招聘解决方案供应商。该公司致力于以信息技术推动企业招聘绩效的提升。自 2007 年启动 WinTalent 招聘系统研发以来，公司已为数百家大型集团企业提供了云招聘服务，WinTalent 云招聘平台也因此在多组织、多模式、跨地域、大批量招聘领域积累了大量的最佳业务实践，并逐步奠定了国内高端云招聘市场优势品牌地位。大易云 WinTalent 招聘系统以在线租用模式为客户提供服务，公司与阿里云合力打造了 7×24 安全、稳定、高效运行的云计算数据中心，以不断提升用户访问体验、确保应用与数据的绝对安全。

2. 并购目的——增强用友人力云的竞争力

用友网络坚定不移地在云服务方向持续布局，大易云是公司在人力云细分方向上的有利补充，有助于填补用友业务领域的空白，增强用友人力云的竞争力。

3. 交易方案

用友网络与股东北京用友企业管理研究所有限公司（下称"研究所"）以现金出资 10345.9 万元，共同受让大易云 45.9817% 股权。其中，用友受让 29.8261% 的股权，出资 6710.9 万元；研究所受让 16.1556% 的股权，出资 3635.0 万元。大易云目前已经从新三板摘牌退市。

4. 并购结果——完善人力云板块布局

用友此次购买大易云股权，夯实了其与大易云的战略合作，完善了用友云在人力云的业务布局和战略协同，增强了用友人力云的竞争力。

三　用友网路并购之路总结——把握发展节奏，不断突破自我

纵观用友网络上市以来的并购之路，主要有以下特点。

（1）把握节奏，逐步升级：用友网络自成立以来，不断寻求突破，其上市以来十六年发展进程中，从最开始单一的财务软件供应商发展为软件＋云＋金融服务提供商。在这一过程中，用友在巩固原有业务的同时会观察行业动向和国家政策而不断进入新的细分行业和领域，在此过程中也经常进行并购来为其业务拓展助力。

（2）擅长细分行业扩张：用友网络在其 ERP 全行业的发展进程中，对于细分子行业都有详细独立的运作策略，对于垂直行业应用领域，会在之前基础上在地区和业务上借助并购不断进行突破从而上升到行业龙头地位。

（3）信誉良好，合理运用资本市场工具：用友网络近十年间进行主要并购 11 起，同时每次在并购之后都会对业务进行再整合和布局，赋能被并购企业研发技术和市场资源。自上市以来，用友直接融资 30.7 亿元，其中股权再融资 16.5 亿元①，用友的资本市场运作专业，对其发展起到重要促进作用。

---

① 数据来源：Wind 资讯。

利亚德并购案*

摘　要：　　利亚德是一家专业从事 LED 应用产品研发、设计、生产、销售和服务的高新技术企业，依靠强劲的增长速度和世界一流的 LED 产品赢得资本市场持续关注。公司接连并购了君泽照明、蓝硕科技、NP、美国平达等境内外上市及非上市公司，外延并购帮助公司突破地域局限，完成了全国乃至全球化的业务布局。利亚德已经从单纯的 LED 显示屏公司发展成为视听多元化应用企业。

自 2012 年登陆创业板以来，公司市值由 25 亿元增长至 317 亿元，实现 5 年市值增长超过 11 倍的奇迹，成为全球 LED 显示领域市值最大的公司；收入从 5.6 亿元增至 65 亿元，增长了 11 倍；净利润从 0.5 亿元增至 12 亿元，增长了 23 倍。① 2017 年，公司战略升级，开始结合 VR/AR 技术聚焦文化旅游产业，实现产品与服务、创意集成和文化体验运营的三级盈利模式，向"文化科技＋金融"的千亿利亚德目标迈进。

关键词：　利亚德　四轮驱动　文化科技＋金融　协同效应

---

* 本报告内容，如无特殊说明，数据来源均为上市公司公告。

① 市值分别为 2012 年 3 月 15 日及 2017 年 12 月 31 日数据。财务数据分别为 2012 年及 2017 年数据。以上数据均来自 Wind 资讯财务摘要。

一　利亚德的并购之路——由"四轮驱动"向"文化科技+金融"不断升级

利亚德光电股份有限公司（下称"利亚德"）成立于 1995 年，总部位于北京市海淀区，是一家专业从事 LED 应用产品研发、设计、生产、销售和服务的高新技术企业。2012 年 3 月利亚德于深圳证券交易所创业板上市，股票代码为 300296. SZ。截至 2017 年 12 月 31 日，公司总市值 317 亿元，动态市盈率 32 倍。

2013～2017 年，公司累计并购金额达 40 亿元，外延式并购帮助利亚德走向全国乃至全球，利亚德是创业板首家并购美国纳斯达克上市公司（平达电子）的中国企业。2016 年，利亚德 40% 收入来自海外业务，集团拥有 14 个国内控股成员公司，34 个国内分公司，7 个海外控股成员公司，7 个投资参股公司，以及北京亦庄和深圳两大生产基地，成为名副其实的跨国集团。

公司名称"利亚德"三个字源于"利"亚于"德"，即德行至上，以"德"为立足、经营之本；本着"高品质、优服务、重诚信、尽职责，服务一切让顾客满意"的企业理念，秉承"理解、尊重、信任、关爱、互助、长期合作共赢"的企业文化，努力打造全球最具竞争力的 LED 应用企业，引领行业发展，全力回馈客户与社会。

2013～2016 年利亚德完成了"四轮驱动"战略，其中"四轮"分别是 LED 显示集成、LED 小间距电视、LED 智能照明、文化教育。在"四轮驱动"战略时代，利亚德实现了业绩逐年翻倍，毛利率水平不断提高，市值稳步攀升，并初步具备跨国集团雏形，公司已经从单纯的 LED 显示屏公司发展成为视听多元化应用企业，形成了以智能显示、夜游经济、文旅新业态、VR 体验为代表的四大新板块。公司在此基础上制定了"文化科技+金融"的中长期战略，开拓全球视听文化的下一个千亿市场。截至 2017 年 12 月 31 日，公司参控股公司 43 家。

二 利亚德历次并购情况分析

利亚德历次并购事件见表1。

表1 并购事件时间线

时间	事件	并购金额（百万元人民币）	意义
2013 年	并购金达照明 100% 股权	202.5	带动 LED 智能照明板块的快速发展
2015 年	并购励丰文化 100% 股权、金立翔 99% 股权	887.4	丰富了 LED 文体教育板块
2015 年	并购美国平达 100% 股权	1003.7	实现对电子专业行业全部主流显示技术的全产品线覆盖，并成功进军海外市场
2016 年	并购中天照明 100% 股权	350.0	进军华东照明市场
2016 年	并购万科时代 100% 股权	180.0	进军西北照明市场
2016 年	并购普瑞照明 100% 股权	120.0	进军西南照明市场
2016 年	并购蓝硕科技 100% 股权	150.0	获得高端创意 LED 显示系统技术
2016 年	并购 NaturalPoint100% 股权及相关不动产	863.9	布局 VR、AR 先进技术
2017 年	并购君泽照明 100% 股权	248.0	进军华中照明市场

资料来源：Wind 资讯，公司公告。

（一）照明工程区域化布局试水——并购金达照明100%股权

1. 被并购方——华南照明市场综合解决方案提供商金达照明

深圳市金达照明股份有限公司（下称"金达照明"）成立于 2002 年，注册于深圳，为综合照明解决方案提供商，具有提供集城市夜景环境规划、建筑照明灯光设计、绿色照明技术研发、建筑照明设备生产、建筑物及道路照明工程专业承包等于一体的光环境综合解决方案的能力。截至 2013 年 9 月 30 日，公司实现收入 1 亿元，归母净利润 1120 万元。

通过对规划设计、安装施工及售后服务等各个环节的不断创新，金达照明铸造了一批高端优质的照明样板工程，先后培育了一批战略型客户，包括深圳证券交易所、深圳市工务署、深圳市招商地产集团、深圳华侨城集团、万达集团、深圳金地集团、苏宁置业等，项目工程遍布华南、华东、华北、西北、东北等各大中城市。

2. 并购目的——拓展市场，提升盈利能力

金达照明所处的照明工程行业得益于行业的技术进步及政府政策的大力扶持，具有广阔的市场发展空间。随着人们对室内外光环境的重视，对照明工程在设计施工中实现照明舒适性、艺术性和装饰性的要求不断提高，LED照明较普通照明具备节能、环保、响应时间短、使用时间长、安全性高、色彩丰富等优势，决定了LED照明是未来最理想的光源。近年来，半导体照明技术发展迅速，LED成本逐步降低，LED照明产品在家庭照明、商业照明、道路照明等领域逐步得到应用，产品渗透率不断提高。

本次交易是利亚德在LED照明业务领域的有益拓展，有利于提高公司LED应用整体解决方案的能力。借助金达照明的技术实力及客户关系，利亚德得以提前布局市场前景广阔的LED照明应用领域，率先切入经济发达、夜景景观规划领先的华南地区市场。

3. 交易方案——发股现金结合，超额业绩奖励

本次交易的对价以上市公司向金达照明全体股东（10名）发行股份及现金方式支付。其中，新增股份支付金额15187.5万元，占标的资产总对价的75%；以现金支付的交易金额为5062.5万元，占标的资产总对价的25%。交易对手方对金达照明2013～2016年净利润做出承诺，对于三年累计超出业绩承诺部分，上市公司给予交易对手方50%的现金奖励。

4. 并购结果——"月光红利"释放，业绩大幅超额完成

并购之初，2014～2016年金达照明业绩承诺分别为2250万、2925万、3803万元，实际业绩完成为2907万、8530万、16339万元，远超预期，成为利亚德外延并购最为成功的案例之一。通过本次交易，利亚德提高了在LED城市照明工程领域的知名度和市场占有率，实现了LED显示业务和照

明应用业务的联动。LED 景观照明市场高速成长，市场规模超千亿元，是城市"月光下的名片"。随着国家积极推动实施绿色照明工程，落实半导体照明节能产业规划，LED 照明市场业绩爆发，而金达照明则借助行业发展良机、上市公司平台及技术优势得以高速发展，成为利亚德进一步布局全国照明市场的良好开端。

（二）与 LED 文旅服务商强强联合——并购励丰文化100％股权、金立翔99％股权

1. 被并购方——IPO 受阻后二次接轨资本市场的国内一流 LED 文化创意服务商励丰文化、金立翔

广州励丰文化科技股份有限公司（下称"励丰文化"）成立于 1997 年，位于广州，励丰文化的主营业务可分为三大类：一是高端文化演艺设备的研发、生产及销售业务；二是系统集成与整体解决方案业务；三是概念策划及创意设计服务业务。经过长期的市场耕耘与实践，励丰文化获得了专业灯光工程综合技术能力等级一级资质、专业音响工程综合技术能力等级一级资质以及舞台音响一级资质等多项资质认证，并掌握了集成演出控制系统、灯光视频一体化控制系统等多项舞台系统集成前沿技术。在全国省级或副省级以上城市的大型剧院剧场音响工程设备供应与系统集成项目中，励丰文化具有较为明显的市场优势。励丰文化是"印象·海南岛""印象·武隆""印象·大红袍""印象·普陀"等"印象"系列大型山水实景表演以及云南"希夷之大理"等文化休闲旅游项目的重要 AVLC 设备及系统集成服务提供商，励丰文化与"印象"系列旅游演艺项目长期合作，将旅游演艺项目的艺术创意与科技创新相结合，通过科技融合创新演绎文化艺术。

金立翔成立于 2005 年，位于北京，金立翔是为文化演艺视效提供创意、设计、视效设备及技术的综合服务商，主营业务是为文艺演出、电视综艺节目、会展及其他各类舞台活动提供基于 LED 技术的舞台视效技术服务。近年来，金立翔多次参与大型文艺活动，为国内外诸多大型舞台演出打造舞美

视觉效果，包括 2008 年北京奥运会的"LED 画卷"、2009 年庆祝中华人民共和国成立 60 周年联欢晚会的"彩树"和"光立方"、2010 年上海世博会的世博之夜、新加坡国庆盛典的"超大直播屏幕"、第一届新加坡青奥会的"超炫大屏"、2011 年中国深圳大运会的"世界之门"、2014 年南京青年奥运会、2014 年鸟巢 APEC 会议巨型网幕等。同时，金立翔也是中央电视台 LED 数字舞台的长期合作伙伴，金立翔根据舞台演出对舞美设计、视觉效果的特殊要求进行个性化设计，提供多种应用于舞台演艺的 LED 视效产品，并着力打造现代数字舞台。

2. 并购目的——外延并购逐步打造 LED 文化传媒板块，成为全球领先的 LED 应用整体解决方案专家

本次并购的励丰文化系国内领先的高端文化演艺设备研发生产及销售、系统集成及整体解决方案、概念策划与创意设计的综合服务提供商，金立翔系国内领先的 LED 舞台视效服务提供商和 LED 设备租赁提供商。此前，两家公司均向证监会申报了首次公开发行股票并上市申请文件，后因种种原因将材料撤回。利亚德抓住机遇，及时帮助两家公司对接资本市场，实现了共赢。

并购励丰文化和金立翔是利亚德外延式发展、打造文化传媒业务板块的重要举措。通过本次交易，利亚德可以将业务拓展到高端文化演艺设备研发销售以及 LED 舞台设备租赁领域，与励丰文化、金立翔在战略协同、渠道整合、产品推广、服务提升、资金支持、资源共享、企业管理、人才培养、资质互补等多个方面实现广泛而深入的合作。励丰文化、金立翔在文化传媒行业领域所形成的常年累积优势及先发优势，为利亚德进一步拓展文化广电及剧院剧场市场、展览展示市场、公共与商业文化空间设计与系统集成市场以及旅游演艺与城市文化综合体市场提供了丰富的渠道以及客户资源和产品技术支持，为利亚德做大做强 LED 文化传媒业务板块打下了坚实基础。

3. 交易方案——发行股份并募集配套资金，辅以交易对价调整

励丰文化 100% 股份的总对价确定为 64715.0 万元，其中，12.48% 股份

的对价为 10000.0 万元，全部以现金支付；87.52% 股份的对价为 54715.0 万元，全部由利亚德以非公开发行股票方式支付。

金立翔 99% 股份交易作价为 24024.8 万元，上市公司以发行股份和支付现金的方式向金立翔各交易对方同比例支付交易对价。其中，上市公司以现金方式支付交易对价中的 7257.3 万元，以非公开发行股份方式支付交易对价中的 16767.5 万元。

除去业绩承诺补偿义务外，利亚德与励丰文化及金立翔交易对手方约定，在 2017 年业绩承诺完成后将累计超出含非净利润部分的 60% 以现金形式进行补偿。

4. 并购结果——丰富了 LED 文体教育板块，"四轮驱动"业务板块构建初步完成

励丰文化及金立翔加入后，利亚德的 LED 文体教育板块得以丰富，初步完成了 LED 小间距电视、LED 显示、LED 智能照明及 LED 文体教育传媒"四轮驱动"业务板块的构建。利亚德在文化旅游领域携优势资源引领发展。2016 年公司将发展战略升级为"文化科技 + 金融"，自身定位于"幸福城市"的设计者与建设者，为国内城市提供文化旅游、景观亮化、智能显示等城市综合规划实施与运营服务。文化旅游和夜游经济受益于国内消费升级、拉动内需等一系列利好趋势，需求持续扩大，行业整体的营收规模和利润规模稳步提升。

（三）开启创业板并购美国上市公司先河——并购美国平达 100% 股权

1. 被并购方——全球顶级显示及数字标牌系统供应商美国平达电子（PLANAR）

PLANARSYSTEM INC.（下称"PLANAR"）公司 1983 年成立于美国，并于 1993 年在美国 NASDAQ 上市，股票简称为 PLNR。PLANAR 公司拥有全球领先的电子专业显示技术，主要应用于新兴数字标牌显示市场和传统工商业显示市场，为零售商、教育机构、政府机构、商业企业、公共事业机

构、能源企业等客户提供高性能的电子显示系统解决方案，同时也是全球知名的高端家庭影院设备供应商。PLANAR 公司分支机构、合作制造商和客户遍布全球，在北美洲、欧洲和亚洲等地拥有销售机构，在美国和法国拥有生产制造中心。PLANAR 公司所采用的技术包括 LCD、DLP 背投、LED 等主流显示技术，使用的商标包括 Planar、Clarity 和 Runco 等。主要产品线包括 LCD 显示产品、DLP 背投显示产品、LED 显示产品、Runco 高端家庭影院、多媒体处理播放器及相关配件等。

2015 年 1~6 月，PLANAR 公司实现收入 5.7 亿元人民币，归母净利润 519.1 万元人民币。

2. 并购目的——提升产品及服务提供能力，进军北美市场

PLANAR 在全球 100 个国家拥有超过 2700 家代理商，公司的产品及解决方案在国际市场尤其是北美市场拥有较高的声誉和市场占有率。利亚德作为全球市场占有率最高的小间距 LED 品牌，与渠道覆盖资源丰富的 PLANAR 强强联合，有助于公司将业务迅速拓展到北美等国际市场，协同效应非常明显。

美国市场存在诸如 1933 年《购买美国产品法》等限制政府及公共机构对非美国本土供应商采购的特殊政策，这在一定程度上限制了公司技术领先的 LED 显示产品在美国份额巨大的政府公共采购市场的开拓。本次通过并购 PLANAR 公司这家美国本土电子专业显示系统解决方案供应商，在进一步整合供应链及制造流程后，能够充分保证相关产品 50% 的成本在美国完成，公司产品因此被认定为美国企业生产的最终产品，从而能广泛参与美国及各州政府的公共采购竞标，最终大幅释放公司业绩增长潜力。同时，通过 PLANAR 公司完备的产品解决方案以及 Planar、Clarity、Runco 等品牌，利亚德 LED 小间距在北美数字标牌市场和高端家庭影院市场上得以拓展。

3. 交易方案——内保外贷，后续定向增发偿还债务

本次交易中，利亚德通过境外子公司以现金方式合并 PLANAR 公司。根据《合并协议》，标的资产的交易总额为 15681 万美元，以北京时间 2015

年8月13日（《合并协议》签署日）美元对人民币汇率中间价6.4计算，折合人民币约为10亿元。

本次交易涉及支付合并对价的资金来源包括民生银行香港分行依据《贷款通知书》的约定向利亚德香港提供总额不超过10亿元人民币的等额美元贷款以及上市公司其他自筹资金。美元贷款部分由开证行（民生银行境内机构）开立备用信用证提供担保。备用信用证由利亚德向开证行申请，并由利亚德的控股股东、实际控制人以所持利亚德一定数量的A股股票和现金提供担保。

同时，利亚德以非公开发行股票方式募集资金，其中10亿元用于置换公司前期通过银行贷款等方式自筹资金支付的PLANAR公司合并对价。

4. 并购结果——向成为全球视听文化的引领者更进一步

为实现"全球视听王国领创者"的战略发展目标，在原有"四轮驱动"战略基础上进行战略升级，海外市场的拓展势必成为利亚德业务发展战略的重点。并购美国PLANAR公司的交易，是利亚德进行全球化战略布局的重要举措，有力促进了公司的战略升级和"四轮驱动与融合"战略中LED小间距电视、LED显示两大主业的高速发展，进一步将公司领先产品引入全球市场的竞争蓝海。

通过本次跨境并购交易，利亚德深入了解了海外电子专业显示行业的市场环境、经营环境、法律环境，抓住美国经济复苏的发展机遇，进一步丰富海外并购和跨国企业管理经验。公司以本次并购为起点，后续并购及投资了一系列美国先进视听技术公司，持续推动公司在全球范围内的战略布局，逐步通过外延并购成为全球化视听产业集团企业，使内生主业与外延并购的利润同步高速增长。

（四）打开华东景观照明工程市场——并购中天照明100%股权

1. 被并购方——华东景观照明工程商中天照明

上海中天照明成套有限公司（下称"中天照明"）成立于2003年，位于上海，注册资本为人民币5500万元，是一家专业从事照明工程设计、施工的专业公司，拥有上海市建委批准的"城市及道路照明工程"专项施工资质，并通过了 ISO 9001 质量管理体系认证。2011 年获得"中国照明工程公司十强企业"荣誉，2012 年、2013 年连续获得中国照明工程公司十强企业称号，并连续多年成为飞利浦、华格照明、大峡谷光电等国际/国内一线品牌中国区最大的专业渠道采购商。

2. 并购目的——复制金达照明成功经验，提高华东照明市场占有率

利亚德在 2014 年并购金达照明后，在 LED 照明工程板块的市场占有率实现了爆发式增长。照明行业区域性强，业务分散，金达照明仅在南方具有一定的市场占有率，而中天照明则是上海地区开展景观照明业务的龙头企业。此次利亚德并购中天照明 100% 股权，可以优化公司在城市景观照明方面的业务布局，以上海为基点，大幅提升公司在华东地区照明工程业务的市场占有率，有利于公司实现照明工程业务的全国性整合，提升该业务板块的整体竞争能力，进一步提升公司照明板块的收入规模和净利润水平。

3. 交易方案——自有资金支付，70%对价以大宗交易方式购买利亚德股票

利亚德以现金 3.5 亿元并购上海晶禹商务咨询事务所（有限合伙）、上海润影商务咨询事务所（有限合伙）合计持有的中天照明 100% 股权。在前述股权转让过程中，转让方将其取得的 3.5 亿元股权转让款中的 70%（对应 2.45 亿元）全部用于以协议大宗交易的方式购买公司控股股东、实际控制人所持有的公司股份。公司实际控制人已于 2016 年 6 月 29 日出具《承诺函》，将其通过前述协议大宗交易向转让方出售公司股份后所得价款中不超过 2.45 亿元扣除相关费用后向公司提供无息借款。

4. 并购结果——快速提升照明领域行业地位及整合能力

中天照明以上海为基点，大幅提升公司在华东地区照明工程业务的市场占有率，从而完善公司照明业务在全国领域的全覆盖。照明与显示屏板块、文化旅游板块形成了较好的联动，充分发挥了协同效应。景观照明市场仍比较分散，大部分是未上市的小型公司，中天照明并入后，在金达照明原先比较薄弱的华东地区取得突破。

此次交易中公司控股股东、实际控制人向利亚德提供的相关借款用于补充公司流动资金，不但优化了公司的债务结构、降低了公司的融资成本，同时保障了公司在资金有限的情况下能够顺利实施本次并购，抓住照明工程市场爆发的契机，快速进行该细分行业的整合，对公司迅速扩大照明领域的市场规模起到了积极作用。

（五）进军西北、西南照明市场，创意显示升级——并购万科时代100%股权、普瑞照明100%股权、蓝硕科技100%股权

1. 被并购方——区域照明工程龙头万科时代、普瑞照明，LED 创意显示公司蓝硕科技

西安万科时代系统工程有限公司（下称"万科时代"）成立于 2000 年 12 月，以承接政府地产项目为主，是陕西省智慧照明和系统集成的领军企业，是陕西省唯一一家同时拥有电子与智能化工程专业承包一级、智能化专项设计甲级、城市及道路照明专业承包一级资质及照明工程设计专项乙级资质的企业，成功实施了西安高新区夜景照明控制系统、兰州综合保税区建筑智能化设计、西安高新区出口加工区 A 区建筑智能化工程等典型项目，在该地区具有较高的市场占有率。2016 年 1～7 月万科时代实现收入 3827 万元、净利润 783 万元。

四川普瑞照明工程有限公司（下称"普瑞照明"）成立于 2004 年 5 月，以承接商业地产项目为主，开拓的景观照明市场集中于西南地区，拥有城市及道路照明专业承包一级资质及照明工程设计专项乙级资质，成功实施了太古里、五洲情、天府广场等在成都地区有影响力的典型项目，在该地区具有较高的市场占有率，其成都太古里项目曾经获得照明工程领域最高奖项"中照奖"一等奖。2016 年 1～7 月普瑞照明实现收入 2262 万元、净利润 349 万元。

上海蓝硕数码科技有限公司（下称"蓝硕数码"）成立于 2005 年 9 月，位于上海，致力于打造 LED 行业内有影响力的高品质制造企业。公司已经拥有了完整的产品系列，包括应用于室内、室外各种场所的 LED

电子显示屏、LED 视频文字图标以及 LED 彩墙屏等。产品被广泛用于运动场馆、商业场所和交通道路，并有产品销往美国、日本、新加坡、西班牙、南非、韩国、加拿大、巴西、哈萨克斯坦、乌兹别克斯坦、津巴布韦、西班牙、韩国、意大利、比利时等 80 多个国家。2016 年 1～7 月蓝硕科技实现收入 3127 万元、净利润 499 万元。

2. 并购目的——完善公司战略布局，培育新的业务增长点

分别以普瑞照明作为西南地区中心、西安万科作为西北地区中心，整合成员企业在当地的销售、采购、生产、研发资源，助推各成员公司跨越式协同发展。

蓝硕科技是 2015 年意大利米兰世博会中国企业联合馆 LED 显示屏指定服务商，承接了杭州阿里巴巴总部数据中心梦幻剧场、上海东方明珠电视塔、西班牙皇家马德里足球俱乐部历史博物馆等典型项目。本次并购有助于利亚德在创意显示细分领域的业务拓展，提升公司小间距产品的创意设计附加值，进一步提升小间距产品的毛利率，改变传统的 LED 显示产品销售方式和产品属性，帮助公司摆脱 LED 显示市场价格竞争的"红海"，以艺术创意引领产品销售，以文化元素提升产品价值。

3. 交易方案——全现金并购，交易对价部分二级市场购买利亚德股票

利亚德以现金 1.8 亿元并购原股东所持有的西安万科时代 100% 股权。在前述股权转让过程中，三人将其取得的股权转让款 10800 万元、900 万元、900 万元全部用于以协议大宗交易的方式购买公司控股股东、实际控制人所持有的公司股份。公司控股股东、实际控制人已于 2016 年 8 月 26 日出具《承诺函》，将其通过上述协议大宗交易后所得价款中不超过 1.26 亿元扣除相关费用后向公司提供无息借款。

利亚德以现金 1.2 亿元并购原股东所持有的普瑞照明 100% 股权。在前述股权转让过程中，两人将其所取得股权转让款中的 8232 万元、168 万元全部用于以协议大宗交易的方式购买公司控股股东、实际控制人所持有的公司股份。

利亚德以现金 1.5 亿元并购上海存硕企业管理中心（有限合伙）、上海

芮硕企业管理中心（有限合伙）合计持有的蓝硕科技 100% 股权。在前述股权转让过程中，转让方将其取得的 1.5 亿元股权转让款中的 70%（对应 1.05 亿元）全部用于以协议大宗交易的方式购买公司股东刘某、袁某所持有的公司股份。

4. 并购结果——初步完成全国照明市场布局，向 LED 创意显示领域发力

利亚德完成了全国范围内的区域化布局，在不同的区域吸纳优质照明公司到旗下，旨在打造为客户提供照明一体化解决方案的系统服务商。金达照明的业务主要集中在华南，中天照明是华东地区开展景观照明业务的龙头企业，而并购万科时代和普瑞照明则可以分别大幅提升公司在西北、西南地区照明工程业务的市场占有率。

利亚德聚焦公共空间、商业空间、旅游空间，参与景区提升与产业升级、旧城改造与城市更新以及新区与产业园区建设，着力于"文化体验"打造，与政府共建"幸福城市"。蓝硕科技进入集团后借助上市公司平台及资本助力，不断斩获政府文旅项目订单，推出多个 LED 文化创意展示样板工程。

（六）逐步构建 VR 行业生态闭环——并购 NaturalPoint100% 股权

1. 被并购方——3D 光学动作捕捉技术公司 NaturalPoint

NaturalPoint 公司（下称"NP"）成立于 1996 年，2007 年开始涉足运动捕捉方向。拥有全球领先的 3D 光学动作捕捉技术，其开发的 Optitrack 系列光学定位产品在 VR/AR 领域处于领导地位，目前市面上很多的动作捕捉解决方案都采用 OptiTrack 光学动作捕捉组件，比如诺亦腾的 Project Alice。OptiTrack 摄像头可与多款运动捕捉软件工具一同使用，可应用于动画制作、定位导航、虚拟现实、人体运动分析等全身动作应用。2015 年实现收入约 2400 万美元，净利润 556 万美元。NP 公司 80% 以上的员工为软硬件工程师，技术能力突出，主要为教育机构、政府机构、商业企业以及家庭游戏爱好者等客户提供性能卓越的 3D 光学动作捕捉软件、硬件及服务。相较于利

亚德之前参股投资的 MagicLeap，NP 公司在商业模式、技术透明度、业绩贡献方面都存在明显优势。

2. 并购目的——前瞻性布局 VR 技术，未来有望在"幸福城市"中落地

VR/AR 作为借助科幻电影早早完成了市场教育的前沿技术领域，凭借多元的市场应用前景受到全球广泛关注。公司以敏锐的市场洞察力和前瞻性的战略眼光，发掘相关技术与公司当前业务的结合点并提前布局，意在将LED 屏与 VR/AR 技术融合，创造文化科技全新体验。2013 年以来，利亚德参股、投资国内外数十家与 VR/AR 产业有关的公司，重点布局文化娱乐乐园、文化科技体验馆、演艺领域。

NP 作为虚拟现实领域为数不多盈利模式清晰的公司，与利亚德在 VR/AR 的布局相契合，其在美国市场中应用的技术、产品有望在中国市场生根。利亚德借助其技术积累推动自身的文化演艺业务完善，打造更具科技感、更有竞争力的演艺内容，为"幸福城市"注入更多的科技元素。

3. 交易方案——使用境外借款，通过美国平达三角并购

交易的价格为 1.25 亿美元，交易全部以美元现金支付，对价并购完成之后，NaturalPoint 公司成为平达公司的全资子公司。

需要指出的是，利亚德 2016 年 11 月通过境外欧元借款转换为 1.25 亿美元垫资并购，但自 2017 年初至 2017 年底，欧元对人民币的汇率由 7.30 上涨到 7.81，涨幅约 7%，导致偿还借款额增加。经测算，汇兑损失约为6000 万元人民币。

4. 并购结果——VR 领域前瞻性布局，提升文化板块营收

继以小间距 LED 为主打的三年规划圆满实现后，2016 年以来，利亚德将文化板块提升到公司支柱业务，VR/AR 作为文化娱乐重要体现方式及下一代显示领域的创新尖端技术，也成为利亚德业务拓展的重点方向。NP 公司的加入，为利亚德迅速提升文化板块营收占比提供了业绩支撑，为丰富文化板块业务内容作了必要的补充，为现有文化创意、主题乐园载体和实景展演提供了强有力的技术支持。此次全资并购 NP 公司是继参股数虎图像（文化创意）、黑晶科技（互动体验）、孚心技术（动作捕捉）、Magic Leap（数

字光场增强现实）和 VIRTUIX（VR 设备）之后，在 AR/VR 领域的又一重要的前瞻布局。

（七）进军华中照明市场——并购君泽照明100%股权

1. 被并购方——湖南照明工程公司君泽照明

湖南君泽照明设计工程有限公司（下称"君泽照明"）成立于2004 年，位于湖南，是一家专门从事照明系统设计与调试，提供专业照明设备，承担城市亮化工程、城市道路照明工程、工业自控工程、楼宇自控工程的施工，具有城市及道路照明工程专业承包壹级资质的企业。作为英国索恩照明在中国地区的长期合作伙伴之一，君泽照明应用先进的照明技术和设计理念将索恩产品成功运用于众多照明工程中，曾成功实施了杜甫江阁、湖南省新省政府办公大楼、湘江一二三桥等项目。2016 年营业收入 7092 万元，净利润 1067 万元。

2. 并购目的——作为利亚德华中地区照明工程市场的"桥头堡"

君泽照明作为利亚德在华中地区开展业务的"桥头堡"，可以大幅提升利亚德在华中地区照明工程业务的市场占有率，有利于提升该业务板块的整体竞争能力，进一步提升利亚德照明业务板块的收入规模和净利润水平。

3. 交易方案——使用自有资金，对价68%用于二级市场购买利亚德股票

利亚德以现金24800 万元并购新余高新区君辰投资管理合伙企业（有限合伙）、新余高新区君玲投资管理中心（有限合伙）合计持有的湖南君泽照明 100% 股权。在前述股权转让过程中，君辰投资将其取得的股权转让款（对应 17000 万元）全部用于以大宗交易或竞价交易的方式一次或分次购买公司股份。

交易对手方对君泽照明 2017～2019 年业绩做出承诺，并以并购对价总额为限对业绩承诺进行补偿。利亚德将对君泽照明实际完成业绩超出承诺业绩部分的 50% 进行现金补偿。

4. 并购结果——完成华中地区布局，照明工程市场占有率提升

经过此次并购，利亚德在华中地区照明工程业务的市场占有率得到了一定程度的提升，照明业务板块的整体竞争能力得以增强，收入规模和净利润水平得以稳步提升。

三 利亚德的并购之路总结——战略方向前瞻，科技为体、文化为魂、金融为术

纵观利亚德自 2012 年上市以来的并购之路，主要有以下特点。

（1）战略方向前瞻。利亚德自上市以来始终走在行业发展前列，基于对 LED 显示技术的全面掌握和对行业趋势的深刻理解，公司对战略方针适时进行升级调整，而每一次并购则紧紧围绕公司战略方针进行，实现以资本换时间的战略布局效果。先后经历了从"硬"升级到"软"、从小集成升级到大集成，从"科技 + 文化"升级到"文化科技 + 金融"，始终作为行业大势的引领者。公司超前布局 VR/AR 领域，充分积累下一代视听文化领域的尖端技术，持续保持战略引领者地位。

（2）协同效应显著。在"四轮驱动"时代，利亚德抓住中国照明市场发展机遇，成功并购了全国各个地域照明工程龙头企业金达照明、中天照明、君泽照明、普瑞照明、万科照明，实现照明工程市场的全国布局；在 LED 文化创意板块则并购了两家拟 IPO 企业励丰文化、金立翔，为公司发力"幸福城市"建设打下坚实基础；在 LED 小间距显示板块，公司扬帆出海并购美国 NASDAQ 上市公司美国平达，自此进军全球 LED 显示市场，LED 显示龙头地位日渐稳固。

以"协同"为前提，是利亚德投资并购执行得力的地方。每一轮并购决策，都以合作伙伴的信任、良好的沟通、协作发展的共识为基础，这也正是公司能够超额完成业绩承诺的关键。"四轮驱动"时代，上述并购企业大都超额完成业绩承诺。

（3）金融工具使用灵活。利亚德对金融工具的运用支撑了在数个细分

领域并购参股的战略布局。在数次并购中，利亚德运用了股权融资、债权融资等多种形式的融资工具，上市以来直接融资 51.9 亿元，其中股权再融资 38.9 亿元[①]，在境内外资本市场上均积累了丰富的实践经验。与此同时，利亚德多次实施员工持股计划，使员工共享公司的成长红利，有效提升了企业凝聚力。

---

① 以上数据来自 Wind 资讯。

均胜电子并购案[*]

摘　要：　　均胜电子近9年以平均一年一起并购的速度，有条不紊地完成了从本土中低端汽车零部件制造商向国际一流智能驾驶系统、汽车安全系统、新能源汽车动力管理系统供应商的转型。智能化大趋势下，公司以超强并购整合能力为基础，合理运用资本市场工具，借助 KSS＋高田进军汽车安全和 ADAS，依托普瑞＋PCC 布局车载信息系统，着力整合技术提供智能驾驶综合解决方案，成为智能汽车领域全球领先企业。

自2011年借壳＊ST 德亨上市以来，公司市值从31亿元增长至312亿元，扩大了9倍；收入从14.6亿元增长至274.1亿元，增幅达1777%；归母净利润从1.8亿元增长至11.7亿元，增幅达550%。[①] 均胜电子主营业务已经从原先单一的汽车塑料件、功能件供应，逐渐迈向产业高端，从汽车的"外部"进入"内部"，从无到有地切入汽车电子行业，基本完成智能汽车核心系统的战略布局。

关键词：　　均胜电子　全球化　转型升级　国际并购

一　均胜电子的并购之路——从汽车零部件制造商到高端多产业技术商

宁波均胜电子股份有限公司（下称"均胜电子"）成立于2004年，总

＊　本报告内容，如无特殊说明，数据来源均为上市公司公告。

①　以上数据均来自 Wind 资讯财务摘要。

部位于浙江宁波，2011 年 12 月借壳 * ST 德亨在上交所上市，股票代码为600699. SH。母公司宁波均胜投资集团有限公司（下称"均胜集团"）成立于 2001 年 9 月 4 日，是宁波市国家高新区的重点骨干企业。截至 2017 年 12 月 31 日，公司总市值 312 亿元，动态市盈率 33 倍。

截至 2017 年 12 月 31 日，公司参控股公司 80 家。均胜电子 2009 年后开始实施海外并购战略，并购总金额超过 100 亿元人民币，接连并购普瑞（PREH）、德累斯顿（TS）（现为德国 PCC 公司）、百利得（KSS）和高田（Takata）等企业，逐步实现了在新能源、汽车电子、安全系统和工业机器人领域的布局。公司发展历程就是一部丰富的并购整合史，通过与多个细分市场领域的国际一流企业资源"合纵连横"，均胜电子在无人驾驶、汽车安全系统、BMS 等多个方向的布局处于高速成长阶段，是汽车零部件顶级供应商。

二　均胜电子历次并购情况分析

均胜电子历次并购事件见表 1。

表 1　并购事件时间线

时间	事件	并购金额（百万元人民币）	意义
2009 年	均胜集团及其子公司并购上海汽车零部件供应商华德塑料 95% 股权	220.0	扩大资产规模,增强国内竞争力
2011 年	并购德国汽车电子供应商德国普瑞控股 100% 股权及德国普瑞 5.10% 股权	1925.7	提前实现全球化和转型升级战略目标
2013 年	并购德国软件开发商 Innoventis 100% 股权	4.9	提升开发能力,海外布局研发中心
2014 年	并购德国机器人公司 IMA100% 股权及相关知识产权	119.3	工业机器人"新高地"崛起
2014 年	并购德国高端方向盘系统总成供应商 Quin GmbH 100% 股权	752.5	进一步完善公司产业链上智能驾驶领域的体系建设
2016 年	并购美国安全系统供应商 KSS 100% 股权和德国智能车联公司 TS 德累斯顿 100% 股权	7299.7	进入汽车主动被动安全、车载信息系统、导航与辅助驾驶和智能车联系统的开发和服务领域
2016 年	并购美国工业机器人制造公司 EVANA100% 股权和相关知识产权	126.2	工业机器人及自动化业务进入美国市场
2017 年	并购日本气囊巨头高田公司部分资产	10884.2	成为全球领先的汽车安全系统供应商

资料来源：Wind 资讯，公司公告。

（一）扩张规模，增强竞争力——并购上海汽车零部件供应商华德塑料95%股权

1. 被并购方——中外合资汽车零部件供应商华德塑料

华德塑料制品有限公司（下称"华德塑料"）位于上海市宝山区城市工业园区，是一家中外合资的汽车零部件供应商。1985 年 10 月，由中方上海市自行车公司、上海市投资信托公司合计出资人民币 266.84 万元，外方联邦德国 Buechel 公司、Goerner 玻璃与塑料器件制品厂及香港捷利音响工业公司合计出资人民币 89.6 万元，共同设立华德塑料。公司主营业务为设计、生产汽车内外饰件、发动机零部件、电子元器件、模具和其他塑料制品。公司注册资本 9763.4635 万元人民币，截至 2007 年 12 月 31 日，总资产 39587 万元，所有者权益 25005 万元，2007 年营业收入 35666 万元，净利润 2282 万元。

2. 并购目的——规模扩大，产品升级

均胜集团通过并购华德塑料，一方面可以实现资产翻倍，另一方面借助以外饰系统、内饰件系统、功能件系统三大业务板块为基础的总成系统集成平台，将公司业务从单一的汽车零部件生产整合为整体模块，有助于实现产品升级，提升了产品的经济附加值和利润空间。

3. 交易方案——长周期，次数多

2008～2009 年，均胜集团及其子公司长春均胜对华德塑料共发起了四次并购。

第一次并购：2008 年 4 月，上海晟隆国际实业有限公司和股东梁某分别将其所持华德塑料 7% 和 1.58% 的股权按照 1616.95 万元和 364.97 万元的价格转让给均胜集团，转让完成后均盛集团持股华德塑料比例为 8.58%。

第二次并购：2009 年 2 月，通过在上海联合产权交易所挂牌，采用协议转让的方式，金山开发建设股份有限公司将其所持华德塑料 47.29% 的股权以 10642.3 万元的价格转让给均胜集团，上海六里企业发展总公司将其所持华德塑料 5% 的股权按照 1250.2 万元的价格转让给均胜集团。至此，均盛集团持股华德塑料比例为 60.87%。

第三次并购：2010 年 1 月，联邦德国高纳玻璃及塑料器件制品厂将其持有的华德塑料 21.43% 的股权协议转让给均胜集团，股权转让价格为 256 万欧元。至此，均盛集团持股华德塑料比例达到 82.3%。

第四次并购：2010 年 12 月，德意志联邦共和国 Buechel 工业有限公司将其持有的全部华德塑料的 12.7% 的股权转让给均盛集团子公司长春均胜，股权转让价格为 629.8 万欧元。转让完成后，长春均盛持股华德塑料 12.7%，华德塑料企业性质由中外合资公司变更为内资企业。

4. 并购结果——大幅提升竞争力

通过本次并购，均胜集团成为中国业内主要的汽车零部件公司之一，其在国内汽车零部件行业的竞争力大大增强，为其之后频繁的海外并购打下了基础。

（二）全球化转型升级——并购德国汽车电子供应商德国普瑞控股100%股权及德国普瑞100%股权

2011 年，均胜电子并购老牌汽车零部件公司德国普瑞控股 74.9% 的股权和德国普瑞 5.1% 的股权，并购价格为 14.6 亿元，成为当时中国企业在德国的最大并购案。一年后，均胜并购了德国普瑞控股剩余 25.1% 股权，控股资产中包含多项技术专利。

1. 被并购方——汽车零部件全球领导者德国普瑞

德国普瑞公司成立于 1919 年，是全球著名汽车零部件公司，主营产品为电池管理系统和驾驶员控制系统，拥有 98 项汽车电子发明专利，主要客户为宝马、奔驰、德国大众、通用、福特等全球前十大汽车公司，在德国、葡萄牙、罗马尼亚、美国和墨西哥五个国家拥有生产和销售基地，但对中国市场一直没有涉足。

2. 并购背景及目的——全球化扩张好机会

（1）并购背景

2011 年，受国家宏观调控、上年基数较高、鼓励政策退出等原因，中国汽车行业进入稳定增长阶段，汽车销量连续 2 年增速下降明显，低于 5%。行业整合成为汽车零配件市场发展趋势；2007 年随着金融危机的加深，控股普瑞多年的私募基金 DBAG 公司渴望退出。

（2）并购目的

德国普瑞的创新能力、品质管控与均胜电子的资金优势和市场资源形成战略互补，提升了核心竞争力。德国普瑞主要从事汽车电子产品的研发、生产和销售，盈利能力强。均胜电子期望借助德国普瑞的研发和技术实力以及国际战略布局，实施"走出去"战略，实现丰富产品线、提升产品档次、增强研发能力等目的；德国普瑞可以借助均胜电子在国内的竞争优势和上市公司资本平台，快速进入中国市场，提升影响力。

3. 交易方案——借集团通道揽入标的

均胜电子并购德国普瑞主要包含两个阶段：首先，均胜电子母公司均胜集团并购德国普瑞控股和德国普瑞；随后，均胜电子非公开发行股份、现金支付和配套募集资金。

第一阶段，2011 年 3 月 4 日，均胜电子母公司均胜集团以现金方式受让德国普瑞母公司德国普瑞控股 74.9% 的股份，并且受让了其他股东持有的德国普瑞 5.1% 的股份，取得了对德国普瑞的控制权。同时，均胜集团与德国普瑞控股其他 25.1% 的股权签订了购买期权协议，约定未来可对该部分股份进行并购或者将期权转移给均胜集团的其他关联方。本阶段方案实施完成后，均胜集团直接持有德国普瑞 5.1% 的股权，通过持有德国普瑞控股 74.9% 的股权间接持有德国普瑞 94.9% 的股权，最终均胜集团以 14.6 亿元人民币取得了德国普瑞 100% 的股权，包含普瑞 98 项技术专利，对其形成控制地位。

第二阶段，2012 年 12 月 24 日，均胜电子以 7.8 元/股的价格向控股股东均胜集团增发 1.87 亿股购买其持有的德国普瑞控股 74.9% 的股权及德国普瑞 5.1% 的股权，另外，向七名外方交易对象支付 5974.4 万欧元购买德国普瑞控股 25.1% 的股权。25.1% 的股权交易价格确定为 6439.5 万欧元，超出部分由均胜集团支付。①

---

① 资料来自《宁波均胜电子股份有限公司主体与相关债项 2017 年度跟踪评级报告》。

4. 并购结果——跨领域转型全球化发展

作为 2011 年度宁波金额最大的跨国并购项目，此次并购提升了均胜电子的研发和技术实力，丰富了产品线，助推均胜电子跻身全球领先的汽车电子供应商行列，开始走上从国内领先到国际领先的全球化、多元化发展道路。并购完成后，均胜电子成为第一家海外资产大于国内资产的汽车电子产业上市公司，产品进一步拓展并升级到高端汽车电子领域，变成了一家以汽车电子、新能源汽车和工业自动化及机器人为主营业务的全球化跨国公司。

（三）小金额大回报——并购德国软件开发商 Innoventis 100% 股权

2013 年 8 月，均胜电子子公司德国普瑞以 486.5 万元人民币价格并购德国软件开发公司德国 Innoventis。

1. 被并购方——小而美开发公司 Innoventis

德国 Innoventis 成立于 2006 年，总部位于德国维尔茨堡。公司规模小，仅有 10 名软件开发工程师，是一家专业从事汽车电子系统测试、软件模块及电子网络系统的创新型软件公司。

2. 并购目的——技术补充

均胜电子意图通过此次并购为其子公司德国普瑞实现机动车辆电子网络系统领域中测试系统、软件零部件及工程服务的技术补充。

3. 并购结果——大幅提升研发能力，海外布局研发中心

Innoventis 卓越的创新能力提升了均胜电子的产品研发能力，为其在全球的发展提供新的技术支持。同时，此次并购也展现了均胜电子继续拓展德国地区研发能力的决心。[①]

[①] 《 "德国血统" 的中国 "隐形冠军"　均胜借道海外并购布局工业 4.0》，http：//finance. eastmoney. com/news/1351，20160506621589865. html。

（四）机器人战略布局——并购德国机器人公司 IMA100% 股权及相关知识产权

2014 年 8 月，均胜电子子公司德国普瑞完成对德国机器人公司 IMA100% 股权和相关知识产权的并购。

1. 被并购方——工业机器人领域翘楚

IMA 公司成立于 1975 年，总部位于德国巴伐利亚州安贝克市，是全球著名的工业机器人制造公司。IMA 在工业机器人细分市场具有全球领先地位，客户包括汽车、电子、医疗和快速消费品领域的一线跨国集团。2013 年，IMA 实现销售收入 3398 万欧元，净利润 134 万欧元。

2. 并购目的——推进机器人战略，完善产业链布局

一方面，借助已有的德国普瑞的创新自动化生产线发展工业机器人项目，推进均胜电子工业机器人战略实施。另一方面，促进均胜电子从战略层面完善产业链与产品布局，实现优势互补、资源共享，产生协同效应，提高经济效益，从而占据全球工业机器人细分市场领先地位。

3. 交易方案——现金支付

并购方式为协议并购，以 1430 万欧元（约合人民币 11926.2 万元）现金进行支付。

4. 并购结果——机器人战略得以实施

该并购进一步提升了均胜电子在工业机器人集成领域的研发能力，标志着均胜电子发展工业机器人战略进入持续实施阶段，且将会引领国内机器人产业发生"蝶变"。[①]

（五）完善智能驾驶产业链——并购德国高端方向盘系统总成供应商 Quin GmbH 100% 股权

2014 年 12 月，均胜电子以 9000 万欧元并购了高端方向盘和内饰系统

---

① 《并购德国 IMA　均胜电子欲引工业机器人产业"蝶变"》，http：//www.cs.com.cn/ssgs/gsxw/201406/t20140618_4421761.html。

总成供应商德国 Quin GmbH 100% 股权。

1. 被并购方——德国高端制造商

Quin GmbH 成立于 1979 年，总部位于德国鲁特斯海姆，注册资本 125 万欧元，是一家主要为德系高端汽车品牌提供内饰功能件和高端方向盘总成的汽车零部件供应商。德国总部主要负责管理、研发、销售、质量控制和物流业务，并通过其三家全资子公司 Quin Romania（位于罗马尼亚）、Quin Polska（位于波兰）和群英（中国）（位于中国天津）负责生产业务。Quin GmbH 在内饰总成和方向盘总成行业领域处于领导者地位，其客户为大型整车厂和一级供应商，服务对象主要覆盖奔驰、宝马和奥迪的中高端车型。

2. 并购背景及目的——扩展高端客户群

（1）并购背景：汽车产业全球化对整车厂商提出要求，均胜电子贯彻执行内生和外延并重发展，积极推进"高端化"的产品战略和"全球化"的市场战略。

（2）并购目的：进一步丰富均胜的产品结构体系。

均胜电子利用 Quin GmbH 在欧洲为奔驰、宝马、奥迪等高端供应商提供产品和服务的优势，努力使公司原有功能件产品线进入国际高端厂商，拓展公司的高端客户群。

3. 交易方案——分两步三年实现交易

均胜电子通过非公开发行募集资金购买 Quin GmbH100% 股权，交易整体分两个阶段：第一阶段购买 Quin GmbH 75% 的股权；第二阶段为 2017 年 1 月 1 日至第一阶段股权交割后 3 年内，购买 Quin GmbH 剩余 25% 股权。

4. 并购结果——弥补短板，全球化再下一城

均胜电子通过对 Quin GmbH 的并购和整合，丰富了公司的产品体系，与现有产品形成协同效应，为整车厂商提供 HMI（人机接口）、高端方向盘总成和内饰功能件总成级产品，提高公司产品核心竞争力。Quin GmbH 成为均胜电子在欧洲市场的内外饰功能件研发、生产和销售平台，推进了公司"高端化"和"全球化"的整体战略。

（六）跨入汽车信息板块——并购美国安全系统供应商 KSS 100%股权和德国智能车联公司 TS 德累斯顿100%股权

2016 年 2 月，均胜电子宣布斥资 9.2 亿美元并购美国公司 KSS Holdings, Inc.（下称 "KSS"）并以 1 亿美元对其增资，另斥资 1.8 亿欧元现金并购德国 TS Daun 的汽车信息板块业务 TS 德累斯顿，两桩海外资产合计交易对价折合人民币逾 70 亿元。

1. 被并购方——全球安全、信息板块供应商

KSS 公司为全球顶级汽车安全系统供应商，从 20 世纪 50 年代起开始涉足汽车安全市场，经过 60 多年的发展，已成为该领域领先供应商，其主营业务包括自动驾驶（主动安全）、被动安全和特殊产品三大类别，是全球少数几家具备主被动安全系统整合能力、面向自动驾驶提供安全解决方案的公司。KSS 公司拥有完整且丰富的用户、车辆和环境数据库以及近千项专利储备，为新产品和系统研发奠定了良好基础，处于业内领先。在全球拥有五大研发中心，分布在美国、德国、中国、韩国和日本，研发人员近千人，地域上可以对整车厂商形成全球覆盖，已与多家国际、国内知名公司建立了良好的、长期的合作关系，包括宝马、大众、通用、标志、现代、雷诺、上汽、长城、长安等一系列国内外整车厂商。

TS Daun 汽车信息板块业务始于 1997 年，一直致力于车载信息系统、导航与辅助驾驶和智能车联系统的开发与服务，从最初的车载无线电系统和影音娱乐系统，到面向前、后装市场的导航设备以及数据安全和延伸服务，再到以大众 MIB（主系统）模块和奔驰等车机系统为代表的车载模块化软硬一体信息服务及数据安全系统，TS 一直活跃在车载信息系统领域的前沿，拥有多项车用信息和数据安全等领域的专利储备。随着自动驾驶的发展，TS 德累斯顿已经在导航辅助驾驶、智能车联和数据服务、信息娱乐方面进行布局和探索。目前 TS 德累斯顿已并入均胜汽车电子事业部的德国普瑞旗下，并更名为 Preh Car Connect GmbH（简称 PCC）。

2. 并购目的——跨入信息安全与智能领域，获取关键技术

均胜电子并购 KSS 能够获取其在主被动安全方面的先进技术、优质的客户资源以及丰富的数据资源；并购 TS 德果斯顿则可以获得其在自动驾驶领域的关键软件技术。结合公司在汽车电子硬件方面的优势，并购有助于公司在智能驾驶领域为客户提供更加全面的解决方案。公司借此构建围绕"人/驾驶者"的技术平台和商业生态，并从产品和设备提供商逐步升级为技术驱动的平台服务商。面对未来智能驾驶的大趋势，均胜电子意识到安全系统和车联网是核心要素。正是出于这一考量，其再度出手拿下了汽车安全领域的四大供应商之一美国 KSS。德国 TS Daun 公司的汽车分部强项在于导航以及娱乐信息的集成。此项并购有助于完善均胜电子的智能导航系统和车载系统的板块，从而更好地为整车提供完整的 HMI 方案。

3. 交易方案

本次并购交易由均胜电子合并美国 KSS（美国项目）以及均胜电子与其德国子公司普瑞控股共同并购德国 TS Daun 的汽车信息板块业务（德国项目）两个项目组成。

美国项目：均胜电子在美国特拉华州成立用于合并目的的全资子公司 Merger Sub，Merger Sub 与 KSS 依美国相关法律进行合并，随后 Merger Sub 终止存续，KSS 作为均胜电子的全资子公司继续存续。全部交易价格为 92116 万美元，均胜电子分两次向支付代理人支付 85616 万美元和 6500 万美元。

德国项目：TS Daun 与均胜电子、普瑞控股签署协议，约定将"汽车信息板块业务"全部拆分并重组到其子公司 TS 德累斯顿名下，并将其持有的与汽车信息板块业务相关的无形资产、业务合同、融资合同转让给 TS 德累斯顿。均胜电子和普瑞控股以现金购买的方式并购 TS Daun 所持有的 TS 德累斯顿 100% 股权，交易价格为 17600 万欧元。

4. 并购结果——完善布局，进一步扩展产业链

第一，进一步完善在自动驾驶领域的产品布局，特别是在主被动安全、车载信息系统和智能 HMI 领域。第二，在完善智能驾驶布局基础上，提供

更完整的自动驾驶解决方案和创新性技术平台，为未来智能车联服务的开展提供基础。第三，优化公司全球化业务布局，加快北美洲和亚洲地区的业务拓展，使公司业务在亚洲、欧洲和北美洲分布更加均衡。第四，这是公司贯彻执行内生和外延并重发展、积极推进"高端化"的产品战略和"全球化"的市场战略的重要步骤。[①]

（七）机器人战略布局——并购美国工业机器人制造公司 EVANA100%股权和相关知识产权

2016 年 5 月，均胜电子全资子公司 PIA 以 1950 万美元并购美国工业机器人制造公司 EVANA，意图与 2014 年对 IMA 的并购产生协同效应。

1. 被并购方——美国机器人集团

EVANA 位于美国印第安纳州的伊凡斯维尔（Evansville），是一家专注于工业机器人和自动化系统的研发、制造和集成，为客户提供定制化工业机器人系统、自动化解决方案和咨询服务的公司。EVANA 公司拥有约 100 名员工，能够为客户提供全球配套服务，其在汽车、工业和医疗等领域已拥有 50 年的经验和技术积累，在细分市场已处于全球领先地位。其主要客户包括汽车、工业、医疗和健康等领域的一线跨国集团，如 TRW（天合）、MAGNA（麦格纳）、ALERE（美艾利尔）和 ALCON（爱尔康）等世界级公司，这些公司在各自领域均有很高的市场地位。稳定、优质的客户资源有效推动 EVANA 公司业务的发展。

2. 并购目的——机器人战略再实施，打开美国市场

第一，继续实施工业机器人的发展战略；第二，公司的工业机器人及自动化业务得以进入美国市场，业务服务领域相比之前的欧洲和亚洲进一步扩大；第三，借助 PIA 在欧洲市场的客户和资源，有助于将 EVANA 的产品和服务打入欧洲市场，进一步促进公司从战略层面完善产业链与产品布局。

---

① 《宁波均胜电子股份有限公司 2016 年半年度报告》。

3. 交易方案

均胜电子控股子公司 PIA 以 1950 万美元协议并购 EVANA 公司 100% 股权和相关知识产权，采用现金支付。

4. 并购结果——获取关键技术，得到卡位优势

并购完成后，EVANA 公司被纳入上市公司合并报表范围，为上市公司的财务状况和经营业绩带来正面的影响。通过并购海外成熟公司，均胜电子直接获取成熟技术和客户，具备明显的卡位优势。

（八）安全驾驶再下一城——并购日本气囊巨头高田公司主要资产

2017 年 6 月，均胜电子控股子公司 KSS 宣布以 15.88 亿美元（约合人民币 108.8 亿元）并购日本高田除硝酸铵气体发生器之外的主要资产，并在 11 月正式签订并购协议。

1. 被并购方——日本汽车安全巨头

日本高田公司成立于 1933 年，是全球领先的汽车安全系统制造商，品牌历史超过 80 年。主要产品包括汽车安全带、安全气囊系统、方向盘和其他非汽车类安全和电子产品，与日本、北美和欧洲主要的汽车 OEM 厂商如宝马、奔驰、大众、福特、通用、丰田、本田和尼桑等都有长期稳定的合作关系。目前，高田在全球 20 个国家拥有 56 个生产基地，全球员工约 46000 名。

2. 并购目的——加强已有主营业务，提高市场占有率

此次并购一方面，有利于继续加强均胜电子子公司 KSS 现有的主、被动安全技术；另一方面，有利于实现产能的有效扩充，满足新增订单，进入日本市场和日系整车厂商供应体系，进一步提升公司在全球汽车供应链中的地位，成为全球领先的汽车安全系统供应商，市场占有率达到全球第二。

3. 交易方案

2017 年 6 月，均胜电子与高田签订《谅解备忘录》，计划出资 15.88 亿美元，通过子公司 KSS 并购高田旗下除气体发生器以外的业务。

4. 并购结果——成功挺进全球前二

本次并购让 KSS 成为员工规模超过 6 万人、在全球 23 个国家及地区拥

有业务、收入总额超过 70 亿美元，并占据全球 27% 市场份额的全球汽车安全市场第二大巨头，这也成为其打入汽车产业高度发达的日本市场的契机。

三　均胜电子外延之路总结
——谨慎大胆，步步为营

纵观均胜电子自 2009 年以来的并购之路，主要有以下特点。

（1）谨慎大胆：均胜电子自 2009 年以来，每次都从自身已有业务出发，寻求业务协同标的，抓准时机将标的公司收入囊中。多次上演"以小搏大"，不惜花费巨资并购与自身体量相当的海外资产，将"洋师傅"请进家门，由于自身定位清晰、战略眼光独到，收获颇丰。

（2）擅长消化转化：均胜电子在每次并购之后一方面能让标的公司和自身业务产生协同，同时还能在标的公司区别于公司传统业务上下力气进行消化，进一步发展；全球整合资源，制定行业扩展战略，并再次寻找协同标的。

（3）资本工具运用熟练：均胜电子在 9 年间进行了 8 起主要并购，以平均每年近 1 个并购的速度对自身业务进行扩张发展，上市以来通过资本市场直接融资 175.9 亿元，其中股权再融资 124.1 亿元[①]，擅长利用资本市场工具，运用并购实现了外延转型升级。

---

① 　以上数据来自 Wind 资讯。

神州数码并购案[*]

摘　要：　　神州数码的目标是打造中国最大的 IT 领域新生态，为中国广大企业用户和个人用户提供云到端的产品、技术解决方案及服务，成为互联网时代中国最具影响力的 IT 领域整合服务提供商。2016 年以来，神州数码接连并购云科服务、迪信通、上海云角、启行教育①等公司，利用"外延并购"战略，沿着本地化生产、本地化服务、本地化研发的"本地化路径"，提升自主研发能力，引领云计算产业趋势。

自上市以来，神州数码市值从 100 亿元增至 141 亿元，增幅达 41%。② 目前神州数码是中国最大的、涉及领域与品牌最广的 IT 领域分销商，连续 10 年蝉联 IT 分销领域国内市场第一。营业收入保持持续稳定增长，2016 年突破 500 亿元。其经营的产品丰富多样，包括移动办公设备、笔记本电脑、显示设备、服务器、存储设备、网络设备、计算机配件等上万种 IT 产品。其合作的供应商包括 IBM、EMC、甲骨文、联想和华为等国内外主流的 IT 厂商，客户囊括了国美、苏宁、京东等国内知名的零售商和电商平台以及众多领域的企业级客户，也是同时获得 AWS、Azure、Aliyun 国内最高等级合作伙伴身份的公司。

关键词：　　神州数码　云生态　本地化　自主研发

---

* 本报告内容，如无特殊说明，数据来源均为上市公司公告。

① 启行教育并购案尚处于交易所问询阶段。

② 市值分别为 2016 年 3 月 1 日及 2017 年 12 月 31 日数据。

一 神州数码的并购之路——布局云端战略，执掌数据未来

神州数码集团股份有限公司（下称"神州数码"），2017 年 3 月完成从神州数码控股有限公司（下称"神州控股"）分拆，借壳深信泰丰上市。神州数码致力于为中国的各类企业客户提供国内外顶尖的 IT 产品、技术解决方案和服务。截至 2017 年 12 月 31 日，神州数码总市值 141 亿元，动态市盈率 37 倍。截至 2017 年 12 月 31 日，公司参控股公司 41 家。

二 神州数码历次并购情况分析

神州数码历次并购事件见表 1。

表 1　并购事件时间线

时间	事件	金额（百万元人民币）	意义
2016 年	并购神码中国 100% 股权、神码上海 100% 股权、神码广州 100% 股权	4010.0	借壳深信泰丰，实现 A 股上市
2016 年	并购云科服务 100% 股权	10.7	开始转型成为云聚众服务平台
2017 年	参股迪信通 23.75% 股权	435.0	拓展销售渠道，延伸销售网络
2017 年	并购上海云角 100% 股权	360.0	加速完善云战略布局
2017 年	并购启行教育 100% 股权	4650.0	开始布局"云 + 教育"战略

资料来源：Wind 资讯，公司公告。

（一）回归 A 股，借壳上市——并购神码中国100% 股权、神码上海100% 股权、神码广州100% 股权

1. 壳资源与标的资产

（1）壳资源

被作为壳公司的深信泰丰（000034.SZ，现已更名为"神州数码"）成

立于 1982 年 6 月，1994 年 5 月在深交所上市。深信泰丰主要从事电话机产品、饲料产品的生产与销售。多年来，受手机用户快速扩张、饲料行业禽流感等因素的影响，公司产品市场不断萎缩。2012 年至 2015 年 1～6 月，实现利润总额分别为 517.4 万元、1895.6 万元、6311.3 万元和 2350.1 万元。自神州数码借壳上市后，公司 2017 年三季报显示，公司实现营收 238.2 亿元，同比增长 7079.76%，实现净利润 3.3 亿元，同比增长 1159.64%。

（2）标的资产

标的资产为神州数码（中国）有限公司（下称"神码中国"）100% 股权、上海神州数码有限公司（下称"神码上海"）100% 股权和广州神州数码信息科技有限公司（下称"神码广州"）100% 股权，三者均属于神州数码控股下的 IT 产品分销业务公司。神码中国成立于 2000 年 4 月，截至并购发生时，最终控制方为神码控股。神码中国的主营业务为消费电子分销业务和企业 IT 产品分销业务，是中国最大的、涉及领域与品牌最广的 IT 领域分销商，有着广泛的渠道覆盖网络。经营的产品包括移动办公设备、笔记本电脑、显示设备、服务器、储存设备、网络设备、计算机配件等万余种 IT 产品，并且连续 10 年蝉联 IT 分销领域国内市场第一。2012 年至 2015 年 1～6 月，实现净利润分别为 88401.5 万元、34334.4 万元、21313.1 万元和 15106.3 万元。

神码上海于 2000 年 4 月 24 日在长宁区成立，公司经营范围包括研究、开发、生产计算机硬件系统及配套产品等；神码广州于 2011 年 1 月 19 日在广州市成立，公司经营范围包括计算机技术开发、技术服务，计算机批发，计算机零配件批发等。

2. 交易目的——顺势而为，回归 A 股

IT 硬件需求持续增长，国内 IT 投资仍保持稳定的增长趋势。2015 年全球 IT 支出金额为 3.5 万亿美元，中国市场继续一枝独秀，2015 年科技产品与服务相关支出同比上年增长 5.3%，达到人民币 2.2 万亿元。利用国内资源，深耕 IT 产品与服务是大势所趋。2016 年，神州数码顺应市场形势，计划将 IT 产品分销业务分拆回归 A 股，这为神州数码在 A 股上市打开了

大门。

3. 交易方案

（1）交易步骤

神州数码实际控制人先通过现金并购上市公司（深信泰丰）股权，随后由上市公司（深信泰丰）现金购买神州数码资产，实现借壳上市，具体分为以下两步。

一是深信泰丰直接定向增发。通过向特定的5名自然人和中信建投基金定增，深信泰丰募资22亿元。这5名自然人中，神码控股的董事会主席认购1.55亿股，占总发行股份的52%，定向增发后其持股比例达到23.66%，与其一致行动人持股比例合计达到28.19%，从而成为上市公司深信泰丰新的实际控制人。由于持股比例不超过30%，因此不触发要约收购。

二是深信泰丰新实际控制人利用本次定增募集的22亿元，同时向北京银行股份有限公司中关村科技园区支行借款18.1亿元，总共募集40.1亿元，直接现金购买了神州控股IT分销业务主体，即神码中国、神码上海、神码广州的全部股权。

（2）支付方式

本次并购的交易作价是40.1亿元，均由深信泰丰以现金方式支付，交易对价分为两块，具体如下。

一是非公开募集资金。发行价格7.43元/股，发行数量296096903股，交易作价22亿元，发行方式为锁价发行，交易对手方做出业绩承诺：2015年、2016年、2017年、2018年实现的扣非归母净利润分别不低于3.02亿、3.28亿、3.35亿和3.41亿元。

二是自筹资金。北京银行中关村科技园区支行为上市公司提供了一笔18.1亿元的5年期贷款，贷款利率为当年基准利率。

4. 交易结果——整合剥离，聚焦主业

本次并购交易后，神州数码实现了业务的整合，主要分为两条线，一条线是神码中国并购神州数码有限公司和DC（BVI）持有的其他IT产品分销业务公司；另一条线是对于神码中国控制的或持有的其他与IT产品分销业务无关的公司或股权投资进行出售。即以神码中国为"端口"，"输入"原神码控股下属的除本次并购标的资产外的其他 IT 分销业务公司，"输出"跟 IT 分销业务无关的公司。其具体过程包括：①剥离供应链业务，共计 1 个，5250 万元溢价转让；②剥离地产业务，共计 8 个，7 亿元溢价转让；③剥离智慧城市业务，共计 18 个，3.6 亿元溢价转让；④剥离其他非经营 IT 产品分销业务的公司股权，共计 4 个，按照初始投资价格转让，6300 万元；⑤并购境外 IT 分销业务公司；⑥并购神码有限公司下属其他从事 IT 产品分销业务的公司股权。就公司业务发展来看，神州数码将旗下神码中国 100% 股权、神码上海 100% 股权和神码广州 100% 股权三块资产出售给上市公司深信泰丰，实现港股分拆借壳回归，也是对集团资源的整合。

（二）启动"登云"战略，打造云生态——并购云科服务100%股权

1. 被并购方——驾驭数据的云生态公司云科服务

北京神州云科信息服务有限公司（下称"云科服务"）成立于 2015 年 1 月 15 日，位于北京市海淀区，注册资本 1100 万元人民币。云科服务的主营业务为云计算应用服务、互联网信息服务、软件开发、系统集成等。云科服务具备增值电信业务全牌照资质，已经先后与阿里云、赛门铁克、思科、微软、IBM、SoftwareAG 等多家优质 IT 厂商达成战略合作。

云科服务依靠企业的统一集成平台，在 API 层面将各种云实现对接，在用户层面通过统一入口、统一用户管理的构建，将信息流融合打通。被并购前，公司已经协助不少企业完成了与 Azure、有云、263 等主流云资源的对接，形成企业的"云集线器"——让企业客户每一个员工在办公室里就能通过内部系统享受到所需的公有云服务，访问不同的应用。云科服务为企业提供了混合云的对接服务，解决了企业混合云之路的"最后一公里"问题。

云科服务截至 2015 年末的资产总额为 2114.5 万元，所有者权益为 777.1 万元，2015 年净利润为 −322.9 万元；截至 2016 年 3 月 31 日的资产

总额为 1469.7 万元，所有者权益为 677.2 万元，2016 年第一季度的营业收入为 10.5 万元，净利润为 -99.9 万元。

2. 并购目的——数据层"登云"，自主创领云时代

在企业云之路的建设中，国内不少大中型企业都处在混合云的初级阶段——其资源、应用、数据的打通都面临着包括信息的集成、信息的安全、IT 部门的角色转变等复杂挑战。在这一过程中，云科服务依靠企业的统一集成平台，在 API 层面将各种云实现对接，在用户层面通过统一入口、统一用户管理的构建，将信息流融合打通。

神州数码在过往 20 年的国内 IT 产业链中一直扮演着重要角色，通过与全球多家顶尖 IT 供应商持续展开合作，树立了良好的业务声誉和深厚的互信关系；而神州数码集团积累的线上线下全渠道营销网络，覆盖了全国 860 多个城市 30000 多家各种类型的合作伙伴，这些都是其他企业云服务商所无法比拟的优势。

神州数码的核心竞争力与云科服务的行业定位不谋而合，双方协同效应较强，云科服务未来将围绕神州数码合作伙伴的需求不断进行云生态体系的建立、整合与完善，希望成为中国最具影响力的云服务聚合商，整合全球云基础资源、云应用以及云服务等各类资源，形成最大的云聚合资源池。

3. 交易方案——全部以现金支付

本次转让后，神州数码及其实际控制人分别持有云科服务 51% 股权和 49% 股权。云科服务 100% 股权价格为 1072.84 万元，公司受让的 51% 股权相应转让价格为 547.15 万元，公司实际控制人受让的 49% 股权相应转让价格为 525.69 万元。

4. 交易结果——转型云聚合服务平台

通过并购云科服务 51% 股权，神州数码获得 IDC 以及 ISP 牌照，实现将原有的传统 IT 分销网络转型成为云聚合服务平台。同时依托神州数码的资源整合优势，承载公司的登云战略，全方位聚集全球领先的云产业资源打造一站式企业云服务平台，聚合云的基础资源、云的专业化服务、云应用，协助广大合作伙伴登云，为企业增值服务领域创造新的平台价值。

（三）拓展销售网络——参股迪信通23.75%股份

1. 被投资方——移动通信连锁店龙头迪信通

北京迪信通商贸股份有限公司（下称"迪信通"）成立于2001年，注册于北京市海淀区，2014年在香港联交所上市，股票代码6188.HK。

迪信通曾是2013年中国最大的移动通信连锁店及第三大手机零售商。公司通过销售及分销移动通信设备和配件以及提供增值服务来维持在中国移动通信设备行业的领先地位。多年来，公司为中国三大运营商发展庞大客户基础获得佣金，同时建立长期战略合作关系并从中受益。公司为顾客提供2000余款不同规格（如颜色及格式化系统）及品牌的手机，可选品类繁多。公司还按个性化基准提供增值服务，主要包括软件及移动应用套餐以及手机配置服务。

2015年和2016年，迪信通收入分别为1583072万元和1517717万元，归属于母公司净利润分别为35672万元和35708万元。截至2016年末，迪信通总资产732031万元，净资产316968万元。

2. 交易目的——拓展销售渠道，延伸服务网络

迪信通在中国移动通信设备行业保持领先地位，本次投资交易有利于拓展神州数码线上线下销售渠道，并利用迪信通在中国三四线城市的门店优势，形成对目前销售网络的有力补充及扩展。

3. 交易方案——以自有资金支付全部价款

2017年4月，神州数码全资子公司Digital China（HK）Limited使用自有资金，以总金额49088.5万港币（按照港币：人民币 = 1∶0.8861的汇率折算，约为人民币43498.89万元）对价获得迪信通总计15835万股的股份。本次交易完成后，神州数码持有迪信通的股份比例为23.75%。

具体而言，神州数码分别从3i Infocomm Limited及CDH Mobile（HK）Limited处购买8710万股及7125万股北京迪信通商贸股份有限公司股份，价格为3.10港币/股。

4. 交易结果——强强联合，战略互补

神州数码成为迪信通主要股东。迪信通是中国最大手机专业连锁企业，覆盖华北、华东、华中、华南和西北、东北、西南等地区，拥有 1700 多家直营和加盟门店。本次交易促成了各方战略互补的共赢局面：迪信通在中国移动通信设备零售行业保持领先地位，战略投资对神州数码已有销售网络形成有力补充及扩展；而作为中国最大的整合 IT 服务商的神州数码在国内外市场上积累了深厚的上下游企业资源，也为迪信通带来新的战略增值。

（四）云生态领域再下一城——并购上海云角100%股权

1. 被并购方——云管理服务提供商上海云角

上海云角信息技术有限公司（下称"上海云角"）成立于 2012 年，注册地为上海市闵行区，经营范围包括从事信息技术、计算机科技领域内的技术开发、技术转让、技术咨询、技术服务，以及计算机、软件及辅助设备、通信设备、电子产品的销售。

上海云角是一家专注于公有云和混合云平台的迁移、运维和软件开发的高科技企业，立志成为全球领先的云计算软件和服务提供商。秉承将云带到世界每一个角落的理念，上海云角为上百家世界五百强公司及创业企业提供了专业的云计算相关的技术咨询、培训、云运维以及云优化服务。历经五年多专注研发的云上管理平台——云舶，能够提供跨各种公有云和私有云的监控、计费和资源管理的 SaaS 服务。

截至 2016 年末，上海云角总资产 4089.4 万元，净资产 3505.2 万元，营业收入 4032.4 万元，净利润 1055.9 万元，截至 2017 年 8 月 30 日，其总资产 4751.9 万元，净资产 3970.2 万元，2017 年前三个季度营业收入 3233.2 万元，净利润 465.0 万元。

2. 并购目的——加速完善云战略布局

作为领先、中立的第三方平台服务提供商，上海云角横向拓展行业领域覆盖，纵向发展各规模企业，为更多大型企业、传统企业、外资企业以及创业者提供全面的全球云端服务体验。目前上海云角是微软、AWS、阿里云、青云、腾讯云、华为云、百度云、UCloud、Oracle、IBM Bluemix 的合作伙伴。并购上海云角为神州数码持续带来优质客户；同时，神州数码的云计算业务发展战略以云管理服务（MSP）业务为核心。MSP 业务是公有云服务转型的重中之重。并购上海云角有助于获得成熟的云管理平台，快速提高神州数码在云计算领域的技术和服务能力，补充在云资源聚合和云增值服务上的业务布局，助力公司成为首家进入 Gartner Cloud MSP 魔力象限的中国企业。

3. 交易方案——现金支付全部对价

第一步：神州数码于 2017 年 5 月与相关方签署了关于现金受让上海云角 30% 股权的《股权转让协议》，公司已支付全部 10800 万元的现金对价。第二步：神州数码于 2017 年 10 月以 25200 万元人民币的转让价格并购参股公司上海云角 70% 的股权，交易完成后，神州数码持有上海云角 100% 的股权。

4. 交易结果——资本助力，云战略布局获新动力

上海云角的优势在于提供强大的云上增值服务，而神州数码是中国领先的企业信息化融合服务平台建设者和运营者，拥有全国最完整的客户体系和营销体系，也是中立的第三方，双方都需要进一步在云上发展，互补性较强。上海云角的加入为神州数码增加了新的云管理产品线。同时，上海云角借助神州数码的资源，进入高速发展的"快车道"，成为中国领先的云计算服务公司。

更进一步，此次投资上海云角是神州数码基于云增值服务能力进行的战略性布局。上海云角与神州数码已在混合云运维平台开发、标准化增值服务流程等技术领域对接，并在云计算领域的营销网络建设、广度资源对接、行业应用场景深化等方面进一步协同。企业级客户通过神州数码企业信息化融合服务平台，能够享受到更全面、更优质的融合服务。

（五）布局"云＋教育"——并购启行教育100%股权（尚处于交易所问询阶段）

1. 被并购方——国际化教育机构启行教育

广东启行教育科技有限公司（下称"启行教育"）成立于 2013 年，注

册于广州市天河区。启行教育作为一家国际化教育机构，主要为客户提供国际教育相关服务，具备行业领先的留学咨询服务能力及考试培训服务能力，并依托此两大核心业务发展出"启德留学""启德学游""启德考培""启德学府""学树堂"五个子品牌，业务范围涵盖学术英语指导、高端学游、语言考试培训、出国留学咨询、国际预科、桥梁课程和境外服务等国际教育行业的全产业链。

启行教育 2015 年、2016 年、2017 年 1~8 月备考营收分别为 93703.9 万元、100995.2 万元、71171.1 万元；归属于母公司股东的净利润分别为 14479.6 万元、16296.9 万元、7311.6 万元。

2. 并购目的——进军国际教育市场

对于神州数码而言，启行教育将作为其"云 + 教育"战略的承载者，推动并帮助神州数码实现战略落地。神州数码将依托启行教育在行业内的领先地位，结合已有的智慧校园业务，整合教育渠道合作伙伴、解决方案、云计算等资源，逐步完善在智慧教育领域的产业布局。以本次交易为契机，神州数码未来将围绕"云 + 教育"复合发展模式进行深耕发展。

同时，神州数码充分利用以云计算为核心的 IT 技术服务方面的优势，推动启行教育开启线上线下双引擎驱动的业务模式，促进线上业务引流和服务效率提升，助力启行教育完成信息化升级。

3. 交易方案——发行股份与支付现金结合

神州数码通过发行股份与支付现金相结合的方式购买启行教育 100% 股权，对应交易价格为 46.5 亿元，其中的 37.27 亿元以发行股份方式支付。据此，以 18.30 元/股的发行价计算，神州数码在本次交易中发行股份的数量为 20364.71 万股。此外，神州数码还计划配套募资不超过 9.66 亿元，主要用于支付本次交易的现金对价及各项费用。

启行教育 2017~2019 年承诺净利润合计为 9 亿元。若未达到上述承诺目标，相关业绩承诺方将对上市公司进行补偿。

4. 交易结果——"云＋教育"战略的落地

截至 2018 年 1 月 29 日，此次并购尚处于交易所问询阶段，神州数码股票因重大事项停牌，相关事项尚在进展中。

三 神州数码并购之路总结

回顾借壳上市以来神州数码的并购之路，主要有以下特点。

（1）深思长计，云端布局：2017 年 3 月伊始，登陆 A 股后的神州数码开始在自主可控和云计算服务上快速展开布局。此后的历次并购及投资都是神州数码云端战略的延续，是其跨越产业界、资本界布下的一盘宏大棋局，最终目标是沿着本地化生产、本地化服务、本地化研发的"本地化路径"，形成自主可控的中国力量，提升中国在信息硬件产品领域的自主研发能力。

（2）整合能力出众：作为连续 10 年蝉联国内 IT 分销市场第一的公司，神州数码具有极强的资源整合能力，公司持续与阿里云、甲骨文、华为、思科等国内外著名云计算及 IT 厂商探索新的合作模式。从神州云科到上海云角，每一次并购都是神州数码在最大限度地聚合企业信息化所需要的最优产品、解决方案和全生命周期服务，最大程度释放平台上每个合作伙伴的价值，实现企业客户的全部信息化需求。

（3）资本雄厚，工具运用娴熟：神州数码参与的 5 次并购案涉及金额近百亿，坚定持续的战略布局在 IT 产业形成深远的影响。这也反映出神州数码并购的标的公司都是行业龙头，发展前景极佳，市场给予它们很高的关注。要撬动如此大规模的并购，神州数码利用了股份增发、借款等各种手段筹集资金，体现了其熟练的资本工具使用能力。

华胜天成并购案[*]

摘 要： 近十年来，华胜天成通过自主研发以及外延并购的方式，在关键技术上实现自主可控，形成了核心竞争力。自 2009 年来，公司接连并购了自动化系统集团、现代前锋（摩卡软件）、长天科技、兰德网络、沃趣科技、和润科技、Grid Dynamics、泰凌微电子等公司，作为国内领先的 IT 解决方案综合服务领导者，开启了从底层技术到产品、平台、行业智能服务的一站式物联网解决方案提供商的转变。

自上市以来，华胜天成市值从 21 亿元增至 116 亿元，增长了 452%；收入规模从 9.2 亿元增至 54.3 亿元，增长了 490%；归母净利润从 0.8 亿元增至 2.3 亿元，增长了 188%。[①] 公司传统主营业务为 IT 系统集成与服务，面对市场变革，公司业务升级效果明显，在高端计算、云计算、大数据、物联网及行业应用等方面，均为本土领先者。

关键词： 华胜天成 技术创新 云计算 大数据服务 物联网

一 华胜天成的并购之路——加大投入高端云计算
自主产品，布局大数据、物联网核心技术

北京华胜天成科技股份有限公司（下称"华胜天成"）成立于 1998 年，总

---

* 本报告内容，如无特殊说明，数据来源均为上市公司公告。

① 市值分别为 2004 年 4 月 27 日和 2017 年 12 月 31 日数据。财务数据截至 2017 年 12 月 31 日。以上数据均来自 Wind 资讯财务摘要。

部位于北京市海淀区，2004 年 4 月于上海证券交易所主板上市，股票代码为 600410. SH。截至 2017 年 12 月 31 日，公司总市值 116 亿元，动态市盈率 58 倍。

华胜天成是中国一流的 IT 综合服务提供商，服务网络覆盖广泛，业务方向涉及云计算、移动互联网、物联网、信息安全等，业务领域涵盖 IT 产品化服务、应用软件开发、系统集成及增值分销等多种 IT 服务，是中国最早提出 IT 服务产品化的公司。华胜天成以为企业及政府客户提升 IT 核心能力为使命，以卓越的解决方案、对客户业务的深刻理解以及分布广泛的高效密集的服务交付网络，为客户提供贯穿其 IT 建设整个生命周期的"一站式"服务。华胜天成在电信等领域拥有丰富的 IT 服务解决方案，是中国首家全面通过三大国际质量管理体系认证的 IT 服务提供商。

截至 2017 年 12 月 31 日，公司参控股公司 34 家。目前，华胜天成积极进行业务开拓和产业布局，不断进行产品升级。一方面，公司加大高端计算系统自主产品、云计算解决方案的技术研发和行业市场开拓力度；另一方面，通过并购、参与产业基金等投资方式，在大数据、物联网核心技术和行业应用上进行布局，构建云计算基础架构、大数据和物联网紧密结合的业务模式。

二　华胜天成历次并购情况分析

华胜天成历次并购事件见表 1。

表 1　并购事件时间线

时间	事件	并购金额（百万元人民币）	意义
2009 年	并购自动系统集团 68.4% 股权	230.9	实现业务结构升级，提升综合信息技术服务提供能力
2010 年	并购现代前锋软件公司（摩卡软件）100% 股权	64.3	增加公司在电信行业的核心竞争能力，提升公司的软件产品化能力和拓展新市场的能力
2010 年	并购中国磐天集团及其下属全资子公司长天科技 100% 股权	50.0	加强在金融、邮政、社保、税务以及相关政府行业的竞争能力，覆盖更多优质客户；进一步增强核心技术能力

续表

时间	事件	并购金额（百万元人民币）	意义
2013 年	并购浙江兰德纵横网络技术公司 51% 股权	27.1	实现公司业务结构升级,提升综合服务提供能力,满足向高端信息技术服务提供商转变的需要
2015 年	并购杭州沃趣网络科技公司 51% 股权	26.3	增强数据库业务的综合实力,丰富华胜天成数据库领域的高级技术专家团队
2016 年	并购北京和润恺安科技发展公司 30% 股权	96.0	开展物联网 + 环保大数据业务的紧密合作,开展依托"互联网 + 环境监测 + 工业智能健康监测"系统方句的业务
2017 年	并购 Grid Dynamics 公司 100% 股权	767.0	提高开源技术、云端应用及大数据领域的技术水平,将业务范围覆盖到北美、东欧
2017 年	并购泰凌微电子 82.7471% 股权	1860.8	在物联网芯片领域大力布局

资料来源：Wind 资讯，公司公告。

（一）实现业务结构升级，拓展境外市场——并购香港上市公司自动系统集团68.4%股权

1. 被并购方——香港高端信息技术服务提供商自动系统集团

自动系统集团有限公司（下称"自动系统集团"）是一家在香港联交所主板上市的公司，是中国香港地区领先的信息技术服务提供商，致力于为企业、政府及其他组织或机构提供计算机和网络设备等硬件产品和集成服务以及应用软件解决方案等专业服务，帮助客户实现数字化管理和实时通信，提高日常运营效率。公司的收入和利润规模自上市以来实现了大幅增长，不但保持了在香港地区领先的行业地位，且不断将业务范围向周边地区扩展。目前，公司的业务范围已扩展至中国内地、澳门、台湾和泰国。公司注册资本 6 亿港元，截至 2009 年 3 月 31 日，总资产 8.8 亿港元，所有者权益 5.3 亿港元，2008 年度营业收入 13.9 亿港元，净利润 7615.3 万港元。

2. 并购目的——推动业务结构升级，提高市场占有率

自动信息系统集团拥有超过 30 年的 IT 行业经验，具有提供解决方案等高端服务业务的技术资源和实施经验，在东南亚特别是香港地区拥有众多的成功案例。借助于国内信息化的快速发展，华胜天成通过扩张其系统集成和软件业务规模，在我国占据了较大的市场份额，拥有广泛的客户基础。此次并购是华胜天成实现业务结构升级、提升综合信息技术服务提供能力、向高端信息技术服务提供商转变的需要，有利于华胜天成巩固现有的市场份额和培育新的市场需求。通过与华胜天成的合作，自动信息系统集团也将受益于华胜天成在中国内地广泛的客户基础，更多地分享内地经济快速发展所带来的巨大的市场空间。

3. 交易方案——自有资金一次性支付

此次交易的购买价格为 2.21 港元/股，扣除自动信息系统集团在本次并购完成前分配股利 0.92 港元/股后，实际交易价格为 1.29 港元/股，交易总价为 26242.7 万港元，华胜天成以自有资金一次性支付。

4. 并购结果——服务多样性提升，业务结构升级

交易完成后，华胜天成产品和服务的多样性得到提升，特别是高端 IT 专业服务和具有行业特色的应用软件解决方案的提供能力得到增强。软件和服务是华胜天成业务板块中最具潜力的部分，也是公司未来的战略发展重点，并购自动信息系统集团能够在较短的时间内实现公司原有业务的结构性升级，增强整体业务的盈利水平。

（二）提升服务能力，拓展电信行业产品线——并购摩卡软件 100% 股权

1. 被并购方——软件产品及解决方案提供商摩卡软件

华胜天成以其全资子公司华胜天成科技（香港）有限公司为主体，以自有资金并购现代前锋软件有限公司（下称"现代前锋"）（含全资子公司摩卡软件）100% 股权。摩卡软件在电信行业具有较强的核心竞争能力，主要客户为中国移动、中国联通及中国电信。摩卡的 OA、BPM 等软件产品及

解决方案占有较高的市场份额，BSM 及 ECM 等软件产品经过多年的研发，已经具有较高的产品化程度及广泛的市场知名度。现代前锋注册资本 100 万美元，截至 2010 年 1 月 31 日，总资产 4186.0 万元，所有者权益 2840.0 万元，2009 年营业收入 775.5 万元，净利润 52.1 万元。

2. 并购目的——实现业务结构升级，提升产品及服务能力

华胜天成并购现代前锋，目的是利用现代前锋及其全资子公司——摩卡软件在软件产品、解决方案、技术资源、管理资源及行业经验方面的优势，以及既有的市场和技术储备，满足自身实现业务结构升级、提升综合信息技术服务能力、软件产品提供能力、向高端信息技术服务提供商转变的需要。同时，并购也有利于华胜天成巩固已有的市场份额，培育新的市场需求，为公司带来较好的经济效益。

3. 交易方案——使用自有资金

华胜天成使用自有资金 989.15 万美元购买现代前锋 100% 股权。交易完成后，现代前锋成为华胜天成的全资子公司。

4. 并购结果——竞争实力增强，市场占有率提升

华胜天成在电信行业的竞争能力增强，成为中国移动相关领域最大的合作伙伴，进一步提升其在整个运营商行业的市场占有率。同时，华胜天成的软件产品化能力和拓展新市场的能力也得到了提升。华胜天成拥有更多的软件产品线，为进一步拓展政府、金融、制造、能源等行业市场以及服务更多的客户提供了有利的条件。公司在基础研发方面的技术实力也得到提高，为长期发展提供了更多的资源储备。

（三）实现行业拓展，进一步增强核心技术能力——并购长天科技100%股权

1. 被并购方——金融信息化软件产品和综合服务商长天科技

中国磐天集团下属全资子公司长天科技有限公司（下称"长天科技"）是中国领先的 IT 解决方案和专业服务提供商之一，是首批获得国家信息产业部认证的系统集成一级资质企业，长期致力于为政府、金融等重要行业的

业务信息化提供应用软件和行业解决方案、系统管理和数据安全等各类通用服务，以及基于解决方案的 IT 咨询规划、系统集成、定制软件开发、维护保修、资源外包等专业化服务。截至 2010 年 10 月，中国磐天总资产 6429.0 万元，所有者权益 3493.1 万元，营业收入 8418.5 万元。

2. 并购目的——实现行业拓展，进一步增强核心技术能力

长天科技在行业应用软件开发、IT 运维服务等技术领域拥有多年的成功经验，公司拥有一支高水平的工程师和项目经理队伍。本次并购对于增强华胜天成在相关领域的技术能力具有重要的作用，并能够通过双方的优势互补帮助华胜天成建立起更加完善的技术研发和实施体系。

3. 交易方案——自有资金一次性支付

华胜天成以其全资子公司华胜香港为主体，使用自有资金 5000 万元人民币购买中国磐天集团 100% 股权。交易完成后，中国磐天成为华胜天成的全资子公司。

4. 并购结果——扩展行业客户，提高技术能力

通过本次并购，华胜天成极大地加强了在金融、邮政、社保、税务以及相关政府行业的竞争能力，利用长天科技在这些行业的丰富客户案例和实施经验，公司能够将原有业务能力延伸到更广泛的行业市场，覆盖更多的优质客户。

（四）增强电信行业竞争优势，提升核心技术能力——并购兰德网络51%股权

1. 被并购方——先进的管理信息软件产品提供商兰德网络

浙江兰德纵横网络技术有限公司（下称"兰德网络"）以软件和信息技术为核心，专注于向电信运营商提供先进的管理信息领域软件产品的咨询、研发、实施、维保、升级等服务。公司与三大电信运营商保持着良好的合作关系，产品已覆盖全国二十多个省、自治区和直辖市的电信运营商。公司经过多年的研发积累，拥有成熟的流程引擎、内容管理、统一用户管理、移动办公四大类软件产品。截至 2013 年 3 月，公司注册资本 500 万元人民币，

总资产 2556.9 万元，所有者权益 2142.6 万元。兰德网络已于 2015 年 12 月挂牌新三板创新层（834505. OC）。

2. 并购目的——增强行业竞争优势，提升持续盈利能力

并购兰德纵横有利于实现公司整合行业资源，立足中国市场，以 IT 服务和软件为核心，以广泛的战略合作联盟为基础，全力打造中国 IT 服务的航空母舰，建立值得客户信赖的 IT 服务品牌，成为中国卓越的信息技术服务企业的发展愿景；有利于提高公司核心技术的开发创造能力，从而提高产品的利润率和市场竞争力。

3. 交易方案——分期支付

此次并购以华胜天成全资子公司北京华胜天成软件技术有限公司为并购主体，交易采用多期支付的方式，公司首先支付并购价款的 20%，随后按照交易进度，总共分为 4 期支付，于 2016 年 6 月 30 日前完成全部对价的支付。

4. 并购结果——延伸业务领域，实现业务规模和质量的提升

华胜天成并购兰德网络，增强了在电信行业的竞争优势，可以将业务延伸到电信行业 IT 系统建设和运营项下更多的领域。利用兰德网络的技术以及客户资源，华胜天成产品和服务的多样性进一步提升，特别是在高端 IT 专业服务和具有行业特色的软件解决方案领域的能力得到增强。

（五）提升数据库业务实力，完善自主品牌体系——并购沃趣科技 51% 股权

1. 被并购方——数据库产品提供商沃趣科技

杭州沃趣网络科技有限公司（下称"沃趣科技"）主要为传统行业、互联网企业提供专业数据库、系统相关的服务和产品，技术领域涉及 Oracle、MySQL、系统和运维自动化，可提供包括对数据库和系统进行架构设计、优化、实施和灾难恢复等服务。

2. 并购目的——提升数据库业务实力，完善自主产品体系

华胜天成并购沃趣科技，一方面是利用沃趣科技的技术优势来提升华胜

天成主导的 TOP 项目中数据库业务的综合实力，同时可以扩大华胜天成数据库领域的高级技术专家团队；另一方面，此次并购也可以进一步完善华胜天成的自主产品体系，为未来自主产品的业绩增长起到助推作用。

3. 交易方案——使用自有资金

华胜天成以 977 万元人民币向沃趣科技原有股东并购其持有的沃趣科技 27.91% 股份。并购完成后，华胜天成向沃趣科技增资 1650 万元人民币。在并购及增资完成后，华胜天成持有沃趣科技 51% 的股权，成为沃趣科技的控股股东。

4. 并购结果——提升数据库业务实力，推动产品业绩提高

交易完成后，沃趣科技成为华胜天成的子公司，有助于提高数据库业务的市场竞争力，为未来的成长奠定基础。

（六）布局安监云计算细分行业——并购和润恺安30%股权

1. 被并购方——环境、工业智能监测提供商和润恺安

北京和润恺安科技发展股份有限公司（下称"和润恺安"）主要立足于公共安全行业，致力于成为环境监测及工业监测的龙头企业，依托"互联网＋环境监测＋工业智能健康监测"的业务发展方向，让监测数据更加准确、全面、及时。公司自设立以来，始终致力于公共安全整体解决方案的研发、设计和实施，依托自身技术平台，根据客户需求进行解决方案的设计，向上游供应商采购基础软硬件产品，并为客户开发"量身定制"的专业软件，组织项目实施，公司为客户提供从研发、设计、采购、实施直至技术维护"一站式"服务。

2. 并购目的——紧密配合，拓展物联网＋安监云业务

在技术方面，华胜天成拥有先进的大数据存储、云计算管理、分析技术，在邮政、金融、电信等领域积累了丰厚的大数据及互联网项目经验；在市场和客户方面，和润恺安在环保行业有着10多年的业务经验，公司曾成功实施了包括贵州省卫生厅、甘肃省安监局、河北省计生委等典型行业案例，积累了大量的业务实施经验。

双方综合各自的优势，在并购完成后，依托"互联网＋环境监测＋工业智能健康监测"系统，研发完成数据采集系统、数据汇集平台、应用支撑平台、数据应用系统和用户系统，提供准确、全面、及时的构建互联网＋环境/工业监测体系的监测产品、解决方案和服务，使和润恺安成为环境监测及工业监测行业云龙头企业。

3. 交易方案——以自有资金受让部分老股以及增资

华胜以 1800 万元的对价并购天津海鹭商务信息咨询合伙企业（有限合伙）持有的和润恺安 8% 股份。同时，在和润恺安股份制改革完成后，华胜天成向和润恺安增资 7800 万元，以上并购及增资完成后，华胜天成总投资金额为 9600 万元，持有和润恺安 30% 的股权。

4. 并购结果——完善云计算产业布局，加强安监行业实力

此次交易一方面拓展了华胜天成在环境监测系统领域的云计算市场，结合中国环保安监行业的发展，帮助公司占据中国环境监测网络建设的优势地位，开辟公司在中国环境监测行业的市场空间。另一方面，华胜天成帮助标的公司提供准确、全面、及时的构建互联网＋环境/工业监测体系的监测产品、解决方案和服务，助力和润恺安成为环境监测及工业监测行业云龙头企业。

（七）加速布局云计算产业，获零售云龙头实力——并购 GD 公司100% 股权

1. 被并购方——北美云计算公司 Grid Dynamics

GD 公司成立于 2006 年，是一家硅谷公司，总部设立于美国加利福尼亚州的门洛帕克市，在东欧三国拥有专业的软件研发资源。GD 公司在开源技术、云端应用、大数据实时分析等方面拥有丰富的经验及管理能力，其主要业务是为零售、金融、媒体及科技行业的企业客户提供基于开源技术的全渠道电子平台核心系统开发、云端交付、大数据实时分析等 IT 服务。2016 年 1～9 月实现营业收入 4035 万美元，净利润 489 万美元。

2. 并购目的——完善国际化布局

本次交易有利于并购双方在现有技术、业务和业绩基础上的协同发展。一方面，华胜天成为 GD 公司开放现有的中国（含港澳台）以及东南亚优质行业客户，为其带来更大的市场前景和良好的收益；另一方面，GD 公司在开源技术、云端应用、大数据技术以及软件开发项目离岸交付的经验和管理能力也在华胜天成提高相关技术水平、降低开发成本方面发挥协同作用，GD 公司在美国关键行业的客户资源对华胜天成的产品和业务进入美国市场具有积极的牵引作用。

3. 交易方案——由子公司自动系统集团并购，根据 GD 公司获利能力调整交易对价

ASL（自动系统集团）首先一次性支付 1 亿美元的交易对价，剩余 1800 万美元对价分两期分别支付。在获利期后的 12 个月及 24 个月，根据 GD 公司实际获利情况（收入及净利润指标），给予对手方 0～450 万美元的获利能力支付价款，只有当 GD 公司两期收入及净利润均达到预期时，方可获得全部 1800 万美元对价。

4. 并购结果——业务范围拓展，技术能力提升，成为零售云行业龙头

本次交易完成后，华胜天成"以高端计算系统为基础的行业大数据和服务提供商"定位得到进一步的夯实和丰富，公司的业务覆盖区域从中国以及东南亚扩展到北美和东欧，是公司"外延式发展"战略的有效实施，有利于公司以北美和东欧为起点，整合全球范围内先进的信息技术和管理经验，为公司的长远发展奠定稳固基础。

（八）物联网行业布局——并购泰凌微电子82.7471%股权

1. 被并购方——物联网芯片设计企业泰凌微电子

泰凌微电子（上海）有限公司（下称"泰凌"）成立于 2010 年 6 月，是一家物联网无线连接芯片和系统解决方案供应商。公司主营业务为物联网和人机交互市场的高集成度 SoC 芯片，主要应用领域包括智能家居、可穿戴设备、无线键鼠、遥控器等。目前泰凌微电子拥有客户 200 多家，与国内外

大型物联网厂商及方案商均有合作。

2. 并购目的——增强物联网行业布局，云计算触角延伸

泰凌在蓝牙低功耗芯片和多模组通信集成芯片领域具有技术优势，将泰凌芯片与华胜天成在大数据领域及 IT 系统集成的解决方案相结合，有助于进一步推动华胜天成在物联网领域的深度布局，为客户提供一站式"连接＋平台＋智能"的端到端物联网解决方案，有助于进一步提升华胜天成作为以物联网为基础的行业云服务商的竞争实力。

3. 交易方案——使用自有资金，通过基金并购

华胜天成通过其发起设立的物联网基金新余中域高鹏祥云投资合伙企业（有限合伙），以 18.6 亿元人民币对价，将泰凌收入囊中，持有泰凌82.7471％股权。

4. 并购结果——向一站式物联网解决方案提供商转型

并购完成后，泰凌成为华胜天成物联网战略的重要一环，华胜天成正快速补齐在物联网感知层和通信层的短板，将泰凌在蓝牙低功耗、Zigbee、6LoWPAN/Thread、苹果 Homekit 等方面的能力整合到物联网整体生态版图中，实现向一站式物联网解决方案提供商的转型。

三 华胜天成的并购之路总结——产品技术创新、业务结构升级推动下战略定位的实现

纵观华胜天成自 2009 年以来的并购升级之路，主要有以下特点。

（1）并购目标清晰：华胜天成正视在大而全的产业链中寻找自身定位，致力于实现新一代信息技术服务商战略定位，专注于高新技术行业，对于符合发展战略的公司及业务，迅速进行布局、实施投资并购，目前已基本形成涵盖云计算、大数据和物联网的业务领域。

（2）三位一体：围绕"连接＋平台＋智能"一站式综合解决方案服务商战略定位，华胜天成加大高端计算系统自主产品、云计算解决方案的技术研发力度，同时也在大数据、物联网核心技术和行业应用上进行布局，构建

云计算、大数据和物联网紧密结合的三位一体业务模式。

（3）协同效应显著：华胜天成致力于在云计算、大数据和物联网领域成为技术创新的佼佼者，在对符合公司战略规划、在高新技术细分领域有一定实力的目标公司进行并购之后，将其融入自身的发展体系，同时还可以让标的公司利用自身的平台实现进一步的发展。

（4）精通资本工具运用：华胜天成在上市 13 年间进行了 8 次主要并购，利用资本市场工具，在合规前提下不断通过并购来丰富自身行业大数据和服务提供商的定位，推动业务扩张和战略布局的实现。

立思辰并购案[*]

摘　要：　　以 2012 年为转型教育行业的起点，立思辰接连并购了合众天恒、康邦科技、百年英才、中文未来等公司，从教育信息化切入，逐步渗透至智慧教育、升学服务及学习服务领域，并确立了大语文在目前业务发展中的核心战略地位，在教育行业多点布局，助推业绩提高。在教育上，"激发·成就亿万青少年"是立思辰的使命与愿景，立思辰依托优质教育资源，利用互联网、人工智能等先进的科技手段，帮助学生挖掘自身潜力，推动教育资源均衡发展，并以大语文为契机，将业务向全球拓展。

　　自上市以来，公司市值从 35 亿元增至百亿元规模；营业收入从 3.4 亿元增至 22.2 亿元，增幅 553%；归母净利润从 0.5 亿元增至 2.3 亿元，增幅 360%。^① 2017 年是立思辰进军教育行业的第五年，立思辰已经从教育新军成长为教育界优质企业，以"智慧教育＋升学/学习服务"为核心，形成贯穿校内校外、线上线下、国内国外的"立思辰教育生态"。

关键词：　立思辰　智慧教育　升学服务　学习服务

---

* 本报告内容，如无特殊说明，数据来源均为上市公司公告。

① 市值分别为 2009 年 10 月 30 日及 2017 年 12 月 31 日数据。财务数据截至 2017 年 12 月 31 日，其中 2017 年为预测数据。以上数据均来自 Wind 资讯财务摘要。

一 立思辰的并购之路——投身教育行业 多点发力，教育生态雏形已现

北京立思辰科技股份有限公司（下称"立思辰"）成立于1999年，总部位于北京，并在上海、广州、成都、沈阳、南京等20余个城市设立分/子公司。2009年10月，公司成为中国创业板首批上市企业之一，于深交所发行上市，股票代码为300010.SZ。截至2017年12月31日，公司总市值98亿元，动态市盈率34倍。

上市时，立思辰主营业务是文件管理外包和视频会议管理两项外包业务，通过明确的战略转型策略，公司致力于以"智慧教育+升学/学习服务"双轮驱动教育行业发展，抓住教育行业核心痛点，布局K12教育领域。2018年2月公司发布公告，计划剥离信息安全产业资产，专注教育行业，并同时公告收购国内语文学习服务领域龙头企业中文未来，正式进军学习服务领域，以大语文为重要发力点，大力拓展C端业务。

2018年是立思辰进军教育行业的第六年，通过并购，立思辰拥有了横跨智慧教育、升学服务、学习服务三大板块的教育业务，形成智慧教育建设、教育内容提供、教育咨询服务以及教育培训服务2C by 2B的格局（见图1）。

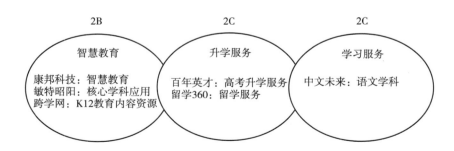

图1 立思辰三大业务板块

在智慧教育领域，通过自有的教育区域云平台整合康邦科技的校园顶层设计规划能力，为教育部门提供区域教育云平台与服务于校园的智慧教育整

体解决方案，在实现收入与利润的同时获得近距离接触终端用户的机会。立思辰的智慧教育业务已从简单的信息系统集成转变为教育与 IT 的深度融合。通过校本课程、核心学科应用服务等教育内容的引领，构建一个业务覆盖全国、触角伸到每个学校的教育科技服务网络。

在升学服务领域，立思辰旗下拥有主打高考升学服务的百年英才及主打互联网留学服务的留学 360。其高考升学服务主要包括高考志愿填报服务、自主招生服务、生涯规划服务及艺考咨询服务等，是中国 A 股市场上高考升学服务领域的龙头。其留学服务采用互联网 + 全国合伙人的独特运营模式，与海外 3000 多家机构和院校保持长期合作。

在学习服务领域，立思辰旗下拥有语文学科领域龙头企业中文未来，中文未来具备全国领先的大语文教研体系，其语文教学使语文学习不再枯燥，激发学生学习兴趣，坚持以提升学生文学素养为核心，真正实现语文素质教育，同时运营商"线上 + 线下"复合运营模式可以实现快速异地复制和市场拓展。

二 立思辰历次并购情况分析

立思辰历次并购事件见表 1。

表 1 并购事件时间线

时间	事件	并购金额（百万元人民币）	意义
2013 年	并购合众天恒 100% 股权	42.0	开启向教育信息化转型之路
2015 年	并购敏特昭阳 95% 股权	344.9	增强学科应用领域内容核心竞争力
2016 年	并购康邦科技 100% 股权	1760.0	强强联合，提升智慧教育核心技术能力
2016 年	并购留学叁陆零 100% 股权	344.9	发展国际教育板块，布局互联网留学
2016 年	并购百年英才 100% 股权	285.0	全面提升升学产业链，形成业务自循环
2016 年	并购跨学网 100% 股权	250.9	互联网教育布局加码，学科内容不断完善
2018 年	并购中文未来 51% 股权	481.1	布局语文学科领域，全面发力 C 端业务

资料来源：Wind 资讯，公司公告。

（一）明确教育信息化发展方向——并购合众天恒100%股权

1. 被并购方——数字化校园建设特色企业合众天恒

北京合众天恒有限公司（下称"合众天恒"）成立于2004年，是一家致力于数字化校园建设和教育行业信息化的高新技术企业和软件企业，其核心产品数字化校园系统是当时国内唯一同时通过教育部教育管理信息中心、中央电化教育馆、中国教育技术协会评测的教育信息化产品。合众天恒拥有数字化校园综合应用系统等14个软件著作权证书和数字化校园产品的相关发明专利证书、实用新型专利证书，其产品获得北京市产品评价中心颁发的新技术新产品（服务）证书、产品质量创新贡献奖之创新成果奖及产品质量奖。

2. 并购目的——开启向教育信息化转型之路

2009年上市时，立思辰主营业务是文件管理外包和视频会议管理两项外包业务。2012年，外部环境开始出现变化。宏观方面，中国经济增长逐步放缓，商业发展的大环境出现新的变化。市场方面，随着无纸化办公方式逐步在大中型企业推行，公司的办公系统外包服务受到了前所未有的冲击，用户需求下降，业务发展增速放缓。同时，企业级视音频系统业务经过近10年的发展，大中型企业客户市场已经逐步饱和，产品竞争日益激烈，毛利率逐步降低，公司的业绩开始出现下滑。公司上市后并没有取得预期中的高速发展，市值一直停滞在50亿元以下，未能获得资本市场关注。立思辰遇到了行业发展瓶颈，股价长期处于下跌趋势，2012年，公司净利润同比下滑接近四成，市值更是一度跌至15亿元附近，可谓危机四伏。

在企业内部广泛讨论与外脑建议的基础上，立思辰管理层花了9个月时间，做出了一个更具前景的教育发展规划，将发展重心向教育方面倾斜。选择"教育"作为战略业务的主要原因如下。

一方面，从外部环境分析来看，当时的国内教育产业迅速发展，未来有望成长为万亿级的市场；同时，行业集中度低，国内也缺乏有实力的上市公司竞争。伴随着国内"三通两平台"的推行，以及国内数万所学校对多媒体数字资源的需求，教育行业无疑是中国未来数十年的朝阳产业，一定会出现一个千亿级的领军企业。

（1）中国教育产业是一个万亿级的市场。

我国教育市场规模居世界第一位，2014 年国家统计局统计数据显示，现有各级各类学校 51 万所、在校生 2.6 亿人、教师 1500 多万人。由中共中央、国务院印发的《国家中长期教育改革和发展规划纲要（2010～2020年)》提出，2020 年实现九年义务教育在校生人数 16500 万人的教育目标，庞大的师生资源体量为教育行业市场发展奠定了坚实的基础。

《教育信息化十年发展规划（2011～2020 年)》要求各级政府在教育经费中按不低于 8% 的比例列支教育信息化经费，专注用以促进教育公平、提高教育质量。在经济高速发展和产业结构转型背景下，我国人才需求愈加旺盛，教育投入规模也持续扩大。党和国家已经把优先发展教育作为贯彻科学发展观的基本要求，2012 年政府财政性教育经费占 GDP 的比重已经由 10 年前的 2.8% 提升至 4.3%。

易观智库《中国 K12 互联网教育市场专题研究报告》显示，"2012 年我国互联网教育市场规模达到 454 亿元人民币，2010～2012 年平均复合增长率达到 33.1%，预计未来将保持 30% 以上的增速；到 2017 年，中国互联网教育市场规模达到 2180 亿元人民币"。

（2）行业集中度低，缺乏领先企业的竞争。

国内教育行业由于地理因素割裂以及发展处于初级阶段，整个行业呈现市场割裂、行业集中度低的现象，各地小、散、乱、弱的教育公司分别占据自己的区域市场。同时，由于政策原因，教育行业的企业不具备在国内上市的条件。大型的教育公司如新东方、好未来、安博等早期相继在海外上市，致使在国内不具备较强实力的上市公司进行竞争。

（3）国家"三通两平台"建设以及学校内生数字化建设需求迫切。

《国家中长期教育改革和发展规划纲要（2010～2020 年)》及《国家教育事业发展第十二个五年规划》明确了教育信息化要力争实现四个新突破，提出"三通两平台"的核心目标，旨在加快推进教育信息化"三通两平台"

建设与应用，实现优质数字教育资源的共建共享，信息技术与教育教学的全面深度融合。同时，数万所学校开始关注多媒体教学设备以及资源，学校级的数字化教学转型也给教育行业带来了重大发展机遇。

另一方面，立思辰核心团队教育背景深厚，具备较强的创新能力和企业家精神。在核心团队的带领下，立思辰经过十余年的发展，在内容管理技术沉淀上拥有较好的积累，具备朝教育行业转型的基础。

3. 交易方案——终止部分募投项目用于现金并购，对价二级市场购买立思辰股票，激励充分

终止部分 IPO 募投项目后，剩余募集资金人民币 5544 万元中的4200 万元用于并购合众天恒 100% 的股权，其余人民币 1344 万元转为超募资金。根据交易进程，交易价款分为四期支付。交易对手方将在收到交易对价后将约定比例（分为 60% 和 30% 两档）价款从二级市场购买立思辰股票。

4. 并购结果——成功转型，坚定教育信息化成长路径

并购完成后，立思辰将其原有教育单元与合众天恒团队进行整合，继续推进合众天恒在数字化校园上的业务布局，并购当年实现合众天恒扭亏为盈。2013 年由于教育板块收入实现 300% 增长，加之传统企业业务回暖，立思辰渡过了最为艰难的时期，净利润同比增长 60%，股价也开始触底反弹，这使得上市公司更加坚定在教育信息化领域的布局。

（二）由平台运营商延伸至内容运营商——并购敏特昭阳95%股权

1. 被并购方——核心学科应用教育公司敏特昭阳

北京敏特昭阳科技发展有限公司（下称"敏特昭阳"）成立于 2004 年，从事互联网教育产品的开发推广和教育信息化的学科应用、综合服务，专注于学科领域的智能化、个性化、自主化的网络交互学习，并进行后续的技术指导、培训服务。

敏特昭阳将个性化的在线学习和课堂内的任务驱动交际学习结合起

来，构建随时随地学习的泛在学习模式，实现教育教学、自主学习、教师管理与培训、课题研发等功能，并根据不同网络条件和客户数量，提供家庭自主学习、校园局域网、城域网多种应用模式，满足个性化需求。公司拥有英语、数学等学科的成熟产品，覆盖小学、初中、高中，并被广大教师和学生所认可。敏特英语于2011年4月被认证为国家发展与改革委员会"基础教育公共服务平台"优质资源，公司先后承接了中央电教馆"十五"全国教育技术研究规划课题、"十一五"全国教育技术研究重点课题和全国教育信息技术研究"十二五"规划重大课题。

2. 并购目的——内容为王，增强学科应用领域核心竞争力

2014年，立思辰制定了"云+端+数据+应用"的教育业务发展战略，重点发展教育信息化和互联网教育两个业务板块。围绕学生及家长减负、提分的刚性需求，进一步提升公司在教育业务上的内容资源提供能力，为向C端业务拓展准备。

3. 交易方案——发行股份+现金支付，交易对价视业绩完成情况调整

向特定对象以支付现金及发行股份相结合的方式购买其合计持有的敏特昭阳95%的股权，其中以现金方式支付敏特昭阳交易对价的29.47%，总计10164万元；以发行股份的方式支付敏特昭阳交易对价的70.53%，总计24321万元。总计发行股份数为10542260股。

如果敏特昭阳2014年度、2015年度、2016年度、2017年度每年实现的净利润分别不低于3000万元、3900万元、5000万元、5500万元，则敏特昭阳95%股权的交易价格应由34485万元调整为39425万元。

4. 并购结果——产品日渐成熟，市场推广效果显著

敏特学科应用产品已成体系，产品研发可跨学科和纵向年级延伸，扩容空间巨大。敏特个性化学习系统在2016年成为仅有的两家学科应用入选国家科技支撑计划"教育规模化应用示范"项目，该项目覆盖全国32个试验区，在6000所学校实验应用，项目的推广应用具有很强的品牌树立作用。目前敏特已经横向衍生出沛耕数学，未来将进一步完善K12学科应用产品，打造全学科应用。

教育服务内容为王，立思辰不断提升自身拳头产品研发，2015 年以来在学科应用产品和教育信息化产品研发及业务推广方面获得重大突破，产品经受住市场的考验，得到市场的广泛认可。

（三）智慧教育领域的强强联合——并购康邦科技100%股权

1. 被并购方——智慧教育领域领军企业康邦科技

北京康邦科技有限公司（下称"康邦科技"）成立于 1996 年，在教育信息综合解决方案领域，康邦科技基于技术领先性和对教育行业的深刻理解连续多年获得中国教育信息化行业领军企业、中国智慧校园解决方案最佳供应商、教育信息化最具影响力企业、十佳教育行业方案商等荣誉。中国教育装备网统计显示，2012 年康邦科技中标数量居全国首位，中标金额排名第二位；2013 年康邦科技中标数量及中标金额均居全国首位。依托自身对教育信息化的深刻理解和技术积累，以及在技术、品牌、营销、资本等多方面所具有的优势，康邦科技拥有较为明显的市场竞争优势。

2. 并购目的——强强联合，提升教育信息化核心技术能力

康邦科技在教育领域积累十余年，是国内教育信息化的领先企业，在智慧校园顶层设计及综合解决方案领域具有领先优势。同时，康邦科技在渠道覆盖上拥有显著优势，K12 领域覆盖 800 余所学校；高教、职教覆盖约 200 所学校。立思辰与康邦科技强强联手，进一步完善了上市公司的教育解决方案产品线，充实了研发运营和销售队伍，丰富了客户资源及成功案例，扩大了在教育领域的销售规模和利润水平，奠定了立思辰教育信息化市场的领先地位。

3. 交易方案——发股＋现金支付并配套募集资金

向特定对象以发行股份及支付现金相结合的方式购买其合计持有的康邦科技 100% 的股权，其中以现金方式支付康邦科技交易对价的 24%，总计42200 万元；以发行股份的方式支付康邦科技交易对价的 76%，总计133800 万元，总计发行股份数为 65236464 股。

向不超过 5 名特定投资者非公开发行股份募集配套资金 179600 万元，

用于支付本次重组现金对价及中介机构费用，以及互联网教育云平台建设与运营项目、安庆 K12 在线教育整体解决方案建设运营项目以及智能教育机器人研发中心项目，其余用于补充上市公司流动资金。

4. 并购结果——智慧教育业务推广顺利，市场竞争力显著提升

公司智慧教育业务推广顺利，康邦科技与立思辰合众等子平台协同，市场竞争力显著提升。目前公司智慧校园业务已经形成"区域平台＋智慧校园＋服务（课堂应用）"的产品组合及战略入口，公司以区域智慧教育云为基础，整合教育集团内部各业务模块，将智慧教育的整体解决方案进行打包推广，市场效果显著；内部协同效果显著，康邦科技与立思辰合众合作中标天津滨海新区平安校园项目等，公司智慧教育项目获取进程明显加快，内部协同提升其市场竞争力。

2016 年 7 月以来康邦科技持续获得北京市诚信创建企业、2016 年十佳教育行业方案商、优秀行业云应用以及年度中国教育信息化行业领军企业等诸多奖项，众多社会荣誉助力公司智慧教育品牌树立，业务开拓更加顺畅。

（四）打通国外院校资源与国内生源，2C 结合2B——并购叁陆零教育100%股权

1. 被并购方——国内互联网留学服务提供商叁陆零教育

上海叁陆零教育投资有限公司（下称"叁陆零教育"）是国内领先的互联网留学服务提供商，主要通过互联网平台"留学 360"（www. liuxue360. com）在线提供一站式的出国留学咨询服务。公司拥有由百余位经验丰富的留学咨询专家及合伙人组成的留学专家团，为学生提供针对美国、加拿大、英国、澳大利亚、新西兰、爱尔兰、瑞士、新加坡等主要留学目的国的全面服务。同时，公司全面利用站群、移动互联网、新媒体营销所形成的系统化领先互联网流量资源，支持业务的高速增长，形成了公司在互联网留学行业内显著的流量和成本优势，是领先的互联网留学品牌。2016 年1～6 月，叁陆零教育实现营业收入 1314 万元，净利润 576 万元（扣除股份支付影响）。

2. 并购目的——发展国际教育板块，布局互联网留学

立思辰布局互联网留学领域，选择与战略目标领域的领先企业深度整合合作，上海叁陆零教育投资有限公司正是互联网留学领域内为数不多能够获得盈利并高速增长的领先企业。

上海叁陆零教育投资有限公司加入后，可以对接立思辰教育信息化院校和学生资源，发挥各业务之间的协同增长效应，形成"海外院校资源＋互联网留学服务＋国内院校资源"的立思辰互联网留学平台布局。实现校内校外、线上线下与国内国外相结合的业务布局，全面提升立思辰在国际教育领域的竞争优势。叁陆零教育也会将其丰富的 WEB 建站经验、流量生成及汇集的技术应用到立思辰 K12 学习及国内升学业务中，提高公司互联网教育产品的访问量和转化率。

3. 交易方案——使用自有资金，对价二级市场购买立思辰股票，激励充分

立思辰以自有资金 34400 万元人民币并购上海盛洛企业管理中心、上海新马企业管理合伙企业（有限合伙）合计持有的叁陆零教育 100% 股权，本次交易完成后叁陆零教育成为立思辰的全资子公司。

交易对手方承诺叁陆零教育 2016～2019 年度实现净利润分别不低于人民币 2000 万元、3000 万元、4200 万元、5360 万元。根据业绩承诺完成进度，立思辰按照 50%、20%、15%、15% 的比例分四期支付交易对价。在收到交易对价后，交易对手方应将约定比例的款项用于二级市场购买立思辰股票并锁定 2～3 年。

4. 并购结果——出国留学市场持续增长，互联网留学布局恰逢其时

根据我国教育部统计，2015 年度我国出国留学人员总数为 52.37 万人，其中自费留学 48.18 万人。根据中国教育在线 2014 年出国留学趋势报告统计，中国留学市场规模超过 2000 亿元，出国留学市场规模稳定扩大。互联网留学属于新兴发展领域，尚不存在一家独大的竞争格局，此时是布局互联网留学的最佳时机。叁陆零教育利用自有的互联网流量优势、合伙人制的管理模式支撑业务的高速增长，在互联网留学领域形成了自己独特的核心竞争力。

高考升学及留学是立思辰升学服务的核心组成部分。立思辰通过并购叁

陆零教育，将公司在校内丰富的用户资源与叁陆零教育丰富的互联网流量资源及优秀的留学产品设计能力相结合，加速立思辰升学业务增长。

（五）完善升学服务产业链，形成业务自循环——并购百年英才 100% 股权

1. 被并购方——高考升学咨询服务领先企业百年英才

百年英才教育科技有限公司（下称"百年英才"）成立于 2015 年，专注于高考升学咨询领域，公司在霍兰德理论模型的基础上研发测评产品，通过测评、分析可以帮助学生了解未来职业兴趣方向，锁定学生最适合的职业和专业。同时通过一对一咨询为学生提供高考升学咨询服务。公司拥有的产品及服务有：高考志愿填报服务、自主招生服务、综合素质评价、线上系统工具（测评）等。2016 年 1～8 月实现收入 1369 万元，净利润 730 万元。

百年英才是高考升学咨询服务领域的领先企业：在数据端，百年英才积累了两千多所院校的招生录取数据；在运营端，公司的"高考管家" App 拥有近百万的注册用户，在搜狐、今日头条、腾讯、一点资讯等门户网站负责多个高考自媒体频道的运维工作。百年英才积极拓展线下咨询服务，已有十余家分公司为家长和学生提供一对一高考升学咨询服务，通过线上品牌运营给线下咨询服务导流，最终实现用户的付费转化。目前，百年英才是高考咨询领域内为数不多线上与线下结合且实现快速业绩增长的企业。

2. 并购目的——全面提升升学产业链，形成业务自循环

并购完成后，立思辰形成了"国内升学 + 国外升学"两大升学服务业务。通过并购，立思辰现有业务中具有留学意向的高考生源形成内部业务循环，公司教育升学产业链的竞争力获得全面提升。

在教育服务领域，立思辰将通过已有智慧教育业务向升学服务业务导入大量院校资源与学生资源，利用教育服务产品进行变现。百年英才加入后可以全面对接立思辰智慧教育的院校和学生资源，发挥各业务之间的协同增长效应，全面提升立思辰在 K12 领域的竞争优势。

3. 交易方案——使用自有资金，对价二级市场购买立思辰股票，激励充分

立思辰以自有资金 28500 万元人民币并购百年英才 100% 股权，本次交易完成后百年英才成为立思辰的全资子公司。在上述股权转让过程中，交易对手方按照股权转让协议的具体要求，将其所获得的股权转让价款扣除相应所得税后，按约定比例购买立思辰股票并进行相应锁定。

交易对手方承诺，百年英才 2016~2019 年度实现净利润分别不低于人民币 1500 万元、2100 万元、2940 万元、3822 万元。每年经营超承诺的 30% 将奖励给经营团队，且百年英才会确保创始团队在 8 年为持续任职。

4. 并购结果——业务领域拓展，推动新的盈利增长点形成

近几年全国高考报名人数稳定在 900 万~1000 万人，2016 年全国高考报名人数为 940 万人，2014 年、2015 年依次为 939 万、942 万人。预计未来几年，全国高考报名人数将稳定在 900 多万人。随着适龄人口的自然增长及"二胎"政策的逐步实施，高考升学咨询有效需求未来将持续上升。

随着新高考的到来，高考不再只是一次考试，考生在高一就需要综合考虑人生规划、自身特长、所选专业、高校要求、毕业出路等因素，进行专业和科目的选择。高考改革的推广将促使高考升学咨询服务需求由高三阶段提前至高一阶段，大大拓展了高考报考教育行业的市场容量。

百年英才在高考咨询领域积累了良好的品牌口碑，同时自身具备较强的盈利能力。本次并购向立思辰注入了拥有较大发展潜力的优质资产，提高了公司资产质量和持续盈利能力，增强了公司的竞争实力，有效促进公司做大做强。

（六）完善互联网教育内容布局，发挥信息平台与内容平台协同效应——并购跨学网100%股权

1. 被并购方——互联网教育优质内容提供商跨学网

北京跨学网教育科技有限公司（简称"跨学网"）成立于 2014 年，目前已聚焦形成五大产品：内容资源、学习终端跨学派、在线答疑 App、一对一线上辅导、智慧校园。依托北教传媒的教辅资源与渠道，形成大量优质内

容资源；并通过终端产品跨学派平板电脑，打造流量入口，利用在线答疑App"老师来帮忙"进行业务引流，构建完整的K12课外辅导闭环。2016年1~8月，跨学网形成收入2350万元，净利润450万元（扣除股权激励影响）。

2. 并购目的——补内容资源短板，增渠道丰富优势

跨学网内容资源稀缺，渠道资源丰富，同时通过智能硬件的部署提高了教育用户的使用黏性，为下一步实现2C变现奠定基础。立思辰在K12领域致力用互联网的方式提高学习效率、减轻学生学业负担，通过个性化学习发现并激发学生潜质。跨学网优质的教育内容资源正是立思辰教育业务的有力补充，双方具有极强的互补性。

3. 交易方案——子公司康邦科技使用自有资金进行并购，对价二级市场购买立思辰股票，激励充分

立思辰的全资子公司康邦科技以自有资金25088万元并购新余绿萝投资合伙企业（有限合伙）、共青城大益祥云投资管理合伙企业（有限合伙）、京版北教文化传媒股份有限公司、北京清科辰光投资管理中心（有限合伙）合计持有的跨学网100%股权，本次交易完成后跨学网成为康邦科技的全资子公司。在上述股权转让过程中，交易对手方将其获得的股权转让价款扣除相应所得税后余额的60%用于购买立思辰股票并进行相应锁定，并承诺跨学网2016~2019年度实现净利润分别不低于人民币1600万元、2080万元、2704万元、3515万元。同时跨学网董事长及CEO承诺自交割日起8年内在跨学网持续任职，其他核心管理人员自交割日起5年内在跨学网持续任职。

4. 并购结果——互联网教育布局加码，学科内容不断完善

跨学网的内容资源可以完善康邦科技的智慧校园解决方案，给师生提供更优质的教育服务内容。目前，在教育信息化整体解决方案的电子书包项目上，跨学网已与康邦科技深度合作，为康邦科技提供具备自主知识产权的产品和丰富的互动应用资源。跨学网的教育内容资源、硬件终端与立思辰云平台和教育服务具备极强的互补性，本次并购跨学网有利于为立思辰发展云平台及互联网教育应用服务提供丰富的内容资源及终端入口。

（七）布局语文学习服务，全面发力 C 端业务——并购中文未来 51% 股权

1. 被并购方——语文学习服务领域的龙头企业中文未来

中文未来教育科技（北京）有限公司（下称"中文未来"）成立于 2015 年，核心团队主要毕业于北京大学、北京师范大学等重点院校的中文系，深耕 K12 语文学科领域多年，为多家 K12 领域龙头机构提供语文产品，在语文学习服务领域拥有极高的知名度。中文未来具备全国领先的大语文教研体系，教学上坚持以提升学生语文学习兴趣及培育学生文学素养为核心，运营上坚持"线上＋线下"的复合运营模式，业务实现快速异地复制及市场拓展。其内容具备高黏度，平台黏着了数以万计高付费意愿用户，是国内为数不多实现盈利的 K12 在线教育学习平台。中文未来主营业务分为线上及线下两类，线上业务主要为诸葛学堂（B2C 在线学习），线下业务主要为语文培训业务（B2C 线下学习）。其线上产品"诸葛学堂"以专题课程、特色课程为中小学生提供学习服务，其线下教学网点以"大语文"课程为核心，目前通过自主办学及合作的方式已经进入北京、深圳、湖南、成都等区域。2017 年，中文未来形成收入 8348.3 万元，净利润 2321.2 万元。

2. 并购目的——提升公司 C 端业务核心竞争力

2017 年 6 月，立思辰提出了"做大智慧教育、做强教育服务"的教育业务发展战略，目前在英语和数学两门核心学科上已经布局了敏特英语和沛耕数学产品。在语文学科教学领域，中文未来是一家具有独特优势及全国复制扩张能力的教育机构，而目前语文学习服务领域尚不具备全国性龙头品牌，中文未来具备巨大的发展潜力和广阔的上升空间。立思辰教育目前聚焦于校内、校外两大板块，校内致力于提供公平而有质量的智慧教育服务，校外致力于提供个性化的学习/升学服务，通过人工智能、大数据等技术手段打通学生校内校外学习闭环。本次交易将提升公司在语文学习服务领域的核心竞争力，促使公司在校外形成"学习服务＋升学服务"的 To C 业务布局，完善公司教育产品线、扩展用户生命周期；同时在校内，立思辰可以调

动内部资源联合开发"语数英核心学科应用综合解决方案",借助公司在各地的院校渠道资源进行协同销售,进一步提升立思辰在校内业务的核心竞争力,提高公司盈利能力。

3. 交易方案——使用自有资金,对价二级市场购买立思辰股票,激励充分

立思辰以自有资金 48114.9 万元人民币并购日照诸葛创意信息技术合伙企业、日照竹格雪棠信息技术合伙企业(有限合伙)合计持有的中文未来 51% 股权,本次交易完成后中文未来将成为立思辰的控股子公司。在上述股权转让过程中,交易对手方按照股权转让协议的具体要求,将其获得的股权转让价款扣除相应所得税后余额的 60% 用于购买立思辰股票并承诺在相应时间内不通过任何方式减持。交易对手方承诺中文未来 2018 年度至 2021 年度实现净利润(以扣除非经常性损益前后的净利润孰低值为准)分别不低于 6000 万元、7800 万元、10140 万元和 13182 万元。同时中文未来董事长承诺自交割日起 8 年内在中文未来持续任职,其他核心管理人员自交割日起 6 年内在中文未来持续任职。

4. 并购结果——进一步完善公司教育产业布局并推动公司战略实施

近来,教育部出台了新的高考改革方案,新方案突出了语文学科的基础地位及考试分数的"大科"地位。大语文的概念随之升温,以培养综合素养为核心的语文学科重新进入公众视野,语文学科成为学习服务行业新增长点成为不争的事实。在众多教育企业之中,立思辰率先布局语文学习服务领域,并购了该领域的龙头企业,为企业未来的发展奠定了坚实的基础。

未来立思辰将大力发展 C 端业务,以大语文为核心发力点,将是立思辰未来的发展重点。立思辰将集中优势力量,着重于大语文在全国市场的开拓及与立思辰其他版块业务的协同发展。在 C 端业务发展的同时,研发对应课程,走入校内,校内、校外互相导流将进一步扩展市场。在开拓全国市场的基础上,立思辰将寻找合适机遇,将优质的大语文学习服务带入海外市场,满足海外市场对汉语文化学习的需求。

三　立思辰的并购之路总结——紧抓教育核心痛点，多点发力持续拓展

纵观进军教育行业以来立思辰的并购之路，主要有以下特点。

（1）布局清晰，多点发力：立思辰将教育作为战略转型方向后，因时制宜地选择了适合自身的并购标的，一步一步稳扎稳打，逐渐发展壮大。从教育信息化入手，以教育信息化平台建设为契机，逐步由2B向2C业务导流，并在2C端抓住学生痛点，多点布局，实现教育业务的高速成长。

（2）文化一致，愿景相同：立思辰致力于发展教育事业，在并购上寻找具有相同文化及核心价值观的事业合伙人，重视远大理想和道路的一致性，在"激发·成就亿万青少年"的愿景下，共同为教育事业发展贡献力量。

（3）重视合作共赢：立思辰重视并购后的整合工作，提倡与并购标的管理层合作共赢的理念。具体而言，立思辰在选择并购标的时更加注重标的公司与自身的愿景及理念的一致性，在交易条款中明确标的实际控制人与公司签订8年期服务协议，标的公司高管与公司签订5~6年期服务协议。在并购完成后，立思辰重视与标的公司整合工作，内部调动各种资源帮助标的公司成长。

（4）资本工具使用灵活：上市以来，公司累计直接融资53.0亿元，其中股权再融资45亿元，直接融资为立思辰并购整合提供了充足的资金支持。立思辰同时参与设立了一只互联网教育基金，规模8亿元，致力于参与互联网教育行业的少数股权投资。资本工具的灵活使用，帮助立思辰维持了在教育行业的领先战略布局，不断开辟新的利润增长点。

旋极信息并购案[*]

摘　要：　　旋极信息深耕军工领域嵌入式系统开发，内生式增长和外延式扩张齐头并进，至今累计对外投资金额已超过 30 亿元。2014～2016 年，公司接连并购了中软金卡、西谷微电子、泰豪智能等公司，并购金额累计达到 25.36 亿元。经过多年的快速发展和战略布局，形成了"一体两翼"的基本结构。"一体"指通过不断扩张并购，旋极信息形成了以信息物理系统、大数据、信息安全为核心的新型产业生态圈；"两翼"指旋极信息紧紧围绕军民融合，在军工领域和民营领域齐头并进，通过投资并购，实现多行业布局。公司发展思路明确，力争成为自主可控的军民信息化行业领军企业。

　　截至 2017 年 12 月 31 日，旋极信息市值达 171 亿元，比 2012 年 6 月上市时增长了 11 倍；收入规模从 2.8 亿元增至 33.0 亿元，增幅达 1079%；归母净利润从 0.5 亿元增至 3.9 亿元，增幅达 680%。^① 旋极信息主要业务也从军用领域嵌入式系统测试产品，逐渐向民用税控产品渗透，是目前税控规模第二大的盘商和服务商，市场份额超过 20%。

关键词：　　旋极信息　军民融合　多行业布局　产业生态圈

---

* 本报告内容，如无特殊说明，数据来源均为上市公司公告。

① 市值分别为 2012 年 6 月 8 日及 2017 年 12 月 31 日数据。财务数据截至 2017 年 12 月 31 日。以上数据均来自 Wind 资讯财务摘要。

一 旋极信息的并购之路——军民融合发展，技术创新支撑产业生态圈建设

北京旋极信息技术股份有限公司（下称"旋极信息"）成立于 1997 年 11 月，注册于北京市海淀区，主营业务为嵌入式信息系统相关的产品与服务。2012 年 6 月旋极信息于创业板上市，股票代码为 300324. SZ。截至 2017 年 12 月 31 日，公司总市值 171 亿元，动态市盈率 37 倍。

旋极信息自上市以来，接连并购了中软金卡、西谷微电子、泰豪智能等公司，目前已基本形成涵盖安全防务、税务信息化、智慧城市、时空大数据应用的业务领域，努力打造以信息物理系统、大数据、信息安全为核心的新型产业生态圈。旋极信息致力于实现军民融合，在军工领域，主要业务包括嵌入式系统测试产品及服务、电子元器件测试及相关服务、末端自组网无线通信产品等；在民用领域，主要业务包括税务信息化产品及服务、智慧城市业务等。截至 2017 年 12 月 31 日，旋极信息二级参控股公司合计 23 家。

二 旋极信息历次并购情况分析

旋极信息历次重要并购参股事件见表 1。

表 1 重要并购参股事件时间线

时间	事件	交易金额（百万元人民币）	意义
2014 年	并购北京中软金卡信息技术有限公司 100% 股权	160.0	顺应产业信息化发展，多行业布局
2015 年	并购西安西谷微电子有限责任公司 100% 股权	546.0	资源互补，协同发展，提升综合竞争力
2015 年	并购百望股份有限公司 30% 股权	150.0	进入互联网金融领域，打造"互联网 + 税务"的经营模式

时间	事件	交易金额 （百万元人民币）	意义
2016 年	并购北京泰豪智能工程有限公司 100% 股权	1800.0	推动构建智慧城市产业发展平台,助力公司大数据和物联网技术落地
2017 年	参股北京航星中云科技有限公司 20% 股权	30.0	为大数据业务板块的发展提供有力的产品及技术支持
2018 年	参股北京都在哪网讯科技有限公司 15% 股份	30.0	构建完整时空大数据产品生态,增强公司大数据业务板块核心竞争力

资料来源：Wind 资讯，公司公告。

（一）顺应产业信息化发展，推动多行业布局——并购石油、天然气领域软件开发服务商中软金卡100%股权

1. 被并购方——石油、天然气领域软件开发服务商中软金卡

北京中软金卡信息技术有限公司（下称"中软金卡"）成立于 1999 年，是一家围绕能源行业 IT 信息化提供产品和服务的高科技企业。公司围绕加油站、加气站、加液站开发了一系列硬件产品：前庭控制器（FCC）、自助发卡圈存机（ACM）、加油机协议转换板（PCD）等，同时拥有覆盖 20 多个省份的 IT 运维团队。公司的嵌入式产品、软件产品及运维服务已覆盖全国 26 个省市约 2.23 万个加油站。公司注册资本 1200 万元人民币，截至 2013 年 12 月 31 日，总资产 4309.7 万元，所有者权益 2981.6 万元，2013 年度营业收入 4888.7 万元，净利润 1621.4 万元。

2. 并购目的——提升产业信息化能力

中软金卡作为面向石油、天然气领域的软件开发及运维服务提供商，通过 10 多年的信息技术积累，实现了石油、天然气销售环节全业务链条的信息化，不仅建立了多套信息化系统，而且拥有丰富的产业信息化经验。通过并购中软金卡，旋极信息拓展了服务领域，并有助于扩大上市公司的整体业务规模，提升盈利能力。

3. 交易方案——支付现金及发行股份

旋极信息以支付现金及发行股份的方式购买三名股东合计持有的中软金卡

100% 的股权。其中，旋极信息以现金方式向三人支付交易金额的 30%，共计 4800 万元；以发行股份方式支付交易金额的 70%，共计 11200 万元。旋极信息向三人发行的股份数量占发行后总股本的 3.11%。发行完成后，上市公司总股本增加至 231197942 股。交易完成后，旋极信息持有中软金卡 100% 股权。

4. 并购结果——协同增长，加快多行业布局

通过本次并购，旋极信息进一步完善了产业信息化布局，有助于扩大自身的整体规模，提高盈利能力。同时，在原有嵌入式系统测试、嵌入式信息安全和嵌入式行业智能移动终端三大领域的基础上，新增石油和天然气进、销、存的软件产品及运维服务，中软金卡与旋极信息在产品和服务内容、销售渠道、客户、IT 技术人员等多方面具有协同，有利于旋极信息在嵌入式系统民用领域进行扩展，完善产品和服务链条，提升提供一站式整体解决方案的能力。

（二）资源互补、协同发展，提升综合竞争力——并购西谷微电子 100% 股权

1. 被并购方——军工电子元器件测试服务商西谷微电子

西安西谷微电子有限责任公司（下称"西谷微电子"）是一家国内领先的独立第三方检测机构，主营业务为向国防军工客户提供电子元器件测试、筛选及元器件可靠性保证相关服务，拥有一批具有长期从事集成电路设计、集成电路应用、电子元器件检测筛选和集成测试软件开发能力与经验的专业技术队伍。公司专门从事集成电路测试软件开发的技术人员有 30 多人，充分了解各种军用元器件的电性能参数及测试条件，熟悉各种元器件的相关标准，掌握各类军品测试、筛选技术，并已积累超过 2 万个测试相关的软件和程序。公司注册资本 1000 万元人民币，截至 2014 年 12 月 31 日，总资产 10280.0 万元，所有者权益 6595.6 万元，2014 年营业收入 7487.1 万元，净利润 3849.9 万元。

2. 并购目的——资源互补、协同发展，提升综合竞争力

西谷微电子已在军工电子元器件检测领域积累了宝贵的业务资源，并形

成了专业的人才储备，并购有利于旋极信息在可靠性保证领域迅速形成新的增长点，实现两者的资质互补和资源共享。本次交易也有助于提升旋极信息整体的业务规模和盈利能力，增强综合竞争实力。

3. 交易方案——发行股份及支付现金

旋极信息以发行股份及支付现金的方式购买西安西谷100%股权，交易金额共54600万元。其中，旋极信息以现金方式向西谷微电子股东支付交易总额的15%，共8190万元，以发行股份方式支付交易总额的85%。股份发行价格为20.23元/股，一共发行2294万股。

4. 并购结果——业务结构优化，竞争力提升

本次交易完成后，旋极信息通过涉足军工电子元器件可靠性保证领域获得新的利润增长点，提升了向军工客户提供全面的故障测评及可靠性保证的服务能力，拓展及延伸了公司在军工业务领域的业务覆盖面及渗透力度，优化了业务结构；同时，实现了双方在军工行业的客户资源共享，共同开发互补领域，为客户提供更为丰富的产品和服务及整体解决方案，增强客户黏性，从而有利于公司的长期发展。

（三）构建智慧城市产业发展平台，以大数据与互联网技术推动民用信息化业务发展——并购泰豪智能100%股权

1. 被并购方——智慧城市规划设计服务提供商泰豪智能

北京泰豪智能工程有限公司（下称"泰豪智能"）是国内智慧城市设计、实施和运营的领先企业，在数字城市和物联网领域有丰富的技术、产品和工程积累，是国内资质齐全的"智慧城市"解决方案提供商之一。多年来，泰豪智能先后与松下、ABB、国家信息中心、国家节能中心、清华大学、中国民航大学、腾讯等多家国内外知名企业及科研院所达成长期战略合作，承接了人民大会堂、故宫博物院、深圳机场T3航站楼、奥运会场馆和世博会场馆等上千项重大工程。公司注册资本10588.7万元人民币，截至2015年12月31日，总资产10.7亿元，所有者权益2.9亿元，2015年度营业收入13.1亿元，净利润1.1亿元。

2. 并购目的——构建智慧城市产业发展平台，以大数据与互联网技术推动民用信息化发展

旋极信息的发展战略确定了分别以时空网格大数据和智慧城市为公司发展的核心技术和核心业务，并购泰豪智能有利于构建具有较强市场竞争力的智慧城市产业发展平台，实现军民融合发展的经营战略。同时，泰豪智能在数字城市和物联网领域有丰富的技术、产品和工程积累，与旋极信息的时空网格剖分和编码技术相结合，可以实现数据共享，也解决了数据重复存储所造成的存储成本高昂的问题。物联网技术也可以推动旋极信息装备健康管理业务的进一步拓展，智慧城市和装备健康管理构成了旋极信息大数据和物联网技术在军、民两大领域的布局，借助军民深度融合的东风，在技术、产品、市场、创新等方面全方位协同，互相促进，推动民用信息化的快速发展。

3. 交易方案——发行股份购买资产

旋极信息向西藏泰豪、恒通达泰、汇达基金和新余京达发行股份购买其持有的北京泰豪智能工程有限公司 100% 的股权，共计 180000 万元。股份发行价格为 19.63 元/股，共发行 91696380 股。交易完成后，泰豪智能成为旋极信息的全资子公司。

4. 并购结果——构建智慧城市产业发展平台，加速产业结构升级

此次交易后，泰豪智能在智慧城市领域的工程施工、技术服务、产品销售业务及相关资产进入旋极信息，有助于丰富公司盈利增长点，增强盈利能力。旋极信息通过涉足智慧城市领域使产业结构获得质的提升，增强了各业态间的互补性，同时将时空大数据作为智慧城市的发展引擎，加快取得在智慧城市领域的领先地位，为后续进一步拓展该领域的业务奠定基础，实现旋极信息军民融合发展的经营战略。

（四）推动大数据业务板块发展，增强核心竞争力——参股航星中云20%股权

1. 被投资方——专注于高速互联网技术的高新技术企业航星中云

北京航星中云科技有限公司（下称"航星中云"）着眼国家对基础信息

设施国产自主可控的迫切需要，市场对自主高速互联网络的强劲需求，以军工领域中高端产品为目标，为用户提供自主可控、高性能服务器产品及服务。航星中云核心团队在高速互联网络领域有多年的技术积累，可研发出性能处于国际领先水平且完全自主可控的高速互联芯片及高端服务器。公司注册资本 1000 万元人民币，截至 2016 年 2 月 29 日，总资产 384.1 万元，所有者权益 156.2 万元，2015 年度营业收入 576.4 万元，净利润 98.5 万元。

2. 参股目的——推动大数据业务板块发展，增强核心竞争力

此次增资航星中云基于旋极信息的整体发展战略部署，能够与现有业务形成互补。在相关政策引导下，大数据正在对社会的各个领域产生影响。航星中云的核心产品处于国际领先水平，产品应用领域及性能标准能够高度契合旋极信息的未来战略布局，可以为大数据业务板块的发展提供合适的产品及技术支持，增强大数据业务板块的核心竞争力。

3. 交易方案——使用自有资金

旋极信息使用自有资金 3000 万元，以增资方式入股航星中云。此次投资完成后，旋极信息持有航星中云 20% 的股权。

4. 参股结果——完善大数据业务链，提升综合竞争力

通过此次投资，旋极信息进一步拓展了公司的大数据产业链，为行业大数据工具产品提供数据保障，增强了大数据业务板块核心竞争力，提高了市场份额，带来了新的盈利增长点并提升了公司的整体业绩。

（五）构建完整时空大数据产品生态——参股都在哪网讯 15% 股权

1. 被投资方——提供生活应用服务的互联网科技公司

北京都在哪网讯有限公司（下称"都在哪网讯"）是一家致力于为公众提供生活应用服务的互联网科技公司，重点服务于全域旅游、亲人关爱、个人足迹等消费及大数据应用场景，其核心技术是基于北斗网络编码的时空大数据搜索引擎技术，使用该技术可以更加快捷、精准地获取与地理位置相关的信息。"微团"App 是都在哪网讯第一款线上综合应用平台产品，是国内

首款基于时空网格编码的社会化团队管理平台。该产品主要面向旅游市场，针对旅游过程中团队管理难、导游与游客之间交流壁垒、旅行过后足迹难以保存等行业痛点提供多种服务，既可以为旅行社、导游增加收益，又能保留下游客的旅行足迹，提升游客满意度。公司注册资本 1000 万元人民币，截至 2017 年 11 月 30 日，总资产 1070.0 万元，所有者权益 973.5 万元，2017 年 1～11 月营业收入 19.0 万元。

2. 参股目的——构建完整时空大数据产品生态，提升核心竞争力

都在哪网讯的时空大数据搜索引擎技术，能够与旋极信息基于北斗网格码发展的时空大数据关键技术共同发展成完整的产品生态，在技术层面形成完整的北斗网格码时空大数据核心技术系列。同时搜索引擎能够为旋极信息的大数据产品提供数据补充，通过大数据分析处理技术进一步挖掘数据所蕴含的商业价值，可应用于智慧城市等领域。

3. 交易方案——使用自有资金

经评估，都在哪网讯的估值为 17000 万元，旋极信息此次以自有资金投资 3000 万元，投资后持有都在哪网讯的 15% 股权。

4. 参股结果——完善大数据业务链，提升综合竞争力

旋极信息增资都在哪网讯，扩充了公司原有的时空大数据技术产品系列，形成了完整的时空大数据产品生态体系，增强了大数据业务板块的核心竞争力。同时，基于都在哪网讯的搜索引擎技术开发的各项生活服务应用可以汇集大量的数据信息，能为旋极信息的时空大数据编码工具提供真实、可靠、有效的数据源，进一步提升和完善了自身的大数据编码技术。

三 旋极信息的并购之路总结——"一体两翼"结构下的快速扩张

纵观旋极信息自 2013 年以来的并购升级之路，主要有以下特点。

（1）并购目标清晰：旋极信息致力于实现军民融合，对于符合发展战略的公司及业务迅速实施投资并购、进行布局，目前已基本形成涵盖安全防

务、税务信息化、智慧城市、时空大数据应用的业务领域。

（2）较强的整合能力：旋极信息以信息化为核心向军用、民用领域拓展，对并购标的整合有力，业绩承诺完成情况符合预期。

（3）资本工具运用娴熟：旋极信息自 2013 年以来以平均每年近 1 个并购项目的速度对自身业务进行扩张发展，高效实现了"一体两翼"的业务布局，上市以来股权再融资 37.7 亿元①，通过并购构建了智慧城市发展平台和大数据板块，向新行业转型，实现了多行业布局的战略目标。

---

① 数据来自 Wind 资讯。

神州高铁并购案[*]

摘　要： 　神州高铁是以轨道交通检修维护和运营服务为主业的平
台化上市公司，是我国轨道交通运营安全维护领域领先的核
心装备、系统化解决方案和智能服务提供商。近3年来，神
州高铁接连并购新联铁、武汉利德、华高世纪等公司，初步
形成了轨交运营管理服务全产业链布局。公司确立了成为轨
道交通产业运营维护体系整体方案提供商、核心设备提供商
和综合服务商的战略定位，力争经过五年到十年，成为轨道
交通产业继工程建设和装备制造之后的新一极。

自2015年重大资产重组以来，神州高铁市值由67亿元
增至246.6亿元，增幅达268%；收入规模由3.1亿元增至
27.9亿元，增幅达800%；净利润由0.1亿元增至5.3亿元，
增幅达5200%。^① 近年来，神州高铁通过并购线路、信号、
供电、站场等细分领域的多家优质公司，发展成为轨道交通
运营检修维护领域唯一涵盖机车、车辆、供电、线路、信号、
站场全产业链的主板上市公司，是中国高铁运营检修维护装
备制造产业的领军供应商。

关键词： 　神州高铁　轨道交通　全产业链布局　综合服务

---

　*　本报告内容，如无特殊说明，数据来源均为上市公司公告。

　①　财务数据截至2016年12月31日，市值分别为2015年1月1日及2017年12月31日数据。
以上数据均来自Wind资讯财务摘要。

一 神州高铁并购之路——全产业链布局，打造轨道交通生态圈第三极

神州高铁是以轨道交通检修维护和运营服务为主业的平台化上市公司，是我国轨道交通运营安全维护领域领先的核心装备、系统化解决方案和智能服务提供商。截至 2017 年 12 月 31 日，神州高铁总市值 247 亿元，动态市盈率 58 倍。

神州高铁前身为北京新联铁集团股份有限公司（下称"新联铁"），成立于 1997 年，2015 年 1 月通过与主板上市公司宝利来（股票代码 000008. SZ）重组实现上市，是国内最早进入轨道交通运营维护领域的企业之一。

2016 年，海国投战略入股神州高铁，成为第一大股东。海国投是经北京市海淀区人民政府批准成立的国有法人独资公司，资产总额达 1200 亿元。战略入股之后，神州高铁与海国投签署了战略合作协议，双方一致同意进行资本、资源合作，这为神州高铁的长期稳定发展打下坚实基础。截至 2017 年 6 月 30 日，公司参控股公司 11 家。

神州高铁通过并购线路、信号、供电、站场等多家细分行业优质公司，共同组成了轨道交通运营维护领域唯一涵盖机车、车辆、供电、线路、信号、站场全产业链的主板上市公司，初步形成了轨交运营管理服务全产业链布局。

二 神州高铁历次并购情况分析

神州高铁历次并购事件见表1。

（一）进军高铁领域——并购新联铁100%股权

1. 被并购方——轨道交通综合服务提供商新联铁

新联铁于 1997 年 4 月 3 日在北京市海淀区注册成立，是轨道交通领域

表1　并购事件时间线

时间	事件	并购金额 （百万元人民币）	意义
2015 年	并购轨道交通综合服务提供商新联铁 100% 股权	1800.0	转型进军轨交领域
2015 年	并购轨道线路装备供应商武汉利德 100% 股权	835.0	补足后市场全产业链工务板块
2015 年	并购轨道交通信号系统供应商交大微联 90% 股权	1370.0	补足后市场全产业链信号板块
2017 年	并购轨道交通电子信息系统提供商华高世纪 99.56% 股权	926.0	强化轨交信息化、智能化布局

资料来源：Wind 资讯，公司公告。

机车车辆监测检测、运营维护维修核心装备、系统集成解决方案、大数据物联网系统平台、智能配件、工业服务的核心供应商。产品及服务覆盖国内18 个铁路局、中车旗下 30 余家车辆厂、40 余个城市轨道交通建设运营公司，核心产品已打入欧洲、北美洲、东南亚、中东等海外市场，已成为轨道交通领域运营维护领军企业。截至 2014 年 6 月 30 日，新联铁总资产为 8.5亿元，净资产为 4.9 亿元，其 2012 年度、2013 年度以及 2014 年 1～6 月净利润分别为 6290.1 万元、11143.6 万元和 431.6 万元。

2. 并购目的——借助资本力量大力发展轨道交通

受益于我国铁路交通及城市轨道交通的快速发展及政策的大力扶持，在轨道交通运营安全、维护行业的巨大市场空间里，新联铁顺应行业需求的变化，从装备制造商起步，不断整合产业资源，逐步形成了轨道交通运营安全、维护相关的技术研发、装备制造、数据服务等方面的独特实力，发展成为我国轨道交通运营安全、维护领域领先的系统化解决方案和综合数据服务提供商。在此过程中，新联铁通过并购整合南京拓控、株洲壹星、华兴致远三家公司进一步强化了平台型发展战略，持续丰富产品线类别，巩固产业竞争优势。

通过并购重组实现轨道交通运营安全、维护业务在资本市场的上市，有利于依托上市公司平台进一步整合各项资源，充分发挥新联铁在动车、大功率机车等细分市场积累的领先优势，全面提升上市公司整体资产质量，扩大公司的资产规模，提高盈利能力和核心竞争力。

轨道交通是我国核心基础设施之一，通过此次并购，神州高铁明确了聚焦轨道交通行业的发展战略，通过进一步做大做强主业，增强了上市公司股东回报。

3. 交易方案——发行股份加支付现金

2014 年 9 月 19 日，停牌近 3 个月的宝利来发布重组方案，宣布合计发行 1.8 亿股及支付 2.5 亿元现金用于购买新联铁 100% 股份；并募集 6 亿元配套资金，其中 2.5 亿元用于支付现金对价部分，1.85 亿元用于新联铁"轨道交通机车车辆检修设备产业化基地建设项目"及"研发中心建设项目"，剩余的资金则用于支付本次交易的中介费用、补充新联铁流动资金，提高并购后的整合效率。新联铁承诺，2014 年度至 2016 年度净利润分别不低于 1.3 亿、1.69 亿和 2.20 亿元。

4. 并购结果——顺利上市，拓宽融资渠道

新联铁的客户涵盖我国 18 个铁路局、20 余个城市轨道运营公司及主流机车车辆制造工厂和检修工厂，部分产品出口海外，多项核心技术达到国际领先水平。在原有资产和细分市场领先优势的基础上，借助资产重组登陆资本市场，神州高铁有效地拓宽了融资渠道，提升了在轨道交通运营维护领域的领先地位。

（二）补足轨交工务板块——并购武汉利德 100% 股权

1. 被并购方——轨道线路、装备及服务供应商武汉利德

武汉利德测控技术有限公司（下称"武汉利德"）创始于 1993 年，注册资本 3260.9 万元人民币，注册于武汉北港科技园内，是国家级高新技术企业、湖北省认定的企业技术中心。武汉利德是国内轨道线路装备及维护的重要供应商，以铁路线路测控系统、高铁钢轨加工成套装备、铁路养护智能

装备的研制、销售与服务为主营业务，主要产品为铁路安全检测监控设备、钢轨焊接加工及铁路养护装备、物流装备定位及信息管理系统，并为轨道交通领域的相关客户提供高技术、多专业复合的产品、装备和方案。公司2013 年、2014 年及 2015 年 1 ~ 3 月分别实现营业收入 13479.0 万元、16742.3 万元和 2966.4 万元，净利润分别为 2079.0 万元、4372.0 万元以及793.7 万元。

2. 并购目的——拓宽产品线，扩大市场份额

轨道交通线路装备及维护系统化解决方案行业尚处于初创发展阶段，业内企业数量少、规模均偏小，大多厂商仍以硬件设备的提供为主，数据服务的发展理念、能力以及人才储备相对较弱。武汉利德设立以来凭借软硬一体化战略，多项核心技术达到国际先进水平，其中钢轨焊接加工及铁路养护装备等核心设备在细分市场中占有较高的市场份额。神州高铁计划通过全面的业务整合，提高其系统集成综合能力。

3. 并购方案——发行股份加现金支付

神州高铁以发行股份及支付现金的方式购买武汉利德 100% 股权，交易价格为 8.35 亿元。其中，交易对价的 59.35% 以发行股份的方式支付，发行股份购买资产的价格为 5.58 元/股，交易对价的 40.65% 以现金方式支付。此外，神州高铁以 8.5 元/股的价格向 6 名特定对象募集配套资金 22.04亿元，其中 17.09 亿元用于支付本次交易①的现金对价，4.95 亿元用于支付本次交易相关的中介费用和补充上市公司流动资金。交易对手方承诺武汉利德 2015 ~ 2017 年净利润分别为不低于 6500 万元、8450 万元和 10985 万元。

4. 并购结果——补足后市场工务板块，获取客户资源

作为国内轨道线路装备及维护的重要供应商，武汉利德产品覆盖四大系列，下游客户覆盖武汉、上海、北京、南昌、西安、郑州等 18 个铁路局及广铁集团，以机电液一体的专业工业装备为铁路轨道提供高端技术服务外包，补足轨道交通后市场全产业链布局中的工务板块，完善大数据平台。

---

① 本次交易指 2015 年神州高铁并购武汉利德及交大微联的交易。

（三）增强轨交信号系统实力——并购交大微联90%股权

1. 被并购方——轨道交通信号系统重要供应商交大微联

北京交大微联科技有限公司（下称"交大微联"）是在中关村科技园区注册的高新技术企业，专门从事计算机联锁系统、分散自律调度集中（CTC）系统、车站列控中心系统、信号微机监测系统软件开发及系统集成的铁路运输安全设备生产，是经铁道部认定的几家信号设备生产企业之一，注册资本为10000万元。

作为我国轨道交通信号系统重要供应商，交大微联行业地位突出，盈利能力较强，2013年度、2014年度及2015年1～3月分别实现营业收入29853.1万元、30743.8万元和3256.4万元，净利润分别为5067.9万元、6014.0万元以及78.5万元。

2. 并购目的——整合轨交信号领域优质供应商

并购新联铁后，神州高铁专注于轨道交通运营维护主业，但公司缺乏来自产业链上下游的支持，轨交信号系统技术壁垒较高，自主研发的成本较高。而交大微联信号系统产品已在全国16个路局及海外和地方铁路2000多个车站成功开通，占据国内市场35%的份额。此外，交大微联背靠北京交通大学，有领先于行业的技术优势，还拥有2000平方米技术研发场地和多个研究试验场地。交大微联积极与日立、阿尔卡特、泰雷兹、英国西屋、瑞典ABB、德国西门子等国际知名公司合作，如与日本信号合资成立信号公司主攻城市轨道交通信号集成。

通过此次并购，神州高铁成功整合产业链中轨交信号领域优质供应商，能更好地利用成本优势和技术优势参与到国内外项目的建设当中。

3. 并购方案——现金支付并募集配套资金

通过签署《股权转让协议》，交易双方协议交大微联90%股权交易价格为13.7亿元。此外，神州高铁以8.5元/股的价格向6名特定对象募集配套资金22.04亿元，其中17.09亿元用于支付本次交易的现金对价，4.95亿元用于支付本次交易相关的中介费用和补充上市公司流动资金。在业绩承诺方面，交易对方承诺交大微联 2015～2017 年净利润分别为不低于 1.2 亿、1.5 亿和 1.8 亿元。

4. 并购结果——完善产品布局

本次并购完成后，神州高铁实现了机车、车辆、信号、线路、供电五大系统的运营维护产业布局，开拓了系统化平台建设的新局面，核心竞争力进一步提升，为高铁等轨道交通服务保障的能力全面加强，业务范围进一步扩大。同时，本次并购交大微联，神州高铁实现从单纯的高科技企业向"互联网＋高科技"的复合型数据化平台型企业转变。

（四）强化轨交信息化、智能化布局——并购华高世纪99.56%股权

1. 被并购方——轨交车载电子信息系统领军者华高世纪

北京华高世纪科技股份有限公司（下称"华高世纪"）成立于 1999 年 5月，为国内领先的轨道交通车载电子信息系统解决方案提供商，多年来一直专注于轨道交通电子信息系统解决方案的研发、生产、销售以及运行维护服务。公司注册于北京市朝阳区，注册资本 5300 万元。华高世纪于 2008 年 12月 10 日在新三板挂牌，以协议转让方式交易。

华高世纪自主研发的高铁旅客信息服务系统、地铁乘客信息服务系统、轴温实时监测系统、数据记录及无线传输系统、列车间隔检测装置、转向架失稳检测系统和车辆平稳监控系统等产品，在技术、性能、工艺、价格和服务等方面保持领先水平，取得了市场认可。截至 2017 年 6 月，公司总资产29492.8 万元，净资产 21510.2 万元，负债总额 7982.6 万元。2017 年 1～6月实现营业收入 6577.9 万元，营业利润 2179.5，净利润 1967.9 万元。

2. 并购目的——完善轨交信息化产品布局

华高世纪已形成轨道交通旅客信息服务系统和车载安全检测系统两大产品体系，产品在高速列车动车组、城市轨道交通车辆及普通旅客列车中广泛应用。神州高铁和华高世纪虽有共同的下游客户，但其产品线是互补的，神州高铁并购华高世纪后，两者能产生互相协同的效应。本次并购是为了强化

神州高铁轨道交通运营维护领域"系统智能化体系化方案提供商和运营商、全领域核心装备提供商、智能化工业服务提供商"的战略定位。

3. 并购方案——使用自有现金，获得业绩承诺

神州高铁使用自有现金 9.26 亿元并购新三板公司华高世纪 5276.8 万股股份，占华高世纪股份总数的 99.56%。神州高铁本次并购价款的支付方式为货币资金，资金来源于自有资金及自筹资金。交易对手方做出业绩承诺，华高世纪于 2017 年度、2018 年度和 2019 年度实现的净利润分别不低于 6750 万元、8100 万元、9720 万元。如果业绩不达标，业绩承诺股东应给予补偿。如果承诺期内华高世纪累计实现的净利润总和超出承诺，超出部分的 40% 将奖励给华高世纪的经营管理团队。

4. 并购结果——强化轨道交通运维智能化行业龙头地位

本次并购后，神州高铁进一步完善了轨道交通信息化及智能化建设的布局，同已有业务协同发展，进一步巩固神州高铁在轨道交通运维智能化行业的领先地位，对公司持续提升盈利能力产生积极影响。

三　神州高铁进军高铁行业总结——前瞻布局，深耕轨交后市场

回顾神州高铁的四次重大并购，主要有以下特点。

（1）目标明确：在全国主要城市大力推动轨道交通建设之际，公司迅速转型轨道运营主业，及时契合各地轨道交通运营发展战略。通过多次并购，整合轨道交通运营领域上下游，同时布局信息化和系统化运营，成为具有五大核心能力（咨询设计、生产制造、系统集成、资本运作、商业模式）、三大核心业务（智能设备、产业大数据、工业服务）的轨道运营服务商，成功确立轨道交通运维行业龙头地位。

（2）眼光独到：在轨道交通行业中，以中铁建、中铁工为代表的是工程建设产业，以中国中车为代表的是装备制造产业，运营维护产业是轨道交通的后市场，神州高铁在这一产业领域前瞻布局，深耕多年。神州高铁选择

并购的几家公司分处于轨道交通后市场各个不同的板块，但又都是各自板块内最优质的龙头企业。通过并购整合资源，神州高铁有望在未来三年到五年的时间里承建几十条地铁线路的运营维护系统，成为轨道交通行业生态圈的第三极和轨道交通领域具有世界级影响力的企业。

（3）专业运作：神州高铁的每一次并购都是围绕战略定位和三大核心业务进行的，目的是在轨道交通行业生态圈中，成为继工程建设产业和装备制造产业之后的运营维护产业领军者。虽然 2015 年才登陆资本市场，但借助海国投战略投资所形成的资本支持，紧密结合资本市场工具并购操作，神州高铁已经深入轨道交通产业链各个环节（轨道交通综合服务、轨道交通信号系统和轨道交通电子信息系统）。

合众思壮并购案[*]

摘　要： 　　近7年来，合众思壮并购了加拿大半球股份、天成科技、招通致晟、中科雅图等公司，累计并购金额近26亿元人民币。合众思壮从北斗卫星终端起家，充分发挥北斗产业宽广的延展性，以定位技术为核心，以并购为主要方式，逐步从设备商向行业整体解决方案提供商转型。

　　自上市以来，合众思壮市值从110亿元增至149亿元，增幅达35%；营业收入从4.0亿元增至22.9亿元，增幅达473%；归母净利润从0.5亿元增至2.4亿元，增幅达380%。[①] 公司目前已经形成四大主营业务、八大产业集群，成长为国内北斗行业应用的龙头企业，未来致力于成为"卫星导航定位领域中世界级领先企业"。

关键词： 　合众思创　北斗卫星　外延拓展　产业链

一　合众思壮的并购之路——从导航定位产品制造商到全产业链布局的技术型企业

北京合众思壮科技股份有限公司（下称"合众思壮"）是中国卫星导航

---

* 本报告内容，如无特殊说明，数据来源均为上市公司公告。

① 市值分别为2010年4月2日及2017年12月31日数据。财务数据截至2017年12月31日。以上数据均来自Wind资讯财务摘要。

定位领军企业，成立于1999年。公司于2007年12月在原北京合众思壮科技有限责任公司的基础上整体改制成为股份有限公司，并于2010年4月2日在深交所上市，股票代码为002383.SZ。截至2017年12月31日，公司总市值149亿元，动态市盈率95倍。

合众思壮主营业务包括北斗高精度业务、北斗移动互联、空间信息服务及军方自组网四大板块，技术涵盖GPS、GLONASS、北斗及多系统组合导航定位，拥有GIS采集、高精度测量、系统工程、汽车导航、汽车信息技术、航海电子、航空电子、北斗及军工项目八大事业集群，服务于40多个国民经济基础领域，其具体产品涉及专业应用和大众消费两大领域：前者包括GIS数据采集产品、高精度测量产品、系统产品和车载导航产品中的车辆监控调度产品，后者主要为车载导航产品中的PND产品。目前合众思壮拥有的四大品牌为集思宝、任我游（北斗互联）、UniStrong（合众思壮）和中国位置。

截至2017年12月31日，合众思壮参控股公司50家。合众思壮从2011年起开始实行并购战略，一方面，从终端出发，围绕垂直行业做产业链延伸，上游包括芯片、天线、板卡，下游包括系统集成、时空数据服务，为客户提供全行业解决方案；另一方面，逐步渗透进入多个领域，从传统的测量测绘、精准农业向其他行业渗透，包括公安领域、军方自组网、机场信息化、车载导航领域等。同时，通过并购海外企业，积极开拓海外市场，使企业具备全球化视野。经过多年的转型和发展，合众思壮销售额连续12年居行业之首，公司股价也得到持续突破，已成长为国内北斗行业应用领域的龙头企业。

二　合众思壮历次并购情况分析

合众思壮历次并购事件见表1。

表1 并购事件时间线

时间	事件	并购金额 （百万元人民币）	意义
2011 年	并购北京博阳世通信息技术有限公司51%股权、江苏金威遥感数据工程有限公司51%股权	67.0	进入测量测绘领域下游的数据采集领域
2013 年	并购加拿大 Hemisphere GNSS（半球股份）公司100%股权	124.0	获得高精度核心技术,打下高精度业务基础
2014 年	并购天成科技100%股权以及招通致晟100%股权	317.0	扩大公司资产规模,进入机场和公安核心业务市场领域
2015 年	并购海棠通信70%股权	28.4	进一步开发公安终端领域产品,并与自身技术融合,增强公安系统集成能力将其培育成新的利润增长点
2015 ~ 2016 年	并购吉欧电子100%股权、吉欧光学100%股权、思拓力100%股权、中科雅图100%股权、上海泰坦65%股权	1247.0	布局高精度产业链上、下游业务,以获得高精度产品技术和市场的稳定持续发展;聚焦定位、导航、授时、地理信息应用,进一步巩固数据采集业务,以产品竞争力为核心,开展全面的产品拓展
2016 年	并购 Stonex 60%股权	41.5	加强对海外营销渠道的拓展和建设,为拓展国际业务提供了良好的产品、技术、人员和平台
2017 年	参股德邦大为10.011%股权	19.0	拓展农业机械领域业务
2017 年	并购天派电子100%股权	600.0	布局车载导航前装领域。进一步拓展北斗移动互联网业务在汽车导航领域的应用
2017 年	并购金威遥感39%股权	29.9	强化空间信息应用产业布局

资料来源：Wind 资讯，公司公告。

（一）获取上游核心技术——并购北美卫星导航高精度公司 Hemisphere

1. 被并购方——全球第三大高精度卫星导航定位芯片企业 Hemisphere

Hemisphere 公司成立于 1990 年，是一家设计制造实用 GNSS 产品（导航、定位、机器控制）和相关组件的创新型公司。公司主要包括农业产品和高精度产品两大部门。总部位于加拿大阿尔伯塔省卡尔加里市，公司业务遍及加拿大、美国以及澳大利亚。Hemisphere GPS 公司是全球第三大高精度卫星导航定位芯片与 OEM 板卡企业。

2. 并购目的——获取上游核心技术，启动全球化布局

此次并购有助于加强合众思壮生产的卫星导航高精度产品能力，满足北斗应用市场需求。同时这也是中国北斗行业首次进行海外并购，并购国外企业为北斗产业全球发展开拓了新的思路与模式，使公司得以基于海外市场和全球资源，研究、使用、推广北斗。

3. 交易方案

Hemisphere 以 1496.0 万美元出售其非农业业务部门给合众思壮北美分公司，转让资产包括全线高精度产品和相关基础配套业务，包括非农业业务相关的所有知识产权和"Hemisphere GPS"商标所有权，交易方式为现金。

4. 并购结果

合众思壮从并购导航芯片世界第三的公司开始，推动北斗在全球的布局，从"高精度"入手，打造地理信息系统方面的世界领先企业。本次并购加强了合众思壮的高精度导航技术，增强了产品的核心技术竞争力。

（二）进入公安和机场信息化行业——并购天成科技100%股权、招通致晟100%股权

1. 被并购方——公安和机场信息化企业天成科技、招通致晟

长春天成科技发展有限公司（下称"天成科技"）1991 年成立于中国长春，注册资金 2000 万元人民币，主营业务为政务应用软件的研发及系统集成，重点面向公安机关、政府，是国内最具竞争力的公安领域软件研发及系统集成企业之一。第六代警务信息综合应用平台是其主要产品，该平台可以将公安各种信息化需求融合成一个完整的综合平台。2014 年上半年，长春天成净利润为 260.4 万元。

北京招通致晟科技有限公司（下称"招通致晟"）由中国招商局集团所属招商局科技集团投资，是一家注册于中关村的高新技术企业。招通致晟专

注于空中交通管理、机场的指挥调度系统、无线宽带专网移动终端与业务系统、关键业务物联网技术与应用领域的技术与产品研发。公司自主设计的产品与系统已广泛应用于空中交通管理、民航机场的指挥调度与运行管理。公司的核心技术竞争力在于复杂信号与信息处理技术、数据融合与分析技术，以及基于云计算架构的关键业务软件系统设计与实施。2014 年上半年，北京招通致晟净利润为 56.7 万元。

2. 并购目的——加速延伸产业链条

我国自主建设的北斗卫星导航系统已具备覆盖亚太地区的区域服务能力，到 2020 年左右将建成覆盖全球的服务能力。我国卫星导航产业基于北斗系统的应用迎来行业快速发展时期，巨大的市场空间与良好的发展前景给上市公司带来实现跨越式发展的机遇。

合众思壮并购上述两家公司是为了获得两家公司的业务及人才资源，不断延伸在公安和空管领域的产业链条，由北斗导航系统延伸到下游产业应用，增强在行业应用方面的盈利能力，从而促进公司发展战略的实现。

3. 交易方案

公司以 3.17 亿元并购天成科技和招通致晟的 100% 股权。其中，天成科技估值为 1.57 亿元，北京招通致晟估值为 1.6 亿元。由公司向其股东以 26.16 元/股的价格发行总计 729.5 万股股份并支付总计 1.26 亿元现金购买。现金对价部分主要由募集的配套资金支付，配套资金由公司向其他 5 名特定投资者发行股份 283.3 万股募集，实际发行价为 37.29 元/股。

4. 并购结果

交易完成后，天成科技、招通致晟成为合众思壮全资子公司。天成科技对公安业务的深入理解，与合众思壮的移动警务平台结合成一个全面解决方案，把日常警务平台与实战指挥移动平台进行衔接，把一部分时效要求高的现场业务处理向移动端转移，提升了服务公安实战的效率。招通致晟利用其先进的数据融合与分析技术提升了合众思壮原有产品的技术水平，合众思壮得以发力智能交通行业，布局交通管理市场。

（三）打造从芯片、产品到服务的全产业链北斗龙头——并购吉欧电子100％股权、吉欧光学100％股权以及思拓力100％股权、中科雅图100％股权、上海泰坦65％股权

1. 被并购方——卫星定位领域的高精度测量测绘企业吉欧电子、吉欧光学、思拓力、中科雅图、上海泰坦

广州吉欧电子科技有限公司（下称"吉欧电子"）创建于2011年5月，注册资本950万元，主营业务为测绘行业电子产品和手持移动终端产品的开发。公司致力于GNSS卫星定位系统、INS惯性导航系统、嵌入式系统产品的设计及解决方案等的研发和生产，是一家面向世界市场的工业类嵌入式系统设备供应商。吉欧光学为吉欧电子的子公司。

广州思拓力测绘科技有限公司（下称"思拓力"）成立于2011年7月，注册资本1797.6万元，主营业务为测量、定位、惯导、激光相关技术的开发。同时在原有高精度卫星定位及三维激光扫描的优势业务基础上，全面进军光电、管线与遥感业务领域。

吉欧电子、吉欧光学以及思拓力三家标的企业均为卫星定位领域的高精度测量测绘行业相关企业，其中，吉欧电子、吉欧光学拥有测绘仪器生产能力，而思拓力则为主要渠道资源。

广州中科雅图信息技术有限公司（下称"中科雅图"）创建于2002年10月，是一家以地理空间信息数据采集、软件产品开发、工程测量、航空航天遥感数据获取为核心业务的高新技术企业。

上海泰坦是国内早期从事时钟同步网产品的企业之一，提供从时钟精密时钟源、网络时间服务器到高精度时间测量仪和同步管理软件在内的全套解决方案。

2. 并购目的——完善产业链布局，提高盈利水平

在高精度领域已经形成规模市场的行业主要为测量测绘行业，相关产品国内年业务规模超过10亿元人民币，海外新兴市场未来具有较大的成长潜力。泰坦的产品及服务将弥补合众思壮在卫星应用授时领域的空白，使其能

为客户提供基于时空应用的更全面的服务；并购中科雅图则可强化和扩展公司在空间信息解决方案中的数据服务能力。

合众思壮完成并购之后，将进一步完善在北斗高精度业务领域的产业布局，将公司打造成为从芯片、产品到服务的全产业链北斗龙头，在促进公司产品技术、销售能力提高的基础上，对公司未来盈利水平的提高产生积极影响。

3. 交易方案

合众思壮分两次完成并购吉欧电子、吉欧光学和思拓力 100% 股权。

第一次交易中，合众思壮以 6240 万元的价格并购吉欧电子原股东所持有的吉欧电子 40% 股权，以 3438.2 万元的价格认缴 11% 的出资，合计共持有吉欧电子 51% 的股权。对于吉欧光学和思拓力两家标的企业，股权转让及增资方案的出资金额相同，都是以 600.0 万元的价格并购标的企业原股东持有的 20% 股权，再以 1860 万元的价格认缴 31% 的出资，实现持有标的企业 51% 股权的目标。第一次交易完成后，吉欧电子、吉欧光学、思拓力成为合众思壮的控股子公司。

第二次交易中，公司完成对中科雅图 100%、上海泰坦 65% 股权并购，以及广州思拓力、吉欧电子、吉欧光学剩余 49% 的股权并购。合计对价 108468 万元，现金支付的交易对价为 41238 万元，发股支付的交易对价为 67230 万元，发行价格为 35.54 元/股。公司同时完成向实际控制人锁价发行股份募集配套资金 10 亿元，发行价格为 34.05 元/股，用于交易的现金支付和标的公司发展主营业务所涉及的投资项目。

4. 并购结果——产业链延伸至下游测绘地理信息领域

此次并购意味着合众思壮的北斗高精度业务在已经拥有国际领先水平的高精度芯片、板卡技术和星基差分增强系统的基础上，将产业链延伸至下游的测绘地理信息装备领域。在业务方向上，上市公司以北斗移动互联作业终端业务为重点，聚焦定位、导航、授时、地理信息应用，并针对行业市场，以产品竞争力为核心，锁定重点行业，开展全面的产品拓展。合众思壮积极布局高精度产业链上下游业务，形成了在相关市场稳定持续发展的局面。

（四）加速海外营销业务拓展——并购 Stonex 60% 股权

1. 被并购方——高精度仪器生产公司 Stonex

Stonex S. r. l. 是一家总部设在意大利的跨国公司，专注于设计和制造高精度的测量仪器，主要应用在土木工程、地形安全、运输和采矿业。通过成熟的分销商和经销商的渠道网络，Stonex 的经营业务遍及世界各地。Stonex 品牌已经在全球 80 多个国家使用，运营范围广布欧洲、亚太、拉丁美洲和中东。公司在全球拥有超过 60 个经销商，遍布北美洲、欧洲、俄罗斯、中东、印度、澳大利亚、南美洲和非洲。公司产品广泛应用于民用工程、地形测量、安防、运输及采矿多个领域。2015 年，Stonex 的税息折旧及摊销前利润为 61.8 万欧元。

2. 并购目的——为拓展国际业务提供平台

此次并购有利于公司加速拓展国际市场。通过对 Stonex 的控股，公司在已有国内市场的基础上加强对海外营销渠道的拓展和建设，进一步提升全球化业务能力。

3. 交易方案

合众思壮通过子公司思拓力与 Stonex 签署定额购买协议，投资 4151.0 万元人民币（564.0 万欧元）并购其 60 万股股权，并购完成后持股占比 60%，成为 Stonex S. r. l 公司第一大股东。

4. 并购结果——提升全球化业务能力

通过对 Stonex S. r. l. 的控股，合众思壮在原有国内市场的基础上，加强了对海外营销渠道的拓展和建设，为拓展国际业务提供了良好的产品、技术、人员和平台，进一步提升了合众思壮全球化业务能力。

海外高精度应用市场具有广阔的发展潜力，合众思壮在美国、加拿大、意大利等地建立了海外分支机构，进行全球化布局，丰富公司在海外的营销体系。通过对国内、国际业务资源的整合，合众思壮加强了公司卫星导航定位领域各项业务的协同性，通过市场规模效应进一步促进和提升竞争力，为公司盈利水平的提高打下基础。

（五）拓展北斗移动互联网业务在汽车导航领域的应用——并购天派电子100%股权

1. 被并购方——国内汽车多媒体导航领先企业天派电子

天派电子（深圳）有限公司（下称"天派电子"）成立于 2005 年，主要从事车载 DVD、车载 GPS 导航、车载数字电视、车载 PC 等汽车电子的研发、制造与销售。2007 年成立天派南京研发中心，具备芯片级的核心技术研发能力。天派电子是国内汽车多媒体导航设备领域具备较为领先的产品和配套能力的企业。从硬件设计、软件开发到系统整合均为其自主研发，海外优质客户包括 AVT、ACR 和 Clarion 等，同时逐步进入国内本田等车厂体系。2016 年度公司净资产 0.8 亿元，实现营收 4.0 亿元，亏损 535.3 万元。

2. 并购目的——拓展公司北斗移动互联网业务在汽车导航领域的应用

天派电子顺应汽车前装导航多媒体发展趋势，2015 年开始重新回归并大力发展前装车载多媒体导航业务。调整产品结构和客户开拓后，未来发展前景广阔。合众思壮作为国内卫星定位导航领域的高精度龙头企业，并购天派电子是公司在汽车应用领域的产业布局之一，两者的结合为合众思壮未来发展汽车高精度导航和自动（辅助）驾驶方面的产品与服务打下基础。

3. 交易方案——发行股份并募集配套资金

公司按照 38.16 元/股的价格，以发行股份的方式向交易对方支付交易对价，购买天派电子 100% 股权。天派电子 100% 股权的转让价格估值为 60000 万元。同时，公司非公开发行股份募集配套资金 60000 万元。交易对手方天靖投资和天淳投资承诺，天派电子 2017～2019 年度实现的净利润不低于 3500 万元、5000 万元和 6500 万元。

4. 并购结果——加强车载导航部署

此次并购完成后，公司成功布局了汽车高精度导航和自动（辅助）驾驶，拥有了从高精度核心技术、板卡部件、终端设备、解决方案到服务平台的全产业链产品与服务，率先实现卫星导航在多种行业的应用，成为中国少数实现了卫星导航全产业链布局的企业。

三　合众思壮并购之路总结——坚持相关业务并购和加强研发并举，拓宽业务范围

纵观合众思壮的并购之路，主要有如下特点。

（1）积极拓宽业务范围：合众思壮的并购致力于将自身发展为全产业链覆盖的企业，从开始的导航设备生产商发展成为业务涵盖专业领域与大众消费，既拥有高精度核心技术，又生产终端设备，并提供配套服务的北斗行业平台型公司。

（2）并购与研发并举，擅于消化：公司的并购与自身研发同时进行，在每一次并购之后都能快速消化原企业的独有技术，与自身的产品相结合，不断提高自身产品的技术水平，逐步成长为卫星导航领域的龙头企业。

（3）资本工具运用熟练：公司自2013年以来完成了5次金额超过5000万元人民币的大型并购。以高效的并购对自身业务进行扩张发展，成为北斗行业跨越式发展的典范。

监 管 篇

Regulation Report

并购重组监管政策研究报告

摘　要：近年来，为更好地适应资本市场改革以及并购重组的发展需要，我国并购重组相关政策法规进一步完善。以此为基础，监管部门坚持正确政策导向，严厉打击忽悠式重组，对借壳交易、跨界并购继续从严审核，遏制借并购重组进行套利的行为，并购重组服务上市公司转型升级的积极作用正在大幅提升，服务实体经济的功能更加突出，高端制造、新能源、信息技术等高新技术产业领域标的资产成为上市公司并购重组的重要方向。2017 年，证监会上市公司并购重组审核委员会共审核 173 例上市公司重大资产重组申请，其中获得无条件通过 97 例，有条件通过 64 例，被否 12 例，审核通过率为93%（无条件通过率为 56%，有条件通过率为 37%），未通过率为 7%。在 2017 年并购重组审核委员会全年审核的 173例上市公司重大资产重组申请中，高新技术产业并购重组共计 120 例，约占 69.4%，其中获得无条件通过的 70 例，有条件通过的 46 例，未通过 4 例，高新技术产业并购重组的审核通过率约为96.7%（无条件通过率为58.33%，有条件通过率为38.33%），未通过率约为3.3%。高新技术产业并购重组不仅在数量上占据了2017年上市公司重大资产重组申请的大部分，而且其审核通过率也要高于2017年的整体平均水平。同时应注意到，监管部门在对高新技术产业并购予以大力支持的同时并没有放松审核标准，而是坚持对高新技术产业并购去伪存真，支持上市公司通过实施高新技术产业并购增强企业竞争力，服务实体经济发展。总之，高新技术产业并购对于当前中国经济结构调整和产业结构优化具有重要意义，是提升经济增长内在质量的重要手段，在满足合规要求的前提下，高新技术产业并购将充分受益于政策对新技术、新产业、新业态、新模式并购重组的重点支持，成为未来并购重组市场的热点。

关键词： 政策法规　上市公司　并购重组审核　资本市场

一　法规体系概述

我国并购重组政策法规体系主要分布在国家法律、行政法规、部门规章、规范性文件以及交易所自律规则几个层级，其中以证监会制定的关于并购重组的部门规章和规范性文件为主要部分。

在国家法律层面，《公司法》和《证券法》等法律对于并购重组涉及的有关事项进行了一般性的原则规定，主要包括：《公司法》第九章关于公司合并、分立、增资、减资的规定；《证券法》第二章关于证券发行以及第四章关于上市公司收购的规定；《反垄断法》第四章关于经营者集中的规定；《企业破产法》第八章关于重整的规定等。

在国务院层面，2008 年国务院办公厅发布《国务院办公厅关于当前金融促进经济发展的若干意见》（国办发〔2008〕126 号），提出"支持有条件的企业利用资本市场开展兼并重组，促进上市公司行业整合和产业升级，减少审批环节，提升市场效率，不断提高上市公司竞争力""研究完善企业并购税收政策，积极推动企业兼并重组"。2008 年国务院颁布《国务院关于经营者集中申报标准的规定》，规定了经营者集中时应向商务部申报的具体标准。2011 年国务院办公厅发布的《国务院办公厅关于建立外国投资者并购境内企业安全审查制度的通知》（国办发〔2011〕6 号）对外国投资者并购境内企业安全审查制定做出原则性规定。2014 年国务院印发《关于进一步促进资本市场健康发展的若干意见》，其中明确规定"鼓励市场化并购重组。充分发挥资本市场在企业并购重组过程中的主渠道作用，强化资本市场的产权定价和交易功能，拓宽并购融资渠道，丰富并购支付方式。尊重企业自主决策，鼓励各类资本公平参与并购，破除市场壁垒和行业分割，实现公司产权和控制权跨地区、跨所有制顺畅转让"。此外，《上市公司监督管理条例》于 2006 年起草完毕并向社会公开征求意见，其中专章规定了上市公司发行证券、收购、重大资产重组、合并及分立，但是该条例至今尚未正式颁布实施。

在部门规章层面，证监会制定的一系列规章构成并购重组政策法规体系的基础和核心，主要包括：《上市公司收购管理办法》（以下简称《收购管理办法》）和《上市公司重大资产重组管理办法》（以下简称《重组管理办法》）；规范非上市公司并购重组的《非上市公众公司收购管理办法》和《非上市公众公司重大资产重组管理办法》；以及《上市公司并购重组财务顾问业务管理办法》等。此外，规范并购重组的部门规章还有商务部制定的《关于外国投资者并购境内企业的规定》、《商务部实施外国投资者并购境内企业安全审查制度的规定》、《关于评估经营者集中竞争影响的暂行规定》，以及相关部委联合制定的《国有股东转让所持上市公司股份管理暂行办法》、《外国投资者对上市公司战略投资管理办法》等。

在规范性文件层面，与《收购管理办法》相配套的规范性文件主要有《公开发行证券的公司信息披露内容与格式准则第 17 号——要约收购报告书》、《公开发行证券的公司信息披露内容与格式准则第 16 号——上市公司收购报告书》、《公开发行证券的公司信息披露内容与格式准则第 15 号——权益变动报告书》、《公开发行证券的公司信息披露内容与格式准则第 18 号——被收购公司董事会报告书》、《公开发行证券的公司信息披露内容与格式准则第 19 号——豁免要约收购申请文件》等；与《重组管理办法》相配套的规范性文件主要有《关于规范上市公司重大资产重组若干问题的规定》、《公开发行证券的公司信息披露内容与格式准则第 26 号——上市公司重大资产重组》、《上市公司重大资产重组申报工作指引》、《关于加强与上市公司重大资产重组相关股票异常交易监管的暂行规定》、《上市公司回购社会公众股份管理办法（试行）》以及证券期货法律适用意见第 4、7、8、9、10、11、12 号等。除此之外，还有证监会制定的《上市公司并购重组审核委员会工作规程》和《关于在借壳上市审核中严格执行首次公开发行股票上市标准的通知》等。

在交易所自律规则层面，主要包括上交所制定的《关于并购重组反馈意见信息披露相关事项的通知》、《上市公司重大资产重组信息披露及停复牌业务指引》；深交所制定的《创业板信息披露业务备忘录第 13 号：重大资产重组相关事项》、《上市公司业务办理指南第 10 号——重大资产重组》、《关于做好不需要行政许可的上市公司重大资产重组预案等直通披露工作的通知》（深交所 2014 年 12 月 12 日）、《中小企业板信息披露业务备忘录第 17 号：重大资产重组相关事项》；全国股转系统制定的《关于收购的投资者问答》、《全国股份转让系统就重大资产重组业务指引答记者问》、《挂牌公司并购重组业务问答》（一）、（二）、（三）等。

二 政策法规变动分析

（一）2013～2015年并购相关政策法规变动情况

2013 年前后，我国经济增速放缓，外部需求减弱，产能过剩问题日益成为阻碍经济复苏的障碍。针对当时普遍存在的产业集中度不高、产能过剩等问题，工信部、国家发改委等12部委于2013年1月发布了《关于加快推进重点行业企业兼并重组的指导意见》。该意见明确了汽车、钢铁、水泥、船舶、电解铝、稀土、电子信息、医药、农业产业化龙头企业九大行业企业兼并重组的目标和任务。该意见指出，通过推进企业兼并重组，提高产业集中度，促进规模化、集约化经营，提高市场竞争力，培育一批具有国际竞争力的大型企业集团，推动产业结构优化升级；进一步推动企业转换经营机制，加强和改善内部管理，完善公司治理结构，建立现代企业制度；加快国有经济布局和结构的战略性调整，促进非公有制经济和中小企业发展，完善以公有制为主体、多种所有制经济共同发展的基本经济制度。2013年7月，国务院出台了《国务院办公厅关于金融支持经济结构调整和转型升级的指导意见》，综合提出了货币、信贷、证券、保险、外汇等多方面政策措施，围绕继续执行稳健货币政策，引导推动重点领域与行业转型和调整，加大对小微企业、"三农"等国民经济薄弱环节的支持，推动消费升级，支持企业"走出去"等经济结构调整和转型升级的重点领域做了具体规定，其中明确提出对实施产能整合的企业，要通过探索发行优先股、定向开展并购贷款、适当延长贷款期限等方式，支持企业兼并重组。2013年9月，证监会经过三年的技术准备和方案论证，开始在并购重组审核中实施分道制，按照"先分后合、一票否决、差别审核"原则，由证券交易所和证监局、证券业协会、财务顾问分别对上市公司合规情况、中介机构执业能力、产业政策及交易类型三个分项进行评价，之后根据分项评价的汇总结果，将并购重组申请划入豁免/快速、正常、审慎三条审核通道。其中，进入豁免/快速通道、不涉及发行股份的项目，豁免审核，由证监会直接核准；涉及发行股份的，实行快速审核，取消预审环节，直接提请并购重组审核委员会审议。进入审慎通道的项目，依据《证券期货市场诚信监督管理暂行办法》，综合考虑诚信状况等相关因素，审慎审核申请人提出的并购重组申请事项，必要时加大核查力度。进入正常通道的项目，按照现有流程审核。整个评价过程采用客观标准，结果自动生成。随后上海证券交易所和深圳证券交易所均发布了

《关于配合做好并购重组审核分道制相关工作的通知》。

2014 年 3 月，国务院印发《关于进一步优化企业兼并重组市场环境的意见》。该意见针对企业兼并重组面临的突出矛盾和问题，重点提出了七个方面的政策措施。一是加快推进审批制度改革。系统梳理相关审批事项，缩小审批范围，取消下放部分审批事项，优化企业兼并重组审批流程，简化相关证照变更手续。二是改善金融服务。优化信贷融资服务，丰富企业兼并重组融资渠道和支付方式，完善资本市场，发挥资本市场作用。三是落实和完善财税政策。完善企业所得税、土地增值税政策，扩大特殊性税务处理政策的适用范围，落实增值税、营业税等优惠政策，加大财政资金投入。四是完善土地管理和职工安置政策。完善土地使用优惠政策，加快办理相关土地转让、变更等手续，做好兼并重组企业职工安置工作，对有效稳定职工队伍的企业给予稳定岗位补贴。五是加强产业政策引导。发挥产业政策作用，促进强强联合，鼓励跨国并购，加强重组整合。六是进一步加强服务和管理。推进服务体系建设，建立统计监测制度，规范企业兼并重组行为。七是健全企业兼并重组的体制机制。充分发挥市场机制作用，消除跨地区兼并重组障碍，放宽民营资本市场准入，深化国有企业改革。为贯彻落实《国务院关于进一步优化企业兼并重组市场环境的意见》和《国务院关于进一步促进资本市场健康发展的若干意见》，2014 年 10 月，证监会修订《上市公司重大资产重组管理办法》和《上市公司收购管理办法》。此次修订以"放松管制、加强监管"为理念，进一步减少和简化并购重组行政许可，在强化信息披露、加强事中事后监管、督促中介机构归位尽责、保护投资者权益等方面做出配套安排。主要包括以下内容：一是取消对不构成借壳上市的上市公司重大购买、出售、置换资产行为的审批，取消要约收购事前审批及两项要约收购豁免情形的审批；二是完善发行股份购买资产的市场化定价机制，对发行股份的定价增加了定价弹性和调价机制规定；三是完善借壳上市的定义，明确对借壳上市执行与 IPO 审核等同的要求，明确创业板上市公司不允许借壳上市；四是进一步丰富并购重组支付工具，为上市公司发行优先股、定向发行可转换债券、定向权证作为并购重组支付方式预留制度空间；五是取消向非关联第三方发行股份购买资产的门槛限制和盈利预测补偿强制性规定要求，尊重市场化博弈；六是丰富要约收购履约保证制度，降低要约收购成本，强化财务顾问责任；七是明确分道制审核，加强事中事后监管，督促有关主体归位尽责。特别是《上市公司重大资产重组管理办法》还明确提出了鼓励依法设立的并购基金、股权投资基金、创业投资基金、产业投资基金等投资机构参与上市公司并购重组。

为贯彻落实《国务院关于进一步优化企业兼并重组市场环境的意见》要求，2015 年 1 月财政部、国家税务总局联合发布了《关于促进企业重组有关企业所得税处理问题的通知》和《关于非货币性资产投资企业所得税政策问题的通知》，对兼并重组过程中享受企业所得税递延处理特殊政策的条件进行调整。其中，企业进行股权收购和资产收购时，对被收购股权或资产比例的要求由原来的不低于 75% 降低为不低于 50%；具有 100% 控股关系的母子企业之间按账面值划转股权或资产，也可适用递延纳税政策，使更多企业兼并重组可以适用特殊性税务处理政策，即有关股权或资产按历史成本计价，暂不征收企业所得税。2015 年 3 月，银监会修订并发布《商业银行并购贷款风险管理指引》，要求银行业金融机构要积极支持优化产业结构，按照依法合规、审慎经营、风险可控、商业可持续的原则，积极稳妥地开展并购贷款业务，提高对企业兼并重组的金融服务水平。为进一步发挥资本市场促进企业重组的作用，加大并购重组融资力度，提升资本市场服务实体经济的能力，2015 年 4 月证监会发布了修订后的《第十三条、第四十三条的适用意见——证券期货法律适用意见第 12 号》，将发行股份购买资产中的募集配套资金比例由 25% 提升至 100%。即上市公司发行股份购买资产同时募集配套资金比例不超过拟购买资产交易价格 100% 的，一并由并购重组审核委员会予以审核；超过 100% 的，一并由发行审核委员会予以审核。2015 年 8 月，为进一步提高上市公司质量，建立健全投资者回报机制，提升上市公司投资价值，促进结构调整和资本市场稳定健康发展，证监会、财政部、国资委、银监会四部委联合发布《关于鼓励上市公司兼并重组、现金分红及回购股份的通知》，大力推进上市公司并购重组，积极鼓励上市公司现金分红，支持上市公司回购股份，提升资本市场效率和活力。

（二）2016年9月修改的《上市公司重大资产重组管理办法》

随着并购市场的发展，新的交易模式不断出现，同时也出现了一些规避监管套利的现象。在这样的背景下，需要进一步完善上市公司并购重组监管政策，优化对重组上市的监管，2016 年 9 月证监会对《上市公司重大资产重组管理办法》进行了修改，本次修改也是近年来关于并购重组政策法规最重要的变化，具体修改的内容主要涉及以下几方面。

（1）细化借壳上市的认定标准。《上市公司重大资产重组管理办法》在修改前关于借壳上市的判断标准只有一项，即收购关联人资产总额达到上市公司资产总额的100%，相对容易被规避。本次修改后，除创业板和金融资产外，上市公司控制权发生变更之日累计 60 个月内，向收购人及其关联人购买资产导致资产总额、营业收入、净利润、资产净额、发行股份数量五个量化指标其中任一项指标达到或超过上市公司100%，即构成借壳上市，应当按照规定报经中国证监会核准。此外，即使上述五个量化指标均未达到100%，但只要上市公司向收购人及其关联人购买资产可能导致上市公司主营业务发生根本变化，也将构成借壳上市。最后，重组新规还为借壳上市的认定标准设置了兜底条款，即"中国证监会认定的可能导致上市公司发生根本变化的其他情形"。

（2）明确上市公司控制权的标准。上市公司控制权系按照《上市公司收购管理办法》第八十四条的规定进行认定。此外，对上市公司股权分散情况下管理层控制的情况进行了界定，即"上市公司股权分散，董事、高级管理人员可以支配公司重大的财务和经营决策的，视为具有上市公司控制权"。

（3）取消配套融资。重组新规取消了借壳上市可以募集资金的安排，提高对重组方的实力要求，上市公司发行股份购买资产属于借壳上市的，不可以同时募集配套资金，从而提高了借壳上市的门槛，并且有助于避免重组方及其关联人通过配套融资进行利益输送。

（4）延长锁定期。购买的资产总额占上市公司控制权发生变更的前一个会计年度经审计的合并财务会计报告期末资产总额的比例达到 100% 以上的，上市公司收购人及关联人应公开承诺在交易后 36 个月不转让股份，其他参与人应承诺 24 个月不转让股份。

（5）增加对上市公司及原控股股东的合规性要求。上市公司或其控股股东、实际控制人近三年内存在违法违规或一年内被交易所公开谴责的不得卖壳。

（6）加强监管，增加规避借壳上市的追责条款。若购买的资产总额占上市公司控制权发生变更的前一个会计年度经审计的合并财务会计报告期末资产总额的比例达到 100% 以上，但未经中国证监会核准而擅自实施的，若交易尚未完成，证监会责令上市公司补充披露相关信息、暂停交易；若交易已经完成，对公司进行警告，罚款，相关责任人员采取市场禁入，构成犯罪的，依法移送司法机关。

总体来看，根据 2016 年新修改的《上市公司重大资产重组管理办法》，除了借壳上市和发行股份以外，上市公司的重大资产重组不再需要经过证监会的行政许可，对于不构成借壳上市的上市公司重大购买、出售、置换资产行为全部取消了审批，这实际上在制度层面为上市公司并购重组松绑，鼓励上市公司善用资本市场来推进并购重组。与此同时，新修改的《上市公司重大资产重组管理办法》参照国际成熟市场经验进一步细化完善了关于借壳上市的规定，涉及借壳上市的重大资产重组取消配套融资，延长股东股份锁定期等，因而被称为史上最严借壳新规，其根本目的是抑制投机"炒壳"，同时继续支持上市公司通过健康的方式并购重组，提升上市公司质量，引导更多资金投向实体经济。

（三）2017年并购相关政策法规变动情况

2017 年 1 月，证监会新闻发言人表示，上市公司并购重组是提高上市公司质量、支持实体经济转型升级的有效手段，但市场秩序尚不规范，存在投机"炒壳"的痼疾顽疾，以及"忽悠式""跟风式"和盲目跨界重组的问题。

下一步，证监会将进一步加强并购重组监管，持续完善相关制度规则，重点遏制"忽悠式""跟风式"和盲目跨界重组，引导资金更多投向有利于产业整合升级的并购重组，趋利避害，更好地发挥并购重组的积极作用。

2017 年 6 月，中国证券业协会第六次会员大会在京举行，会议提出证券公司要在并购重组、盘活存量上做文章，为国企国资改革、化解过剩产能、"僵尸企业"的市场出清、创新催化等方面提供更加专业化的服务，加快对产业转型升级的支持力度。

2017 年 9 月 22 日，证监会宣布对《公开发行证券的公司信息披露内容与格式准则第 26 号——上市公司重大资产重组（2014 年修订）》进行相应修订，公布实施《公开发行证券的公司信息披露内容与格式准则第 26 号——上市公司重大资产重组（2017 年修订）》。新修订的并购重组信息披露规则简化了重组预案披露内容，缩短了停牌时间，对"三类股东"要求穿透披露至最终出资人，并要求全程披露重组后大股东减持计划，修改主要涉及以下几方面内容。①简化重组预案披露内容，缩短停牌时间。通过简化重组预案披露内容，减少停牌期间工作量，进一步缩短上市公司停牌时间。本次修订明确上市公司在重组预案中无须披露交易标的的历史沿革及是否存在出资瑕疵或影响其合法存续的情况等信息，具体信息可在重组报告书中予以披露；缩小中介机构在预案阶段的尽职调查范围，仅为"重组预案已披露的内容"；不强制要求在首次董事会决议公告前取得交易需要的全部许可证书或批复文件，改为在重组预案及重组报告书中披露是否已经取得，如未取得应当进行风险提示。②限制和打击"忽悠式""跟风式"重组。为切实保护投资者合法权益，防止控股股东发布重组预案，抬高股价，乘机高位减持获利后，再终止重组，本次修订要求重组预案和重组报告书中应披露：上市公司的控股股东及其一致行动人对本次重组的原则性意见，及控股股东及其一致行动人、董事、监事、高级管理人员自本次重组复牌之日起至实施完毕期间的股份减持计划；上市公司披露为无控股股东的，应当比照前述要求，披露第一大股东及持股 5% 以上股东的意见及减持计划；在重组实施情况报告书中应披露减持情况是否与已披露的计划一致。③明确"穿透"披露标准，提高交易透明度。为防范"杠杆融资"可能引发的相关风险，本次修订对合伙企业等作为交易对方时的信息披露要求做了进一步细化：交易对方为合伙企业的，应当穿透披露至最终出资人，同时还应披露合伙人、最终出资人与参与本次交易的其他有关主体的关联关系；交易完成后合伙企业成为上市公司第一大股东或持股5%以上股东的，还应当披露最终出资人的资金来源，合伙企业利润分配、亏损负担及合伙事务执行的有关协议安排，本次交易停牌前六个月内及停牌期间合伙人入伙、退伙等变动情况；交易对方为契约型私募基金、券商资产管理计划、基金专户及基金子公司产品、信托计划、理财产品、保险资管计划、专为本次交易设立的公司等，比照对合伙企业的上述要求进行披露。在修改之前的规定中，契约型私募基金、券商资产管理计划、基金专户及基金子公司产品、信托计划、理财产品、保险资管计划、专为本次交易设立的公司并无在列。

在跨境并购相关政策法规方面，随着跨境并购的深度和广度不断拓展，近年来出现一些盲目、非理性、不合规的跨境并购交易，在此背景下，国家发改委、商务部、中国人民银行和外管局等部门自2016年底开始加强对企业境外投资的监管力度，通过一系列措施积极引导包括跨境并购在内的对外投资行为回归理性。尽管在新政策影响下，2017年中国企业跨境并购交易的增长明显放缓，但监管机构只是对房地产、酒店、影城、娱乐业、体育俱乐部等境外投资进行限制，对于真实、合规、理性的跨境并购仍然是允许的，特别是对于具有实体经济背景的企业通过实施跨境并购来发展主业、扩大产业外溢能力是支持和鼓励的。2017年8月，国家发改委、商务部、中国人民银行、外交部联合发布《关于进一步引导和规范境外投资方向的指导意见》，该指导意见第三条规定"支持境内有能力、有条件的企业积极稳妥开展境外投资活动，推进'一带一路'建设，深化国际产能合作，带动国内优势产能、优质装备、适用技术输出，提升我国技术研发和生产制造能力，弥补我国能源资源短缺，推动我国相关产业提质升级"，此外第三条还明确列举了鼓励开展的境外投资包括"稳步开展带动优势产能、优质装备和技术标准输出的境外投资""加强与境外高新技术和先进制造业企业的投资合作，鼓励在境外设立研发中心。"2017年12月，国家发改委发布《企业境外投资管理办法》（2018年3月1日起实施）以替代2014年的《境外投资项目核准和备案管理办法》，新的管理办法取消了"小路条"，不再要求中方投资额3亿美元及以上的非敏感类项目需事前取得国家发改委出具的确认函，同时不再将基础电信运营列入敏感行业。2018年1月，商务部、中国人民银行、国资委、银监会、证监会、保监会、外汇局共同发布了《对外投资备案（核准）报告暂行办法》，该暂行办法建立了管理分级分类、信息统一归口、违规联合惩戒的对外投资管理模式，明确对外投资备案（核准）按照"鼓励发展＋负面清单"进行管理。可以说在当前我国跨境并购已经具备相当规模和基础的情况下，上述境外投资政策变化预示着未来跨境并购的监管模式将由严格控制的短期手段转向更加规范合理的长效管理机制，国家正在积极调控和引导企业寻找具有战略意义的跨境并购机会，鉴别和杜绝以转移资金等为目的的虚假对外投资，高新技术产业跨境并购作为推动落实"一带一路"倡议和国际产能合作战略的重要抓手将迎来更大发展机遇，有条件、有实力的中国高新技术企业将继续活跃在战略性跨境并购领域。

2013年以来重要并购政策法规汇总见表1。

表1　2013年以来重要并购政策法规汇总

时间	相关政策	核心内容
2013年1月	《关于加快推进重点行业企业兼并重组的指导意见》（工信部联产业〔2013〕16号）	明确汽车、钢铁、水泥、船舶、电解铝、稀土、电子信息、医药、农业产业化龙头企业九大行业企业兼并重组的目标和任务。指出通过推进企业兼并重组，提高产业集中度，促进规模化、集约化经营，提高市场竞争力，培育一批具有国际竞争力的大型企业集团，推动产业结构优化升级；进一步推动企业转换经营机制，加强和改善内部管理，完善公司治理结构，建立现代企业制度；加快国有经济布局和结构的战略性调整，促进非公有制经济和中小企业发展，完善以公有制为主体、多种所有制经济共同发展的基本经济制度
2013年7月	《国务院办公厅关于金融支持经济结构调整和转型升级的指导意见》（国办发〔2013〕67号）	明确提出对实施产能整合的企业，要通过探索发行优先股、定向开展并购贷款、适当延长贷款期限等方式，支持企业兼并重组

续表

时间	相关政策	核心内容
2013 年 9 月	上海证券交易所《关于配合做好并购重组审核分道制相关工作的通知》;深圳证券交易所《关于配合做好并购重组审核分道制相关工作的通知》	自 2013 年 10 月 8 日起正式实施并购重组分道制审核。并购重组审核分道制是指证监会对并购重组行政许可申请审核时,根据财务顾问的执业能力、上市公司的规范运作和诚信状况、产业政策及交易类型的不同,实行差异化的审核制度安排。其中,对符合标准的并购重组申请,实行豁免审核或快速审核
2014 年 3 月	《关于进一步优化企业兼并重组市场环境的意见》(国发〔2014〕14 号)	针对企业兼并重组面临的突出矛盾和问题,重点提出了七个方面的政策措施
2014 年 5 月	《国务院关于进一步促进资本市场健康发展的若干意见》(国发〔2014〕17 号)	鼓励市场化并购重组。充分发挥资本市场在企业并购重组过程中的主渠道作用,强化资本市场的产权定价和交易功能,拓宽并购融资渠道,丰富并购支付方式。尊重企业自主决策,鼓励各类资本公平参与并购,破除市场壁垒和行业分割,实现公司产权和控制权跨地区、跨所有制顺畅转让
2014 年 10 月	修订《上市公司重大资产重组管理办法》和《上市公司收购管理办法》	进一步减少和简化并购重组行政许可,在强化信息披露、加强事中事后监管、督促中介机构归位尽责、保护投资者权益等方面做出配套安排
2015 年 1 月	《关于促进企业重组有关企业所得税处理问题的通知》和《关于非货币性资产投资企业所得税政策问题的通知》	对兼并重组过程中享受企业所得税递延处理特殊政策的条件进行调整。其中企业进行股权收购和资产收购时,对被收购股权或资产比例的要求由原来的不低于 75% 降为不低于 50%;具有 100% 控股关系的母子企业之间按账面值划转股权或资产,也可适用递延纳税政策,使更多企业兼并重组可以适用特殊性税务处理政策,即有关股权或资产按历史成本计价,暂不征收企业所得税
2015 年 3 月	《商业银行并购贷款风险管理指引》银监发〔2015〕5 号	银行业金融机构要积极支持优化产业结构,按照依法合规、审慎经营、风险可控、商业可持续的原则,积极稳妥开展并购贷款业务,提高对企业兼并重组的金融服务水平
2015 年 4 月	修订《第十三条、第四十三条的适用意见——证券期货法律适用意见第 12 号》	上市公司发行股份购买资产同时募集配套资金比例不超过拟购买资产交易价格 100% 的,一并由并购重组审核委员会予以审核;超过 100% 的,一并由发行审核委员会予以审核
2015 年 8 月	《关于鼓励上市公司兼并重组、现金分红及回购股份的通知》	大力推进上市公司兼并重组,积极鼓励上市公司现金分红,大力支持上市公司回购股份,提升资本市场效率和活力

续表

时间	相关政策	核心内容
2016 年 9 月	修订《上市公司重大资产重组管理办法》	给"炒壳"降温，促进市场估值体系的理性修复，继续支持通过并购重组提升上市公司质量，引导更多资金投向实体经济
2017 年 1 月	证监会新闻发布会	并购重组是支持实体经济的重要手段，但是存在投机炒壳的顽疾。证监会将进一步加强并购重组监管，持续完善相关制度规则，重点遏制忽悠式、跟风式和盲目跨界重组，引导资金更多投向有利于产业整合升级的并购重组。严厉打击并购重组伴生的内幕交易等违法行为
2017 年 6 月	中国证券业协会第六次会员大会	证券公司要在并购重组、盘活存量上做文章，为国企国资改革、化解过剩产能、"僵尸企业"的市场出清、创新催化等方面提供更加专业化的服务，加快对产业转型升级的支持力度
2017 年 9 月	修订《公开发行证券的公司信息披露内容与格式准则第 26 号——上市公司重大资产重组（2014 年修订）》	新修订的并购重组信息披露规则简化重组预案披露内容，缩短停牌时间，对"三类股东"要求穿透披露至最终出资人，并要求全程披露重组后大股东减持计划
2017 年 8 月	《关于进一步引导和规范境外投资方向的指导意见》	进一步引导和规范境外投资方向，将境外投资分为"鼓励类"、"限制类"和"禁止类"，鼓励开展的境外投资中包括了"加强与境外高新技术和先进制造业企业的投资合作"
2017 年 12 月	《企业境外投资管理办法》	取消项目信息报告制度；取消地方初审、转报环节；放宽投资主体履行核准、备案手续的最晚时间要求
2018 年 1 月	《对外投资备案（核准）报告暂行办法》	建立了"管理分级分类、信息统一归口、违规联合惩戒"的对外投资管理模式。明确对外投资备案（核准）按照"鼓励发展＋负面清单"进行管理

三 并购重组审核反馈意见分析

2017 年，证监会上市公司并购重组审核委员会全年共召开 76 次会议，共计审核 173 例上市公司重大资产重组申请。其中，获得无条件通过的 97 例，有条件通过的 64 例，被否的共 12 例，审核通过率为 93%（无条件通过率为 56%，有条件通过率为 37%），未通过率为 7%（见图 1）。

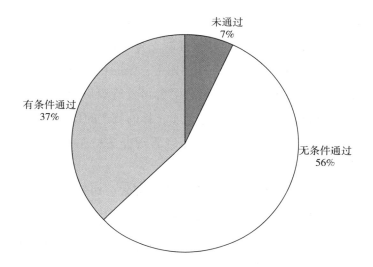

图 1　2017 年证监会并购重组委审核结果

与 2016 年相比较，证监会并购重组审核委员会 2016 年召开 103 次会议，全年共审核 275 例上市公司重大资产重组申请，其中获得无条件通过的 130 例，有条件通过的 121 例，被否的 24 例，审核通过率为 91.27%（无条件通过率为 47.27%，有条件通过率为 44%），未通过率为 8.73%。如果单从数据上对比，2017 年并购重组否决率较上一年有所下降，但这并不能说明监管部门对并购重组审核的放松。在并购重组领域各项新规陆续出台的背景之下，并购重组制度建设不断得到完善，以往的市场利益链条被打破，非理性并购潮有所降温，上会企业数量大幅减少，最终表现为上会否决率有所降低。以下对 2017 年未过会的上市公司重大资产重组案例进行梳理汇总并进行分析，试图从中找到规律并得到启示。

（一）2017年上市公司重大资产重组未过会否决理由汇总

2017 年证监会上市公司并购重组审核委员会（以下简称并购重组委）未审核通过的上市公司重大资产重组共计 12 件，项目基本信息以及方案被否决原因汇总如下。

2017 年 1 月 4 日昆山金利表面材料应用科技股份有限公司发行股份购

买资产未获通过。并购重组委的审核意见为：申请材料显示，标的资产定价的公允性以及盈利预测的主要业绩指标缺乏合理依据，不符合《上市公司重大资产重组管理办法》第十一条和第四十三条的相关规定。

2017 年 2 月 15 日宁波热电股份有限公司发行股份购买资产未获通过。并购重组委的审核意见为：申请材料显示，标的资产的持续盈利能力存在不确定性，不符合《上市公司重大资产重组管理办法》第四十三条第一款的第（一）项和第（四）项的规定。

2017 年 3 月 9 日，哈尔滨九洲电气股份有限公司发行股份购买资产未获通过。并购重组委的审核意见为：申请材料关于上市公司与标的公司之间 EPC 合同履行情况的披露不及时、不充分，不符合《上市公司重大资产重组管理办法》第四条的有关规定。

2017 年 5 月 10 日，北部湾港股份有限公司发行股份购买资产未获通过。并购重组委的审核意见为：申请材料显示，本次交易标的公司的资产权属及持续盈利能力披露不充分，不符合《上市公司重大资产重组管理办法》第四十三条的相关规定。

2017 年 6 月 1 日，浙江东日股份有限公司发行股份购买资产未获通过。并购重组委的审核意见为：申请材料显示，本次交易标的资产未来盈利能力具有重大不确定性，不符合《上市公司重大资产重组管理办法》第四十三条的相关规定。

2017 年 6 月 21 日，山西焦化股份有限公司发行股份购买资产未获通过。并购重组委的审核意见为：申请材料显示，本次重组资产交易定价以资产评估结果为依据，其中介机构资格不符合《上市公司重大资产重组管理办法》第十七条的相关规定，有关信息披露不符合《上市公司重大资产重组管理办法》第四条的规定。

2017 年 7 月 5 日，山东地矿股份有限公司发行股份购买资产未获通过。并购重组委的审核意见为：申请材料显示，标的资产目前仅取得采矿权证，尚未取得项目立项批复等生产经营所必需的审批许可，按期达产存在不确定性，且建设期持续亏损，不利于上市公司改善财务状况和增强持续盈利能力，不符合《上市公司重大资产重组管理办法》第四十三条的相关规定。

2017年8月24日，中通国脉通信股份有限公司发行股份购买资产未获通过。并购重组委的审核意见为：标的公司未来年度预测毛利率的合理性披露不充分，不符合《上市公司重大资产重组管理办法》第四条的规定。

2017年9月15日，恒力石化股份有限公司发行股份购买资产未获通过。并购重组委的审核意见为：标的资产持续盈利能力的稳定性和合理性披露不充分，不符合《上市公司重大资产重组管理办法》第四十三条相关规定。本次发行股份购买资产与申请人前次重组上市的承诺不一致，不符合上市公司监管指引第4号的相关规定。

2017年12月7日，江苏吴江中国东方丝绸市场股份有限公司发行股份购买资产未获通过。并购重组委的审核意见为：标的资产在报告期内经营模式发生重大变化，且交易前后存在大量关联交易，不符合《首次公开发行股票并上市管理办法》第三十七条和《上市公司重大资产重组管理办法》第四十三条相关规定。

2017年12月27日，深圳市海普瑞药业集团股份有限公司发行股份购买资产未获通过。并购重组委的审核意见为：本次交易标的资产盈利能力存在较大不确定性，不符合《上市公司重大资产重组管理办法》第四十三条规定。

2017年12月28日，无锡新宏泰电器科技股份有限公司发行股份购买资产未获通过。并购重组委的审核意见为：标的资产生产经营用房被没收及未办理环评报批手续对标的资产持续经营能力的影响披露不充分，不符合《上市公司重大资产重组管理办法》第十一条的规定。

（二）2017年并购重组委重点关注问题分析

综观2017年并购重组委对重大资产重组申请的反馈意见，可以发现并购重组委对于上市公司并购重组业务的关注事项主要包括交易价格公允性、盈利预测、持续盈利能力、资产权属、同业竞争、关联交易、债权债务处置、经营资质、内幕交易以及合同关键条款等。总体来看，并购重组委对上市公司重大资产重组进行审核时重点关注的问题主要集中在标的资产持续盈利能力存疑和信息披露不充分上，而信息披露不充分又涉及其他具体问题，总体来看主要包括以下几个方面。

（1）标的资产持续盈利问题。具体可细分为盈利预测缺乏合理依据、盈利能力不确定性以及盈利能力披露不充分。此方面问题在并购重组委援引的否决理由中出现频次最高，达到了十次，是监管审核过程中最为重要的问题，可以说并购重组委审核的核心问题就在于是否能够证明并购标的盈利能力。尽管部分公司在反馈意见中被重点指出标的资产信息披露不充分、不真实导致最后未能过会，但实质上涉及未披露信息的内容仍然是围绕未来持续盈利能力预测这一核心提出的。

（2）标的资产定价问题。具体可细分为资产定价公允性缺乏合理依据以及资产评估中介机构资格不符合规定，这两项具体问题在并购重组委援引的否决理由中分别出现了一次。

（3）标的资产权属问题。具体指标的资产权属问题披露不充分，在并购重组委援引的否决理由中出现两次。

（4）标的资产经营模式发生重大变化及存在大量关联交易。在并购重组委援引的否决理由中出现一次。

（5）收购方与标的交易合同问题。具体指合同履行情况披露不充分、不及时，在并购重组委援引的否决理由中出现一次。

值得注意的是，在法律法规层面《上市公司重大资产重组管理办法》第四十三条是被并购重组委援引最多的法条之一。该条款的核心内涵是要求并购重组交易有利于提高上市公司的资产质量、改善财务状况和增强持续盈利能力，有利于上市公司减少关联交易、避免同业竞争、增强独立性，即强强联合的并购重组交易才是符合监管导向的。此外，标的资产定价公允性、资产权属是否清晰、上市公司控制权稳定性以及信息披露质量等因素同样是并购重组委进行审核时的关注要点。

（三）高新技术产业并购重组的审核情况分析

从高新技术产业并购重组的角度来看，在 2017 年证监会上市公司并购重组审核委员会审核的全部上市公司重大资产重组申请中，高新技术产业并购重组共计 120 例，约占并购重组审核委员会全年审核申请总数的 69.4%，其中获得无条件通过的 70 例，有条件通过的 46 例，未通过 4 例，高新技术产业并购重组的审核通过率约为 96.7%（无条件通过率为 58.33%，有条件通过率为 38.33%），未通过率约为 3.3%。与 2017 年证监会上市公司并购重组审核委员会的总体审核情况（无条件通过率约为 56%，有条件通过率约为 37%，未通过率约为 7%）相比较，高新技术产业并购重组不仅在数量上占据了大部分，而且审核通过率也要高于 2017 年全年的整体平均水平。

2017 年证监会并购重组委否决的高新技术产业并购重组情况汇总见表 2；获有条件通过的高新技术产业并购重组情况汇总见表 3。

表 2　2017 年证监会并购重组委否决的高新技术产业并购重组情况汇总

会议届次	时间	未获通过项目	否决理由
1	1 月 4 日	昆山金利表面材料应用科技股份有限公司（发行股份购买资产）	申请材料显示，标的资产定价的公允性以及盈利预测的主要业绩指标缺乏合理依据，不符合《上市公司重大资产重组管理办法》第十一条和第四十三条的相关规定
6	2 月 15 日	宁波热电股份有限公司（发行股份购买资产）	申请材料显示，标的资产的持续盈利能力存在不确定性，不符合《上市公司重大资产重组管理办法》第四十三条第一款的第（一）项和第（四）项的规定
49	8 月 24 日	中通国脉通信股份有限公司（发行股份购买资产）	标的公司未来年度预测毛利率的合理性披露不充分，不符合《上市公司重大资产重组管理办法》第四条的规定
77	12 月 28 日	无锡新宏泰电器科技股份有限公司（发行股份购买资产）	标的资产生产经营用房被没收及未办理环评报批手续对标的资产持续经营能力的影响披露不充分，不符合《上市公司重大资产重组管理办法》第十一条的规定

表 3　2017 年证监会并购重组委有条件通过的高新技术产业并购重组情况汇总

会议届次	时间	有条件通过项目	审核意见
2	1 月 11 日	浙江众合科技股份有限公司（发行股份购买资产）	请申请人补充披露标的资产 2019 年度业绩承诺
3	1 月 12 日	摩登大道时尚集团股份有限公司（发行股份购买资产）	请申请人补充披露标的公司业务收入相关国家和地区的专业机构出具的税务合规意见

续表

会议届次	时间	有条件通过项目	审核意见
5	1月18日	江西恒大高新技术股份有限公司（发行股份购买资产）	请申请人补充披露标的资产2019年度业绩承诺安排
6	2月15日	广东宜通世纪科技股份有限公司（发行股份购买资产）	请申请人补充披露2016年度标的资产预测数据的实现情况及其对评估结果的影响
8	2月23日	芜湖顺荣三七互娱网络科技股份有限公司（发行股份购买资产）	请申请人补充披露墨鹍科技预测期新上线游戏成功发行并取得预期收益的可实现性，以及2016年4月30日基准日和2016年8月31日基准日两次估值定价差异原因
9	3月1日	江苏长电科技股份有限公司（发行股份购买资产）	请申请人补充披露本次重组的交易对方股份锁定期安排是否符合并购重组相关规定，请申请人补充披露对标的资产业务整合的可实现性以及对持续盈利能力的影响
10	3月2日	广州海格通信集团股份有限公司（发行股份购买资产）	请申请人进一步披露本次交易募集配套资金投向的合规性和募集配套资金的必要性
11	3月8日	山东中际电工装备股份有限公司（发行股份购买资产）	请申请人结合上市公司控股股东股份质押情况、交易完成后上市公司董事会和经营管理层的构成、一致行动人的认定，进一步补充披露上市公司确保控制权稳定性的措施
16	4月13日	道明光学股份有限公司（发行股份购买资产）	请申请人结合本次标的资产的整体评估方法补充说明上市公司交易完成后，向常州华威反光材料有限公司购买土地使用权及地上建筑物定价的公允性
24	5月16日	天津经纬电材股份有限公司（发行股份购买资产）	请申请人补充披露标的资产自2012年底以来实施一系列重组的原因、具体过程、相关对价的支付情况以及是否存在相关国家的法律、税务风险和控制上述风险的措施
24	5月16日	湖北国创高新材料股份有限公司（发行股份购买资产）	请申请人补充披露本次交易募集配套资金的必要性和合理性
25	5月24日	重庆建峰化工股份有限公司（发行股份购买资产）	请申请人进一步补充说明化医集团与渤溢基金是否存在关联关系或一致行动关系，渤溢基金所持股份的锁定期安排是否符合相关规定
25	5月24日	宁波维科精华集团股份有限公司（发行股份购买资产）	请申请人进一步补充披露杨龙勇与上市公司控股股东、实际控制人是否构成一致行动关系，以及杨龙勇锁定期安排是否符合相关规定

续表

会议届次	时间	有条件通过项目	审核意见
26	6月1日	京蓝科技股份有限公司（发行股份购买资产）	请申请人补充披露前次募集配套资金使用的进展情况以及本次募集配套资金的必要性
28	6月8日	宁波东力股份有限公司（发行股份购买资产）	请申请人补充披露本次交易完成后上市公司和标的公司的治理结构安排、保障上市公司控制权稳定性的措施及相关协议安排
30	6月14日	广州杰赛科技股份有限公司（发行股份购买资产）	请申请人进一步说明本次交易募集配套资金投向的合规性并进一步说明标的资产电科导航相关业绩承诺补偿安排的合规性
33	6月22日	浙江三花智能控制股份有限公司（发行股份购买资产）	请申请人进一步披露本次交易完成后，上市公司与控股股东、实际控制人及其控制的企业是否存在同业竞争
34	6月28日	洛阳轴研科技股份有限公司（发行股份购买资产）	请申请人进一步说明国机资本作为国机集团一致行动人是否履行了免于要约收购的股东大会程序，是否符合《上市公司收购管理办法》的相关要求。请独立财务顾问、律师核查并发表明确意见并请申请人进一步补充披露国机集团出具的相关承诺是否符合上市公司监管指引的相关规定
37	7月3日	北京华宇软件股份有限公司（发行股份购买资产）	请申请人补充披露标的公司毛利率变动对估值的影响
39	7月6日	湖北三丰智能输送装备股份有限公司（发行股份购买资产）	请申请人补充披露关于上市公司股东朱汉梅、朱汉敏原持有股份的锁定期间安排
41	7月13日	岭南园林股份有限公司（发行股份购买资产）	请申请人补充披露标的资产国资评估程序不完备的法律风险
42	7月19日	太阳鸟游艇股份有限公司（发行股份购买资产）	请申请人补充说明标的资产未来盈利预测的可实现性，以及加强内控的具体措施
43	7月20日	昆明云内动力股份有限公司（发行股份购买资产）	请申请人补充说明标的公司历次股权交易定价与本次交易定价差异较大的合理性
44	7月21日	无锡华东重型机械股份有限公司（发行股份购买资产）	请申请人补充披露扣除与报告期同口径关联方销售后，标的资产预测期经营业绩的可实现性和可持续性

续表

会议届次	时间	有条件通过项目	审核意见
48	8月23日	天音通信控股股份有限公司（发行股份购买资产）	请申请人进一步补充说明深圳湾土地以及掌信彩通股权评估增值的合理性
49	8月24日	东旭光电科技股份有限公司（发行股份购买资产）	请申请人补充披露新能源汽车财政补助政策调整对申龙客车未来持续盈利能力的影响
50	8月30日	华自科技股份有限公司（发行股份购买资产）	请申请人补充披露本次交易完成后上市公司对标的公司资产整合和业务协同的具体方案和措施。请独立财务顾问核查并发表明确意见以及披露标的资产格兰特历次股权变动的原因、估值、对价支付、所得税缴纳情况及相应法律风险
50	8月30日	山东矿机集团股份有限公司（发行股份购买资产）	请申请人补充披露标的公司游戏玩家的消费数据，以及稳定标的公司持续盈利能力的措施
51	8月31日	北京荣之联科技股份有限公司（发行股份购买资产）	请补充披露标的公司报告期及预测期员工薪酬情况，并请独立财务顾问和会计师对其合理性发表明确意见并补充说明标的公司与报告期内第一大供应商及相应中间商、原厂商的业务合作模式，以及标的公司与中间商之间有无关联关系
51	8月31日	北京恒泰实达科技股份有限公司（发行股份购买资产）	标的公司2005～2016年期间持续存在股东超200人情况，请独立财务顾问及律师进一步核查，并对是否构成重大违法违规发表明确意见
52	9月6日	浙江美欣达印染集团股份有限公司（发行股份购买资产）	请申请人补充披露前次募集资金到位后的具体使用情况，本次交易决策过程与前次非公开发行披露文件是否一致，请独立财务顾问和律师核查并发表明确意见。请申请人补充披露标的公司下属汕头市澄海洁源垃圾发电厂有限公司股权转让和特许经营权的取得是否依法履行必要的审批程序及其对本次交易的影响，请独立财务顾问和律师核查并发表明确意见。请申请人补充披露确保实际控制人及其一致行动人保持行动一致性及履行承诺的有效措施，请独立财务顾问和律师核查并发表明确意见
52	9月6日	云南创新新材料股份有限公司（发行股份购买资产）	请申请人补充披露本次交易是否需要取得商务部门对所涉外国投资者战略投资的批准等其他事项，如需要，请承诺在完成全部审批前不得实施本次重组

会议届次	时间	有条件通过项目	审核意见
53	9月20日	TCL集团股份有限公司（发行股份购买资产）	请申请人补充披露标的资产在本次交易后剩余股权的相关安排及对上市公司的影响并补充披露星宇有限入股上市公司是否需要商务部门有关战略投资者的审批或备案。请独立财务顾问、律师核查并发表明确意见
54	9月14日	四川迅游网络科技股份有限公司（发行股份购买资产）	请申请人进一步说明本次交易配套募集资金的必要性和合理性，以及鲁锦等人与前任职单位的竞业禁止、同业竞争问题是否仍存在法律风险
56	9月19日	北京万向新元科技股份有限公司（发行股份购买资产）	请申请人补充披露标的资产智能滑雪机、电力巡检机器人两项新增业务相关预测营业收入大幅增长及维持高毛利率的依据及可实现性
58	9月27日	广州天创时尚鞋业股份有限公司（发行股份购买资产）	请申请人补充披露本次交易募集配套资金的必要性
59	10月12日	浙江南洋科技股份有限公司（发行股份购买资产）	请申请人补充披露取消本次重大资产重组配套融资安排相关情况及应履行的相关程序
62	11月1日	苏州海陆重工股份有限公司（发行股份购买资产）	请申请人补充披露本次交易方案中向交易对方大比例支付现金对价的风险及确保未能实现业绩承诺情况下交易对方履行业绩补偿义务的措施
63	11月16日	三诺生物传感股份有限公司（发行股份购买资产）	请申请人补充披露标的资产募投项目由上市公司代建的原因、合规性及上市公司后续向标的资产转移所建资产及相关资质是否存在重大不确定性
67	11月30日	湖北京山轻工机械股份有限公司（发行股份购买资产）	请申请人进一步披露祖国良与金春林股权代持关系的真实性、合法性及与锁定期安排的匹配性
67	11月30日	北京航天长峰股份有限公司（发行股份购买资产）	请申请人补充披露本次交易募集配套资金的必要性
68	12月6日	广东江粉磁材股份有限公司（发行股份购买资产）	请申请人进一步说明标的资产2016年10月增资价格低于本次交易作价及未确认股份支付费用的合理性
74	12月22日	广州白云电器设备股份有限公司（发行股份购买资产）	请申请人进一步说明，如本次交易未能在2017年底完成，业绩承诺期是否相应顺延

续表

会议届次	时间	有条件通过项目	审核意见
75	12月27日	广东文化长城集团股份有限公司（发行股份购买资产）	标的公司尚未办理办学许可证，请申请人结合《民办教育促进法》修改后各地方细则出台及受理情况，补充披露对标的公司经营的影响和应对措施
76	12月27日	吉林省金冠电气股份有限公司（发行股份购买资产）	请申请人进一步说明本次交易评估作价中包含募投项目收益的合理性，以及预测营业收入的可实现性
78	12月29日	江南嘉捷电梯股份有限公司（发行股份购买资产）	请申请人补充披露标的资产的董事在报告期内是否发生重大变化，请申请人补充披露标的资产涉诉情况及风险管理措施，请申请人补充披露标的资产原企业安全业务的具体情况、分拆过程、分拆的必要性及合理性

在强监管的背景之下，监管部门对重大资产重组的审查更加规范，严厉打击忽悠式重组，对借壳交易、跨界并购继续从严审核，遏制借并购重组进行套利的行为，并购重组市场秩序明显好转。同时，监管部门坚持正确政策导向，并购重组服务上市公司转型升级的积极作用正在大幅提升，服务实体经济的功能更加突出，高端制造、新能源、信息技术等高新技术产业领域标的资产成为上市公司并购重组的重要方向。2017年8月，证监会发布了近年来我国市场化并购重组的发展状况，并购重组已成为资本市场支持实体经济发展的重要方式；此外根据证监会的梳理分析，近年来我国上市公司并购重组呈现的主要特征之一就是并购重组促进技术升级，推动战略性新兴产业发展。[①] 2018年1月，上海证券交易所就2017年沪市并购重组及监管情况答记者问时表示，2017年沪市上市公司并购重组推动了新经济、新技术、新产业与资本市场深度融合；并购标的为高端制造业等实体产业的方案数量和交易金额占比均超过七成，为上市公司接轨新一代信息技术、智能制造、增材制造（3D打印）、新材料、生物医药等领域，提供了必要的技术储备

---

① 《证监会：并购重组已成为支持实体经济的重要方式》，http://www.xinhuanet.com/2017-08/15/c_1121486859.htm。

和科技准备，加速传统产业上市公司产业结构调整和转型升级步伐，成为"工业4.0"和"中国制造2025"的重要推动力；2018年上交所将在继续从严监管并购重组的基础上，着力提升主动服务国家战略大局和上市公司发展的意识和能力，重点支持新技术、新业态、新产品通过并购重组进入上市公司。[①] 2018年2月，深圳证券交易所发布《深圳证券交易所发展战略规划纲要（2018~2020年)》，规划纲要以建设与现代化强国相匹配、具有国际竞争力的强大资本市场为愿景，明确了深交所未来三年的发展目标之一，就是形成领先的创新支持市场体系，国家级高新技术企业占比、中小创企业成长性领先全球新兴市场。具体而言，未来三年深市新增上市公司中国家级高新技术企业占比将处于领先地位，到2020年深交所多层次市场定位将更加清晰，板块功能充分发挥，中小创企业成长性突出，从现货到衍生品的产品线更加完整，市场投融资功能更加完备，对创业创新和高科技企业更加包容，吸引力显著提高，成为中国新经济的主场。为了实现该规划纲要制定的目标，深交所未来的重点工作包括大力推进创业板改革，优化多层次市场体系，以促进深市多层次市场健康发展为主线，推动形成特色更加鲜明的市场体系，突出新经济、新产业特征，针对创新创业型高新技术企业的盈利和股权特点，推动完善IPO发行上市条件，扩大创业板包容性。基于证监会、上交所和深交所的上述表态，结合2017年证监会上市公司并购重组审核委员会对高新技术产业并购重组的审核情况，可以分析出监管机构和交易所对于高新技术产业并购重组持支持鼓励态度，并重点支持上市公司通过实施高新技术产业并购重组实现转型升级和质量提升，从而服务国民经济发展大局。

从2017年上市公司被否和有条件通过的高新技术产业并购重组来看，监管部门对高新技术产业并购重组的审核重点涉及标的资产盈利能力、标的资产的业绩承诺、标的资产预测数据的可实现性、标的公司业务收入的税务合规性、估值定价的合理性、募集配套资金的必要性和合理性、股份锁定期

---

① 上海证券交易所：《第一百二十期新闻发布会》，www.sse.com.cn/aboutus/mediacenter/conference/c/c_20180126_4455734.shtml。

安排、上市公司控制权的稳定性、后续标的资产整合和业务协同等多个方面。总结起来，监管部门对于高新技术产业并购重组审核的关注重点与其对并购重组市场强调的总体监管重点保持一致，标的资产持续盈利能力仍然是审核的重中之重；此外，由于高新技术领域标的资产在技术、商业模式等很多方面具有独特性和创新性，非专业投资者相对较难透彻理解，资产定价是否公允、是否充分披露了资产价值及可能面临的风险也是监管机构关注的要点。可以看出，监管部门对高新技术产业并购的审核重点明确、监管尺度一致，在对高新技术产业并购予以大力支持的同时并没有放松审核标准，对高新技术产业并购去伪存真，支持上市公司实施高新技术产业并购以增强企业竞争力，提升资本市场服务实体经济发展的质量。在高新技术产业并购的监管方面，预期监管机构将为上市公司基于真实产业需求实施的高新技术并购创造相对更宽松的环境；由于高新技术产业并购涉及大量境外标的，在境外投资政策特别是外汇管理方面对高新技术产业跨境并购也将会进一步形成有倾向性的政策支持；同时，对于不断发掘、培育高新技术领域并购标的的风险投资和私募基金，在财政、税收、金融及资本市场监管方面尚需进一步加强协调，鼓励形成投资—并购退出获取收益—再投资—再并购退出获取收益的良性循环。

综上所述，高新技术产业并购对于中国经济结构调整和产业结构优化具有重要意义，是提升经济增长内在质量的重要手段，在满足合规要求的前提下，高新技术产业并购将充分受益于政策对新技术、新产业、新业态、新模式并购重组的重点支持，成为未来并购重组市场的热点。

附　　录

Appendixes

附录一　编写说明

本书涉及大量数据统计及分析，本书作者保证书中所采用的数据均来自合规渠道，现对本书研究对象、数据来源及定义进行如下说明。

◇**研究对象**

本书以注册地在中国或注册地不在中国但主要经营关系及场所在中国（不包括中国香港、中国台湾）的中国公司作为买方发起的并购交易为主要研究对象，中国公司包括上市公司和非上市公司。

◇**并购交易**

包括收购和兼并。本书统计的收购交易是指一个公司购买其他公司资产或股权，在实质上能对标的公司实施控制或重大影响的交易；兼并交易指两个或者多个公司合并组成一个公司的交易，包括吸收兼并和新设兼并两种形式。其中，若交易满足以下条件，则认为购买方能对标的公司实施控制或重大影响：①并购交易导致标的公司的控制权发生变化的；②标的公司控制权没有发生变化或无法判断，但交易完成后收购方持有标的方股权比例超过

30%的。①

1. 高新技术领域并购：指标的公司的主要经营范围属于高新技术领域的并购交易。高新技术领域定义及标准具体参照国家科技部、财政部、国家税务总局以国科发火〔2016〕32号印发修订后的《高新技术公司认定管理办法》规定，具体包括电子信息、生物与新医药、航空航天、新材料、高技术服务、新能源与节能、资源与环境、先进制造与自动化八个方面。由于高新技术产业的范围边界较为模糊，目前学界与业界尚无统一的划分标准，本书将《高新技术公司认定管理办法》中的业务类型与公司经营所属行业进行对应划分，详细划分标准参见附录二。

2. 中关村上市公司并购：指中关村上市公司作为买方直接发起的并购交易。中关村上市公司是指依据《北京市中关村科技园区公司登记注册管理办法》，在中关村国家自主创新示范区注册，在全球各个资本市场上市，代表新经济、引领战略新兴产业发展的创新型高科技公司。截至2017年10月，中关村上市公司达315家。②

◇**数据来源**

1. 并购数据：除特别注明外，本书所使用的并购交易数据来自Dealogic数据库，对于Dealogic中没有收录的交易或者关键字段有所缺失的交易，本书不作统计。数据库信息处于不断更新中，不同时点的查询结果有所区别，本书以2017年12月20日的查询结果为准。

2. 并购基金数据：上市公司参与设立并购基金信息由本书作者根据上市公司公告整理。

3. 产业数据：除特别注明外，本书产业篇各产业链分类方法及相关上市公司名单来自Wind资讯。

4. 案例数据：除特别注明外，本书所涉及案例数据来自上市公司公告

---

① 依据《上市公司收购管理办法》，当投资者可以实际支配上市公司股份表决权超过30%时即视为拥有上市公司控制权。本书借鉴该办法标准，认为当公司持有标的公司30%及以上股权比例时则能对公司产生重大控制影响。

② 中关村上市公司名单见附录三，数据来自中关村管委会。

和其他公开渠道。

5. 上市公司数据：除特别注明外，本书上市公司介绍、并购交易具体信息来自上市公司公告，财务数据信息来自 Wind 资讯。

6. 其他数据：除特别注明外，本书中涉及的中关村园区数据来自中关村管委会，宏观经济数据来自国家统计局、中华人民共和国科学技术部、北京市统计局等公开网站。

◇**并购交易统计币种**

本书中所有并购交易统计币种均为人民币。采用外币结算的并购交易，其数据由本书作者采用交易公告日汇率折算为人民币计价，历史汇率信息采用中国银行外汇牌价的基准价数据。

◇**统计范围界定**

1. 时间区间：**①并购交易时间区间**：本书涉及的并购交易以并购公告日为并购交易日期进行统计分析，涵盖的交易日期为 2013 年 1 月 1 日至 2017 年 12 月 20 日；**②宏观数据统计区间**：因本书编写时 2017 年部分宏观数据尚未公布，除特别注明外，本书宏观数据统计截止日期为 2016 年 12 月 31 日；**③上市公司财务数据统计区间**：因本书编写时上市公司 2017 年财务报表尚未公布，本书上市公司财务数据统计截止日期为 2016 年 12 月 31 日。

2. 并购交易状态：本书所统计的数据包括并购已完成和正在进行即将完成的并购交易。

◇**主要概念界定**

1. 境内上市公司：指在上海证券交易所、深圳证券交易所上市的公司。

2. 境外上市公司：指在中国香港地区及境外交易所上市的公司。其中，在纽交所和纳斯达克上市的公司，统称为"美股"公司；在港交所、香港创业板上市的公司，统称为"港股"公司。

3. 境内并购：中国公司作为买方，标的公司注册地或主要经营场所在中国内地的并购交易。

4. 跨境/跨地区并购：中国公司作为买方，标的公司注册地或主要经营场所在境外及中国香港、中国台湾的并购交易。

5. 并购金额：指并购公告日公布的交易总金额，对于未公布金额的并购交易，本书不作金额统计。

6. 并购宗数：指对外公布的已完成和正在进行的交易数量，无论交易金额是否公布。

7. 并购行业/产业：指并购标的公司主要经营范围所属行业或对应产业。

◇**特别说明**

本书统计数据可能与其他报告有所出入，主要由以下几方面原因造成：①并购定义不同。本书纳入统计范围的并购定义参见本说明"并购交易"部分；②数据来源不同。不同并购交易数据库收集信息的渠道不同，本书基于 Dealogic 数据库所涵盖的交易进行分析；③交易更新。对于正在进行的并购交易，Dealogic 数据库会对交易状态、金额进行更新，不同时间点的查询结果存在差异。

◇**免责声明**

本书所提到的相关公司并购案例信息均来源于公众可接触到的公开资料，案例所涉及的公司及本书作者对该等信息的准确性、完整性、合法性及真实性不做任何保证且不承担任何形式的责任，也不保证该等信息在本书刊行后不会发生任何变更。需要特别说明，本书的资料和意见均仅反映发布时的资料和意见，该等资料和意见不排除后续会做出调整。本书作者已力求内容的客观、公正，但书中的观点和结论仅供参考，不构成投资者或其他人士在投资、法律、会计或税务等方面的任何操作建议。

本书作者基于专业理解对公开数据信息进行分析、编写，力求研究观点独立、客观和公正，结论不受任何第三方的授意或影响。如上所述，本书的信息来源于已公开的资料及数据库，本书作者对该等信息的准确性、完整性或可靠性不做任何保证。

本书版权仅为中关村大河并购重组研究院所有。未经本研究院书面许可，任何机构和/或个人不得以任何形式翻版、复制和发布本书内容和数据。任何机构和个人如引用、刊发本书内容及数据，须同时注明出处为中关村大河并购重组研究院，且不得对本书进行任何有悖原意的引用、删节和/或修改。

附录二　高新技术产业分类标准

高新技术产业是指以生产高新技术产品为主，知识密集度、资本密集度以及技术密集度相对较高，高风险与高收益并存，具有高附加值和高效益的产业。

中国对高新技术产业的划分主要取决于高新技术企业的认定和高新技术产品的分类，并且经历三个阶段。第一阶段为 1991～2000 年，《国务院关于批准国家高新技术产业开发区和有关政策的通知》和《国家高新技术产业开发区外高新技术企业认定条件和办法》中规定的相关行业，将研究开发费用超过企业总收入 3% 的企业认定为高新技术企业；第二阶段为 2000～2008 年，《关于印发〈国家高新技术产业开发区高新技术企业认定条件和办法〉的通知》中规定的相关行业，将研发投入超过当年总销售额 5% 的企业认定为高新技术企业；第三阶段为 2008 年至今，《关于印发〈高新技术企业认定管理办法〉的通知》和《关于印发〈高新技术企业认定管理工作指引〉的通知》（国科发火〔2008〕362 号）对企业申报高新技术企业的条件、流程以及复审等标准进行了详细规定。在 2016 年，相关部门对该管理办法进行了修订。科技部、财政部、国家税务总局以国科发火〔2016〕32 号印发修订后的《高新技术企业认定管理办法》，其中规定将电子信息、生物与新医药、航空航天、新材料、高技术服务、新能源及节能、资源与环境和先进制造与自动化归类为高新技术产业。

为与国家战略与其他经济统计数据口径保持统一，本书中对高新技术产业的分类定义与国科发火〔2016〕32 号印发修订后的《高新技术企业认定管理办法》中的分类定义一致。

由于学界与业界尚无将企业行业与高新技术产业一一对应分类的统一标

准，因此本书首次按照企业经营范围所属行业分类将其划归相应高新技术产业，建立了高新技术产业在行业层面的分类标准，将产业和行业直接联系起来，力求划分准确以展现中国高新技术产业全貌，鉴于高新技术产业的范围边界较为模糊，难免有疏漏之处，敬请读者不吝指正。本书所使用并购交易数据来自 Dealogic 数据库，该数据库将企业划分为 168 个行业，本书将 168 个行业按其行业描述与我国高新技术八大产业一一对应，对应标准见表 1。

表1　高新技术产业—行业对应标准

行业名称	高新技术产业分类
Aerospace-Aircraft	航空航天
Computers & Electronics-Components	电子信息
Computers & Electronics-Measuring Devices	电子信息
Computers & Electronics-Memory Devices	电子信息
Computers & Electronics-Miscellaneous	电子信息
Computers & Electronics-Networks	电子信息
Computers & Electronics-PCs	电子信息
Computers & Electronics-Peripherals	电子信息
Computers & Electronics-Semicond Capital Equipment	电子信息
Computers & Electronics-Semiconductors	电子信息
Computers & Electronics-Software	电子信息
Telecommunications-Cable Television	电子信息
Telecommunications-Equipment	电子信息
Telecommunications-Radio/TV Broadcasting	电子信息
Telecommunications-Satellite	电子信息
Telecommunications-Telephone	电子信息
Telecommunications-Wireless/Cellular	电子信息
Healthcare-Biomed/Genetics	生物与新医药
Healthcare-Drugs/Pharmaceuticals	生物与新医药
Healthcare-Instruments	生物与新医药
Healthcare-Medical/Analytical Systems	生物与新医药
Healthcare-Products	生物与新医药
Chemicals-Specialty	新材料
Chemicals-Fertilizers	新材料
Chemicals-Fibers	新材料

续表

行业名称	高新技术产业分类
Chemicals-Plastic	新材料
Metal & Steel-Products	新材料
Computers & Electronics-Services	高技术服务
Professional Services-Security/Protection	高技术服务
Telecommunications-Services	高技术服务
Construction/Bldg Prods-Engineering/R&D	高技术服务
Utility & Energy-Hydroelectric Power	新能源与节能
Utility & Energy-Nuclear Power	新能源与节能
Utility & Energy-Gas	新能源与节能
Utility & Energy-Water Supply	资源与环境
Construction/Bldg Prods-Air Conditioning/Heat	资源与环境
Utility & Energy-Waste Management	资源与环境
Auto/Truck-Manufacturers	先进制造与自动化
Auto/Truck-Parts & Equipment	先进制造与自动化
Machinery-Electrical	先进制造与自动化
Oil & Gas-Exploration & Development	先进制造与自动化
Oil & Gas-Field Equipment & Services	先进制造与自动化
Textile-Apparel Manufacturing	先进制造与自动化
Transportation-Equipment & Leasing	先进制造与自动化
Defense-Contractors/Products & Services	先进制造与自动化

附录三　中关村国家自主创新示范区上市公司名单

公司名称	上市地点	公司名称	上市地点
UT 斯达康(中国)有限公司	美国纳斯达克	北京城建设计发展集团股份有限公司	港交所
新浪技术(中国)有限公司	美国纳斯达克	北京世纪睿科系统技术有限公司	港交所
北京搜狐互联网信息服务有限公司	美国纳斯达克	北京和利时自动化驱动技术有限公司	美国纳斯达克
德信无线通讯科技(北京)有限公司	美国纳斯达克	北京新奥混凝土集团有限公司	美国纳斯达克
百度在线网络技术(北京)有限公司	美国纳斯达克	商机在线(北京)网络技术有限公司	美国纳斯达克
北京奥瑞金种业股份有限公司	美国纳斯达克	爱康国宾健康体检管理集团有限公司	美国纳斯达克
航美联合传媒技术(北京)有限公司	美国纳斯达克	北京车之家信息技术有限公司	美国纽交所
全美测评软件系统(北京)有限公司	美国纳斯达克	北京怡生乐居信息服务有限公司	美国纽交所
北京畅游时代数码技术有限公司	美国纳斯达克	北京网聘咨询有限公司	美国纽交所
北京科兴生物制品有限公司	美国纳斯达克	中国在线教育集团	美国纽交所
北京德海尔医疗技术有限公司	美国纳斯达克	中德(中国)环保有限公司	德国法兰克福
北京蓝汛通信技术有限责任公司	美国纳斯达克	德龙运通国际贸易(北京)有限公司	新加坡
世纪互联数据中心有限公司	美国纳斯达克	北汽福田汽车股份有限公司	上交所
达内时代科技集团有限公司	美国纳斯达克	北京巴士传媒股份有限公司	上交所
微梦创科网络科技(中国)有限公司	美国纳斯达克	三一重工股份有限公司	上交所
北京京东世纪贸易有限公司	美国纳斯达克	北京三元食品股份有限公司	上交所
北京陌陌信息技术有限公司	美国纳斯达克	北京昊华能源股份有限公司	上交所
北京窝窝团信息技术有限公司	美国纳斯达克	北京金隅股份有限公司	上交所
百济神州(北京)生物科技有限公司	美国纳斯达克	江河创建集团股份有限公司	上交所
北京新东方教育科技(集团)有限公司	美国纽交所	中国交通建设股份有限公司	上交所

续表

公司名称	上市地点	公司名称	上市地点
北京永新视博数字电视技术有限公司	美国纽交所	中国电影集团公司	上交所
北京东大正保科技有限公司	美国纽交所	神州高铁技术股份有限公司	深交所
北京搜房网络技术有限公司	美国纽交所	渤海水业股份有限公司	深交所
北京世纪好未来教育科技有限公司	美国纽交所	经纬纺织机械股份有限公司	深交所
北京易车互联信息技术有限公司	美国纽交所	北京燕京啤酒股份有限公司	深交所
北京千橡天成科技发展有限公司	美国纽交所	北方国际合作股份有限公司	深交所
北京网秦天下科技有限公司	美国纽交所	华北高速公路股份有限公司	深交所
北京天盈九州网络技术有限公司	美国纽交所	北京东方雨虹防水技术股份有限公司	深交所
北京五八信息技术有限公司	美国纽交所	中化岩土工程股份有限公司	深交所
北京猎豹移动科技有限公司	美国纽交所	朗姿股份有限公司	深交所
北京创锐文化传媒有限公司	美国纽交所	奥瑞金包装股份有限公司	深交所
北京博新精仪科技发展有限公司	德国法兰克福	北京众信国际旅行社股份有限公司	深交所
北京汉铭信通科技有限公司	新加坡	北京金一文化发展股份有限公司	深交所
北京桑德环境工程有限公司	香港联交所	北京辰安科技股份有限公司	深交所
北大资源集团有限公司	港交所	北京先进数通信息技术股份有限公司	深交所
联想(北京)有限公司	港交所	新晨科技股份有限公司	深交所
北大方正集团有限公司	港交所	北京万集科技股份有限公司	深交所
北京北大青鸟环宇科技股份有限公司	港交所	能科节能技术股份有限公司	上交所
北京同仁堂科技发展股份有限公司	港交所	北京国双科技有限公司	美国纳斯达克
中国民航信息网络股份有限公司	港交所	新华网股份有限公司	上交所
神州数码(中国)有限公司	港交所	北京东方中科集成科技股份有限公司	深交所
首都信息发展股份有限公司	港交所	中国建材检验认证集团股份有限公司	上交所
北京金卫医疗集团有限公司	港交所	北京星网宇达科技股份有限公司	深交所
赛迪顾问股份有限公司	港交所	新奥特(北京)视频技术有限公司	港交所
北京德众万全医药科技有限公司	港交所	大唐科技产业集团有限公司	港交所
北京慧聪国际资讯有限公司	港交所	飞思达技术(北京)有限公司	港交所
中讯计算机系统(北京)有限公司	港交所	北京数字认证股份有限公司	深交所
北京直真节点技术开发有限公司	港交所	森特士兴集团股份有限公司	上交所
中生北控生物科技股份有限公司	港交所	北京新雷能科技股份有限公司	深交所
北京康吉森自动化设备技术有限责任公司	港交所	中国科技出版传媒股份有限公司	上交所
北京金山软件有限公司	港交所	北京思特奇信息技术股份有限公司	深交所

公司名称	上市地点	公司名称	上市地点
安东石油技术(集团)有限公司	港交所	博天环境集团股份有限公司	上交所
北京瑞华赢科技发展有限公司	港交所	北京海量数据技术股份有限公司	上交所
龙源电力集团股份有限公司	港交所	中持水务股份有限公司	上交所
北京天下图数据技术有限公司	港交所	瑞斯康达科技发展股份有限公司	上交所
北京凤凰联合医院管理咨询有限公司	港交所	圣邦微电子(北京)股份有限公司	深交所
普华和顺(北京)医疗科技有限公司	港交所	北京元隆雅图文化传播股份有限公司	深交所
北京神州付科技有限公司	港交所	北京科蓝软件系统股份有限公司	深交所
北京联众互动网络股份有限公司	港交所	北京必创科技股份有限公司	深交所
畅捷通信息技术股份有限公司	港交所	华扬联众数字技术股份有限公司	上交所
北京迪信通商贸股份有限公司	港交所	中公高科养护科技股份有限公司	上交所
北京汽车股份有限公司	港交所	创业黑马(北京)科技股份有限公司	深交所
蓝港在线(北京)科技有限公司	港交所	北京昭衍新药研究中心股份有限公司	上交所
北京神州汽车租赁有限公司	港交所	北京华远意通热力科技股份有限公司	深交所
冠捷科技(北京)有限公司	港交所	掌阅科技股份有限公司	上交所
北京市春立正达医疗器械股份有限公司	港交所	红黄蓝儿童教育科技发展有限公司	美国纽交所
联想控股股份有限公司	港交所	邦讯技术股份有限公司	深交所
中国铁路通信信号股份有限公司	港交所	北京掌趣科技股份有限公司	深交所
北京迪诺斯环保科技有限公司	港交所	北京博晖创新光电技术股份有限公司	深交所
北京电子城投资开发股份有限公司	上交所	天壕节能科技股份有限公司	深交所
北京航天长峰股份有限公司	上交所	北京太空板业股份有限公司	深交所
中电广通股份有限公司	上交所	北京光环新网科技股份有限公司	深交所
中国医药健康产业股份有限公司	上交所	北京北信源软件股份有限公司	深交所
华润万东医疗装备股份有限公司	上交所	北京东土科技股份有限公司	深交所
华润双鹤药业股份有限公司	上交所	北京安控科技股份有限公司	深交所
北京同仁堂股份有限公司	上交所	北京神州绿盟信息安全科技股份有限公司	深交所
同方股份有限公司	上交所	东方网力科技股份有限公司	深交所
中国东方红卫星股份有限公司	上交所	北京浩丰创源科技股份有限公司	深交所
中青旅控股股份有限公司	上交所	北京恒华伟业科技股份有限公司	深交所
北京天坛生物制品股份有限公司	上交所	北京东方通科技股份有限公司	深交所
大唐电信科技股份有限公司	上交所	北京无线天利移动信息技术股份有限公司	深交所

续表

公司名称	上市地点	公司名称	上市地点
中牧实业股份有限公司	上交所	飞天诚信科技股份有限公司	深交所
有研新材料股份有限公司	上交所	北京三联虹普新合纤技术服务股份有限公司	深交所
蓝星化工新材料股份有限公司	上交所	北京腾信创新网络营销技术股份有限公司	深交所
大恒新纪元科技股份有限公司	上交所	北京九强生物技术股份有限公司	深交所
中农发种业集团股份有限公司	上交所	北京嘉寓门窗幕墙股份有限公司	深交所
北京歌华有线电视网络股份有限公司	上交所	北京昆仑万维科技股份有限公司	深交所
用友网络科技股份有限公司	上交所	北京中文在线数字出版股份有限公司	深交所
天地科技股份有限公司	上交所	北京诚益通控制工程科技股份有限公司	深交所
中国软件与技术服务股份有限公司	上交所	北京暴风科技股份有限公司	深交所
北京金自天正智能控制股份有限公司	上交所	北京康斯特仪表科技股份有限公司	深交所
北方导航控制技术股份有限公司	上交所	北京汉邦高科数字技术股份有限公司	深交所
航天信息股份有限公司	上交所	北京双杰电气股份有限公司	深交所
北京信威通信技术股份有限公司	上交所	北京恒通创新赛木科技股份有限公司	深交所
北京动力源科技股份有限公司	上交所	北京康拓红外技术股份有限公司	深交所
北京华胜天成科技股份有限公司	上交所	北京耐威科技股份有限公司	深交所
北矿磁材科技股份有限公司	上交所	高伟达软件股份有限公司	深交所
国投中鲁果汁股份有限公司	上交所	北京合纵科技股份有限公司	深交所
中国中铁股份有限公司	上交所	北京万向新元科技股份有限公司	深交所
际华集团股份有限公司	上交所	北京恒泰实达科技股份有限公司	深交所
北京四方继保自动化股份有限公司	上交所	北京赛升药业股份有限公司	深交所
华锐风电科技(集团)股份有限公司	上交所	中科创达软件股份有限公司	深交所
北京京运通科技股份有限公司	上交所	中国航空科技工业股份有限公司	港交所
人民网股份有限公司	上交所	李宁(中国)体育用品有限公司	港交所
中节能风力发电股份有限公司	上交所	中国建材股份有限公司	港交所
华电重工股份有限公司	上交所	北京澳特舒尔保健品开发有限公司	港交所
北京高能时代环境技术股份有限公司	上交所	中国大唐集团新能源股份有限公司	港交所
航天长征化学工程股份有限公司	上交所	北京华油油气技术开发有限公司	港交所
北京大豪科技股份有限公司	上交所	国电科技环保集团股份有限公司	港交所
引力传媒股份有限公司	上交所	中铝国际工程股份有限公司	港交所

续表

公司名称	上市地点	公司名称	上市地点
北京韩建河山管业股份有限公司	上交所	中国机械设备工程股份有限公司	港交所
金诚信矿业管理股份有限公司	上交所	北京正美丰业汽车服务有限公司	港交所
北京乾景园林股份有限公司	上交所	保利文化集团股份有限公司	港交所
北京兆易创新科技股份有限公司	上交所	乐视网信息技术（北京）股份有限公司	深交所
北新集团建材股份有限公司	深交所	北京福星晓程电子科技股份有限公司	深交所
京东方科技集团股份有限公司	深交所	北京世纪瑞尔技术股份有限公司	深交所
中信国安信息产业股份有限公司	深交所	恒泰艾普石油天然气技术服务股份有限公司	深交所
北京华联商厦股份有限公司	深交所	神雾环保技术股份有限公司	深交所
北京中关村科技发展（控股）股份有限公司	深交所	北京君正集成电路股份有限公司	深交所
紫光股份有限公司	深交所	潜能恒信能源技术股份有限公司	深交所
北京中科三环高技术股份有限公司	深交所	北京东方国信科技股份有限公司	深交所
安泰科技股份有限公司	深交所	北京捷成世纪科技股份有限公司	深交所
中成进出口股份有限公司	深交所	北京拓尔思信息技术股份有限公司	深交所
北京双鹭药业股份有限公司	深交所	北京高盟新材料股份有限公司	深交所
中工国际工程股份有限公司	深交所	舒泰神（北京）生物制药股份有限公司	深交所
东华软件股份公司	深交所	北京汇冠新技术股份有限公司	深交所
瑞泰科技股份有限公司	深交所	北京易华录信息技术股份有限公司	深交所
北京北纬通信科技股份有限公司	深交所	北京佳讯飞鸿电气股份有限公司	深交所
北京北斗星通导航技术股份有限公司	深交所	北京银信长远科技股份有限公司	深交所
北京中长石基信息技术股份有限公司	深交所	北京华宇软件股份有限公司	深交所
北京久其软件股份有限公司	深交所	北京光线传媒股份有限公司	深交所
北京东方园林生态股份有限公司	深交所	北京旋极信息技术股份有限公司	深交所
北京科锐配电自动化股份有限公司	深交所	北京飞利信科技股份有限公司	深交所
汉王科技股份有限公司	深交所	北京利德曼生化股份有限公司	深交所
太极计算机股份有限公司	深交所	北京华录百纳影视股份有限公司	深交所
北京七星华创电子股份有限公司	深交所	利亚德光电股份有限公司	深交所
北京千方科技股份有限公司	深交所	吉艾科技（北京）股份公司	深交所
北京合众思壮科技股份有限公司	深交所	北京同有飞骥科技股份有限公司	深交所
北京大北农科技集团股份有限公司	深交所	北京东方新星石化工程股份有限公司	深交所
北京利尔高温材料股份有限公司	深交所	北京真视通科技股份有限公司	深交所
北京四维图新科技股份有限公司	深交所	北京三夫户外用品股份有限公司	深交所

续表

公司名称	上市地点	公司名称	上市地点
广联达软件股份有限公司	深交所	北京神州泰岳软件股份有限公司	深交所
北京启明星辰信息技术股份有限公司	深交所	乐普(北京)医疗器械股份有限公司	深交所
嘉事堂药业股份有限公司	深交所	北京探路者户外用品股份有限公司	深交所
二六三网络通信股份有限公司	深交所	北京立思辰信息技术有限公司	深交所
华油惠博普科技股份有限公司	深交所	北京鼎汉技术股份有限公司	深交所
北京国电清新环保技术股份有限公司	深交所	北京北陆药业股份有限公司	深交所
北京盛通印刷股份有限公司	深交所	北京钢研高纳科技股份有限公司	深交所
北京荣之联科技股份有限公司	深交所	北京超图软件股份有限公司	深交所
博彦科技股份有限公司	深交所	北京梅泰诺通信技术股份有限公司	深交所
北京雪迪龙科技股份有限公司	深交所	北京华力创通科技股份有限公司	深交所
北京中科金财科技股份有限公司	深交所	北京合康亿盛变频科技股份有限公司	深交所
北京首航艾启威节能技术股份有限公司	深交所	北京万邦达环保技术股份有限公司	深交所
中矿资源勘探股份有限公司	深交所	北京蓝色光标品牌管理顾问股份有限公司	深交所
北京三聚环保新材料股份有限公司	深交所	北京海兰信数据科技股份有限公司	深交所
北京当升材料科技股份有限公司	深交所	北京碧水源科技股份有限公司	深交所
北京数字政通科技股份有限公司	深交所	北京华谊嘉信整合营销顾问集团股份有限公司	深交所
北京数码视讯科技股份有限公司	深交所		

图书在版编目（CIP）数据

中国高新技术产业并购发展报告. 2018 ／ 王雪松等
著. －－北京：社会科学文献出版社，2018.5
（新经济研究丛书）
ISBN 978 － 7 － 5201 － 2559 － 8

Ⅰ. ①中… Ⅱ. ①王… Ⅲ. ①高技术产业 － 企业兼并
－ 研究报告 － 中国 － 2018 Ⅳ. ①F279. 244. 4

中国版本图书馆 CIP 数据核字（2018）第 073903 号

新经济研究丛书
中国高新技术产业并购发展报告（2018）

著　　者／王雪松 等

出 版 人／谢寿光
项目统筹／恽　薇　王楠楠
责任编辑／王楠楠

出　　版／社会科学文献出版社·经济与管理分社（010）59367226
地址：北京市北三环中路甲 29 号院华龙大厦　邮编：100029
网址：www. ssap. com. cn
发　　行／市场营销中心（010）59367081　59367018
印　　装／三河市东方印刷有限公司

规　　格／开　本：787mm × 1092mm　1/16
印　张：26. 25　字　数：401 千字
版　　次／2018 年 5 月第 1 版　2018 年 5 月第 1 次印刷
书　　号／ISBN 978 － 7 － 5201 － 2559 － 8
定　　价／89. 00 元

本书如有印装质量问题，请与读者服务中心（010 － 59367028）联系